徐州教育年鉴

（2011）

徐州市教育局编

方志出版社

图书在版编目（CIP）数据

徐州教育年鉴．2011/徐州市教育局编．—北京：方志出版社，2011.5
ISBN 978－7－5144－0123－3

Ⅰ．①徐… Ⅱ．①徐… Ⅲ．①教育事业—徐州市—2011—年鉴 Ⅳ．①G527.533－54

中国版本图书馆 CIP 数据核字（2011）第 066420 号

徐州教育年鉴（2011）

编　　者： 徐州市教育局
责任编辑： 陈　曦
出 版 者： 方 志 出 版 社
（北京市建国门内大街5号中国社会科学院科研大楼12层）
邮编　100732
网址　http://www.fzph.org
发　　行： 方志出版社发行部
（010）85195814　85196281
经　　销： 新华书店总店北京发行所
法律顾问： 北京市大禹律师事务所
印　　刷： 徐州南苑印务有限公司
开　　本： 787×1092　1/16
印　　张： 20.5
字　　数： 538千
版　　次： 2011年5月第1版　2011年5月第1次印刷
印　　数： 0001—3000册
ISBN 978－7－5144－0123－3/K·97　定价：100.00元

11月4日，徐州市委、市政府召开全市教育工作会议，认真贯彻全国、全省教育工作会议精神，对全市教育工作作出全面部署

4月26日，教育部高校学生司司长王建国（右）和市长张敬华（左）共同为“国家大学生创业示范基地”揭牌

加快推进教育现代化创建，鼓楼区、铜山区顺利接受省教育现代化评估验收

加快推进职业教育发展，在2010年全省职业学校技能大赛上，徐州市共获得30块金牌，金牌数位居全省第三，综合成绩全省第五

稳步推进校舍安全工程，全市筹集4.1亿元专项资金，完成检测鉴定校舍7263幢、798万平方米，加固校舍16.5万平方米，新建校舍68.8万平方米

徐州高等师范学校

该校创办于清光绪三十二年。百年历程，风雨沧桑，蕴蓄着“虚心实力”的徐师人。这里走出了吴亚鲁、徐林侠、潘琰等舍生取义的革命英烈，成就了李可染、袁仲一、王子云、萧龙士等泽惠春秋的文化精英，培养了徐惠通、张庆、于永正等德高望重的教育名家，更把她的千万学子洒向徐淮大地。今天的徐高师秉承“一主多元”的办学理念，逐步实现了职前培养与职后培训、师范教育与非师范教育、学历教育与非学历教育的办学特色。

特级教师校友欢聚母校

“经典诵读”荣获市一等奖

名师示范课

举办徐州市艺术教学研讨

师生代表团赴日访问

隆重集会庆祝中华人民共和国成立60周年

学校主楼

徐州幼儿高等师范学校

该校1984年经江苏省人民政府批准成立，是苏北唯一一所幼儿师范学校。设有学前教育、学前双语、英语教育、音乐教育、美术教育、音乐表演、舞蹈表演、装饰艺术设计、商务英语9个专业，形成特色鲜明的专业发展平台。学校以骄人的教育成果、活泼的人文精神、高雅的品位格调，步入江苏省师范教育的先进行列。先后被评为全国教育系统先进集体、模范职工之家、江苏省文明单位、先进基层党组织、德育先进单位、艺术教育先进集体、爱国卫生先进单位、群众体育先进单位、社会尊师重教先进集体、巾帼文明示范岗明星岗、三八红旗集体等荣誉称号。

校领导班子

教育部部长周济（中）视察

获全国教育系统先进集体

承办2010全国幼教年会

百人女子二胡队

千人女子健美操

该校女子军乐队

徐州市第三十一中学

三十一中坐落在云龙湖畔，1983年建校，2008年发展成为东、西两大校区60个教学班、3000余名在校生的大型初级中学。学校一直秉承“尊重与发展”的办学理念和“艰苦奋斗，不甘人后，自加压力，争创一流”的办学精神，成为市区首批模范中学之一。校园布局合理，设施先进，校园网络实现无线沟通，被誉为市基础教育的文明窗口。

团结和谐的领导班子

藏书丰厚的东校区省一级图书馆

外教亲授特色小班

军事夏令营——雄风

艺术节——才艺展示

寓教于乐　开拓人生

师生和谐　亦师亦友

体育节——激烈对抗

花木扶疏——西校区一瞥

校长　吴国方

副市长孔海燕（前排右）到校视察

小花绽放　扬威省运会

阳光跑操　强健体魄

快乐课堂

徐州市东苑中学

东苑中学（三中初中部）是市教育局为改变东城区优质教育资源稀缺局面，将原彭城中学收归公有后，在其原址组建而成，于2008年7月招收初一新生。学校坚持质量立校，“质量兴校，内强素质，外塑形象”的办学思想，抢抓机遇，奋发进取，呈现迅猛发展态势，办学规模快速扩张。至2010年，有26个班级，在校学生1400多人。学校校风优良，学风浓厚，得到社会各界的普遍认可和周边居民的广泛赞誉。

校园文化艺术节

教学楼

徐州市新世纪儿童培训中心

XUZHOUSHI XINSHIJI ERTONG PEIXUN ZHONGXIN

徐州市新世纪儿童培训中心成立于2000年，面向幼儿、中小学生常年开设书法、美术、英语、舞蹈、武术、音乐、电脑等十余项专业。荣获徐州市教育局民办非学历教育先进单位，徐州市民政局民办非企业诚信单位，徐州市十佳培训品牌，彭城教育知名培训单位，首届“讲诚信、无欺诈、百万市民满意单位”，中国写作学会全国素质教育示范基地，2008年荣获徐州市民办最高星级培训机构，2010年荣获全国百佳艺术特色机构。

名誉校长：市老领导李鸿民；名誉顾问：市委宣传部老领导徐瑞吉；艺术顾问：著名影视表演艺术家李保田；督学顾问：省级名校长刘怀德；董事长：李维田；校长：戈同华。年内，学生在全国、省、市各项大赛中获奖人数已逾三千人。教师有80%本科以上学历，博士2名，硕士5名，特级教师3名，高级教师50多人。培训中心以德育为先导，科学管理，促进学生全面协调发展，培养学生的创新意识和实践能力，充分开发学生潜能，取得可喜成绩，深受广大家长喜爱，赢得社会广泛赞誉。

艺术顾问李保田（中）指导工作

书耘斋迎春诗会
（中为名誉校长李鸿民和女诗人澄兰）

市教育局领导到校进行安保调研

举办书法联谊活动

省书法教育委员会会长王世华（右二）教学示范指导

精英班学员为母校赠锦旗

上海世博会夏令营

徐州工程机械高级技工学校

徐工技校是徐工集团投资兴建的现代化技工学校。2009年4月，学校晋升为国家重点技工学校，2010年4月，晋升为高级技工学校。学校围绕“精品、精致、精深”发展之路，打造“品质校园、文化校园、平安校园、和谐校园”，为社会和徐工集团培养大批复合型高技能人才，面向企业和社会承担中级工、高级工、技师和高级技师的培训和鉴定工作。毕业生就业率100%。

凤鸣校区大门

徐工集团党委副书记李格(右)、徐州人保局副局长戴新颖（左）为“徐州工程机械高级技工学校”揭牌

徐工集团董事长奖学金获得者与领导合影

液电装配实验台

高技能人才工作室

焊接实习车间

装配调试与维修实习车间

教师节校领导为教师颁奖

专家为高一新生作心理调适

省少数民族传统体育项目比赛——蹴球

高唱革命歌曲　弘扬革命精神

丰县民族中学

纵情高歌教师节

丰县民族中学是江苏省三星级高中，也是苏鲁豫皖四省接壤地区最大的民族中学。学校先后二十多次荣获国家、省、市级奖励。2007~2010年连续四年高三年级教学质量综合评估荣获全县一等奖，县高考成绩优秀奖；2006~2009年度，综合考核连续四年位居全县第一名；千余人次在国家、省、市、县组织的学科竞赛、歌咏比赛、体育比赛等活动中获奖。民族文化艺术节、师生运动会、才艺展示等校园活动丰富多彩，催人奋进，令学子向往。

教师全员培训

青年教师拜师会

高一学生军训

高级教师队伍

心理健康知识讲座

该校文学社成立大会

教育科研工作会议

丰县华山初级中学

丰县华山初级中学1990年创建，是市模范学校、省德育先进学校、省教育现代化示范初中、省陶行知研究会实验学校。学校围绕“建设现代化、高质量、有特色、一流水平的社会主义新型学校”，坚持“知荣誉，是非分明；讲原则，有情有义”的德育目标，率领全体师生不断攀登新高峰。

网络计算机机房

学生篮球赛

美丽的校园一角

丰县欢口中心校

丰县欢口中心校秉承“校园环境优美、教学秩序井然、人际关系和谐”的校训，致力于德育导校、质量立校、科研兴校、特色强校。2010年学校先后获得全国规范化知识竞赛优秀组织奖、省第八届“蓝天杯”优秀论文组织奖等荣誉称号，全校师生“求真务实立潮头 凝心聚力保一流”，学校连续11年被县教育局评为先进单位。

丰县电视台采访校长史志兵(左)

镇青年教师示范课

学校荣誉

学校荣誉

笛声悠扬——兴趣小组活动

校长史志兵（右二）查看学校教师备课学生作业

学生写字作品

丰富多彩的校园生活

举行班主任管理工作座谈会

丰县示范幼儿园

该园创建于1956年，原名丰县机关幼儿园，1980年更名为丰县示范幼儿园，2004年被评为三星级省示范性实验幼儿园。设有本部和季合园分园，2010年有29个班级，幼儿1000余名。教职工90人，学历达标率100%，58名专任教师均取得幼儿园教师资格。

幼儿园坚持“一切为了孩子，提供一流服务”的办园宗旨，形成“文明礼仪和早期阅读”的办园特色，先后被评为江苏省文明学校、三八红旗集体，市绿色校园、文明行业示范点、幼儿教育先进集体、模范学校，全国德育课题先进实验学校，省教育学会系统先进单位，入编《江苏名幼儿园》。

省、市、县领导到园检查安全工作

县领导六一节看望小朋友

团结创新的园领导班子

快乐课堂

美丽校园我的家

代表市纪委参加省廉政文化周演出

丰富多彩的“亲子活动”

幼儿故事大王比赛

市县教育局领导到园指导工作

六一期间县四套班子领导和教师、小朋友在一起

幼儿舞蹈《辣妞妞》

幼儿体操比赛

幼儿绘画百米长卷

交警为小朋友讲解交通安全知识

丰县机关第二幼儿园

机关二幼创办于1956年， 2004年8月被省教育厅首批认定为省三星级示范性幼儿园。2010年有托班、小班、中班、大班、学前班共29个班级，1200多名幼儿，在园教职工100多人。各班配备了闭路电视、空调、高级音响、钢琴、消毒柜等现代化设施。先后获全国教育科学科研先进实验校，省首批和谐校园，省、市三八红旗集体等多项殊荣。2010年，在支农路东、南苑新城南正建设一所现代化分园——丰县实验幼儿园。

幼儿园鸟瞰图

沛县教师学习资源中心主任、教师进修学校校长 程营箴

班主任远程培训

骨干教师研修班

全市中小学教师继续教育现场会在沛县召开

“三名工程”动员会

沛县教师学习资源中心

教师进修学校创建于1961年，根据教育部建立教师学习资源中心的文件要求，2005年，县人民政府下文，将教育局教研室、教科所、电教馆及县教师进修学校合并，成立沛县教师学习资源中心，负责教育科研、教学研究、电化教育、教师培训等工作。中心大力推进研训一体，积极开展生态研训，取得显著成效，获江苏省师资队伍建设先进县称号，2009年、2010年连续获国家级远程培训管理先进单位；《中国教师报》以整版进行报道，《光明日报》、《中国信息报》等多家媒体进行专题报道。

举办“送培到镇”活动

新教育技术考试

英语“引智培训”

专家讲座

沛县体育中学

校长 赵米青

书记 冯德慧

体育中学是一所12年一贯制公办体育、艺术特色学校，开设田径、足球、举重、跆拳道、蹦床、武术、散手、技巧八个训练项目和音乐、美术两个艺术科目，2010年在校学生2000人。先后为国家输送5000余名运动员，包括冬奥会冠军韩小鹏等16位世界冠军、127位全国冠军，被誉为“冠军摇篮”。学校被确定为国家级高水平体育后备人才基地、江苏省四星级业余体校、培养足球后备人才重点学校，荣获全国业余体育训练先进集体、群众体育先进集体等称号。

省体育局副巡视员张辰方（右三）到校调研

校长赵米青在全国校长论坛发言

第七届校园文化节

校技巧队全国锦标赛再创佳绩

运动会上争第一

沛县五段中学

教书育人　德育先行

法制教育报告会

尊老敬老　回报社会——志愿者慰问敬老院

运动会剪影

五段中学是徐州市百佳校园、江苏省现代化示范初中。占地面积6.07公顷，建筑面积10710平方米，2010年有30个班级，在校学生1242人，教职工145人。学校秉承"为学生的生命质量负责，为学生的终身发展奠基"的办学理念，教学质量不断提高，多次被评为先进集体、模范学校和示范窗口学校。

信息技术课

现代化教学

优美的校园

团结向上的校领导班子

县委书记冯兴振（左）到校慰问

沛县鹿楼中学

赴洋思学习

鹿楼中学建于1957年。五十多年的办学历程，学校始终坚持"以人为本、注重发展、依托科研、开拓创新"的办学理念，培养大批人才，取得辉煌成绩。今天的鹿楼中学更加青春焕发，各项管理规范，校风、学风、教风积极向上，教育教学质量稳步提升。

积极开展教科研培训

现代化的教学

师生一起动手做实验

积极开展"阳光体育"运动

校长　王书振

县教育局局长郑恒良（左）、书记朱思瑞（右）指导工作

开展爱心捐助活动

赴兄弟学校考察学习

参加大连家庭教育会议

沛县朱寨中学

接受“见义勇为”锦旗

朱寨中学创建于1960年，占地4.09公顷，建筑面积14114平方米。至2010年有14个教学班，在校学生645人，教职工96人。学校一贯坚持科学发展、和谐发展的理念，形成“团结、文明、务实、创新”的校风、“严谨、敬业、爱生、育人”的教风、“乐学、善思、明理、求新”的学风。先后被评为江苏省勤工俭学先进单位、徐州市德育工作先进单位、百佳校园、平安校园、县教育教学先进集体、双文明单位等，赢得社会广泛赞誉。

平安校园验收组检查该校工作

开阔气派的学校大门

沛县闫集中学

校长　陈振杰

闫集中学位于沛县西部，是抗清志士闫尔梅的故乡。始创于1970年，占地2.67公顷。至2010年，有18个教学班，教职工99人，其中专任教师95人，中、高级教师占75%以上，学历达标率100%。学校拥有功能齐全的多媒体教室、光纤网络微机室。先后被评为江苏省平安校园、市课堂教学改革实验定点学校、市关心下一代工作先进集体、县教育工作先进集体、教育科研先进集体等。省教育电视台《支点》栏目曾专题采访学校留守儿童工作。2008年顺利通过省优质初中验收。

志向高远的校领导班子

风景如画的校园

市、县领导视察学校“留守儿童”工作

举行课改工作推进会

拔河比赛——齐心协力

走进大自然——生活教育

艺术熏陶——身教胜于言教

团结一心的领导班子

江苏省小学生态课堂与管理现场研讨会在该校举行

沛县沛城镇中心小学

沛城镇中心小学以全面提高教育教学质量为核心，大力推进实施教育现代化工程，进一步深化生态课堂教学改革，努力建设文明、安全、和谐、特色鲜明的新校园。2010年4月承办江苏省小学“生态课堂与管理”现场研讨会，并荣获省课程改革先进单位等荣誉称号。

市县级课题成果鉴定

“诗歌进校园”活动研讨暨培训会

举行镇教育现代化创建暨精致管理工作会议

沛城镇庆祝第二十六个教师节

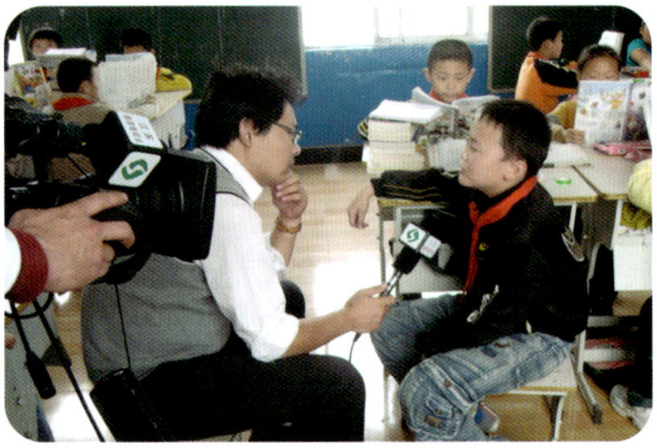

江苏教育电视台采访沛城镇“生态课堂”工作

校长　吴继立

县委书记冯兴振（右四）到校视察

“教科研沙龙”促进教师专业成长

县教育局局长郑恒良（左二）、书记朱思瑞（右二）到校调研

举行教师全员培训专家报告会

沛县胡寨镇中心小学

胡寨镇中心小学下辖5所小学、2个教学点、2所幼儿园。学校始终坚持“一切为了学生的发展”这一中心，全面推进素质教育。多次荣获县教育工作先进集体、教师培训先进单位、教育科研先进单位、平安创建先进单位等称号。2010年，以“推进教育现代化，促进学校大发展”为主线，投入近200万元，改善校容校貌，更新设施设备，各校全面达到教育现代化标准。

文明新路　越走越宽

“环保大使”闪亮登场

队旗飘飘　伴我成长

沛县汉城国际学校

汉城国际学校系2006年县政府招商引资创办的12年一贯制、现代化、全封闭、寄宿制民办学校。占地6.41公顷，建筑面积4万平方米；软件建设符合省市现代化学校建设标准。有教学班66个，学生3400名，教职工278名。是江苏省现代化示范初中、澳大利亚国际教育课程管理中心“UEI模式英语”教育基地。获江苏省新教育实验先进集体、沛县教育工作先进集体等称号，学生获奖251人次，赢得社会各界赞许。

董事长 李红旗

挚诚理校

校长 葛志坚

奋发向上的班子

举行教育成果汇报演出

学校“UEI”班学生北京学习留影

和“胖子”外教在一起

敞阔洁净的餐厅

校长　张东亚

省教育厅领导杨湘宁（中）到学校调研

省四星级中等职业学校验收现场评估汇报会

学校获得的部分荣誉

毕业生风采

学生技能大赛

睢宁县中等专业学校

中等专业学校创建于1994年，占地12.3公顷，是首批国家级重点中等职业学校、首批国家级星火学校。先后被评为江苏省重点职业中学、合格职教中心，2010年通过省四星级中等职业学校验收。拥有机电技术应用、计算机技术应用和电子技术应用3个省级示范专业，1个计算机及应用专业省级课改试验点，1个机电技术应用省级实训基地和立项筹建中的国家级建筑实训基地。

校园全景

睢宁县第二中学

第二中学创建于1982年，是一所年轻而充满朝气的学校。师资力量雄厚、育人环境优美、教学设施先进、办学特色鲜明。2006年5月荣获省法制宣传教育先进集体称号；先后被评为市模范学校、十佳文化校园、文明单位、未成年人思想道德建设先进单位等称号；至2010年连续三年被县委、县政府表彰为教育系统先进集体。

校长 魏勇

师生零距离篮球友谊赛

合作学习代表发言

向文明标兵学习

多媒体教学图文并茂

一帮一活动正在进行时

舞蹈兴趣小组活动

美术小组师生活动

校长夏云飞布置新学期工作

绘美好蓝图

举办“相约名师聚焦课堂”教学研讨活动

“感恩”教师节

睢宁县古邳镇中心小学

古邳镇中心小学下辖8所定点校、6个教学点、1所中心幼儿园。现有教学班85个，学生3776人，教职工251人。学校以"抓管理、提质量，强队伍、树形象，求创新、立品牌"为目标，积极推进规范管理、有效管理、精致管理，教育教学成绩突出，多次受到县政府和县教育局嘉奖。2010年荣获县教育系统先进集体、规范管理先进单位、素质教育成果优胜单位等称号。

丰硕的成果

团结奋进的领导班子

徐州市人大副主任佟明泰（前排中）到校视察

校文艺队参加邳州市首届慈善晚会演出

生动传神的培智课堂教学

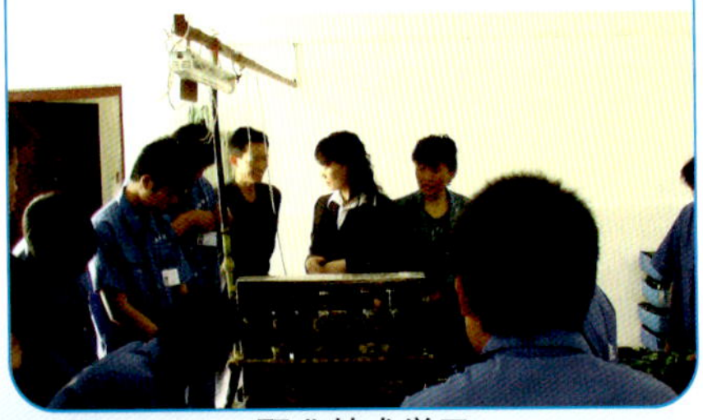

职业技术学习

特殊教育中心是一所综合性特殊教育学校，省特殊教育现代化示范学校，成立于1991年。学校秉承“文明、团结、求实、创新”校风，以培养学生自强、养德、勤奋、向上为己任，以课程改革为核心，以提高师能为抓手，规范教学管理，积极开展素质教育，重点抓好职业教育，努力实现特殊教育的培养目标。学校先后荣获徐州市双文明单位、百佳校园、三八红旗集体和先进基层党组织等荣誉称号。

邳州市特教中心揭牌仪式

邳州市特殊教育中心

校长、党支部书记　孙卫胜

教育局领导到校视察

邳州市英华实验小学

积极承办市教科研活动

广播操比赛飒爽英姿

"彩虹"校园广播站

少先队新队员入队仪式

英华实验小学，创建于2009年8月，坐落于邳州市新城区，占地5.87公顷。规划48个教学班，约3000人的规模。学校秉承"享受学习，快乐成长"的办学理念，以经典阅读启迪心灵，以魅力德育引领成长。注重规范养成教育，注重教师专业化成长，强化教师小课题研究。深入推进教学改革，努力把学校打造成社会满意、家长信赖、学生喜欢的精神家园。

美丽的校园

校长　王保春

该校书法教师

该校部分省、市级名优教师

明德实验小学是一所具有书法、英语、古诗文三大教学特色的学校，多次被评为徐州市优秀书法实验学校。至2010年，有43个班级，2468名在校学生。师资队伍强劲，有专任教师136名，其中徐州市、邳州市名优教师30余名，国家级、省级书法协会会员4名。学校坚持走“深入研读文本，打造高效课堂”之路，素质教育取得令人瞩目的成绩。

邳州市明德实验小学

体操表演

多彩课堂

快乐体育

精彩的英语话剧表演

邳州市运平路小学

运平路小学是邳州市教育局2010年暑期按江苏省现代化实验小学标准对原庄场小学提升、改造而新成立的局直属小学。2010年有省特级教师1名、徐州市名教师2名、省学科优秀青年教师2名、市学科带头人和优秀骨干教师4名，10余人获省、市优质课一、二等奖。学校提出“修身修学、新我新为”的校训，形成“崇善崇真、求实求新”的校风，“厚生乐教、博学善导”的教风，“精思善问、博取多才”的学风。学校被命名为徐州市陶行知实验学校、省陶行知研究会理事单位。

校长 杜互东

瀚墨飘香

领导视察

家校携手

生命课堂

快乐学习

看我“五姿”

奋勇争先

校长 韩召龙

团结奋进的领导班子

邳州市福州路小学

福州路小学前身是徐塘办事处二庙小学，2010年8月改造提升为市教育局直属小学。至2010年底，有720名学生，专任教师52人，其中省特级教师1人，徐州市名教师2人，市学科带头人及优质课教师24人。学校坚持“追求卓越，争创一流”的办学思想，扎实开展各项教育活动，着力培养一支高素质的教师队伍，打造英文童话剧为载体的英语口语教育特色，在常规管理、教学质量、特色建设等方面得到快速提升。

领导视察

迎新年爱心捐助仪式

现代英文情境剧表演

“冬季三项”体育活动

教师节茶话会

省级示范专业验收

教育局局长鲁瑞冬（左二）深入学校调研

数控专业教师与德国专家交流

四星级学校评估汇报会

邳州市车辐中等专业学校

车辐中等专业学校创办于1982年，占地1.1公顷，建筑面积5万多平方米。2010年有50多个教学班，在籍学生4000余人，教职工148人。拥有省级示范专业3个、省级课改实验点1个、省级实训基地2个。学校多次荣获省模范职业中学、德育先进校、教学管理先进校、省和谐校园等称号，2010年被破格批准为有条件通过的省四星级职业中专学校。

烹饪专业学生在实训

学生作品展示

邳州市八路中学

八路中学创建于1958年，坐落在“小萝卜头”的故乡——邳州市八路镇。学校注重师德建设，提出“三爱”、“三全”、“三让”的师德准则，热爱教育、学校、学生，全面贯彻党的教育方针，实施素质教育，提高教育教学质量，“让社会满意、让家长放心、让学生成才”成为全校教师共同的追求。学校先后被评为徐州市德育先进校、绿色校园、安全文明学校，多次被授予邳州市教学先进单位，教育教学质量连年攀升。

校长、党支部书记　丁其驹

校长的课堂教学

红梅广场植树活动

普法教育

阳光体育运动会

整饰一新的校容校貌

徐州市优秀教育工作者、校长　张希营

国家级陶研课题开题仪式

青年教师赛课活动

"感恩"演讲比赛

学校运动会

邳州市港上中学

港上中学是江苏省实施教育现代化工程示范初中，坐落在国家级银杏博览园主景区——港上镇，占地面积10公顷。2010年有19个教学班，在校生1180人，教职工128人，其中研究生1人，本科学历66人，中级职称以上骨干教师65人。学校提出"让农村孩子享受城市孩子的优质教育"的办学目标，加强现代化基础建设。科研氛围浓厚，"十一五"期间结题国家级课题1项、省级课题2项。荣获省教育学会初中教育先进单位、绿色学校、市基础课程改革先进单位、留守流动儿童示范家长学校等称号。

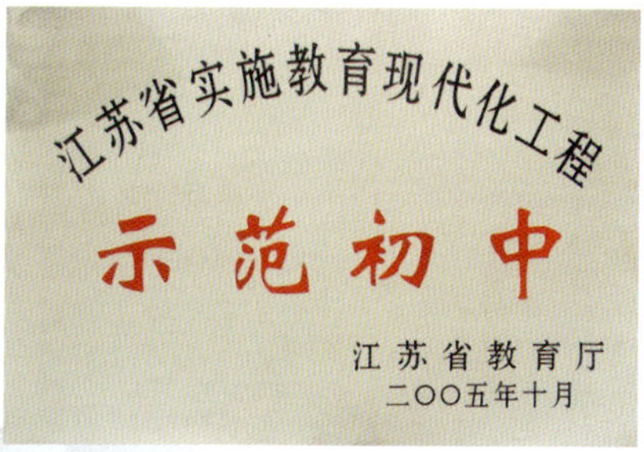

校长　魏建超

与徐州市兴北小学举行共建活动

王杰烈士牺牲45周年纪念大会

朗读、讲故事比赛

邳州市张楼中心小学

防震演练

张楼中心小学下辖3所定点学校、1所中心幼儿园。至2010年，有28个教学班，学生1218人。学校以创建教育现代化学校为契机，弘扬王杰精神，传承榜样力量，坚持“德育为先、五育并举”的办学理念，全面推进素质教育，江苏省电视台、邳州市电视台先后对学校进行了专题报道。

焕然一新的教学楼

安全教育确保平安

邳州市炮车镇中心小学

炮车镇中心小学下辖5所定点小学、1个教学点、1所幼儿园，2010年有学生3118人，教师235人。学校全面贯彻党的教育方针，落实素质教育，发展特色教育，深入开展学陶师陶活动，以“创建一流有特色的农村小学”为目标，以“一切为了孩子全面发展”为宗旨，走科研兴校之路。先后被评为省德育传统校、体育传统项目校、徐州市模范小学、教育教学工作先进单位。

校长　马夫胜

教师基本功比赛

课堂教学研讨活动

锻炼体魄，增强活力——教职工运动会

家长开放日活动

“学会感恩，学会做人”主题队会

安全疏散演习

邳州市港上镇中心小学

港上镇中心小学辖小学6所、1所中心幼儿园；有教职工218人，学生3495人，87个教学班。学校坚持打造和谐校园，以质量回报社会，先后创建徐州市绿色学校4所、省实验小学1所、示范幼儿园1所；多次荣获邳州市教学管理工作先进单位、教学工作先进单位等称号。

校长、党支部书记　赵丰

市教育局局长鲁瑞冬（前排中）到校视察

“高效课堂”主题系列活动

青年骨干教师公开课

势均力敌

开发潜能——银杏叶艺术创作

美丽的中心小学校园

邳州铁富镇中心小学

铁富镇中心校校长　鹿丙奇

铁富镇中心小学辖10所定点小学、8个办学点、142个班，小学在校生6688名；2所中心幼儿园，24个村办幼儿班。学校先后被评为邳州市教育教学管理先进单位、教科研先进单位；2008年中心幼儿园创建为江苏省示范幼儿园，中心小学、连防中心小学被评为徐州市模范小学，社区教育中心被命名为江苏省示范社区教育中心。

庆六一文艺会演

青年教师研讨课

广播操比赛

现代化的教学

铁富镇连防中心小学

邳州市戴圩镇中心小学

戴圩镇中心小学以实施新课标及课程改革为契机，坚持“教学科研化，科研课堂化”的教育科研工作思想，深入推进教育教学改革，以提升内涵为重点，以办学条件标准化建设为抓手，进一步加强现代化建设；整肃师风，坚守师德，塑造师魂，自觉维护教育的圣洁，努力实现师德水平大提升；多次被授予市教学工作及教学管理工作先进单位等称号。

校长　吴德亚

教育局局长鲁瑞冬（左二）到校视察

市领导参加王场小学希望工程奠基仪式

学生灭火演练

新建的中心幼儿园

课堂教学研讨

学校荣誉

共建友好小学揭牌仪式

名优教师送教到校

教职工篮球比赛

走进教室，贴近学生——局长鲁瑞冬(左三)和小棋手对弈

“小能手”评选活动

邳州市邳城镇中心小学

邳城镇中心小学辖8个定点小学、2个办学点、2所中心幼儿园；有260名教职工，学生5000余名。2010年，学校投入资金1000余万元，实施1所中心小学、2所幼儿园的“三校同建”工程，育人环境得到全面优化。学校坚持以质量为核心，注重学生的全面发展，先后承办“棋村杯”全国象棋大赛和“海峡两岸象棋大赛”等特色活动。

邳州市戴庄镇中心小学

戴庄镇中心小学辖5所小学、1所中心幼儿园，在校学生2860人，教职工158人。学校坚持以特色教育促进学生特色发展，致力于青年教师的培养和教育教学质量的提高，多方筹措资金改造危房，精心打造共青希望小学和省优质幼儿园，带动全镇小学良性发展。多次荣获市教育教学先进单位等荣誉称号。

校长、党支部书记　刘成

优秀书法展

防火演练

家校联教——请家长走进学校

快乐六一节

设施先进的幼儿园

体育研讨课

校长　娄海清

北大教授曹文轩到校讲学

陶研工作受到省表彰

市“未成年人模拟法庭”观摩现场

邳州市运河镇李口小学

李口小学建于1971年，至2010年，有40个教学班，3000余名学生，120余名教职工。学校坚持以人为本，以课堂教学为主阵地，以羽毛球项目为特色，先后被评为省奥林匹克羽毛球俱乐部、陶行知研究实验学校、徐州市未成年人思想道德建设先进单位、模范学校、体育传统项目学校等，并被中央教科所命名为特色教育项目实验学校和课题研究实验学校。

羽毛球团体操表演

局长、党委书记　柳松

徐州市委常委、新沂市委书记陈德荣（中）慰问该市原一中副校长沙君明（右）

新沂市教育局

2010年，新沂市教育局以开展“强化五风教育，创建五型校园”活动为契机，全面实施新课程改革。加强师资队伍建设，在全国范围内招聘145名教师补充师资队伍；加强对教师进行研培一体培训，受训教师近8000人次。以常规管理为抓手，实现课堂研讨常态化，努力构建高效课堂。推动学校标准化建设，46所学校一次性通过徐州市教育局验收。

建设以“礼仪”为核心的校园文化

局长柳松带领部分高中教师赴东海赣榆学习

承办徐州市第四届德育论坛

开展“强化五风教育，创建五型校园”主题活动

倾力打造高效课堂

新沂市第十中学

团结奋进的领导班子

第十中学创建于2002年。2010年有教学班26个，在校生1050余人，教职工142人，其中高级教师37人，新沂市名教师6人，新沂市拔尖人才2人，江苏省优秀课获奖者3人，徐州市优秀课获奖者10人。学校先后获得新沂市模范学校、先进集体、徐州市德育先进学校等30多项荣誉称号，成为沭河东畔的教育新星。

推进新课程改革

打造高效课堂

新团员缅怀伟人丰功伟绩

军民联欢

校园文化一角

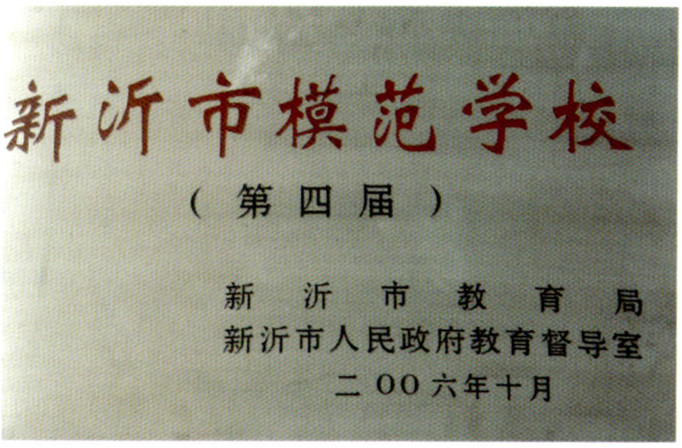
新沂市模范学校
（第四届）
新沂市教育局
新沂市人民政府教育督导室
二〇〇六年十月

荣誉称号

新沂市唐店中学

校长　王兆友

唐店中学始建于1958年，2010年有32个教学班，师生近1600人。先后荣获江苏省德育先进校、省教育现代化示范初中等称号，教育教学综合评比连续16年名列全市农村初中之首。

学校校本课程丰富多彩，《剪报集》独具特色，校报《唐中精美短文》、校刊《唐中教改》文质兼美。塑造德艺双馨的专家型教师、构建互动高效的双语型课堂、培育健美会学的活泼型学生、打造学生为本的赏识型学校是学校始终坚持的办学方向。

省、市领导视察

《剪报集》受到广泛赞誉

校友联谊

多彩年华

热爱祖国歌唱祖国

温馨宿舍我的“家”

新沂市高流中学

校长、党支部书记　何振华

市委常委谢堂红（左）视察学校安全工作

团结奋进的领导班子

教育局长柳松（中）到校视察工作

小组化高效课堂

走艺术特色之路

清新校园

高流中学始建于1958年，2001年实施高初中分离，成为新沂市东部唯一一所高级中学。五十二年风雨兼程，薪火相传，学校砥砺出“崇德尚文，求实创新”的校训。先后被评为江苏省德育先进校、省绿色学校、徐州市先进集体、市百佳校园、新沂市优秀平安校园、和谐校园。在新沂市中小学综合考核细则评比中，曾连续五年获一等奖。

学校荣誉

新沂市窑湾中学

窑湾中学创建于1952年，是新沂市建校最早的中学，为徐州市首批有效教学研究实验学校。以“学习小组”建设引领有效教学研究，构建“四步课堂”，改革“五项管理”，收到明显效果。学校先后荣获徐州市百佳校园、德育先进学校、绿色学校、新沂市和谐校园、教育教学综合考核一等奖等荣誉。

校长　高行军

教育局长柳松（右二）到学校视察

校际交流　取长补短

集体备课　资源共享

师生结对　小组互助

社会实践活动

国庆歌咏比赛

新沂市城关小学

校领导班子在研究工作

青年名教师课改研究课

读书主题中队会

田径运动会

“五星”制学生评价

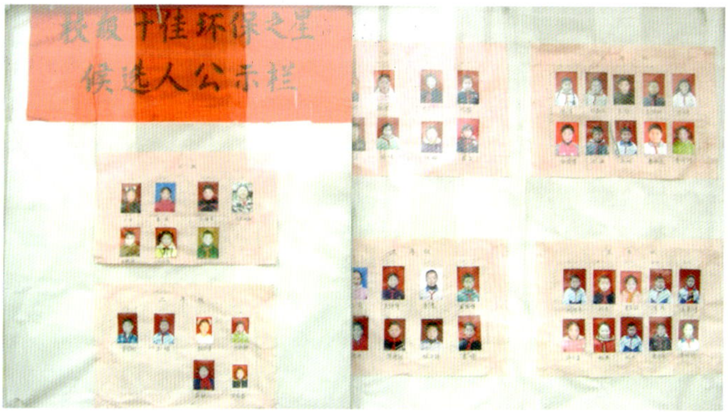

“十佳环保之星”候选人公示

城关小学原名城南小学，1948年建校。2010年有24个教学班，985名学生，82名教职工。学校坚持打造“三寓一改”品牌，即寓新理念于常规管理、读书活动、课改工作之中，改革师生评价制度，以此统领学校内涵发展，先后获全国读书育人特色学校、江苏省实验小学、徐州市关心下一代先进集体、模范学校等市级以上荣誉40余项。

校园一景

新沂市北沟镇中心小学

校长刘朝明在新园落成仪式上讲话

教育部副部长陈小娅视察书法特色教学

市领导视察幼儿园陶艺特色

徐州市领导视察校园文化建设

田吴小学“红十字”特色建设

仲庄小学环保节开幕仪式

富有生机的桥口小学校园

中心园快乐六一活动

北沟镇中心校地处无锡新沂工业园内，下辖4所小学、4所幼儿园，2010年有99个教学班，3700名学生，210名专任教师。中心校坚持走内涵发展之路，着力打造最平安、最和谐、最富有特色的文化型校园。在市教育局综合考核中每年均获一等奖，先后被评为全国艺教先进单位、江苏省书法特色学校、体育传统项目学校、绿色学校、徐州市德育先进校、和谐校园、平安校园。

北沟小学美丽整洁的校园

现代化高标准的第二幼儿园

校长、党支部书记　孙圣先

团结奋进的领导班子

新沂市合沟中心小学

优美的育人环境

合沟中心小学创建于1949年，下辖7所小学，2个教学点。学校着力打造剪纸特色，全面推进素质教育，荣获江苏省“金钥匙”大赛组织奖、徐州市德育先进学校等称号，师生100多幅剪纸作品获奖或发表。学校先后接受台湾东森电视台、徐州电视台、新沂电视台等多家媒体专访，《新风教育》杂志曾以《用真情涂抹智慧的天空》为题进行专题报道。

积极推进课堂改革

校刊——《青青河畔》

学校文艺演出

屡获佳绩的跳绳队

剪纸教学常态化

江苏省示范性实验幼儿园——新沂市新安镇第一幼儿园坐落在市中心黄金地段，既有四合院般的家庭温馨，又具现代化的育人气息。园内场地宽阔，楼房错落，溪水潺潺，曲径通幽，富有童趣。建“爱心园、健康园、快乐园、特色园”是一幼永恒的办园理念，以“爱心、耐心、精心、细心的圣母般情怀呵护幼儿”是一幼的不懈追求，“新沂率先、徐州领先、江苏赶先、全国争先”是一幼的奋斗目标。

快乐家园

新沂市新安镇第一幼儿园

2007年6月1日省委书记李源潮（前排右）到一幼视察

艺术氧吧

绿意葱茏

缤纷天地

如火青春美教师

生态给养

铜山区教育局

省教育厅厅长沈健（左）到铜山调研

顺利接受省教育现代化建设水平评估验收

成功承办江苏省学生阳光体育运动推进会

阳光体育“阳光”了学生的心灵

全区共有学生计算机15607台，生机比为7.45：1

全区共有教师用计算机6804台，多媒体1317套，师机比为1.33：1

计算机网络教室达367间，多媒体教室等1358间

各类实验室设施齐全，演示实验和分组实验开出率达100%

2010年，在各级领导的的大力支持下，铜山实现了农村教育、城镇教育和现代化教育的三大跨越，教育现代化建设与经济发展同步腾飞，顺利接受江苏省教育现代化建设水平评估验收，教育质量稳步提高，被省政府确定为义务教育优质均衡改革发展实验区，先后荣获江苏省幼儿教育先进县、全国阳光体育先进县等殊荣。

铜山中学

校长　王运东

铜山中学是一所三星级普通高中，坐落在泉山东麓，1984年建校，2005年首批通过江苏省三星级高中验收，2009年荣获江苏省中小学管理规范合格学校，2010年荣获江苏省平安校园等称号。

学校占地6.77公顷，建筑总面积为44016平方米，总绿化面积 14786平方米，建有400米标准塑胶运动场。教学设施设备达到教育现代化要求，校园环境建设独具匠心，特色鲜明。2010年有60个教学班，在校学生3227名。在编教职工306人，其中高级教师 102人，研究生12人。

国家级课题结题现场

艺术节——元旦演出

被评为"省一级图书馆"的学校图书室

省优质课一等奖第一名获得者郭春喜老师在上课

美丽校园一角——紫藤长廊

铜山区汉王镇中心中学

校长、党支部书记　周振生

徐州市首届“汉王中学杯”排球赛开幕式

激情涌动的英语大课堂

承办铜山区白板优质课评比活动

汉韵广场

汉风亭

汉泉

汉王镇中心中学坚持“以人为本，全面发展”的理念，走规范化办学之路，先后获得江苏省示范初中、江苏省课改先进单位等荣誉称号。学校深入推进课改，提出有自身特色的“1234”课堂教学理念，充分利用小组合作学习形式培养学生自主、探究、合作学习的精神，不断提高课堂教学效率。优化德育，实施特色校本综合课程，开展丰富多彩的课余活动，全面提升素质教育内涵。

汉王中学新校门

铜山区实验小学

铜山区实验小学是一所年轻的省级实验小学。学校以“一切为学生健康成长成才服务，一切为学生终身发展奠基，一切为让家长放心满意耕耘”为办学理念，以人格化、规范化、现代化、高质量的教育为办学目标，以“艺术教育”、“现代化教育”为办学特色，师资力量雄厚，教育教学质量居市、区一流。2010年有54个教学班，2978名学生，153名专任教师，其中，小学高级教师120人，专科学历95人，本科学历58人；拥有区级以上名优骨干教师36人。快乐、积极、向上的铜山实小正向更高、更新的目标前进！

三届一次教职工代表大会

人人一节研讨课

专注

快乐

有序

运动会开幕式

“我参与我能行”大队委竞选活动

校长、党支部书记　刘建民

省市领导视察该校阳光体育

校领导为“星语”文学社揭牌

该校设立“名师工作室”

铜山区新区实验小学

新区实验小学位于风景秀美的铜山经济开发区内，占地3公顷。2010年有19个教学班，近千名学生，教职工50多名。学校有语音室、微机室、实验室、劳技室、科普展室、音乐室、美术室、图书室、阅览室、演播室等专用教室。校园风景优美，育人氛围浓厚，学生在这绿化、净化、美化、德育化的花园式校园中茁壮成长。

名师论坛

走进现代化课堂

专家引领　课题研究

市教育现代化推进会现场

铜山区驿城实验小学

驿城实验小学先后获得徐州市常规管理模范学校、铜山区常规管理模范学校、徐州市小学生写字比赛优秀组织奖、铜山区创建平安校园优秀单位、铜山区和谐校园、铜山区控辍先进单位、铜山区广播操、眼保操比赛一等奖、全国文明礼仪教育实验基地、徐州市实验小学、徐州市陶行知实验学校等多项荣誉。

开展“大手拉小手”活动

市“驿城杯”排球赛开幕式

校园舞翩翩

月到中秋分外圆——看望敬老院的老人

经典润心灵　书香溢校园

孩子们的节日

园长 秦玲

上级领导到园检查指导工作

铜山区三堡镇中心幼儿园

走进大自然

快乐的节日

构筑安全屏障

三堡镇中心幼儿园位于徐州南大门——三堡镇中心。始建于1981年，占地2.92公顷，建筑面积2350平方米。有大、中、小11个班级，在园幼儿390人，教职员工30人，其中区名教师1人，省、市、区级骨干教师10人，大专以上学历达75%。2003年被批准为省示范性实验幼儿园，2007年被定为中国创造学会创造教育实验基地，先后获市幼儿教育先进集体、市和谐校园、省平安校园等称号。

自制的器材也精彩

动手又动脑

六一也是教师的节日

何桥镇中心幼儿园改建于2006年8月，是一所全日制公办幼儿园，拥有一支高素质、高学历、进取心强、乐于奉献的教师队伍。优美的校园环境，一流的教学设施，赢得社会青睐。以“健康、自信、进取、奉献”为园风，以“爱心、耐心、细心、专心”为教风，以“乐学、好问、动手、动脑”为学风，坚持保教结合，寓教于趣。先后被评为江苏省优质幼儿园、徐州市示范幼儿园、何桥镇先进单位。

温馨的校园

瞧，多有创意的玩法

师生同乐

铜山区何桥镇中心幼儿园

讲故事比赛

防火演习

教师利用暑假苦练基本功

家园互动现场

校长、党总支书记　朱靖

朝气蓬勃的教师队伍

市教育督导团到校督导

市“十一五”课题结题鉴定会

被定为国家“十一五”重点课题科研单位

校园文化艺术节——舞动青春

团结就是力量——军训风采

苏北最大的校内文化长廊——闻书苑

徐州市第七中学

徐州七中是江苏省四星级高中。学校坚持“以生为本”，实施素质教育，为学生终身发展奠定基础；坚持“以师为要”，加强师资队伍建设，拥有一大批市名师、骨干教师、学科带头人；坚持“以质为先”，积极开展教科研，2010年，学校共有14项课题顺利结题。全校师生同心同德，2010年高考再创佳绩，位列贾汪区前茅。

开阔大气的校园

学校全景图

●●● 徐州市贾汪中等专业学校

贾汪中等专业学校占地12公顷，建筑面积35000平方米；有50间标准教室、3幢学生宿舍、1个现代化餐厅、1个标准体育场。在籍学生3500多人，教职工209名。教学设备先进，有7.8万余册图书；3大实训中心，建成千兆校园网；现代化微机室6间，上网计算机300多台；配置电工电子、电力拖动、液压气动、传感、音频视频、制热制冷等20多间实验、实习室，车床、铣床、摇臂钻床等40余台，CNC数控加工中心1个。 2010年，学校被评为省德育先进集体、省园林单位、省平安校园。

校长、书记　郭夫忠

区长孙清理（中）、局长姚焕永（左一）到校视导

手语操——感恩

技能大赛显身手

省职业学校教学规范检查

新教学楼建设视导

贾汪区英才中学

国家级课题——生态体验课题培训会

活力、实力、魅力的领导班子

贾汪区廉政文化进校园现场会

著名教育家、改革家魏书生为学校题词

英才中学是一所拥有43个班级、近3000名学生、150余名教职工的省市初中名校。有高级教师75人，国家级优秀教师2人，市名优教师23人，市区优秀教育工作者10人。

学校以科学管理引领师生在生态体验式德育、校园廉政文化建设、创建艺体特色、规范办学行为等方面取得显著成效，先后获得江苏省模范学校、文明单位、最具影响力初中、巾帼示范岗、省实施素质教育先进学校等100多项荣誉，被中央教育科学研究所确定为“生态体验课题”实验基地。

校铜管乐队精彩表演

站在新起点 谋求大发展 再创新业绩 打造新英才

校长、党支部书记　盛在华

原省教委副主任周德藩（右三）到校视导

贾汪区青山泉中学

青山泉中学始建于1958年，2008年夏与八丁中学合并，组建为有36个班级、1800多名在校生规模的新校，2009年8月迁入新址。学校秉承“以人为本，科研兴校，质量强校”的办学理念，连续7年中考升学成绩居全区公办学校第一名，先后荣获江苏省基础教育课程改革先进集体、市中小学教学改革实验定点学校、传统体育项目学校、区教学工作先进单位和文明单位等称号。

承办全市课改现场会

广播操比赛

书法兴趣小组——传承文明　修养身心

简约明朗的校园

徐州市青年路小学

青年路小学是一所百年老校，具有丰厚的文化底蕴，学校被收入国家教育部编撰的《中国名校600家》。

电化教育是学校办学的主要特色，在省内乃至全国堪称一流，学校的国家级课题在扎实推进中，发挥良好的辐射作用，推进区域教育的均衡发展，被评为优秀成果一等奖。积极开展“打造书香校园，传承经典文化”活动，以《弟子规》诵读与践行为重点，在教师、学生中产生良好的影响。

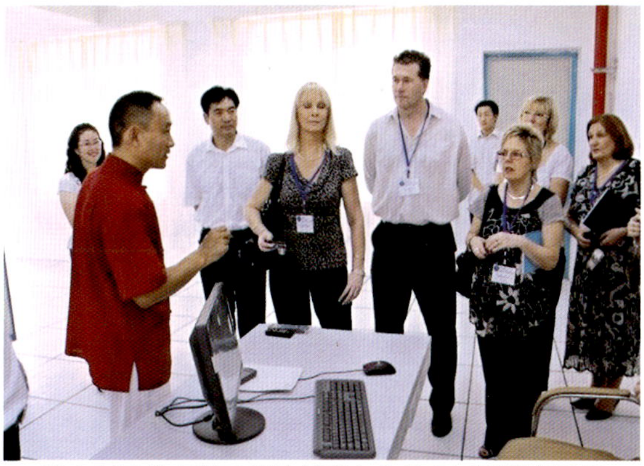

澳大利亚维多利亚州校长联合会代表团到学校访问

与王杰小学联合开展“学习汪金权，奉献爱心”主题活动

该校以高分通过省艺术教育特色学校评估验收

2010年9月1日，青小新城区分校迎来首批一年级新生

举办“兼容并蓄，和而不同”国家级课题暨苏鲁豫皖接壤地区实验小学教育科研活动

师生及爱心家长约400人前往铜山县植树，让环保意识植入学生心中

学校百年庆典活动

市领导为校园景观石“上善若水”揭幕

徐州市公园巷小学

公园巷小学始建于清朝宣统二年（1910年），两移校址，三改校名。一代代公园巷人承继百年育人传统，续写精彩华章，形成鲜明的办学特色，先后获得全国艺术教育先进单位、江苏省文明单位、实验小学、艺术特色学校、现代教育技术示范学校等二十多项省级以上称号。2010年，学校成功举办百年校庆庆典活动。

校长　郭爱英

舞蹈队——《快乐花园》

乐器队——架子鼓《我自豪》

教师快板——《百年公园赞》

合唱队——《听妈妈讲过去的故事》

徐州高等师范学校第一附属小学

党支部书记、校长　曹璟

云龙区基础教育教学工作会议现场

以“同课异构”为平台，有效开展校本教研

新西兰市长团到学校参观特色教育活动

专家、教师、家长围绕热点问题进行“金鼎论教”

徐师一附小始建于二十世纪三十年代，现有教学班44个。学校历史悠久，教学设施完备。已形成“try一下”教育特色。近年来，学校积极营造“三雅”校园—让孩子成为文雅的学生，让教师成为儒雅的教师，让校园成为优雅的校园。2010年荣获江苏省和谐校园、基础教育课程改革先进集体、平安校园、徐州市文明单位等称号。

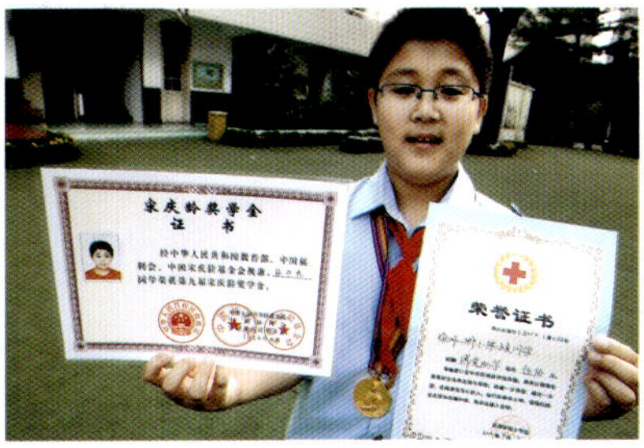

陈子末把获得的“宋庆龄奖学金”捐赠给品学兼优的学困生

徐州市中小学生统一着装及礼仪风彩大赛获一等奖

打造“雅园、雅师、雅士”“三雅”校园

市长张敬华视察学校

全国人大外事委员会主任委员李肇星亲自为学校授牌命名为“淮海战役红军小学”

徐州市解放路小学

校长、党支部书记　冯子瑛

解放路小学坐落在名胜古迹戏马台前。其前身为民国34年的昕昕中学女子部，今天已发展成为市区办学规模最大、教育质量一流的省级名校。学校始终以陶行知教育思想为指导，以“解放”命名，以“解放”立校，秉承传统，面向未来，走出了一条“小主人，大愿景”富有时代精神的办学之路。学校先后获得国家级绿色学校、创造教育实践基地、体育研究实验学校、江苏省实验小学、现代教育技术示范学校、学陶先进集体、科技教育特色学校等二十多项荣誉称号。

特级教师王兴荣指导青年教师

与外教愉快交流

星星火炬　代代相传

“小主人大愿景”课题结题会

省运盛会　夺冠而归

徐州市云兴小学

云兴小学曾获得全国科研重点实验基地、群众体育先进单位、江苏省教育先进集体、江苏省小学现代教育技术实验学校、课改先进集体等荣誉。在钱薇校长的引领下，学校积极构建充满“真、善、美、乐”的“书香校园、生态校园、数码校园、双语校园、和谐校园”。在“唯实、唯新、唯风范”的文化氛围中，教师们“减负不减质，减负不减责”，积极实践“简约高效，智慧课堂”。

校长 钱薇

市总工会主席徐崇先（前排右）莅临学校指导

市组织部长戚锡生（后排右六）云龙区区长韩冬梅（后排左四）莅临学校指导

云龙区基础教育教学工作会议现场

“数码校园”——与兄弟学校结对

“和谐校园”——传播民俗文化

“书香校园”——图书漂流活动

“生态校园”——争创省绿色学校

“科技校园”——科技特色活动展示

校长　陈园园

津浦西路小学原为铁路职工子弟第一小学，创建于1918年，2004年更名为津浦西路小学。学校以强校为目标，以管理为基础，以质量为生命，以科研为先导，呈现出“求均衡巩固基础、促多元彰显特色、保优质铸造品牌”的良好发展态势。先后被评为联合国教科文组织EPD实验学校、中国教育学会实验学校、江苏省实验小学、徐州市模范小学。

徐州市津浦西路小学

全国大赛载誉归来

国奥队队员孙珂回母校

国青队队员宋思橙回母校

校“梦想杯”班级足球联赛

舞动的童年

徐州市津浦西路小学

云龙区教育实验幼儿园

云龙区区长韩冬梅（前排中）到园指导工作

朝气蓬勃的教师队伍

云龙区副区长马涛（右一）到园调研

王璐老师在全国电子白板评比课中荣获二等奖

园长王凤云赴英国学习

春华秋实又一年，无限风光在眼前。在十七大精神的指引下，云龙区教育实验幼儿园锐意进取，奋勇拼搏，用执着、智慧、激情和汗水倾情演绎着团结、奋斗、进取、创新……在历史的舞台上留下了浓墨重彩的一笔，使幼教奇葩傲然怒放于云龙教育的沃土上。

家长和孩子共同阅读

美食节把营养和健康带给每一个孩子

在国学特色活动中养成良好阅读习惯

副区长魏道存（中）一行亲切慰问师生

市、区、局领导参加园“喻继高工笔画”揭幕仪式

演绎国学经典

云龙区幼儿园

传统活动——“亲子放飞风筝”

云龙区幼儿园是一所市示范幼儿园，7个班的规模，在园幼儿200多名，有26名教职员工，专任教师中大专以上学历占90%。本着“让每位幼儿拥有快乐，让每位教师获得成功，让每位家长体验幸福”的办园宗旨，坚持走内涵发展之路。幼儿园以弘扬传统文化为特色，重视幼儿的素质培养和交往能力的培养，引导幼儿自己动手制作风筝，组织春季亲子放飞风筝活动，这一活动成为幼儿园一道亮丽的风景线。

龙艳老师辅导幼儿“工笔画”

参加市庆六一演出

教师风采

徐州市第二十六中

鼓楼文教体局副局长、二十六中校长　权运太

团结奋进的领导班子

专注——美术兴趣小组活动

台湾著名教练指导棒垒球训练

计算机网络教室

整饬美观的校园

青春洋溢歌声嘹亮——第四届校园艺术节

二十六中位于中山北路257号，现有教职工144人，其中省特级教师2人，中学高级教师43人，名优骨干教师占30%。学校以“追求最适宜学生发展的生态化教育”为办学理念，通过实施生态化校园环境改造、生态化校本教研、生态化德育“三大工程”，结合教育现代化建设，办学条件明显改善，校园环境彰显人文特色，已成为一所教育教学质量稳步提升的现代化初中。

新建南大门——彰显现代气派

校长　周娅

干练的巾帼团队——学校领导班子

徐州市鼓楼小学

精彩脸谱表演

鼓楼小学始建于1923年，2008年投入2200万元异地重建，2009年8月迁入新校，位于环城路78号。占地1.4公顷，建筑面积9000平方米。2010年有50个教学班，2365名学生，134名教师。学校以“为学生终身发展奠定坚实基础”为办学目标，男子篮球、少年军校、科技教育成为鲜明特色，先后被命名为三星级省实验小学、中国教育学会小学教育专业委员会实验学校、全国少年军校示范校，荣获省文明单位、德育先进学校、体育传统项目学校、课改实验工作先进集体等殊荣。

“学做小交警，安全你我他”

小男篮获省小男篮比赛第二名

少年军校队列表演

校园一景——雄伟的教学楼

团结奋进的学校领导班子

中队辅导员培训

省教育现代化建设水平评估专家组莅临指导

荣获多项奖励的小足球队

我们的菜园

徐州市祥和小学

沁园——学生成长的乐园

国学精粹 千古传承
——校园文化一瞥

祥和小学始建于1997年，2010年有800余名学生，43位教师，19个教学班。学校秉承“同沐阳光，追逐成长梦想”的办学理念，以养成教育为突破口，以丰富多彩的活动为载体，让每一个孩子都能沐浴教育的阳光，在德智体美劳等方面全面发展，逐步形成健全的人格，为孩子的终身发展奠定坚实的基础。

唱红歌、忆历史、颂祖国

校园艺术节

校长戴海明教师节问候老师

课题研讨课

课题培训

教学研讨课

徐州市湖滨中心小学

诵读经典，传承文明

湖滨中心小学创建于1982年。2010年有24个教学班，1100余名学生，教师61人。环境优美，设施先进，条件一流。学校坚持“为学生的一生成长奠基”的办学理念，把“办现代化学校、办教师向往的学校、办学生喜爱的学校、办对家长负责的学校、办有社会美誉的学校”作为发展目标，先后获得江苏省文明学校、健康促进银奖学校，绿色学校、和谐校园，徐州市实验小学、模范小学、民族团结教育模范学校、中华经典诗文诵读实验基地等荣誉。

庆祝我们快乐成长

区教科研现场会

新生入队仪式

校长　冯现奇

与光荣巷小学交流活动

我们爱剪纸

《我们爱剪纸》校本教材

“感恩·成长”文艺汇演

徐州汇文学校

汇文学校始建于1969年，原为徐州矿务局夹河矿校，2010年9月移交泉山区政府管理，是一所九年一贯制学校。学校以“发展为主题、文化为引领、科研为主导”，十年的“剪纸”之路，走出学校鲜明的办学特色。先后荣获江苏省德育先进校、徐州市先进集体、优秀家长学校、课改示范校、艺术教育先进学校、艺术特色学校、体育传统学校等荣誉称号。

区诗歌朗诵会一等奖

《我和我的祖国》合唱比赛

市领导到校视察

省专家评估督导

区教育现代化学校标准化建设现场会

国庆歌咏比赛

阳光体育活动

阅读长廊——书之韵

泉山区太山小学

太山小学创建于1948年，从私塾学堂到今天的太山小学，历经60多年历史，风雨沧桑，薪火传衍，积淀了丰厚的文化底蕴。承各级领导悉心关怀，蒙几代贤达栉风沐雨，经数届师生发愤图强，而今的太山小学环境整洁美观，设施、设备现代化，是育人的理想之地，孩子们健康成长的乐园。

参加省教师基本功大赛获奖者（前右一）

依法治校示范校奖牌

徐州市开发区中学2001年建校。2010年有30个教学班，1500余师生；有市名校长、拔尖人才1名，市名师、学科带头人、骨干教师、区名师30名，中、高级教师69人。学校以“发展教师，提升家长，成就学生”和“成才、成功”为育人理念，办学特色鲜明。2010年中考进入全市十强方阵，一类重点中学升学率在50%以上。先后获徐州市第四、五届模范学校，江苏省平安校园、文明单位、文明学校等40余项称号；获区运动会四连冠，市运动会三连冠等荣誉。

全国语文学习科学实验学校授牌仪式

徐州市开发区中学

青春放歌暨毕业生欢送演出

时代之声演讲——王海童情动3000开中人

全国英语风采大赛载誉归来

英语艺术节活动

阳光跑操跑出生命的精彩

学校全景

徐州经济开发区侯集实验小学

校长、党支部书记　王伟

市委常委秦景安（中）等到学校考察

学校特色——篆刻艺术

侯集实验小学坐落在风景秀丽的房亭河畔。1942年建校，传承和积淀了丰厚的人文底蕴。学校三迁校址，四易其名，历经沧桑，却弦歌不断，获得三星级江苏省实验小学、省模范学校、体卫工作先进单位、小学数学课程改革实验先进集体、陶行知研究会实验学校，市教育系统先进集体、模范学校、文明单位、十佳文化校园等殊荣。学校已成为一所办学条件现代化、师资队伍优良化、学校管理精细化、办学成果特色化的省级名校。

优雅美丽的校园

宽敞明亮的教学大楼

整齐划一的韵律操

校长、党支部书记　孙庆太

奋发有为的实小教师

徐州经济开发区大黄山实验小学

教师舞蹈获区二等奖

实小教师上课外阅读示范课

千人诵读，朗朗书声穿越古今

学生制作的读书卡

趣味横生的课本剧

大黄山实验小学位于大黄山镇境内，建于2000年，占地1.33公顷。2010年有26个教学班，近千名学生；教职工80人，具有本科学历58人，县、区以上学科带头人、骨干教师15人。教学设备先进。学校以英语教学为突破口，确立“书香校园”的办学特色。2009年通过徐州市实验小学验收，先后获徐州市课程改革先进单位、教育现代化示范校、武术大赛团体总分一等奖等荣誉；2009～2010年教师获奖264人次，学生获奖326人次。

校长、党支部书记　李桂树

黄外小记者采访市教育局局长强国（左）

徐州黄山外国语学校

获市运动会道德风尚奖

黄山外国语学校是2004年3月成立的一所民办初中。坐落在徐州经济技术开发区内。现有24个教学班，1600名师生。黄外坚持“内抓质量，外树形象”，教学质量名列全市榜首。2010年，427名毕业生，总均分570.2分，超出全市总均分121.2分，重点高中录取率高达50.5%，6人被南师大附中录取。连续四年重点高中录取率超过50%，创全市中考“四连冠”。

校园艺术节

青年志愿者在行动

学校荣誉

宏伟壮观的教学楼

《徐州教育年鉴(2011)》编审人员名单

主　　编	强　国	曹孟军		
副 主 编	李运生	张宝民	曹昭海	
审　　稿	强　国	曹孟军	张同礼	葛宝堂
	李运生	王　亚	徐保卫	张建勋
	李玉良			
编　　辑	陈玉萍	曹昭海	翟明臣	钱立群
县(市)区组稿	宋红军	赵后乐	佟广艳	高福新
	袁　苏	陆林裕	张　玲	朱　涛
	宋　梅	曹　健	付惠文	姚焕旭
	孟甦民			

编辑说明

一、《徐州教育年鉴》是一部专业性资料工具书。在中共徐州市委教育工作委员会、中共徐州市教育局委员会、徐州市教育局的领导下，由教育志编写办公室主持编纂。创刊于1996年，每年一卷。

二、2011卷《徐州教育年鉴》记述2010年徐州市教育发展情况。

三、2011卷《徐州教育年鉴》篇目设置为：特载，第一编教育总述，第二编教育管理，第三编各类教育，第四编高等教育，第五编县(市)区教育，第六编荣誉录。

四、2011卷《徐州教育年鉴》收录的资料，由各级教育行政部门及各级各类学校撰写并经单位领导审核。

五、2011卷《徐州教育年鉴》编纂出版过程中，得到中国地方志指导小组办公室、中国地方志协会、中国版协年鉴研究会、江苏省教育厅、江苏省地方志办公室、江苏省年鉴学会、方志出版社、《北京教育年鉴》编辑部、徐州市史志办公室等单位的关心指导，得到全市教育工作者和有关部门的支持，在此一并表示感谢。由于编辑水平有限，恳请各级领导、同人和广大读者提出宝贵意见，以便进一步提高年鉴质量。

目　　录

特　　载

第一编　教育总述

第二编　教育管理

第四编　高等教育

中国矿业大学

徐州师范大学

徐州医学院

工程兵指挥学院

徐州空军学院

徐州工程学院

第五编 县(市)区教育

丰 县

睢宁县

新沂市

第六编 荣 誉 录

先进集体

先进个人

附:徐州市教育局2010年重要文件目录 ……(295)

特　　载

曹新平在全市教育工作会议上的讲话

（2010 年 11 月 4 日）

同志们：

这次全市教育工作会议，主要任务是深入贯彻党的十七届五中全会和全国、全省教育工作会议精神，对当前和今后一个时期全市教育工作作出部署，进一步推动教育事业优先发展、率先发展、科学发展，加快建设教育强市，努力走出一条具有徐州特色的教育现代化之路，为全市经济社会又好又快发展提供强有力的人才保证和人力资源支撑。下面，我根据市委常委会研究的意见，讲几个方面意见。

一、认真总结经验，在新起点上推进教育现代化

改革开放特别是“十一五”以来，各级党委、政府高度重视教育，全社会关心支持教育，广大教育工作者倾心投身教育，全市教育事业步入快速发展的轨道，取得了显著成绩。一是国民教育体系日趋完善。全市基本普及 15 年基础教育，学前教育幼儿入园率达到 95%，义务教育入学率、巩固率接近 100%，初中毕业生升学率达到 95.5%，残疾儿童入学率达到 98%，普通高校在校生达到 15 万人。二是均衡发展水平进一步提高。全市三星级以上普通高中比例达到 65%，三星级以上职业高中比例达到 60%，85% 的学生在优质高中就读。全部免除全市义务教育阶段学生学杂费和教科书费，真正实现了人民群众“有学上”的愿望。三是服务经济社会发展的能力显著增强。“十一五”期间，全市普通高等教育和成人高等教育培养本专科毕业生和研究生达 18.2 万人，各类中等职业教育培养毕业生 14.4 万人，新增劳动力人均受教育年限从 9.9 年提高到 13 年。四是教育投入大幅增加。“十一五”以来，教育经费年均增长 16.5%，2009 年达到 67.99 亿元，其中财政预算内教育经费 55.01 亿元，年均增长 18.9%。全市义务教育债务基本化解，教师工资、生均公用经费等刚性支出得到保障，覆盖城乡和各类教育的助学体系初步建立，“学有所教”的目标基本实现。徐州教育事业的大发展，极大提高了全民素质，有力推进了科技创新、文化繁荣，对加快振兴徐州老工业基地、全面建设小康社会起到了不可替代的重要作用。全市广大教师和教育工作者为徐州教育发展付出了大量心血，作出了重要贡献。我代表市委、市政府，向全市广大教师和教育工作者表示最衷心的感谢和最崇高的敬意！

在充分肯定成绩的同时,我们还必须清醒地认识到,我市虽然是教育大市,但还不是教育强市,教育改革发展还面临着不少困难和问题,主要表现在:优质教育资源总量不足,区域、城乡、校际之间教育发展不够均衡,职业教育、高等教育对地方经济社会发展的贡献度还不高,教育公共投入不能完全适应教育事业发展需要,等等。我们要通过深化教育改革,加快教育科学发展,切实解决存在问题。

10月27日,市委常委会议把全市"十二五"规划和"十二五"教育改革发展规划放在一起进行专题研究,大家一致认为,"十二五"时期是我市推进科学发展、跨越发展的关键阶段,我们要通过艰苦的努力,向全国发达城市行列迈进。实现这一目标,教育肩负的责任重大,教育必须适应经济发展,促进经济发展。为此,市委、市政府确定了未来5到10年全市教育工作的战略目标和基本思路:到2015年,全市教育规模、教育质量、教育投入、教育贡献份额等主要指标在江北和淮海经济区领先,基本实现教育现代化,建成教育强市;到2020年,全面实现教育现代化,建成学习型社会和人力资源强市。全市上下要紧紧围绕上述目标,以更加有力的举措、更加扎实的工作,推动我市教育事业在新的起点上跨越发展,实现从教育大市向教育强市、从人力资源大市向人力资源强市的历史性转变,使科教优势成为引领徐州未来发展最突出的优势。

二、突出工作重点,全面加快教育强市建设

第一,认真贯彻落实教育优先方针。主要是落实"三个优先"、做到"三个高于",突破"两个重点"。要把教育优先发展摆在更加突出的战略地位,做到经济社会发展规划优先安排教育发展、财政资金优先保障教育投入、公共资源优先满足教育和人力资源开发需要。要把增加教育投入作为优先发展教育的关键举措,建立健全教育投入稳定增长机制,确保财政教育拨款增长高于财政经常性收入增长、财政教育支出占一般预算支出比例高于省核定比例、全社会教育投入增长高于地区生产总值增长,形成以政府投入为主、多渠道筹措教育经费的机制。围绕突破增加生均经费和加大教师队伍建设投入两个重点,进一步改善办学条件、增加教育投入、强化师资建设,使全市生均公用经费和教师队伍建设投入达到或高于全省平均水平。

第二,全面推进素质教育。坚持以人为本,全面实施素质教育,是教育改革发展的战略主题。要坚持德育为先。改进德育方式方法,提高德育的针对性和实效性,引导学生树立正确的世界观、人生观和价值观,着力提高责任感、正义感和奉献精神,成为德智体美全面发展的社会主义建设者和接班人。要深化教学改革。创新教学观念、教学内容、教学方法,注重学思结合、知行统一、因材施教,倡导启发式、探究式、讨论式、参与式教学,培养学生学习思考、解决问题的能力。要完善教育评价制度。建立由政府、学校、家长及社会多方参与的教育质量评价制度,将学生综合素质和能力作为评价的基本标准,尤其是各地和有关部门不得下达升学指标、不得简单以升学率对学校排名、不得将各种考级和竞赛成绩作为入学和升学依据,在全社会营造素质教育的良好环境。设立教育质量管理专项资金,对教育质量管理、特色办学、职业技能大赛成绩突出的学校给予奖励。

第三,着力提高各级各类教育发展水平。要深入实施幼儿教育普及工程,大力发展公办幼儿园,积极扶持民办幼儿园,重点发展农村学前教育,力争到2015年全市基本普及学前三年教育,省优质幼儿园比例达到70%以上。要全面推动义务教育均衡发展,大力推进义务教育学校标准化建设,加大对农村地区、薄弱学校的支持力度,努力建设义务教育优质均衡发展示范区。要积极促进高中教育优质特色发展,着力提高高中教育综合实力。要加快职业教育发展步伐,切实加大对创建国家级、省级示范性职业学校、示范专业、实训基地的投入，努力建设一批省内一流、全国知名的职教品牌。要进一步提高高等教育水平，支持在徐高校以提高质量为核心，从注重扩大规模向更加注重内涵建设转变，走科学发展、内涵发展、特色发展的路子，全面提升人才培养、科学研究和社会服务的整体水平。要积极推进终身教育普惠工程，逐步完善社区大学、社区学院、社区教育中心和村（居）民学校四级社区教育网络，努力建设人人皆学、处处能学、时时可学的学习型社会。

第四，大力强化教育基础设施建设。要围绕改善办学条件、优化资源分配、提高保障水平，着力抓好“三大工程”：一是教育设施配套工程。城乡建设改造要优先满足教育发展需要，新建规模住宅小区必须按照教育布局规划和国家标准配套建设中小学、幼儿园，满足居民子女就近接受学前教育和义务教育的需求。二是薄弱学校改造和中小学校舍安全工程。加大对义务教育阶段公办薄弱学校的改造力度，力争通过三年左右时间，配齐各种教学配套用房，提升内部设施设备的装备水平，实现校容校貌明显改善。进一步加大中小学校舍抗震加固工程建设力度，确保在上级有关部门确定的时间节点前，全市所有学校都达到相应的抗震设防规范要求。三是农村教师住房改善工程。支持有条件的中心镇参照城市安居工程和经济适用房建设政策，解决农村中小学教师住房问题；加快建设偏远农村学校周转房，切实解决教师“走教”问题，使广大农村教师安心从教、长期从教。

第五，切实加强教师队伍建设。教育大计，教师为本。要把加强教师队伍建设作为教育事业发展的最主要的基础工作来抓，努力造就一支师德高尚、业务精湛、结构合理、充满活力的高素质教师队伍。要加大培养培训力度。全市中小学、幼儿园教师、班主任和校长要实行每五年一周期的全员培训，农村义务教育学校和幼儿园教师在2012年前进行一轮全员培训。大力实施名教师名班主任名校长工程，培养造就更多的教育家、中青年教学骨干和学科领军人才。设立教育人才培养资金，促进名特优教师专业成长。要完善激励保障机制。采取有力措施，提高教师地位，维护教师权益，改善教师待遇，依法保证教师平均工资水平不低于或高于国家公务员平均工资水平。重点加大对农村教师关心力度，在业务培训、评定职称、生活待遇等方面实行倾斜政策，使农村教师在农村能够引得来、留得住、用得好。要加强师德和能力建设。教师被誉为“人类灵魂工程师”。引导广大教师树立正确的职业理想、职业道德，增强教书育人的责任感和使命感，切实做到“学为人师、行为世范”，真正成为学生健康成长指导者和引路人。要逐步完善准入退出制度，严把教师入口关，大力提高教师专业化水平，努力形成能进能出的良性发展机制。

三、面向经济建设，加快推进教育资源向发展资源转化

一是要加快培养社会急需人才。引导高校和职业院校主动面向我市“三重一大”重点项目、“四大行动计划”等现实需求，调整优化专业结构，扩大高技能型、应用型、复合型人才培养规模，提高学生的就业能力、创业能力和创新能力。高校要充分利用大学科技园、大学生创业园平台，探索与科研院所、行业企业、经济技术开发区联合培养人才的新机制；职业学校要加快建设一批与现代制造业、现代服务业联系密切的实训基地，全面推行工学结合、校企合作、顶岗实习等人才培养模式，实现从学校到工作岗位无缝对接。

二是要提高服务经济社会发展能力。集中力量支持在徐高校建设优势学科、特色学科，特别要在工程机械、能源资源、食品加工、物联网和文化产业等经济社会发展急需的领域建成一批优势学科群，为加快我市产业转型升级提供强大的科技动力。职业教育要面向我市经济建设的实际需要，注重特色，打造品牌,多出像徐工技校、沛县保安学校、徐州幼师、江苏模特学校这样的广受社会欢迎的职业学校,使职业技术教育成为促进就业和惠民富民的强大引擎。

三是要推进产学研用结合。充分依托我市高等教育规模优势,积极汇聚和整合校内外科技资源,进一步加大矿大科技园、师大文化创意产业园、市大学生创业园和各高校重点实验室等研发基地建设力度,围绕我市产业发展,开展重点攻关,推进自主创新,创造更多更好的创新成果。积极支持高校师生走出"象牙塔",奔赴经济建设主战场,广泛开展多种形式的成果转化、科技服务和培训活动,大力促进科技成果向现实生产力转化。

四、加强组织领导,形成推动教育改革发展的强大合力

一要健全领导体制机制。各级党委、政府要把教育摆在优先发展的战略位置,不断健全和完善保证教育优先发展的领导体制、决策机制、考核机制和问责机制。特别是党政主要领导同志要当好第一责任人,及时研究解决教育改革发展中遇到的重大问题和群众关心的热点难点问题,真正做到为官一任,兴教一方。当前,要突出抓好市委、市政府《关于加快建设教育强市实现教育现代化的决定》的组织实施工作,分解任务,落实责任,研究制定相关政策措施,以科学的制度设计和政策安排保障教育发展。

二要促进教育公平。努力缩小校际差距,大力实施薄弱学校振兴工程,积极推进优质学校与薄弱学校结对共建,实行师资交流使用、资源互补共享。要健全扶贫助学机制,积极实施家庭经济困难学生资助计划,建立学前教育家庭困难幼儿资助体系,提高农村义务教育阶段经济困难寄宿生的生活补助标准,扩大非义务教育阶段学生的助学金、奖学金规模和覆盖面,健全中职和高校家庭经济困难学生资助政策体系,确保每一个孩子不因贫困失去学习机会,确保进城务工就业农民子女、农村留守少年儿童、残疾儿童平等享有接受教育的基本权利。

三要深化教育改革创新。加快推进办学体制改革,推行公办学校多种形式办学,鼓励社会力量参与举办非义务教育公办学校,支持各类优质学校组建教育集团,探索建立名校向薄弱学校提供管理服务的机制,提升薄弱学校办学水平。加快推进教育管理机制改革,形成政事分开、责权明确、统筹协调、规范有序的教育管理体制,建立现代学校制度,健全学校目标管理和绩效管理机制、科学民主决策机制、学校校长负责制,倡导教育家办学,克服学校行政化倾向。要真正发挥绩效考核作用,建立起重能力不唯学历、重实绩不唯职称、重贡献不唯资历的分配激励机制,给优秀教师以更高待遇,让干得好的得更多实惠。加快推进教育国际合作与交流,积极引进世界先进的教育教学思想和管理经验,吸引海外知名教育机构来徐投资办学,全面提升徐州优秀人才的国际竞争力、公民的国际交往力和教育的国际影响力。

四要营造尊师重教氛围。大力营造兴教助学无上光荣的氛围,鼓励更多的企业家关心教育、捐资教育、参与教育,使更多的社会资源投向教育、发展教育。进一步加大舆论宣传力度,广泛宣传教育战线的新成果和支持教育发展的新典型,让教师成为最受尊重的人,让重视教育的人成为最被敬佩的人。深入开展平安校园、文明校园、和谐校园创建活动,加强校园安全管理,强化突发事件处理,努力创造安定和谐的教育环境。

同志们,办好人民满意的教育责任重大,使命光荣。让我们以邓小平理论和"三个代表"重要思想为指导,深入贯彻落实科学发展观,解放思想、开拓创新,锐意进取、扎实工作,努力开创我市教育改革发展新局面,为徐州科学发展、跨越发展作出新的更大贡献!

中共徐州市委　徐州市人民政府

关于加快建设教育强市实现教育现代化的决定

为深入实施科教兴市战略，大力发展教育事业，加快建设教育强市，实现教育现代化，更好地为全市经济社会又好又快发展服务，根据国家、江苏省中长期教育改革和发展规划纲要精神，作出如下决定。

一、充分认识加快建设教育强市的重要性紧迫性

（一）徐州教育事业发展取得了显著成绩。改革开放以来，特别是2005年省委、省政府作出加快建设教育强省、率先基本实现教育现代化决定以来，全市深入实施教育优先发展战略，不断加大教育投入，积极推进教育改革，全面实施素质教育，教育事业实现了跨越发展。免费义务教育全面实施，学前教育、高中教育基本普及，职业教育、社会教育健康发展，高等教育大众化快速推进；学校办学水平和教育质量不断提升，教育公平得到较好维护，为保障和改善民生作出了重要贡献。同时也应当看到，我市教育事业与经济社会发展要求还不完全适应，教育体制机制不够完善，城乡、区域教育发展不够均衡，教育服务经济社会发展能力有待进一步增强，教育改革与发展的任务仍然十分艰巨。

（二）教育事业在实现全市“两个率先”大局中具有基础性、先导性、全局性作用。当前和今后一个时期，是我市实现“两个率先”、加快建设特大型区域性中心城市的关键阶段，也是徐州从教育大市向教育强市、从人口大市向人力资源强市转变的重要时期。依靠教育提高国民素质和社会文明程度，依靠教育推动自主创新和管理创新，依靠教育促进经济转型升级和发展方式转变，依靠教育提升综合实力和国际竞争力，比以往任何时候都显得更加紧迫、更为重要。各级党委、政府务必牢固树立“教育是国计、也是民生”，“发展教育也是发展经济，而且可以更好地发展经济”的理念，从全局和战略的高度，深刻认识建设教育强市的重大意义，进一步增强加快教育发展的紧迫感、使命感和责任感，以与时俱进、奋发有为的精神状态，加快建设教育强市，实现教育现代化。

二、指导思想和奋斗目标

（三）指导思想：以邓小平理论和“三个代表”重要思想为指导，深入贯彻落实科学发展观，全面贯彻党的教育方针，深入实施科教兴市和人才强市战略，坚持把教育放在优先发展的战略地位，以建设教育强市、实现教育现代化为目标，以提高教育教学质量为核心，以促进教育公平为重点，以服务“两个率先”为导向，以改革创新为动力，坚持以人为本，大力实施素质教育，积极推进教育优质化、均衡化、现代化、终身化和国际化，为推动经济社会又好又快发展提供坚强的人才支撑和智力保障。

（四）奋斗目标：坚持教育优先发展、率先发展，加快发展、科学发展，到2015年，教育发展规模、教育质量、教育投入、教育贡献度在江北和淮海经济区领先，建成教育强市；

到2020年,教育发展主要指标高于全省平均水平,实现教育现代化,建成学习型社会和人力资源强市。

——实现更高标准的普及教育。2015年学前三年幼儿教育毛入园率、义务教育巩固率、高中阶段教育毛入学率、高等教育毛入学率和新增劳动力人均受教育年限分别达到90%、99%、92%、45%和13.5年;2020年分别达到98%、99%、95%、60%以上和15年以上,人人都有机会终身接受教育,从业人员继续教育年参与率达60%以上。

——建成更加先进的教育设施。2015年,基本完成校舍安全工程,全市中小学实现办学条件标准化,教育信息基础设施建设和教师运用信息技术的能力明显增强,以县(市)区为单位基本实现教育现代化,条件较好的县(市)区实现教育现代化。2020年,全市学校基础设施、教育技术装备特别是信息化程度达到发达国家平均水平,实现教育现代化。

——提供更为丰富的优质教育。学前教育纳入国民教育体系,基础教育、职业教育、高等教育相互衔接,协调发展,基本形成开放多元、高标准、高质量的现代国民教育体系和继续教育网络。教育公平得到保障,素质教育全面推进,创新人才培养水平显著提高。教师队伍整体素质增强,优质教育资源总量扩大。2020年,省定优秀标准学校达80%以上。

——构建更具活力的体制机制。办学体制逐步优化,以政府办学为主体、全社会积极参与、公办教育和民办教育共同发展的格局基本形成。以公共财政投入为主、多渠道筹措教育经费的公共教育投入机制更趋完善。教育对外开放不断扩大,教育国际交流合作广泛开展。

——实施更有成效的社会服务。各级各类教育布局结构与经济社会发展相适应,人才培养基本满足现代化建设需要,教育可持续发展能力以及对经济社会发展的贡献度明显提高,形成一批满足经济社会发展需求、支撑经济社会又好又快发展的高水平科技成果,科技成果转化和高新技术产业化水平进一步提高。

三、大力实施教育强市建设工程

(五)实施基础教育提优工程。坚持总体规划、分类推进、分步实施,实现义务教育优质均衡,学前教育和高中教育全面普及,基础教育公平程度显著提高,城乡、区域和学校之间的教育资源配置、教育质量和办学水平等差距明显缩小,每个适龄儿童少年都能接受适合自身发展的良好教育。

强化学前教育公益性。落实政府职责,将学前教育纳入经济社会发展规划,切实提高政府保障水平。全面落实县级统筹,县、镇(街道)共建的幼儿教育管理体制,完善成本合理分担机制,切实改善办园条件。大力发展公办幼儿园,加大政府投入,新增幼儿园以公办为主,支持省优质幼儿园集团化发展。实施农村幼儿园建设工程,到2012年,每个县(市)至少办好2~3所直属公办示范园、每个乡镇至少办好1所达省优标准的公办中心幼儿园,村级幼儿园全部建成合格园。到2015年,全市公办幼儿园比例达到60%以上,省优质幼儿园比例达70%以上。积极扶持民办幼儿园,探索以政府购买服务的方式,鼓励城乡居民和社会力量以多种形式举办学前教育机构,对完成省、市级优质幼儿园创建的民办幼儿园给予奖励。健全幼儿园准入和督导制度,加强对各类幼儿园保教质量的管理和评价。严格执行幼儿教师资格标准,依法落实幼儿教师地位和待遇。

促进义务教育优质均衡发展。根据学龄人口变化和城市化进程、新农村建设总体规划,合理调整义务教育学校布局。大力推进义务教育优质均衡发展示范区建设,2015年全市义务教育学校全面达到均衡,城区达到优质均衡。建立城乡一体化的义务教育发展机制,在财政拨款、教师配置、学校建设等方面向农村倾斜。加大对薄弱学校的支持力度，建立优质学校向薄弱学校提供管理服务制度。实行县级教育主管部门统一管理中小学教师制度，区域内教师和校长定期合理流动。实施义务教育学校现代化建设工程，全面加强师资队伍、学校校舍、设施装备等建设。到2015年，全市义务教育学校50%以上建成现代化标准学校，2020年达90%以上。推进小班化教学，小学每班35人、初中每班40人以下，逐步解决大班额问题。义务教育阶段严禁设置重点学校和重点班，逐步减少择校现象。保障贫困学生、外来人员子女、农村留守儿童、残疾儿童平等接受义务教育的权利，消除辍学现象，确保义务教育全覆盖。

推动普通高中优质特色发展。进一步整合普通高中教育资源，"十二五"末，全市普通高中学校控制在75所以内。控制超规模学校和大班额班级，每班班额45人以下，并逐步推进小班化教学。实施质量提升工程，加大学科、设施设备、师资队伍和教育科研等方面的建设和投入，加强内涵建设，加快提升普通高中整体办学水平和学生综合素质。实施特色建设工程，增强普通高中自主发展能力，鼓励学校立足历史传统、地域文化和学生发展需要，推进办学模式、育人方式多样化、个性化，培育一批具有独特文化和办学特色的普通高中。到2015年，全市所有普通高中达到优质高中办学标准；到2020年，全市建成10所左右全国一流高中，普通高中综合实力领先苏北并高于全省平均水平。

大力发展特殊教育。大力发展以职业教育为主的残疾人高中阶段教育，实行残疾学生高中阶段免费教育，到2015年，基本普及残疾儿童少年15年免费教育。支持各级各类学校接受残疾人入学，完善随班就读保障体系。加强特殊教育学校建设，使每所特殊教育学校都达到现代化办学标准。

（六）实施职业教育优化工程。把发展职业教育放在更加突出的位置，以富民为主题、服务为宗旨、就业为导向，优化发展职业教育，形成适应经济发展方式转变和产业结构调整要求，中、高等职业教育协调发展的现代职业教育体系，把徐州打造成为淮海经济区技能型人才培养高地和劳动力资源配置中心。

优化资源配置。坚持政府主导，进一步优化职业教育布局，全市独立设置的中等职业学校（含五年制高职校）调整到25所，在校生稳定在10万人以上。大力发展五年制高职教育和高级技工教育，支持有条件的五年制高职发展成为高等职业院校，支持县区职业学校依托高校创办特色高等职业院校。引导职业学校面向经济社会发展调整优化专业结构，设置职业技能人才紧缺专业或方向。重视发展面向农村的职业教育，加强涉农专业建设，扩大农村职业教育培训覆盖面。

加强职业学校基础能力建设。围绕徐州传统产业转型升级和新兴产业发展，重点发展工程机械、矿山机械、数控技术、光伏光电、现代农业、食品医药、商贸旅游、现代物流等专业，形成与产业结构相适应、学校分工合理、行业特征明显、各具特色优势的专业布局。坚持政府投入为主，加强实训基地建设，支持职业院校与行业、企业共建一批高水平、开放式、示范性实训基地，支持社会力量和学校通过多种形式共建教学、生产、经营合一的实训基地。到2012年，县级职教中心全部达到省级高水平示范性中等职业学校标准，中等职业学校全部达到国家级重点中等职业学校标准。"十二五"期间，全市创建国家级、省级高水平示范性职业学校15所，国家、省级示范专业50个、高水平示范性实训基地25个。2020年，建成一批国内一流的示范性职业学校和高技能人才培训基地。

提高人才培养质量。突出以诚信、敬业为重点的职业道德教育。以就业为导向，以职业能力为核心，改革职业教育课程体系、教学方法和管理机制，强化学生技能训练。完善职业院校学分制和弹性学制。全面推行工学结合、校企合作、顶岗实习的人才培养模式。2012年所有职业院校均建有学生创业基地和项目。创新职业院校技能竞赛制度,培养一批技能标兵。加强对人才培养的质量监控,定期开展教学质量评估。把毕业生的职业道德、职业能力和就业质量、用人单位满意度作为考核职业院校教育教学工作的主要指标。

培育职教品牌。进一步打造“中国淮海职业教育节”和“学在徐州”两大职教品牌,通过政策扶持、规范管理等措施,吸引、支持国内外更多知名教育培训品牌落户徐州。到2015年,引进国际一线教育培训品牌机构5家,国内一线教育培训品牌机构10家,培育壮大地方教育培训品牌20家,基本形成名牌会聚、特色鲜明、种类齐全、覆盖城乡的教育培训体系。

(七)实施高等教育特色发展工程。鼓励在徐高校发挥学科特色和比较优势,实现差异化发展。支持中国矿业大学建成在能源和资源领域具有重要国际影响、特色鲜明的多科性研究型国际一流的高水平大学,徐州师范大学向综合性、开放式、高水平新型大学发展,徐州医学院向医学专业齐全的医科大学发展,徐州工程学院建成以工程类学科为主、多学科协调发展的应用型大学,徐州建筑职业技术学院建成以建筑类专业为主、特色鲜明的国家示范性职业学院,徐州工业职业技术学院建成高分子材料、生物化工为拳头专业的应用型国家示范性职业学院,徐州生物工程高等职业学校建成以农牧类专业为优势、生物技术类专业为特色的职业技术学院,支持徐州幼儿高等师范学校向幼儿师范专科学校发展。完善“国家考试、个人自学、社会助学”的自学考试制度,鼓励成人高等教育加快发展,加快高等教育普及化进程。

增强科技创新和服务发展能力。加快推进教育资源向发展资源的转化,大力推进高等教育与科技、经济紧密结合,围绕徐州高新技术产业跨越发展和战略性新兴产业发展目标,完善自主创新与科研成果转化相配套的高校科技创新体系。支持在徐高校优势学科建设,培育建设一批代表学科发展方向、适应经济社会发展需求,前景好、潜力大的优势学科。加强高水平优秀科技创新团队和科研创新基地建设,重视基础研究,强化应用研究,不断提升自主创新能力,促进技术转移及科技成果转化。深入推进产学研合作,加强校企联盟,增强高校科技创新能力。支持中国矿业大学科技园建设成为引领传统产业升级、新兴产业培育、集研发生产服务于一体的、国内外有影响的一流国家级大学科技园。充分发挥“中德能源与矿区生态环境研究中心”研发平台作用,推进徐州生态示范区建设。支持徐州师范大学科技园建成以文化创意产业为主题,融物联网建设、低碳产业为一体的省级大学科技园。支持在徐高校教学联合体建设,完善内部管理和运行机制,实现资源深度优化与共享,并逐步把苏北和淮海经济区高校纳入联合体辐射范围。

鼓励和扶持大学生在徐自主创业。加大对大学生在徐自主创业的扶持力度,落实各项扶持政策,激发大学生自主创业热情,培养更多的创新创业型人才。进一步扩大大学生创业园产业化基地规模,完善基础设施,吸引更多的优秀大学生来徐创业,把徐州打造成全国大学生创业的首选之地。

(八)实施终身教育普惠工程。坚持政府主导、统筹规划,优化整合各种教育资源,构建与国民教育体系融合贯通、协调发展、灵活开放的终身教育体系,形成学历教育与非学历教育并举、继续教育与学校教育并进、社区教育、老年教育蓬勃发展的格局。到2020年,学习型组织普遍建立,终身教育体系基本完备,形成学习型社会。

广泛开展社区教育。整合现有教育资源,积极创建国家级、省级社区教育实验区、示范区,逐步完善社区大学、社区学院、社区教育中心、村(居)民学校四级社区教育网络。到2015年,建成徐州市社区大学,县(市)区依托职教中心建成社区培训学院,镇(街道)建有社区教育中心,行政村(居委会)设立办学点。到2020年,全市镇(街道)、村(居)社区教育基地全面建成,城市居民参与社区教育活动达60%以上,农村居民达40%以上,形成城乡一体的社区教育发展格局。

积极发展继续教育。稳步发展学历继续教育,加快发展职业导向的非学历继续教育,支持用人单位为从业人员提供教育培训,党政机关、企事业单位逐步实行在职人员带薪学习制度。拓展中等职业学校服务功能和对象,面向“两后”(初、高中毕业后)毕业生、退役士兵、返乡农民、在岗人员开展职业技能培训。到2020年,全市从业人员继续教育年参与率达60%以上。

加快发展老年教育。以老年社会组织为纽带,形成以各级老年大学为骨干、社区教育机构为依托、远程网络教育为重要形式的老年教育体系。到2015年,全市形成全覆盖的社区老年教育网络。建有养教结合的老年教育服务机构,为老年人提供便捷的学习环境。

(九)实施教育改革创新工程。以改革为动力,加快教育体制机制创新,扩大教育对外开放,激发教育发展活力,为建设教育强市、实现教育现代化增添强劲动力。

深化办学体制改革。坚持教育公益性原则,深化办学体制改革,形成政府主导、社会参与、办学主体多元、办学形式多样、充满生机活力的办学体制。探索公办学校多种办学形式,允许非政府机构通过公办民助、委托管理、合作办学等方式参与举办非义务教育公办学校。探索让部分中小学(幼儿园)优秀校长(园长)管理多所学校(幼儿园),促进薄弱校(园)提升办学水平和教育(保教)质量。鼓励公办学校之间,以及民办学校和公办学校之间联合组建教育集团。鼓励高中阶段公办学校集团化办学,借助优质教育资源改造薄弱学校。推动公办职业院校依托行业企业办学,鼓励企业、社会团体、个人参与举办职业教育和培训。

深化教育管理体制改革。推进政校分开、管办分离,建设依法办学、自主管理、民主监督、社会参与的现代学校制度。改革政府管理教育方式,减少对学校不必要的行政干预,落实和扩大学校办学自主权。深化学校内部管理体制改革,加大教育干部考核选拔和竞争上岗力度,选准配强学校领导班子;深化教职工全员聘任制和绩效工资制度,进一步完善教职工绩效考核和绩效工资分配办法,调动广大教职工的积极性。

大力支持民办教育。将民办教育纳入教育发展总体规划,促进社会力量出资、捐资办学,以独立举办、共同举办等多种形式兴办教育。鼓励和扶持民办学校发挥优势、办出特色。依法加强对民办学校的监管,规范民办学校资产和财务管理,确保民办学校收取的费用主要用于教育教学活动和改善办学条件。健全民办学校办学质量监控体系,完善民办学校年检制度,强化对民办学校的督导评估。

积极开展国际合作与交流。坚持互惠互利、合作共进,在更大范围、更广领域、更高层次上扩大教育对外交流合作。大力推进“招校引教”,吸引海外知名教育机构来徐投资办学;鼓励、支持品牌学校与国际知名学校开展合作办学。拓宽对外交流渠道,加快引进世界先进的教育教学思想和管理经验。积极开展与港澳台地区教育交流合作。

四、全面提高素质教育实施水平

(十)坚持德育为先、能力为重、全面发展。将未成年人思想道德建设和大学生思想政治教育摆在首要地位,大力开展理想信念教育、民族精神教育、时代精神教育和基础文明养成教育。以课程建设、活动建设、校园文化建设、队伍建设为重点,完善学校、家庭、社会三位一体的德育网络,贯通爱国主义教育基地、青少年活动中心、社会实践基地、校内德育阵地,加强大中小学德育的有效衔接,形成未成年人思想道德建设和大学生思想政治教育的实践、活动课程体系。深入推进“学生成长导师制、伙伴制”,打造一批以先进典型、精品活动为主要内容的德育品牌,形成高品位、高质量、科学规范、个性鲜明的徐州德育工作新格局。

(十一)全面提升学生综合素质。坚持健康第一,科学、合理安排学生作息时间,严格控制学生在校集中教学时间和家庭作业总量。推进“阳光体育”运动,培养学生良好的体育锻炼习惯,增强学生体质。加强心理健康教育、法制安全和养成教育,培养健全人格。加强美育,丰富学校艺术教育内容和形式,推进高雅艺术进校园。重视学生实践教育,教育学生学会动手动脑、学会生存生活、学会做事做人,增强主动适应社会的能力。

(十二)深化教育教学改革。深入推进基础教育课程改革,加强教育教学研究,创新教育教学内容,改进教学方式,倡导启发式、探究式、讨论式、参与式教学,探索网络环境下的教学模式,提升课堂教学效率。关注学生的特点和个性差异,推行分层教学、走班制、学分制、导师制等教学管理制度。探索建立科学性、多样性、发展性评价标准和办法,将学生综合素质和能力作为评价的基本标准,做好学生成长记录,完善综合素质评价。建立中小学生课业负担监测、举报、公告和问责制度,规范中小学办学行为,减轻中小学生过重的课业负担。科学制订学校评价标准,开展由政府、学校、家长及社会各方面参与的教育质量评价活动。发挥教育督导评估作用,建立科学、公正、权威的教育质量监控机制、评估体系和督导公告制度。设立教育质量管理专项资金,对教育质量管理、特色办学成绩突出的学校给予奖励。

五、加快建设高素质的教师队伍

(十三)加强教师职业道德教育。坚持把师德教育摆在教师队伍建设的突出位置,大力宣传先进教师典型,教育广大教师忠诚教育事业,不断提高思想政治素质和业务水平。对高校教师重点开展教学规范和学术道德教育,对中小学、幼儿园和职业学校教师重点加强职业道德和行为规范教育。坚持师德考核与业务考核并重,把师德考核结果作为教师聘用、评优评先的重要依据。

(十四)加强教师培养培训。进一步完善市、县、校三级教师培训网络,以提高实施素质教育能力为目标,实行每五年一周期的教师和校长全员培训。加强班主任和辅导员培训,注重民办教师培训。实施“名师名校长工程”和“青蓝工程”,壮大徐州名特优教师群体。以省人民教育家培养工程为依托,培养一批专家型的教师和校长。设立教育人才培养资金,加大名特优教师的培养力度,促进教师专业发展。积极鼓励和支持校长、教师进修高一层次学历,提升专业素养。加快职业院校“双师型”教师队伍建设,落实教师到企业实践制度,鼓励企业高技能人才到职业学校兼职任教。小学(幼儿园)、初中、高中教师学历和职业院校“双师型”教师比例达到省定指标要求。

(十五)加强农村教师队伍建设。完善优惠政策,鼓励优秀学生报考师范院校,吸引优秀大学毕业生到农村学校任教。对长期在农村任教的教师在工资、职务、职称等方面实施倾斜政策。继续做好城乡教师对口交流工作,完善城镇中小学教师到乡村任教服务期制度,有计划选派农村学校教师到城镇各类示范学校跟岗进修,城镇中小学教师晋升高级职务应有在农村学校或薄弱学校任教半年以上的经历。加大对农村教师培训的倾斜力度,有计划地开展送教下乡、送培到县活动,提高农村教师的教育教学水平和能力。2012年前对全市农村义务教育学校和幼儿园教师进行一轮全员培训。

(十六)加强教师队伍管理。依法执行

教师资格制度，全面推行教师聘任制。县级以上教育部门按规定履行中小学教师招聘录用、职务（职称）评聘、培养培训和考核等管理职能。机构编制部门每两年核定一次编制，并按省定编制标准配足配齐学科教师。建立校长任职资格准入制度，促进校长专业化。加强学校岗位管理，对教师实行分类聘用、分类管理和分类考评，健全教师转岗和退出机制，对不适应教师岗位的人员要及时分流。对小学超编教师，通过专业培训到幼儿园任教。

（十七）健全教师激励保障机制。完善学校分配制度，建立与工作业绩紧密联系、有利于激发人才活力和维护教师合法权益的机制。落实教师绩效工资制度，依法保证教师平均工资水平不低于或高于当地公务员平均工资水平，支持高校进行年薪制改革探索。完善并落实教师医疗、养老等社会保障制度。落实人才引进优惠政策，吸引优秀人才长期从教、到农村从教。实施偏远农村学校教师安心工程，支持有条件的中心镇参照城市安居工程和经济适用房建设政策，解决农村中小学教师住房问题；在距离乡镇较远的偏远学校附近集中建设小户型教师周转房，以免费或廉租方式提供给家距学校较远的教师和单身教师周转使用，解决教师“走教”问题。

六、保障教育投入稳步增长

（十八）依法加大教育投入。落实政府提供公共教育服务职责，把教育作为财政支出的重点领域予以优先保障。建立教育投入的稳定增长机制，依法加大政府对教育的经费投入。年初预算以及预算执行中的超收收入分配要体现法定增长要求，确保财政教育拨款增长明显高于财政经常性收入增长，确保财政教育支出占一般预算支出的比例高于省核定的比例，确保全社会教育投入增长比例高于 GDP 增长比例。生均公用经费和教师队伍建设投入不低于或高于全省平均水平。完善学校债务化解机制和债务风险控制机制，加大财政补助力度，积极化解公办学校基本建设债务。建立教育投入增长监督制度，各级政府定期向同级人民代表大会或其常务委员会报告教育经费预算决算情况，并充分听取政协及民主党派的意见和建议。建立县级政府教育经费增长考核制度，将落实情况作为政绩考核、干部任用和分配教育专项资金的重要依据，教育经费增长未达法定要求的，要限期补足。建立教育部门管理、使用，财政、审计、监察部门指导、监督的教育经费管理、使用绩效考评制度，提高教育经费使用效益。

（十九）完善教育经费保障机制。义务教育全面纳入各级财政保障范围，实行预算单列。普通高中以财政投入为主、其他多种渠道筹措经费为辅，逐步提高财政投入水平。学前教育实行政府投入、社会举办者投入、家庭合理分担的投入机制。中等职业教育实行政府、行业和企业及其他社会力量等多渠道投入的机制。高等教育实行以举办者投入为主、受教育者合理分担培养成本、学校设立基金接受社会捐赠等筹措经费的机制。建立稳定增长机制，逐年提高各类教育生均经费基本标准和财政拨款基本标准。

（二十）多渠道筹措教育经费。强化教育税费征收管理，足额征收教育费附加、地方教育附加和地方教育基金等并严格按照规定用途和确定的项目全部用于教育。镇（街道）增加对学校、幼儿园的投入。对各级各类学校校舍建设实行规费减免。完善非义务教育培养成本测定办法和成本分担机制，合理确定政府、家庭分担比例，适时调整学费（保教费）标准。完善社会捐赠教育的激励政策，鼓励和引导行业、企业、个人投资、捐赠教育。依法配套城市教育设施，新建住宅小区必须按照教育布局规划和国家标准配套建设中小学、幼儿园，配套学校（幼儿园）的规划、设计、建设应征求教育行政部门的意见，与小区建设一同验收合格后交由教育部门管理使用。在城乡建设改造中,要优先满足教育发展需要,依法保护教育资源不受侵占,不得擅自改变教育设施用途。布局调整后的闲置资产应通过市场化运作处置变现,所得收益全部用于教育。

(二十一)完善扶困助学体系。探索以政府购买服务的方式,对家庭经济困难幼儿入园给予补助。对义务教育阶段家庭困难学生免住宿费并不断提高寄宿生的生活补助标准。扩大普通高中学生政府奖学金的资助比例,2015年平均资助面达到15%。落实中等职业教育国家助学金政策,逐步实行中等职业教育免费制度。全面推行国家助学贷款新机制,增加奖助学经费和贷款贴息,确保每一名学生不因贫失学。

七、切实加强对建设教育强市工作的领导

(二十二)高度重视建设教育强市工作。各级党委、政府要始终把教育摆在优先发展的战略地位,切实保证经济社会发展规划优先安排教育发展、财政资金优先保障教育投入、公共资源优先满足教育和人力资源开发需要。进一步完善主要领导负总责、分管领导分工负责的责任体系。健全党委、政府定期专题研究教育工作制度和领导班子成员定点联系学校制度,及时研究解决影响教育发展的体制、机制和政策问题。建立教育发展问责制,将教育经费依法增长、教育事业发展等纳入各级党委政府特别是主要领导政绩考核范围,作为干部任用的重要依据。

(二十三)加强和改进学校党的建设。切实加强各级各类学校党组织的思想、组织、作风建设,积极开展党性党风党纪教育,坚持用马克思主义中国化最新成果武装党员干部、教育广大师生,推进中国特色社会主义理论体系和核心价值观进教材、进课堂、进头脑。坚持教育家办学,积极探索多种形式的竞争性选拔办法,各级党委政府任用、考核教育行政部门和学校干部,应充分听取和尊重上级及同级教育主管部门的意见,真正把讲政治、懂教育、善管理的人员选配到教育管理岗位。加大教育系统干部交流力度,有计划选派学校优秀中青年干部到地方挂职锻炼。深入推进学校党风廉政及行风建设,建立教育、制度、监督并重的预防和惩治腐败体系。认真做好在青年教师和学生中发展党员工作,加强学校共青团和少先队工作。

(二十四)大力推进依法治教。切实加强教育法制建设,规范办学行为和教育管理行为。加强地方教育立法,抓好教育普法工作,提高全社会依法治教的自觉性。建立健全教育行政执法责任制,加大教育执法力度,坚决查处各种涉教违法案件,依法维护学校和师生合法权益。健全教育督导制度,加强对政府履行教育职责的督导,强化对政府落实教育法律法规政策特别是教育投入情况的督导。加大对实施素质教育的督导力度,完善教育质量督导机制。建立督导结果公告、限期整改和问责制度。全面实行教育政务公开,推进教育决策科学化、民主化和规范化,努力形成政府依法行政、社会依法参与、学校依法办学、学生依法受教的良好局面。

(二十五)优化教育发展环境。各级党委、政府和领导干部要做教育强市建设的积极倡导者、推动者和实践者,动员和引导全社会重视、关心、支持教育事业。教育部门要充分发挥职能作用,切实提高管理和服务水平。组织、宣传、发展改革、编制、财政、人保、公安、科技、国土、规划、建设、税务、物价等部门要紧密结合教育改革与发展实际,加快职能转变和体制机制创新,不断提高为建设教育强市服务的水平。重视和加强学校安全稳定工作,强化安全教育、生命教育和学校安全管理,完善公安、教育、工商、文化、卫生等部门经常性联合执法协调机制,坚决消除影响校园安全稳定的不和谐因素。新闻媒体要加大宣传力度,把握舆论导向,在全社会积极营造尊师重教、推动教育优先发展、加快教育强市建设的舆论环境。

强国在2011年度全市教育工作会议上的讲话

（2011年2月12日）

同志们：

今天，我们召开2011年度全市教育工作会议，主要任务是学习贯彻党的十七届五中全会和国家、省、市教育工作会议精神，回顾“十一五”教育发展历程，围绕建设教育强市、基本实现教育现代化的战略目标，全面部署2011年教育工作。下面，我讲四点意见。

一、充分肯定“十一五”教育事业发展取得的成绩

“十一五”以来，在市委市政府的坚强领导下，全市教育系统以办对人民负责、让人民满意教育为宗旨，以提高质量为中心，解放思想，负重奋进，徐州教育在原有基础上取得长足发展，教育综合实力和整体水平迈上新的台阶。

过去的五年，是教育现代化水平不断提升的五年。基于对徐州教育面临的机遇与挑战、压力与困难的综合分析，2006年，我们提出了“一年有起色、三年见成效、五年大发展”的目标，形成了教育改革发展的基本思路和主要战略，即“践行一个宗旨、紧扣一个中心、围绕一个目标、确立三个理念、实施五大战略、推进六大工程”。2008年，我们抓住机遇，坚定地扛起教育现代化大旗，引领徐州教育优质均衡发展，获得了前所未有的政策和资金支持。经过三年努力，主城区全面完成现代化创建任务，保持了徐州教育在苏北的领先地位。

过去的五年，是各级各类教育协调推进的五年。初步构建起终身教育体系，基础教育、职业教育、高等教育、特殊教育、老年教育各阶段教育健康快速发展。2010年，全市义务教育覆盖率100%，入学率、毕业率接近100%，学前幼儿入园率95%，并向0～3岁延伸。初中毕业生升学率96.6%，比2005年提高了18个百分点。高中阶段优质学校比例由“十一五”初35%提高到65%，85%的学生在三星级以上学校就读。各项事业发展指标达到或超过全省平均水平。

过去的五年，是城乡教育均衡发展的五年。积极向上争取，将市区涉农学校纳入省农村学校办学条件改善工程，全市农村学校每年争取省工程建设专项资金达1亿元以上，市区学校每年获得省专项支持达1000万元以上，是全省获得项目和资金支持最多的市。实施“校校通”、“四配套”、农村寄宿制学校食宿条件改善和农村合格幼儿园建设等工程，农村中小学全部达到省合格学校标准。启动中小学标准化建设，90%的中小学实现办学条件标准化。创建四星级高中11所、三星级高中34所、省优质幼儿园180所、市优质幼儿园122所。加快基础教育信息化公共服务体系建设，完善“名师在线”、“名师课堂”资源库，让更多的孩子享受优质教育资源。泉山、铜山、沛县、云龙被评为“省义务教育均衡发展先进县（市、区）”，铜山被列为省首批义务教育优质均衡示范区试点单位。

过去的五年,是职业教育蓬勃振兴的五年。强化职业教育基础能力建设,推进职业学校资源整合和专业结构调整,创建国家级重点职业学校19所、三星级以上职业院校13所、国家级、省级实训基地23个、省级示范专业114个。举办四届淮海职教节,每年吸引淮海经济区50所骨干职业学校、100多家企业和10万学生、家长参加。加强职业学校质量管理,提升学生操作能力和竞技水平,在全国、全省技能大赛屡获佳绩。曹卫星副省长对我市职业教育优化发展作了重要批示,给予充分肯定。

过去的五年,是素质教育全面推进的五年。做优做靓"学生成长导师制、伙伴制"、"千校万师进家庭"、"校园开放日"等德育品牌,我市被评为"全省未成年人思想道德建设先进市"。实施中小学自主发展、内涵发展、特色发展战略,学校办学活力勃发,特色不断彰显,创建省、市艺术教育特色学校43所,省、市体育传统校83所,国家级体育后备人才基地3所,数量居苏北首位。在全省率先出台《关于进一步加强体教结合工作加快体育后备人才培养的意见》,开展阳光体育运动,把时间空间还给孩子、把兴趣爱好还给孩子、把音体美育还给孩子、把做学习主人的名与实还给孩子。在全省高校新生身体素质检测中,徐州生源获得"三连冠"。铜山区荣获"全国学校阳光体育运动先进县(市、区)",全省仅四家单位获此殊荣。

过去的五年,是教育教学质量不断攀升的五年。强化教育教学质量是生命线、发展线的意识,完善教学质量四级监控体系,推进课程改革和课堂教学改革,教师的教育观念不断更新,传统教学评价方式得到改变,课堂教学效率和质量明显提高。从2007年开始,我市普通高等教育本专科在读人数、增长人数、增幅连续四年保持全省第一;2008年开始,我市高考本专科录取人数、增幅连续三年保持全省第一。特别是市区教育快速崛起,通过配强校干、调整师资、均衡生源、开展综合督导、建立"看起点、比进步"的评价体系,推进薄弱学校振兴,市区初中呈现出进位争先、竞相发展、亮点纷呈的生动局面,较好地发挥了市区教育的领跑作用。

过去的五年,是教育资源优化整合的五年。2008年,我们启动市区初中学校布局调整工作,对生源少、办学条件相对薄弱的学校进行资源整合。收购原彭城中学举办三附中,将十二中、十八中与十三中、三十一中资源重组,扩大优质教育资源。对直属职业学校进行整合,集中力量打造两所分别以工科专业和现代服务业为骨干专业的职业学校。顺利完成沛师撤销各项工作,教职工分流高效有序。各地、各学校充分挖潜、盘活资源,变死钱为活钱,花未来的钱办今天的事,加快教育重点项目和薄弱学校建设。全市各地涌现出一批站得住、叫得响、群众公认的优质学校,较好地满足了群众对优质教育的需求。

过去的五年,是教师队伍素质快速提升的五年。实施名师名校长工程、青蓝工程、"千校万师支援农村教育"工程,促进教师学历提高和专业成长。全市小学教师专科率83.6%,初中教师本科率70%,高中教师本科率96.6%、研究生率3.8%,中等职业学校"双师型"教师比例超过40%,分别比2005年提高了34个、46.7个、21.6个、3.3个和25个百分点,成为全省教师学历提高最快的市之一;加强心理健康教育专业教师队伍建设,一万多名教师参加心育培训,我市被评为"省师资建设先进市"。坚持抓师德师风带学风校风,开展"千校万师进家庭"、"师德师风大讨论"等活动,引导教师远离庸俗、远离浮躁、远离职业倦怠。《中国教育报》、《新华日报》、江苏教育电视台等媒体对此进行专题报道,我市师德师风建设作为全国教育系统学习实践科学发展观活动典型作了经验介绍。

过去的五年,是教育惠民力度持续加大的五年。为全市义务教育阶段学生免除学杂费、教科书费,实现真正意义的免费义务教育。广泛开展扶困助学活动,严格落实义务教育阶段寄宿生补助生活费和家庭困难普通高中学生助学金等政策,五年累计筹集资金1.66亿元,资助家庭经济困难学生121万人次。为中职一、二年级学生每人每年发放国家助学金1500元,为农村家庭困难中职生和涉农专业学生免除学费。全市农村留守儿童义务教育入学率达到100%,外来务工人员子女义务教育入学率达到100%,残疾儿童入学率达到98%。

过去的五年,是教育改革开放取得重要进展的五年。引导全市教育系统克服"小巷思维"、"围墙文化",建立反思文化,以开放的大视野兴办徐州大教育。推行教育行政方式变革,着力搭建三个平台:一是搭建县(市、区)党委政府重视教育、支持教育、投入教育的平台。2006年起,建立县级政府教育工作督导评估机制,对县(市、区)主要教育指标逐项予以考核通报。2009年起,将教育基础建设纳入县(市、区)科学发展目标考核,落实政府责任,确保教育优先发展。二是搭建县(市、区)教育局竞争的平台。完善质量评价体系,改革奖惩制度,形成你追我赶、竞相发展的良好态势。三是搭建校际间竞争的平台。建立直属学校目标管理综合督导机制,加强教育教学质量监控,看起点、比进步,让每所学校、每个教师都有目标、有压力、有干劲。开展县域中等职业学校督导、普通高中素质教育督导和"规范管理校校行"活动,引导学校规范办学行为,提高管理水平。完善模范学校考评机制,及时表彰依法治校、规范管理、特色鲜明的典型。同时,开展教育系统干部竞争性选拔试点工作,实行教师绩效工资,改革招生制度。扩大教育开放,加强学校与发达国家、地区间联合办学,建立友好学校,互派师生,教育已成为除经济外开放度最高的领域之一。

"十一五"以来,是徐州教育发展速度最快、环境最好的时期,尤其在一些重点工作上有了新的举措和大的突破。一是抓住机遇,负重奋进,乘势而上推进教育现代化建设。通过现代化这个支点,撬动事业又好又快发展,各级各类学校面貌发生巨大改观,人民群众真正得到实惠。二是破解了影响教育发展的几大难题。考风考纪根本好转,教育乱收费现象基本杜绝,我局连续三年被评为"勤廉徐州"先进单位;规范中小学办学行为,深入持久地开展"规范办学、深入实施素质教育"专项督导,学生课业负担逐步减轻,违规招生、学生无序流动现象基本消除;深化中考改革,提高优质高中指标生比例,"择校热"得到初步缓解。三是在各类教育全面推进的基础上,徐州教育呈现出鲜明的特色。职教节、"学在徐州"职教品牌、优质幼儿园股份制集团化发展、特殊教育合格学校建设、师德师风建设等亮点纷呈,徐州教育在全省大格局中的地位明显提高。

二、简要回顾2010年全市教育工作

2010年,全市教育系统围绕年度事业发展目标,理清思路,明确责任,强化措施,狠抓落实,较好地完成了年初既定各项任务,在市委市政府综合考核中取得了优异成绩。

(一)科学谋划"十二五"发展。认真贯彻全国、全省教育工作会议精神,集全局之力,编制《徐州市"十二五"教育改革和发展规划》以及学前教育、普通高中教育、职业教育等专题规划。市委、市政府召开全市教育工作会议,出台《关于加快建设教育强市实现教育现代化的决定》,明确了"十二五"和未来十年徐州教育改革发展的奋斗目标、主攻方向、指标体系和具体措施,勾画出教育改革发展的新蓝图。

(二)加快推进教育现代化建设。成立全市创建"省教育现代化县(市、区)"领导小组,制定《2010年徐州市教育基础建设考核细则评分标准》,对铜山、鼓楼、沛县教育现代化创建工作进行重点督察,鼓楼、铜山顺利通过省教育现代化评估验收。加快义务教育阶段学校标准化建设,开展优质幼儿园和星级高中创建工作,创建三星级以上高中4所、省优质园39所、市优质园47所。

(三)稳步实施教育重点工程。大力推进校舍安全工程,全市筹集资金4.1亿元,完成检测鉴定校舍7263幢、798.28万平方米,拆除、停用危旧校舍19.2万平方米,加固项目开工、完工8.6万平方米,新建项目开工55.3万多平方米,开工总量位居全省前列。三十四中新校区全面开工,幼师、三十五中、三十七中等一批建设项目迅速推进。启动偏远农村学校教师安心工程,实施教师周转房建设,改善学校办学条件和教师生活条件。实施“龙芯”电脑工程,为319所学校配备电脑和多媒体互动教室。进一步完善基础教育信息化公共服务体系,新增教学视频1270个,地方资源13万个,义务教育主要学科同步辅导资源库更加丰富。

(四)严格规范学校办学行为。一是规范学校管理。开展规范办学专项督导和直属学校综合督导,评估、指导学校加强管理。出台《徐州市进一步规范办园行为的意见》,开展规范幼儿园管理专项检查和无证幼儿园清理整顿工作。二是规范学校招生行为。制定《关于进一步规范普通高中招生工作的意见》和《市区义务教育阶段学籍管理补充规定》,优化招生秩序。组织机关中层干部走进市区所有小学、初中开展小升初、中考招生政策宣讲,引导学生、家长理性择校。三是开展义务教育阶段改制学校清理规范工作。出台《关于进一步做好义务教育阶段改制学校清理规范工作意见》、《实施方案》和《风险评估方案》,保证了清理规范工作的顺利开展。

(五)提高教育教学质量。深化课程改革和课堂教学改革,打造高效课堂。2010年高考,我市在参考人数减少、全省首次实行文理单独划线和文化类二本以上招生计划保持稳定的情况下,全市文化类二本以上上线人数达到12404人,创历史新高。启动文明养成主题教育,开展“阳光少年”评选活动,强化学生的公共道德教育。加强学校内涵建设,创建省艺术特色学校9所。开展阳光体育运动,举办中小学生田径运动会、青少年游泳比赛、乒乓球比赛、举重比赛、学校广播操和大课间观摩等活动,学校体育真正走上让每个学生都受益的路子。在高校新生身体素质检测中,我市生源男女生身体素质再次排名全省第一。2010年全省阳光体育运动推进会在铜山召开,徐州经验得到同行的高度评价。

(六)加快职业教育、成人教育发展。创建省课改实验点4个、课改实验学校6所、省实训基地5个、省级示范专业13个。坚持以赛促学,将每年5月定为全市职业学校技能大赛月,在2010年全省职业学校技能大赛上获得30块金牌,金牌总数全省第三,综合成绩全省第五、江北第一,在全国大赛中取得4金1银的优异成绩。成功举办第四届“中国淮海职教节”,提升徐州职业教育影响力和辐射力。实施现代农民教育培训工程,完成农村劳动力转移培训6.4万人,实用技术培训30多万人次;培训返乡农民工9670人;实施“教育富民五项行动”,516名农民上大学、1135名农民走出国门、4.6万名农民进工厂、农民学技术35万人、社区教育培训118万人次;实施中青年农民教育培训工程,中青年农民技能学历双提升5500人;退役士兵培训3233人。

(七)服务高等教育发展。指导幼师升专和生物工程高等职业技术学院去“筹”工作,使两所学校在较短时间内通过教育部高校评估委员会和省教育厅评估组的检查验收,壮大了徐州高等教育阵容。积极参与大学生创业园宣传推介工作,制定《大学生创业园宣传推介方案》,鼓励大学生来徐创业。

大力发展成人高等教育，全市13.3万人参加自学考试，2.2万人参加成人高考，满足了群众多样化的教育需求。

（八）加强教师队伍建设。加大教师培训力度，800多名教师校长参加出国培训、“引智培训”等国际合作培训，3000多名教师校长参加“国培计划”专业培训和国家级网络培训，10000多名教师校长参加省级培训，12000多名教师校长参加市级培训，提高了教师的综合素质、教育教学水平和教科研能力。33名教师获省特级教师称号，1251名教师晋升中学高级教师职称，高素质教师队伍进一步壮大。成立教育国际交流协会，加强校际间的国际交流，扩大校长教师的国际视野。落实义务教育阶段学校教师绩效工资，建立以绩效考核为核心的教师评价体系。加强师德师风建设，开展“家长和学生心目中的好教师”评选等活动，树立教育良好形象。

（九）积极争取上级资金支持。2010年，全市获得省公用经费补助1.97亿元，免教科书费1.34亿元，农村义务教育阶段公办学校寄宿生免住宿费2352.77万元。普通高中助学金2184万元，资助家庭困难学生3万人。中等职业学校国家助学金4373.14万元，中职农村家庭困难学生和涉农专业学生免收学费补助经费1151万元。通过积极争取，省还安排我市工程建设、示范专业、实训基地建设、人员培训等经费累计1.18亿元，争取省教育发展项目和资金居全省前列。

（十）提高教育领导能力和服务水平。做好高考、中考组织工作，全市8.8万人参加高考，11.6万人参加中考，实现“平安考试”目标。开展治理教育乱收费工作，铜山、丰县、沛县、睢宁、邳州创建为“省教育收费示范县（市、区）”，我市全面完成创建任务。我局被评为全省审计工作先进集体，并被省审计厅推荐为全国先进集体。加大教育宣传，参加江苏首届教育博览会，得到与会者高度评价。加强机关作风建设，加大工作督察和绩效考核，市教育局被评为市督察工作先进单位。加强校园安全工作，开展校园安全、校园周边环境综合整治、学校食品卫生安全等专项督察。全市投入6000万元，为1800所中小学、幼儿园更新、完善安保设备，配备安保人员，学校安全防范水平有了较大程度提高，被评为省消防安全教育示范学校创建活动先进单位。

三、明确“十二五”期间全市教育改革发展任务

“十二五”期间，是我市加快发展创新型经济、全面建设小康社会的关键阶段，也是深化教育改革、加快教育发展、建设教育强市的重要时期。教育事业发展所处的政策环境前所未有，发展机遇前所未有，所面临的挑战也是前所未有。之所以作出这样的判断，基于三个方面的思考：

第一，从教育发展大环境看，优先发展教育的执政理念已经成为各级党委政府的共识。2010年，国家、江苏省先后出台《中长期教育改革和发展规划纲要》，进一步明确了“优先发展教育”的国家战略。市委、市政府出台《关于加快建设教育强市实现教育现代化的决定》，将给予教育更多政策和资金支持。全市教育系统必须抢抓机遇，提前谋划，认真思考如何争取更多的支持，实现快速发展、科学发展、跨越发展。

第二，从教育发展态势看，教育转型期的特征更加明显，教育改革发展的任务十分艰巨。当前，教育已经进入转型期，呈现出更加开放化、创新化、终身化、个性化、国际化、现代化的趋势。进一步优化教育结构，进一步合理配置教育资源，进一步提高城乡教育均衡化水平，进一步深化素质教育成为转型期教育改革的基本方略。身处转型期，我们不得不思考徐州教育如何完成由规模发展向内涵发展的真正蜕变，如何在大调整、大转变的过程中保持业已形成的优势，并形成新的发展优势。

第三,从徐州教育自身情况看,面临的矛盾和困难不容忽视,改革创新的压力巨大。这几年徐州教育一直在良性循环的轨道上运行,但我总有这样一种感觉,徐州教育正在呈现出“高原反应”的征兆:面对“五严”、“十禁”规定,很多学校表现出明显的不适应,提质增效的措施、效果不够理想;我们在全省有影响力的学校、教师、校长,无论在数量上还是质量上都不尽如人意,一些已经步入优质之列的学校并没有成为真正的理想学校;少数学校管理水平、教学质量一直在低层次徘徊,影响了全市教育整体水平提升;城乡教育均衡发展深度推进的难度大、进度慢,“择校热”降温效果不太明显。在这样一个攻坚期,如果不在解放思想、改革创新上求突破、求发展,每前进一步,都将十分困难。全市教育系统要下决心在改革创新上有新的作为,坚决反对“守旧”,反对“浮躁”,反对“等、靠、要”。只有坚持不懈地改革创新,才会有出路,才能赢得先机,争取主动。

2010年全市教育工作会议上,市委、市政府提出了未来5到10年徐州教育改革发展的目标:到2015年,全市教育规模、教育质量、教育投入、教育贡献份额等主要指标发展在江北和淮海经济区领先,基本实现教育现代化,建成教育强市;到2020年,全面实现教育现代化,建成学习型社会和人力资源强市。这些目标寄托了领导的期望和群众的期待,全市教育系统要进一步理清思路,明确举措,制定教育新一轮发展的时间表和路线图,确保完成目标任务。要把握好五个方面:

一要推进教育优质均衡发展。这是当前全国教育工作的主题。要深入实施学前教育普及提高工程,结合学前教育三年行动计划,大力发展公办幼儿园,扶持民办幼儿园,重点发展农村学前教育。推进义务教育优质均衡发展示范区试点和学校标准化建设,实行城乡学校对口支援、区域内教师和校长定期合理流动,缩小城乡教育设施、教学水平的差距。实施普通高中质量提升和特色建设工程,促进学校办学模式和育人方式多样化、个性化,提高教育教学质量。重视发展特殊教育,保障外来务工人员子女受教育权利,关爱农村留守儿童,完善家庭经济困难学生助学体系,提高基础教育公平度。

二要实现教育资源向发展资源转化。大力发展职业教育,建立适应经济发展、产业结构调整、体现终身教育理念、中等和高等职业教育协调发展的现代职业教育体系。加强职业教育基础能力建设,加快高水平示范性职业学校、示范性实训基地、示范专业建设,推进“双师型”教师队伍建设。组建职业教育集团,完善教育与行业对话机制,探索校企合作、工学结合和顶岗实习的人才培养模式。积极参与职业教育创新发展实验区建设,大幅度提升职业教育质量和效益,大幅度提升服务地方经济社会发展的能力,大幅度提升职业教育的社会认可度和吸引力。

三要深化教育改革创新。今年,国家、省将全面开展教育改革试点工作,其中需要在我市开展试点的有“加强幼儿教师培养培训”、“开展普通高中多样化、特色化发展试验”、“建立健全政府主导、行业指导、企业参与的办学体制机制,创新政府、行业及社会各方分担职业教育基础能力建设机制,推进校企合作制度化”等三项。我们要以此为契机,进一步改革教育管理体制和办学机制,改进中小学教育质量监测评估机制、教育教学质量综合评价办法、考试评价制度,探索建立地方政府履行教育职责的评价办法,形成更加完善的制度体系。

四要提升教师队伍整体水平。强化师德建设,提高教师职业道德水平。加强教师教育与培训,组织实施中小学教师、校长全员培训。加强职业学校“双师型”教师队伍建设,完善职业教育兼职教师制度。推进业务帮扶和对口支教,强化农村教师队伍建设。完善教师管理,健全教师转岗和退出机制。完善教师激励保障机制，提高教师特别是农村偏远学校教师的地位和待遇，吸引优秀人才长期从教、到农村从教。

五要抓好重大项目建设。市委、市政府《决定》中列出了我市"十二五"教育发展十大工程。这些工程以农村教育、困难群体、教育基础建设为重点，涵盖了学前教育、义务教育、职业教育、教师队伍建设中相对薄弱的环节，是教育局深入调研和积极争取的结果，是实现教育快速发展的重要抓手。我们一定要高度重视这些项目，超前谋划，合理安排，提出操作性强的工作路线图、进度时间表和考核指标等，加强项目科学化、精细化管理，力争两年内在改善教育条件方面取得一定成效。

四、扎实做好2011年全市教育重点工作

2011年是"十二五"开局之年，更是教育政策的落实年。如何更好地落实国家、省教育规划纲要，落实市委市政府《决定》，是贯穿今年教育工作的核心任务。具体要抓好以下几项工作：

（一）贯彻全市教育工作会议精神。各地、各学校要组织学习市委、市政府《决定》和教育"十二五"规划，准确把握"十二五"以及今后十年徐州教育面临的发展环境、发展目标、工作重点、政策措施、重大工程和重大项目，分解任务，倒排时序，研究制定相关配套措施。我们从事教育工作，不能只顾低头拉车，还要抬头看路。各地、各学校在组织学习时不能仅仅满足照本宣科，表面应付，要将文件精神真正落实到加强教育管理、推动学校发展的实践中。市教育局将选择适当时机举办教育发展规划专题讲座，组织局长、校长交流学习心得。

（二）推进教育现代化建设。按照《决定》和《规划》确定的教育现代化建设时序进度，进一步完善区域教育现代化分类指导、分层推进的工作机制，明确各县（市、区）创建规划和年度任务，制定《2011年徐州市教育基础建设考核细则评分标准》。2011年力争2～3个县（市、区）达到省教育现代化创建标准，并确保有2个县（市、区）通过省级评估验收，继续保持在苏北的领先地位。

（三）提升基础教育均衡发展水平。一是普及学前三年教育。市政府将在近期召开全市学前教育推进会，启动幼儿园规划建设，落实省市提出的各项指标任务。创建省优质园50所、市优质园50所。采取"以奖代补"，对创建成省、市级优质园的民办幼儿园给予奖励。探索以政府购买服务的方式，鼓励社会力量以多种形式举办学前教育机构。贯彻落实省学前教育办园标准、学前教育改革发展示范区建设标准和修订的公办幼儿园编制标准、省学前教育条例，开展新一轮幼儿园清理规范工作。二是促进义务教育高位均衡发展。支持义务教育优质均衡改革发展示范区建设，推进义务教育阶段学校标准化建设，加大对薄弱学校扶持力度，义务教育阶段学校标准化建设完成率达到95%。充分重视、认真做好装备督导工作，促进实验教学和学校装备工作水平的提高。三是促进普通高中优质特色发展。进一步调整普通高中布局，控制高中招生规模。鼓励普通高中内涵发展，参与省普通高中特色基地建设，培育一批具有独特文化和办学特色的普通高中。结合江苏省建设全国一流高中标准，强化四星级高中建设。加快星级高中创建工作，创建四星级高中1所、三星级高中3所。

（四）优化发展职业教育。一要扩大职业教育优质资源。稳定中职招生规模，各县（市、区）要消除地方保护主义，鼓励学生报考市区职业学校，特别是五年高职，让学生接受优质的职业教育。要加快资源重组，重点扶持骨干职业学校发展，创建国家级高水平示范性职业学校1所，省四星级职业学校2所，省课程改革实验学校2所，省级示范性实训基地5个，国家级示范专业2个，省级示范专业8个。二要提高人才培养质量。积极参与职业教育创新发展实验区建设,加快专业结构调整,服务主导产业和新兴产业发展,组建职业教育集团,推进校企一体化发展。加快专业课程体系建设和新教材开发,推广工学结合、顶岗实习的人才培养模式。组织和参加各级职业学校技能大赛,提高学生专业技能水平和实际操作能力。积极备战2011年全省职业院校技能大赛,确保“保五进四,跨入全省第一方阵”的奋斗目标。加强学生职业道德教育,培养高素质劳动者。三要深化职业教育机制体制创新。探索职业教育质量评价新途径,建立以贡献水平评价学校、以教学效果评价教师、以素质能力评价学生的评价模式和教育与产业、校内与校外结合的评价机制。健全职业教育与普通教育相互沟通、中高等职业教育协调发展、职前职后教育有效衔接的教育体系,逐步扩大中等职业学校非全日制学历教育比例,支持学生继续学习和职业生涯持续发展。四要加强品牌建设。做强职教节和“学在徐州”职教品牌,打造淮海经济区技能型人才培养高地和劳动力资源配置中心。五要推进学习型社会建设。开展“全民终身学习周”活动,实施“现代农民教育工程”和“教育富民五项行动”,加快发展老年教育。创建社区培训学院2所、省级社区教育示范乡镇(街道)4个、省级乡镇(街道)社区教育中心4个、省级农科教结合示范基地1~2个,在徐州社区学院的基础上筹建徐州社区大学。

(五)强化规范办学和减负增效工作。从2009年起,我们启动规范办学工作,但是到目前为止,仍有部分学校思想弯子没有真正转过来,减负增效的准备不足,办法不多,新的教与学的模式尚未确立,面临高考的压力总感到信心不足。2011年,要继续把抓教学的精力放在规范管理和有效教学上。一要规范学校办学行为。严格执行“五严”、“十禁”规定,建立中小学生课业负担监测、举报、公告和问责制度,加大飞行检查、随机督察和暗访抽查密度,保持对违规办学的高压态势。二要提高教育教学质量。建立常规管理监控机制,提高学校常规管理和精细化管理水平,夯实教学“五认真”,推进高效课堂建设。要深化教学研究,坚定不移将课程改革作为推进素质教育的关键环节来抓,认真总结新课程改革实施以来的成败得失,加强有效教学研究,培植、发现、总结、推广有效课堂教学典型。要深化评价制度改革,用综合的、发展的、素质教育的评价机制置换以分数为唯一标准的应试教育评价机制。做好高考备考工作,鼓足干劲,奋力拼搏,实现2011年高考新突破。三要深入实施素质教育。鼓励学校内涵发展、特色发展,推进体育传统项目学校、艺术特色学校建设。大力开展体教结合和阳光体育运动,提高学生身体健康水平和幸福指数。加强未成年人思想道德建设,创新德育形式,抓好学生心理健康教育、公共道德教育和文明养成教育,提升中小学生文明素质。狠抓校风、学风建设,为广大学生提供一个安心读书、求学上进的良好环境。

(六)抓好校长队伍建设。整体而言,我市的校长队伍是一支能吃苦、能战斗的队伍,但是也还存在着专业化程度不高,专家型、研究型校长偏少,事务型校长偏多,对学校管理执行力不强等方面的问题。产生这些问题的根源,是一些校长学习力、思考力、执行力缺失。校长应该永远是改革创新的领跑者,只有在不断改革创新中才能找到学校发展的增长点。校长们要沉下心去,多倾听教师、学生和家长的意见,反思自己的工作和行为,改变自己的思维方式,改善学校的工作流程。要善于用自己的人格力量感染教师,用学校的愿景鼓舞教师,用科学发展的办法激励教师,形成学校发展的合力。只要当一天校长,就要把比眼界、比胸襟、比实力当作相互攀比的目标,用不服输的精神做一个思想的远行者。今年,市教育局将开展“校长队伍建设年”活动,组织研讨培训活动,推广校长竞争性选拔办法，让更多懂教育、善管理、敢负责的人走上学校领导岗位。

（七）加强师资队伍建设。当前，对广大一线教师而言，最缺乏的不是理念，不是模式和方法，而是发展的欲望。教育部门和学校要想方设法为教师成长搭建平台，通过有效形式把教师引向教育教学、科学研究之路，点燃教师的专业发展欲望，营造渴望成长的氛围。2011 年，教师建设要做好三件事：一是抓好教师专业发展。实施名师工程、青蓝工程，开展以特级教师后备人才为重点的骨干教师培训，造就一批教学名师和学科领军人才。加快教师学历提升，开展省、市、县三级培训和校本培训，实行教师全员培训。加强心理健康教育专业人才队伍建设，组建具有徐州特色的“德育专家库”。二是狠抓师德师风建设。在全市教育系统深入开展“践行师德、创先争优，办人民满意教育”主题实践活动，进一步强化师德建设，优化制度环境，切实解决师德建设中存在的群众反映强烈的突出问题，努力造就一支忠诚人民教育事业、受学生爱戴、让人民满意的教师队伍。要高度关注有偿家教问题，校长要切实担负起教育、引导责任，如果哪个学校教师因有偿家教问题被举报、查处，我们要倒查校长在这方面做了哪些工作。三是完善教师保障机制。规范奖励性绩效工资分配考核办法，建立导向明确、标准科学、体系完善的教师绩效考核评价制度。做好非义务教育学校和事业单位实施绩效工资准备工作。关注农村基层和偏远地区教师的工作生活状况，对长期在农村基层工作的教师实行倾斜政策。

（八）推进教育重点工程建设。一要扎实推进校舍安全工程。按照省、市确定的 2011 年工程计划完成建设任务，落实财政资金投入，加强工程质量监管，把校安工程建设成放心工程、满意工程。二要实施农村偏远学校教师安心工程。在 7 个县（市、区）启动试点工作，计划建设周转房 330 套，占地19.1亩，总建筑面积 1.72 万平方米。要确保工程质量，加快工程进度，力争 9 月前建成并投入使用。三要抓好教育重点建设项目。加快三十四中新校区、机关二幼新校区、模特学校艺术中心、三十五中教学楼、三十七中综合楼建设，确保年内交付使用。加快鼓楼生态园等 4 所配套学校建设，优化学校布局。四要推进基础教育公共服务体系建设。提升信息化对有效教学、有效课堂研究和质量增长的贡献度，使徐州教育真正具备现代教育的气质和品质。

（九）做好群众关心的教育热点难点工作。一是规范招生工作。严格执行小升初免试就近入学和电脑派位政策。扩大优质高中指标生比例，引导生源合理流动。加强学籍管理，严肃处理各类违规招生行为。我市义务教育阶段改制学校清理规范工作接近尾声，改制后如何招生已经成为社会关注的热点，要严谨细致地推进，确保今年招生顺利进行。二是实施教育惠民工程。做好义务教育阶段学生免收作业本费工作，完善家庭经济困难学生资助体系，落实中职学校国家助学金、义务教育阶段寄宿生补助生活费、家庭困难普通高中学生助学金等政策。充分发挥关工委作用，做好学生文明养成教育和扶困济贫助学工作。三是创新民办教育发展体制机制，规范民办教育管理，改善民办教育发展环境。四是规范教育管理。开展“规范教育收费示范市”创建活动，督促各类学校规范收费行为。加强对县级政府教育工作、素质教育、职业教育等督导考核，开展教育费附加等征管用情况专项督察。

（十）加强党建、机关效能和安全稳定工作。深入开展创先争优活动，加强教育系统党建工作，开展学习型组织创建活动，落实党风廉政建设责任制和述职述廉制度，科学指导在徐高校党建工作。加强教育行风和机关效能建设，加大对人事、招生、基建、物资采购等关键环节监管力度，抓好督察问责。推进政府信息公开,完善电子政务和网上办公,提高工作效率和便民服务水平。充分发挥群团组织桥梁纽带作用,增强学校发展凝聚力。加强教育系统安全稳定工作,按照“属地管理、分级负责”原则,落实领导干部包案下访制度、信访稳定问责制度和社会稳定风险评估制度,完善突发公共事件应急预案,及时化解各类矛盾。推进平安校园建设和社会治安综合治理,确保不发生重大责任安全事故和涉稳事件。今年教育改革任务繁重,改革试点涉及学前教育、义务教育、普通高中、职业教育各个方面,关乎群众切身利益。我们要高度重视,慎重推进,加强教育宣传,多做统一思想、增进共识工作,多做政策解读、答疑释惑工作,合理引导社会预期,保障改革顺利进行。

同志们,“十二五”教育事业改革发展机遇难得,任务艰巨。让我们在市委市政府的正确领导下,以对事业高度负责的精神和一往无前的激情,勇于探索新路,奋力突破瓶颈,为加快建设教育强市、服务徐州经济社会发展作出新的更大贡献!

没过十五、还是新年。在此我代表市教育局向同志们,并通过你们向全市教育工作者拜个晚年。祝愿大家在新的一年里,工作进步、生活愉快、身体健康、万事如意!

从教育大市迈向教育强市

徐州教育改革发展“十一五”回顾及“十二五”展望

辉煌成就“十一五”：从学有所教到学有优教

“十一五”期间，市委、市政府高度重视教育事业发展，全市教育系统以“办对人民负责的教育和让人民满意的教育”为宗旨，以提高教育教学质量为中心，大力实施“五大战略”、“六大工程”，教育事业实现了跨越发展。国民教育体系进一步完善，免费义务教育全面实施，学前教育不断加强，高中阶段教育基本普及，职业教育、社会教育健康发展，高等教育大众化迅速推进，学校办学条件、办学水平和教育质量不断提升，教育公平得到较好维护，“学有优教”的目标基本实现，为保障和改善民生作出了重要贡献。

国民教育体系进一步完善。“十一五”末，我市义务教育覆盖率达100%，入学率、毕业率接近100%，残疾儿童入学率98%，学前幼儿入园率95%，并逐步向0～3岁延伸。初中毕业生升学率96.6%，比2005年提高了18%，高中阶段优质学校比例由“十一五”初的35%提高到65%，85%的学生在三星级以上学校就读。在徐高校在校生人数由2005年的11万人跃升至16.7万人。各项事业发展指标达到或超过全省平均水平。

教育现代化建设稳步推进。市委、市政府将教育现代化等教育基础建设纳入县(市)区政府科学发展综合考核，各级党委政府对教育的重视和投入的力度逐年增大。“十一五”以来，教育经费年均增长16.5%，泉山区、云龙区、鼓楼区、铜山区通过了省教育现代化评估验收，市区各区全面达到省教育现代化创建标准。目前，全市共建成三星级高中34所，四星级高中11所；市优质幼儿园122所，省优质幼儿园180所，90%的中小学实现办学条件标准化。

教育均衡发展成效显著。近年来，我市先后实施了中小学危房改造、布局调整、“三新一亮”、“六有”、“校校通”、“四配套”、农村留守儿童食宿条件改善工程和农村合格幼儿园建设等工程，全市农村中小学全部达到省合格学校标准。在免除城乡义务教育学杂费、教科书费、农村寄宿生住宿费的基础上，落实困难学生资助等教育惠民政策。大力实施薄弱学校振兴工程，通过调整师资校干、加强政策宣传、强化督导考核，提高薄弱学校办学水平和社会声誉，让每一个孩子都能接受良好的教育。城乡、区域教育均衡化水平走在全市社会事业发展前列，泉山、铜山、沛县被评为省义务教育均衡发展先进县(市)区，铜山县被列为全省首批优质均衡示范区试点单位。

职业教育发展优势明显。“十一五”期间，我市积极打造淮海职教节和“学在徐州”品牌，加快职业教育优化发展步伐，全市创建国家级重点职业学校19所、三星级以上职业院校13所，国家级、省级实训基地23个，省级示范专业114个，各项指标位居全省前列,形成了保安、厨师培训、模特表演、汽车维修、工程机械等一批在淮海经济区乃至全国打得响的特色专业,提高了职业学校的品牌影响力。"中国淮海职业教育节"每年吸引淮海经济区100多家企业、50所骨干职业学校和10多万学生、家长参加,在国内同行业产生了较大影响。我市在全国、全省技能大赛中屡创佳绩,2010年省级大赛金牌总数全省第三,全国大赛取得4金1银的优异成绩。曹卫星副省长对我市职业教育优化发展作出重要批示,给予充分肯定。

素质教育走在全省前列。"十一五"期间,我市把促进学生健康成长作为学校工作的出发点和落脚点,素质教育精彩纷呈。在全市中小学扎实推进"学生成长导师制、伙伴制",使之成为徐州德育工作的亮丽品牌,我市被评为省未成年人思想道德建设先进市,《中国教育报》、江苏教育电视台对此进行了报道。积极开展"校园开放日"活动,全市1300所中小学面向家长、社区开放校园。实施学校自主发展、特色发展战略,鼓励学校办出特色、内涵发展。加强体教结合,创建省、市艺术教育特色学校43所、体育传统校83所,国家级体育后备人才基地3所,受到国家"阳光运动"巡视组的充分肯定。铜山区被评为"全国阳光体育先进集体",2010年10月,省政府在铜山召开现场会,推广我市经验。

教育教学质量逐年攀升。我市坚持教育教学质量的生命线地位,在全省率先建立教学质量四级监控机制。组织开展直属学校综合督导,全面评估、指导学校加强管理,提升质量。2009年,市教育局出台"十条禁令",在控制学生在校时间、作业量、考试次数和保证体育锻炼时间等方面取得了突破。通过减负增效,把学生不应有的负担减下去,把课堂教学绩效提上来,把学习的主动性还给学生。这一系列规范办学行为的措施,使我市小学、初中、高中教育质量大幅提高,2007年以来,我市普通高等教育本专科在读人数、增长人数、平均增幅等指标连续四年保持全省第一。

教师队伍素质整体提高。"十一五"期间,我市通过实施"教师素质提高工程",促进教师学历提高和专业成长,全市小学、初中、高中教师具有专科、本科、研究生学历的比例分别达到85%、67%、3%,中等职业学校"双师型"教师比例超过40%,分别比2005年提高了35%、42%、2.5%和25%,成为全省教师学历提高最快的市之一。坚持抓师德师风带学风校风,深入开展"千校万师进家庭"、"师德师风大讨论"、"家长和学生心目中的好教师评选"等活动,加强师德建设,引导教师远离庸俗、远离浮躁、远离职业倦怠,塑造徐州教育的良好形象。活动中,先后有8.6万名教师走进50多万学生家庭进行家访,《中国教育报》、《新华日报》、《江苏教育报》、江苏教育电视台等多家媒体对此进行了专题报道,并作为全省典型在全国作经验交流。2008年,我市获"省师资队伍建设先进市"称号。

教育热点问题得到高度重视。为帮助市区小学和初中毕业生家长全面了解"小升初"和中考招生政策,理性选择适合孩子的学校,从2008年起,市教育局每年组织机关工作人员对市区72所中小学毕业生家长进行小升初和中考招生政策宣讲,对缓解"择校热"起到了积极的宣传引导作用。对社会关注的教育收费问题,严格执行各类学校收费标准,通过媒体对社会详细公示,接受社会监督,并联合市物价局、市政府纠风办开展全市教育收费专项检查,严厉查处各类乱收费行为。为将中小学、幼儿园打造成最安全、家长最放心的地方,我市在"十一五"末投入6000万元资金,为全市1800所中小学、幼儿园更新、完善安保设备,配备安保人员,校园及周边治安环境整治取得明显成效,学校安全防范水平有了较大程度的提高。

“十一五”以来是我市教育发展速度最快、环境最好的时期。一是破解了影响教育发展的几大难题。打破因袭的思维模式，通过机制创新，搭建校际、区域竞争平台和县(市)区党委政府理解、支持投入教育的平台，举全市之力发展教育，实现经济欠发达地区教育跨越发展、进位争先。考风考纪、规范办学根本好转，我市由原来全省教育投诉大市下降为投诉较少的市之一。二是巩固了徐州教育在苏北的领先地位。云龙、泉山、鼓楼、铜山通过省教育现代化评估验收，主城区全面完成区域教育现代化创建任务。素质教育、体教结合工作走在全省前列，在全省高校新生身体素质检测中，徐州生源身体素质综合排名连续三年名列第一。高等教育毛入学率比2008年提高了近5个百分点，进一步巩固了徐州教育在苏北的领先地位。三是在各类教育全面推进的基础上，徐州教育呈现出鲜明的特色。“职教节”、“学在徐州”等职业教育品牌建设，学前教育特别是优质幼儿园股份制、集团化发展，特殊教育、合格学校建设、师德师风建设等亮点纷呈，成效显著，在全国产生较大影响，徐州教育在全省大格局中的地位明显提高。

充满期待“十二五”：全面建设教育强市

“十二五”是我市实现“两个率先”、加快建设特大型区域性中心城市的关键阶段，也是徐州从教育大市向教育强市、从人力资源大市向人力资源强市转变的重要时期。我们将坚定不移地把教育优先发展摆上突出战略位置，不断深化教育改革，推动教育事业在新的历史起点上科学发展，着力建设更高质量的国民教育、惠及全民的公平教育、体系完善的终身教育、资源共享的优质教育，加快建设教育强市，为推动徐州经济社会发展、建设美好徐州作出更大贡献。

“十二五”期间，全市教育发展的总体目标是：坚持教育优先发展、率先发展，加快发展、科学发展，到2015年，教育发展规模、教育质量、教育投入、教育贡献度在江北和淮海经济区领先，建成教育强市；到2020年，教育发展主要指标高于全省平均水平，实现教育现代化，建成学习型社会和人力资源强市。

大力发展幼儿教育。加大政府投入，大力发展公办优质幼儿园，新增幼儿园以公办为主，支持省优质园集团化发展。实施农村幼儿园建设工程，到2012年，每个县(市)至少办好2～3所直属公办示范园、每个镇至少办好1所达省优标准的公办中心幼儿园，村级幼儿园全部建成合格园。2015年，全市公办园比例达60%以上，省优质园比例达70%以上。

促进义务教育优质均衡发展。到2015年，全市义务教育学校全面达到均衡，城区达到优质均衡。全面实现区域内教育经费、办学条件、教师队伍、管理水平、教育质量等方面的均衡。

推动普通高中优质特色发展。到2015年，全市所有普通高中达到优质高中办学标准，到2020年，全市建成10所左右全国一流高中，普通高中综合实力领先苏北并高于全省平均水平。

实施特殊教育发展工程。大力发展以职业教育为主的残疾人高中阶段教育，实行残疾学生高中阶段免费教育，基本普及残疾儿童少年15年免费教育。加强特殊教育学校建设，使每所特殊教育学校都达到现代化办学标准。

优化发展职业教育。县级职教中心全部达到省级示范性中等职业学校标准，中等职业学校全部达到国家级重点中等职业学校标准，创建国家级、省级高水平示范性职业学校15所，国家、省级示范专业50个、高水平示范性实训基地25个,努力培养高素质技能人才。

推动高等教育特色发展。围绕徐州高新技术产业跨越发展和战略性新兴产业发展目标,完善自主创新与科研成果转化相配套的高校科技创新体系,支持在徐高校优势学科建设,培育建设一批代表学科发展方向、适应经济社会重大需求、发展潜力强的优势学科,加快推进教育资源向发展资源的转化。加大对大学生在徐自主创业的扶持力度,把徐州打造成全国大学生创业的优选之地。

实施终身教育普惠工程。稳步发展学历继续教育,加快发展职业导向的非学历继续教育,开展大规模的知识更新和技能提升培训,大幅度提高继续教育参与率。广泛开展社区教育,大力开展农村劳动力转移培训和农村实用人才培训。全市形成全覆盖的社区老年教育网络,为老年人提供便捷的学习环境。

加快建设高素质的教师队伍。加强教师职业道德建设,坚持师德考核与业务考核并重,把师德考核结果作为教师聘用、评优评先的重要依据。加强教师培训,实行每五年一周期的教师和校长全员培训。实施"名师名校长工程"和"青蓝工程",设立教育人才培养资金,加大名特优教师的培养力度,促进教师专业发展。推进人事制度和分配制度改革,加强学校岗位管理,对教师实行分类聘用、分类管理和分类考评。实施偏远农村学校教师安心工程,改善偏远农村教师住房条件。

在市委、市政府的正确领导下,徐州教育从来没有像今天这样拥有如此良好的发展机遇,从来没有像今天这样拥有如此广阔的发展空间,从来没有像今天这样拥有如此强烈的发展愿望和发展条件,也从来没有像今天这样对徐州教育的未来拥有如此美好的期待。

百年大计,教育为本。展望新的一年,我们将在市委市政府的坚强领导下,不断深化教育改革,着力解决教育重点难点问题,推动徐州教育在新的起点上加快发展、健康发展、和谐发展,为全面达小康,建设美好徐州作出更大贡献。

源自《徐州日报》2011年1月19日

第一编 教育总述

徐州市2010年教育事业发展简况

2010年,全市有各级各类学校1826所,在校生165万人。其中幼儿园557所,在园幼儿29.7万人;特殊教育学校13所,在校生8500人;小学871所,在校生53万人;初中244所,在校生33.7万人;普通高中87所,在校生18.3万人;中等职业技术学校47所,在校生14万人;在徐高校7所(不含军事院校),在校生15.4万人。基础教育教职工10.37万人,其中小学36334人、中学45903人、职业技术学校7932人、学前教育13049人、特殊教育485人。全市学前幼儿入园率达95%,义务教育入学率、巩固率达到99%以上,初中毕业生升学率达96.6%,残疾儿童入学率达到98%。

全市教育系统紧紧围绕教育现代化创建目标,实施"五大战略",推进"六大工程",各项事业发展成绩显著。教育改革发展的思路进一步理清。编制《徐州市"十二五"教育改革和发展规划》和学前教育、普通高中教育、职业教育等专题规划,市委市政府召开全市教育工作会议,出台《关于加快建设教育强市实现教育现代化的决定》,明确"十二五"徐州教育改革发展的奋斗目标、主攻方向、指标体系和具体措施。教育现代化建设取得阶段性成效。坚持把教育现代化等教育基础建设纳入市委市政府对县(市)区科学发展目标考核,深入推进义务教育学校标准化建设,全市90%的中小学建成市标准化学校,创建三星级以上高中4所、省优质园39所、市优质园47所。鼓楼区、铜山区通过省教育现代化评估验收,主城区全面完成创建任务。教育均衡发展水平稳步提升。推进校舍安全工程,拆除、停用危旧校舍19.2万平方米,加固项目开工、完工8.6万平方米,新建项目开工55.3万多平方米。实施"龙芯"电脑工程,为319所学校配备电脑和多媒体互动教室。完善基础教育信息化公共服务体系,新增教学视频1270个,地方资源13万个。铜山区被列为省首批义务教育优质均衡示范区试点单位。教育教学质量不断攀升。深入实施素质教育,启动文明养成主题教育,开展"阳光少年"评选活动,推进体教结合和阳光体育运动,创建省艺术特色学校9所。在全省高校新生身体素质检测中,徐州生源获"三连冠"。铜山区被评为"全国学校阳光体育运动先进县(市、区)",全省阳光体育运动推进会在铜山召开。2010年高考,全市文化类二本以上上线人数达到12404人,创历史新高。职业教育、成人教育快速发展。创建省课改实验点4个、课改实验学校6所、省实训基地5个、省级示范专业13个。在全省职业学校技能大赛中获30块金牌,金牌数全省第三,在全国大赛中获4金1银。举办第四届"中国淮海职教节",吸引50所骨干职业学校、100多家企业和10万学生、家长参加。实施现代农民教育培训工程,完成农村劳动力转移等培训42.7万人次,社区教育培训118万人次。组织13.3万人参加自学考试,2.2万人参加成人高考,满足群众多样化的教育需求。指导幼师升专和生物工程高等职业技术学院去“筹”工作,两所学校通过教育部高校评估委员会和省教育厅评估组验收。教师队伍建设成效显著。3000多名教师、校长参加“国培计划”专业培训和国家级网络培训,10000多名教师、校长参加省级培训,12000多名教师、校长参加市级培训。33名教师获省特级教师称号,1251名教师晋升中学高级教师职称。落实义务教育阶段学校教师绩效工资,建立以绩效考核为核心的教师评价体系。加强师德师风建设,开展“家长和学生心目中的好教师”评选等活动,树立教育良好形象。启动偏远农村学校教师安心工程,实施教师周转房建设,改善学校办学条件和教师生活条件。教育惠民又有新的举措。大力开展扶困助学工作,农村义务教育阶段公办学校寄宿生免住宿费2352.77万元,普通高中助学金2184万元,资助家庭困难学生3万人,中等职业学校国家助学金4373.14万元,中职农村家庭困难学生和涉农专业学生免收学费补助经费1151万元。规范中小学办学行为,完成义务教育阶段改制学校清理规范工作。规范教育收费行为,铜山、丰县、沛县、睢宁、邳州创建为“省教育收费示范县(市、区)”,全市全面完成创建任务。加强校园安全工作,全市投入6000万元,为1800所中小学、幼儿园更新、完善安保设备,配备安保人员,学校安全防范水平有了较大程度提高。

2011年是“十二五”开局之年。全市教育系统将继续围绕基本实现教育现代化和建设教育强市的战略目标,深入实施素质教育,创新人才培养模式,促进城乡教育均衡发展,不断完善覆盖全民的现代教育体系和终身教育体系,进一步提升徐州教育的综合竞争力和教育发展主要指标水平,为推进特大型区域性中心城市建设、打造人力资源强市提供更加有力的保障。

(撰稿:张　涛　审稿:王志升)

2010 年各级各类教育事业概况

表 1－1

类别	学校数(所)	教学点数(个)	班级数(个)	毕业生数(人)	招生数(人)	在校生数(人)	毕业班学生数(人)	教职工数(人) 总数	教职工数(人) 其中:专任教师
1. 小学	871	63	12584	94855	106470	530214	85343	36334	33991
2. 普通中学	331		10248	222062	152961	520662	195262	45903	38379
其中:初中	244		6865	150252	94859	337438	130116		25783
高中	87		3383	71810	58102	183224	65146		12596
3. 学前教育	557		8369	104949	151582	296789		13049	9382
其中:独立设置的幼儿园、学前班	557		7467	92423	119911	259302		13049	9382
小学附设幼儿班、学前班			902	12526	31671	37487			
4. 特殊教育	13		200	1954	1743	8527		485	383
其中:特殊教育学校	13		200	330	345	2203		485	383
小学附设特教班									
小学随班就读				515	492	3373			
初中附设特教班									
初中随班就读				1109	906	2951			
5. 职业技术培训机构	1278		6461	298611		308517		5248	3756
6. 成人基础教育									
其中:成人小学									
成人中学									
7. 中等职业教育学校	39			30798	39282	109631	29305	6532	4857
按办学类别分:调整后中等职业学校	5			6912	11161	33413	8655	1616	1172
中等技术学校	3			1040	912	3124	1089	430	334
中等师范学校	3			529	2018	5312	725	566	420
成人中等专业学校	7			3422	2768	8743	3581	516	317
职业高中学校	21			18755	22241	58607	15153	3203	2507
其他机构(不计校数)	10			140	182	432	102	201	107
按专业类别分:普通中专				10148	17518	48393	11615		
其中:调整后中职全日制学生				6864	11161	33142	8384		
调整后中职非全日制学生									
普通中专学生				3284	6357	15251	3231		
成人中专				3568	2768	9014	3852		
全日制成人中专学生				3568	2768	9014	3852		
非全日制成人中专学生									
职业中学				17082	18996	52224	13838		

(潘 杰)

徐州市2010年教育大事记

1月

5日 市教育局召开直属学校第三批学习实践活动推进会,会上总结交流分析检查阶段的工作,部署整改落实阶段的任务。第三十一中学、三十六中学、职教中心在会上发言,市教育局副局长张同礼讲话。

14日 市教育局召开教育系统人大代表、政协委员、基层民主党派负责人座谈会。局长、党委书记强国讲话,副局长张同礼主持会议。

15日 市教育局召开市级机关百名处长测评会。市考核组组长、市级机关工会工委主任李莹然,市纪委党风室主任李斌、市级机关工委处长冀益民参加会议。市教育局领导曹孟军、张同礼、葛宝堂、李运生、王亚出席会议。

25日 省教育厅对29所高校中的江苏籍2009级新生分男、女两个组别进行身体素质测评,随机抽样结果公布,徐州市男、女生四项身体素质综合排名再次在13个省辖市中名列第一。

28日 省教育纪工委书记蒋吉生一行到睢宁县慰问部分特困教师。蒋吉生与10名贫困教师代表交谈,了解他们的生活、健康等情况,并为每位教师发放800元慰问金,祝他们度过一个平安、快乐的春节。

2月

6日 市领导曹新平、夏文达、戚锡生、段雄到中国矿业大学看望慰问陈清如、钱鸣高、周世宁3位中国工程院院士,为他们送去院士津贴,并与院士们座谈,向他们致以新春的问候。中国矿业大学校长、党委书记罗承选陪同看望。

8日 召开全市教育工作会议。市委常委、常务副市长李荣启出席会议并讲话。市教育局党委书记、局长强国作全市教育工作报告。市委教工委书记曹孟军主持会议。

20日 全国妇联、教育部、国务院农工办表彰一批全国家庭教育示范典型,贾汪区荣获全国农村"留守儿童"工作示范区称号。获此殊荣的全省有3家

26日 市教育局召开规范教育收费工作会议,传达学习2010年春季收费政策,通报2009年直属学校教育收费信访件投诉情况,布置春季收费工作检查。

27日 徐州市举行中国教育干部培训网徐州中小学校长培训中心网站开通暨2010年校长培训班开班典礼。市教育局与中国教育干部培训网合作,成立中小学校长网络培训中心,开展国家级网络培训,全市有1000余名中小学校长接受首批培训。市教育局局长强国讲话,市委教工委书记曹孟军主持开班典礼。典礼后举办"校长主动发展与职业生涯规划"、"依法治校"等专题报告,市教育局副局长李运生主持报告会。

是月 2009全国中小学教师教育技术能力建设计划应用成果"优秀教学设计方案"评比揭晓,徐州市选送的作品《〈声声慢〉博客式探究性学习》获优秀教学设计方案一等奖,是全省唯一的一等奖,另有3件作品获三等奖。

是月 市教育局出台《徐州市农村合格幼儿园建设工程园长和教师培训工作实施方案》,并对项目园的园长、骨干教师、保健教师、装备管理(电教)教师等4类人员进行专题培训。

3月

1日 市教育局启动"家长心目中的好教师"评选活动。活动将持续开展1年,年底综合评选出"2010年度家长心目中的十佳

教师"并予以表彰。

5日　市教育局、市物价局、市政府纠风办联合开展教育收费专项检查，重点查处学校违反国家规定擅自收费、提高收费标准等违规行为，同时对学校教育收费公示制度、代办费"收、用、退"台账备查制度进行现场检查。

5日　徐州市召开2010年全市职业教育与社会教育年度工作会议暨技能大赛表彰大会。在2009年全省职业院校技能大赛中，全市18所职业学校的203名师生参加比赛，共产生一等奖18个，二等奖45个，三等奖56个，获奖奖项首次超百。市教育局局长强国出席会议并讲话。市教育局领导张建勋对2010年职业教育主要工作进行部署。

21日　江苏省学前教育学会在徐州举办送教观摩活动。省教育学会会长张仁，省学前教育学会副秘书长金芝芳，中国学前教育研究会理事、江苏省幼教专家张春霞，市教育局领导李玉良等出席观摩活动。苏州市名教师陈建华、苏州市学科带头人俞贵珍、徐州幼儿高等师范学校附属幼儿园名教师程颖上展示课。张春霞作题为《幼儿园课程资源的开发与利用》专题报告。

22日　江苏省副省长曹卫星到徐州视察教育工作。省政府副秘书长、办公厅主任李一宁，省教育厅厅长沈健，徐州市副市长孔海燕等陪同活动。曹卫星先后视察徐州师范大学、徐州市职业教育中心、徐州工程学院、徐州医学院、徐州市第二中学、徐州市公园巷小学和徐州市公园巷幼儿园，详细了解各校的办学思路和校园建设情况，对各校的办学特色、办学水平以及教学成果予以充分肯定。

26日　市教育局召开全市教育系统党风廉政建设工作会议。市纪委常委董瑞启、市教育局局长强国、市委教工委书记曹孟军、市教育纪工委书记王亚出席会议。会议总结2009年的工作，部署2010年的工作任务，表彰2009年度全市规范教育收费工作先进单位。市教育局与直属学校签订党风廉政建设责任状，直属学校校级领导干部和局机关处室负责人签订廉洁自律承诺书。

27日　2010年全省职业学校技能大赛在江苏省10个城市15个赛区同期举行，16大类49个项目3105名选手竞技。徐州医药高等职业学校承担技能大赛化学检验和药物制剂压片技术2个赛项，其中药物制剂压片技术为新增项目。

31日　全市区域推进陶研工作现场会在新沂召开。大会对2009年获得徐州市学陶先进集体的11家单位进行表彰。

是月　贾汪区首家青少年素质实践基地一期工程完工。青少年素质实践基地占地2.8公顷，总建筑面积7347平方米，其中包括主题教育、实践课程、军事拓展、生活体验、体能拓展、种植养殖等6大实践区域。总工程预计投资1000万元，项目将分3期建设。

4月

1日　市教育局召开局直属学校第三批学习实践科学发展观活动总结大会。市委第三巡视组组长林邦国、市教育局局长强国、市委教工委书记曹孟军出席会议，市教育局副局长张同礼主持会议。

7日　徐州市市长张敬华到睢宁县李集中学调研农村中学发展情况。张敬华强调要进一步推进农村中学教育教学改革，加强基础设施建设，让农村学生也能享受先进的教育资源。市政府秘书长周建洪、市教育局局长强国、市财政局局长葛维琴陪同调研。

8日　铜山县政府召开创建省教育现代化县工作推进会。徐州市教育局局长强国、铜山县县长毕于瑞出席会议，分别对创建工作提出要求，希望铜山为全市农村地区创建工作积累经验，做好示范。

9日　江苏省小学"生态课堂与管理"现场研讨会在沛县召开，来自南京、镇江、南通、淮安、连云港、徐州等地中小学校负责人、骨干教师约400人参加研讨会。

12日 2010年全国职业技能大赛服装模特项目比赛江苏省集训队在江苏省模特学校暨徐州市第二职业中学举行开训仪式。

15日 市教育局发出《森林城市创建从我们身边做起——致全市大中小学生的一封信》,号召全市大中小学生以主人翁的责任感和使命感,积极投身到创建活动中,为创建国家森林城市作出贡献。

18日 市纪委、市监察局、市政府行风办、市广播电视台联合举行《行风热线》开通6周年庆祝活动。会上,播放市教育局制作的《徐州教育改革发展成就》宣传短片。市教育局被评为2007~2009年《行风热线》优秀组织单位。

22日 教育部推进高等学校创新创业教育和大学生自主创业工作视频会议在北京举行,市长张敬华参加北京主会场会议并作交流发言,介绍徐州市推进大学生创业工作的有关情况。

29日 市星级高中创建现场会在睢宁举行,全市近百所普通高中负责人参加会议。

是月 市教育局、市公安局联合走进校园,对学校内部的火灾隐患、建筑物质量等进行安全大检查。同时,在学生上学、放学期间,社区民警还主动与校园值班教职员工保持联络,24小时保持校园110畅通,确保校园及学生安全。

5月

11日 市长张敬华主持召开市长办公会,专题调研全市中小学校舍安全工程进展情况。张敬华指出,中小学校舍安全工程是关系到广大师生生命安全和社会稳定的一项重要工作,各地、各相关部门要按照国家和省有关要求深入有序推进。副市长孔海燕出席会议。

13日 全市未成年人思想道德建设经验交流会在沛县召开,市委书记曹新平对会议做出批示。

14日 市政府召开全市学校食品卫生安全工作电视电话会议,部署学校食品安全工作。

18日 市教育局举办全市第三届中小学德育论坛。论坛围绕如何开好主题班会,举行《让班会课简单些》、《小学阶段影响主题班会活动开展的问题透析》、《把主题班会开出新花样》、《千奇百怪也能开出异域奇葩》等演讲。来自各县(市)、区教育(文教体)局的分管局长、德育办主任,市直属学校分管校长、德育处主任以及班主任和德育干部代表等200余人参加论坛。

20~21日 市教育局举办首届基于交互式电子白板学科教学比赛活动。活动通过徐州教育网进行在线直播,由各县(市)、区电教馆推荐的小学英语、数学学科的12名老师依次登台展示应用交互式电子白板进行教学的活动。

25日 徐州市召开2010年全市高考工作会议。副市长孔海燕、市教育局局长强国出席会议并讲话。2010年全市8.8万人参加高考,规模居全省第一。全市共分8个考区、45个考点、3008个考场。

31日 市领导戚锡生、孔海燕到铜山县张集镇"儿童快乐家园"和张集中心小学看望慰问孩子们,送去了节日的礼物和祝福。戚锡生、孔海燕一行参观了"儿童快乐家园"的文化活动区、益智游戏区、健身区、休息区等,并对该园工作提出建议。

是月 市教育局组织机关中层干部走进市区每一所初中、小学,开展招生政策宣讲活动。宣讲内容包括招生政策解读和如何科学填报志愿两个部分。近万名家长聆听宣讲。

是月 市教育局、团市委联合举办徐州市第二届童话节。童话节以"上海世博会"为主题,分为"讲童话"、"写童话"、"看童话"三大环节。

是月 由市教育局、市文化局、市语委办主办的首届少儿硬笔书法大赛落下帷幕。1.3万余份作品参赛，评选出金奖8名、银奖40名、铜奖80名、人气奖8名。

6月

3日　市教育局在王杰中学举行体育工作现场会暨王杰中学晋升江苏省三星级高中揭牌仪式。市教育局领导强国、葛宝堂、李玉良等出席现场会。

4日　徐州市教育局和卫生局在徐州建筑职业技术学院多功能报告厅联合召开全市学校食品卫生安全现场会。各县（市）、区教育（文教体）局和卫生局的分管局长、体卫艺科科长、食品卫生监督所所长、直属学校分管领导及驻徐各高校、高职院校食品负责人参加会议。市教育局局长强国通报前阶段全市学校食品卫生安全督察工作情况，市政府副秘书长刘宏部署下一步全市学校食品卫生安全工作。

9日　徐州市高考顺利结束，整个考试秩序良好。为确保考试顺利进行，市委、市政府以及各相关部门高度重视服务保障工作，为考生和家长提供全方位的服务。

10日　江苏省教育厅基教处处长马斌、省教研员毛曙阳、南京市雨花区教育局副局长部叶红和省教育厅学前教育第一调研组成员到徐州市进行学前教育专题调研。

17～19日　11.5万名考生参加中考。

28～30日　省教育厅社会教育处处长张鲤鲤一行5人到徐州进行社区教育和农村成人教育工作调研，市教育局领导张建勋陪同。

是月　经教育部、国家体育总局联合组成的全国阳光体育工作先进集体评审工作委员会审定，铜山县被授予全国阳光体育工作先进集体荣誉称号，江苏省有4个县（市）、区获此殊荣。

7月

2～3日　省教育厅副厅长杨湘宁、职教处副处长刘克勇到徐州市中等专业学校、徐州旅游与航空服务中等专业学校、徐州经贸高等职业学校和徐州财经高等职业技术学校考察职业教育，听取学校办学情况汇报，参观学校实验实训基地。市教育局领导强国、张建勋等陪同视察。

8日　市长张敬华带领相关部门负责人调研教育工作。张敬华实地察看新疆班建设情况，听取市教育局工作汇报和各相关单位关于推进教育工作的意见和建议。

20～22日　省教育厅副厅长、省委教育工委副书记胡金波到徐州调研基础教育工作。胡金波一行先后视察邳州市、铜山县、睢宁县基础教育工作。副市长孔海燕陪同调研。

8月

6日　市教育局联合工商、公安、消协等部门，对高等学校在徐州的招生点徐州饭店、彭城饭店等进行联合检查，对存在违规行为的招生点进行整治。

9～20日　市教育局组成检查组，分别对全市近百所民办教育培训机构进行安全专项检查。重点检查门卫制度建设、视频监控系统运行、学校安保机构设置、治安防范应急预案制定、存在安全隐患及有无整改方案等情况。

31日　市教育局、物价局联合发布《关于公示市区中小学、幼儿园（所）2010年秋季学期收费标准的通知》，公示2010年秋季学期市区公办中小学校、幼儿园（所）收费标准及部分民办中学学费标准。

是月　徐州市开展无证幼儿园清理整顿工作。清理整顿工作分三个阶段：5日前进行排查摸底和广泛宣传，6～20日进行限期整改和监控指导,21~27日进行核查清理和联合执法。

9月

9日 徐州高等师范学校沛县分校移交管理签字仪式举行。市委教工委书记、市教育局副局长曹孟军和沛县县委书记、县长冯兴振分别代表徐州市教育局和沛县县委、县政府签订徐州高等师范学校沛县分校移交管理协议。

10日 徐州市市长张敬华带领相关部门负责人冒雨到邳州市燕子埠中学慰问教职员工,祝大家教师节快乐。

10日 市委副书记陈美行、副市长孔海燕分别到徐州幼儿高等师范学校、徐州经济技术开发区实验学校、青年路小学新城区分校和侯集中学看望慰问教职工。

16日 徐州市教育局参加在南京国际展览中心举办的首届江苏教育博览会。博览会由江苏省教育厅主办,江苏教育报刊总社承办。徐州市教育局、铜山县教育局、沛县教育局、鼓楼区文教体局、徐州幼儿高等师范学校、徐州市公园巷幼儿园、睢宁县实验小学等7家单位参展。市教育局参展主题为“从教育大市迈向教育强市”,通过教育规模、教育现代化、科学发展、人力资源等4个板块,集中展示和反映徐州市教育改革、发展取得的丰硕成果。

17~19日 由市教育局、市纠风办、市物价局等7部门组成的教育收费联合检查组,对全市主城区中小学校秋季教育收费情况进行专项检查。

18日 江苏省教育厅副厅长杨湘宁、职业教育处处长尹伟民等到张集中等专业学校视导,徐州市教育局领导张建勋、铜山县副县长何长征和县教育局局长王慕启等陪同检查指导工作。

28日 市教育局举办全市中小学生统一着装及礼仪风采大赛,来自全市各地的35所中小学代表队700名学生参加比赛。

29日 徐州市课改试点学校工作会议在贾汪区召开。全市75所课改试点学校的相关领导210余人参加会议。与会人员观摩了大吴中学开设的18节“六自三交流”建构式课堂教学模式展示课和学生广播操。

是月 日本第40届世界儿童画展评比揭晓,睢宁县98幅儿童画作品获奖。其中特别金奖1枚,金奖5枚,银奖5枚,铜奖9枚,派通奖78枚。

10月

15日 全国幼儿教师专业委员会2010年年会在徐州幼儿高等师范学校召开,全国学前教育界的200多位领导、嘉宾出席会议。会议以“提高幼儿教师培养质量”为主题,总结2010年幼儿教师培养工作,研讨幼儿教师专业标准,探讨幼儿师范院校多元发展战略以及幼儿园集团化运作模式。年会展示徐州幼高师国家级课题“全国幼教舞蹈素质与能力研究”的研究成果。

23日 中国徐州国际教育合作论坛在市艺术馆开幕。论坛围绕教育合作与发展共赢进行深入研讨交流,来自美国、加拿大、澳大利亚、新西兰、英国等35个国外院校及培训机构参加。

25日 江苏省特殊教育专业委员会第九届委员代表大会暨2010年特殊教育年会在市特殊教育中心召开。来自全省的200多名特殊教育工作者汇聚一堂,通过经验交流、观摩学习,推动特教事业深入开展。

26~27日 江苏省学生阳光体育运动推进会在徐州召开。副省长曹卫星,教育部体卫艺司副司长廖文科,省教育厅厅长沈健、副厅长胡金波,省体育局副局长杨国庆,市领导张敬华、段雄等出席。铜山区、云龙区获全国阳光体育先进县(市、区)和江苏省学生阳光体育运动先进县(市、区)称号。徐州市第一中学等28所学校被评为2008~2009年度江苏省体育工作先进学校。与会人员参观了铜山区部分中小学阳光体育运动展示。

30～31 日　2010 年徐州市中小学田径运动会在徐州幼儿高等师范学校新建体育场举行，来自直属学校和市五区的 31 支代表队 16200 名学生参加。

是月　市教育局举办首届“阳光少年”推选活动。活动对全市中小学生进行综合素质评优，树立青少年典型，引导中小学生增强社会责任感和现代公民意识。

11 月

4 日　徐州市委、市政府召开全市教育工作会议。会议落实全国、省教育工作会议精神，对当前和今后一个时期全市教育工作作出部署。会议明确今后 5～10 年全市教育工作的战略目标：至 2015 年，全市教育规模、教育质量、教育投入、教育贡献度将在江北和淮海经济区领先，基本实现教育现代化，建成教育强市；至 2020 年，全面实现教育现代化，建成学习型社会和人力资源强市。市委书记曹新平出席会议并讲话。市长张敬华对贯彻落实会议精神提出四点要求。会上，市发改委、市财政局、沛县、徐州工程学院、徐州一中分别作交流发言。

8 日　举行徐州市幼儿教师专业技能比赛。比赛由市教育局主办，设语言、舞蹈、弹唱、美术、建构等 5 个单项。在各县（市）、区初赛选拔的基础上，全市 74 名选手进入最后的角逐。

15 日　2010 年全市职业学校技能大赛表彰大会在徐州财经高等职业技术学校报告厅举行。来自全市近 30 所职业学校的主要领导参加会议，市教育局局长强国出席会议并讲话。大会表彰 2010 年徐州市职业学校技能大赛先进单位和先进个人，同时授予江苏省徐州财经高等职业学校等 17 家单位 2010 年职业学校技能大赛先进单位称号。

16 日　省教育厅副厅长杨湘宁对徐州市教育系统开展创先争优活动进行调研。市委教工委书记曹孟军，市教育局副局长张同礼陪同调研。

16 日　徐州市教育国际交流协会成立大会在中山饭店举行。该协会隶属于市教育局，是由全市各级各类教育机构、教育研究机构、教育服务机构以及热心教育国际交流的单位自愿组成的非营利性社会组织。会议审议并通过《徐州市教育国际交流协会章程》、《徐州市教育国际交流协会会费收缴与使用管理办法》，宣读协会第一届理事会提名名单。市教育局党委书记、局长强国当选名誉会长，市委教工委书记、教育局副局长曹孟军当选会长。

16～18 日　省教育厅副巡视员李世恺到徐州市进行社区教育和农村成人教育工作调研。李世恺先后考察徐州市社区学院，云龙区、鼓楼区街道社区教育中心，铜山区棠张镇、睢宁县双沟镇成人教育中心校。

23～24 日　徐州市召开全市基础教育信息化公共服务体系教育资源共建共享工作现场推进会。截止到 11 月底，徐州教育公共服务平台（CNE 平台）已有自建资源 156000 件，参与制作教师 15000 名，资源总点击数 330 万次，平台总点击数超过 1.3 亿次。资源共建共享工作已进入常态化。

26 日　徐州市召开全市中小学校舍安全工程现场推进会。重点贯彻落实省政府淮安现场推进会精神，查找工程实施中存在的突出问题，研究部署下一阶段工程实施工作。副市长孔海燕出席会议。

26 日　徐州市特殊教育中心庆祝建校 60 周年，“徐州市残疾人高级中学”同时揭牌。省教育厅常务副厅长胡金波、教育部基础教育司特殊教育处处长谢敬仁等参加庆典。

26 日　铜山区教育局召开教育现代化建设现场推进会。与会人员先后到铜山区张集镇中心小学、中心中学和棠张镇中心中学等5所学校,实地查看校园环境建设以及配套设备设施使用情况。

27日 由徐州市教育局主办,徐州市未成年人成长指导中心与彭城家长网校承办的家庭教育系列大讲堂开设第一讲,邀请国家级心理咨询师、徐州未成年人成长指导中心咨询专家、徐州一中心理健康教育教师朱海梅作《从考试中砺练成功》的公益讲座,300余名家长听取讲座。

12月

10日 市教育局在徐州撷秀中学举行全市教育系统强化文明养成主题教育活动启动仪式。市文明办副主任曹公平、市人大教科文卫工委副主任郭戎出席会议,市教育局党委书记、局长强国发表讲话,教育局党委委员徐保卫主持会议。泉山区文教体局局长王健和科技中学副校长吴小凡代表参会单位表态发言。

15日 县(市)、区教育(文教体)局创先争优座谈会在睢宁县召开。各县(市)、区教育(文教体)局党委负责人,徐州经济开发区社会事业局有关负责人参加会议。市教育局副局长张同礼主持会议,睢宁县县委常委、组织部部长李敬峰致欢迎辞,市委教工委书记曹孟军出席会议并讲话。

20日 市教育局举行赴新疆支教教师欢送会,为9名赴新疆伊犁地区奎屯市对口支教的优秀教师送行。市教育局局长强国、市委教育工委书记曹孟军等出席欢送会。参加支教的9名优秀教师为徐州市第36中学王敏、铜山职业教育中心王冠钦、邳州市高级中学郭兴林、贾汪区建平中学吴兴斌、邳州市第一中学于春红、徐州市第十三中学副校长赵苑、铜山三堡中心中学滕辉、徐州市第三十三中学陈昌山、徐州市王杰中学刘加柱。

23日 市教育局局长强国带领市教育局相关处室负责人到新沂市时集镇新庄村挂钩扶贫点、新沂市邵店镇综治共建点现场办公。强国代表市教育局向时集镇新庄村捐赠帮扶资金10万元,向邵店镇赠送电脑5台。

24日 市教育局为获得"家长心目中的十佳教师"称号的教师颁奖。这10位教师是:徐州市第一中学李凤遐,徐州市第三中学陈雯婕,徐州市高级中学刘升娜,徐州市西苑中学赵春卉,徐州市东苑中学王琰,徐州市民主路小学范敏,徐州市解放路小学王海玲,徐州市少华街小学洪玮,铜山区何桥镇肖庄小学梁春季,丰县大沙河镇李寨初级中学李月汉。

24日 徐州市第四届中小学德育论坛——"学生成长导师制、伙伴制"在新沂市隆重举行。徐州市教育局党委书记、局长强国,新沂市副市长郑彦芳,徐州市教育局党委委员徐保卫,新沂市教育局局长柳松,新沂市委宣传部副部长、文联主席夏洪波等领导出席论坛。徐州市西苑中学王保林《唱响"双制"品牌,促进内涵发展》、沛县张寨镇中学张晴《"学生成长导师制"实施过程中的问题与建议》、徐州一中潘俊峰《学生宿舍伙伴制的探讨》、新沂市唐店中学王兆友的《打造鸿志团队,关爱特殊群体,构建和谐校园》等文章在论坛交流。

29日 市教育局与徐州报业传媒集团共同举办的徐州市首届"阳光少年"评选活动揭晓。经过学校推选、各区初评和市级评选,由市教育局聘请专家组成的评委会从近千名候选学生中评选出市级"全面发展的阳光少年"100名,市级单项奖100名。

30日 全市教育系统在中小学生中开展形式多样,丰富多彩的艺体展演活动。此次艺体活动分班级、学校、乡镇、区县4个层面开展,以达到"面向全体学生,人人享有艺体"的宗旨,学生们通过参与不同形式的艺术活动来欣赏美、感受美、表现美、创造美。

是月 市教育局在云龙区召开2010年徐州市平安校园创建工作现场会。云龙区文教体局在会上介绍了创建工作经验,市教育局副局长李运生总结回顾2010年全市平安校园创建工作，部署2011年平安创建工作。参加会议的有各县（市）区教育部门分管领导及安保科长和徐州市平安校园创建活动领导小组成员单位的领导。

（本编编辑　陈玉萍）

第二编 教育管理

徐州市教育局党政领导成员及处室负责人名单

中共徐州市委教工委领导成员一览表

表2-1

职 务	姓 名	任职时间
书 记	曹孟军(女)	2006-03~
纪工委书记	王 亚	2008-10~

徐州市教育局党委领导成员一览表

表2-2

职 务	姓 名	任职时间
书 记	强 国	2006-02~
委 员	曹孟军(女)	1995-07~
委 员	李玉良	2001-07~2010-01
委 员	张同礼	2006-01~
委 员	李运生	2008-12~
委 员	徐保卫	2002-09~

徐州市教育局领导成员一览表

表 2－3

职　务	姓　名	任职时间
局　长	强　国	2006－02～
副局长	曹孟军(女)	1995－07～
副局长	李玉良	2002－06～2010－01
副局长	张同礼	2006－01～
副局长	葛宝堂	2007－01～
副局长	李运生	2008－12～
副调研员	徐保卫	2002－09～
副调研员	张建勋	2009－05～
副调研员	李玉良	2010－01～

徐州市人民政府教育督导团领导成员一览表

表 2－4

职　务	姓　名	任职时间
市政府教育督导团主任督学(正处)	曹孟军(女)	2003－03～
市政府教育督导团副主任督学(副处)	杜耀东	2008－10～
市政府教育督导团办公室主任(副处)	姚　杰	2007－04～

徐州市教育局其他副处级干部一览表

表 2－5

职　务	姓　名	任职时间
市教育局副调研员	李　清	2007－12～

中共徐州市委教工委、市教育局处室负责人一览表

表 2－6

部　门	职　务	姓　名	任职时间
纪工委	书　记	王　亚	2008－10～
	副书记	戴世荣	2005－01～
监察室	主　任	戴世荣	2005－01～
	副主任	蔡春生	2006－01～
机关党委	副书记	王培彦(女)	2005－09～
办公室	主　任	张宝民	2004－08～
	副主任	王志升	2005－09～
组织处	处　长	刘　艳(女)	2005－09～
	副处长	姚新文	2008－09～
宣传处	处　长	王志升	2008－09～
	副处长	王胜勇	2005－09～
团　委	书　记	张　焰(女)	2006－10～
工　会	副主席	姚澄华(女)	2005－01～
教育督导室	主　任(副处)	姚　杰	2007－04～
	副主任(正科)	李　乐	2008－09～
人事处	处　长	刘桂云(女)	2008－09～
	副处长	张甫彬	2008－09～
师资处	处　长	蔡陵军(女)	2002－01～
审计处	副处长	朱　云(女)	2002－01～
	副处长	李庚申	2008－09～
基教处	处　长	吴启龙	2006－03～
	副处长	李进强	2006－03～
高教处	处　长	杜　涛(女)	2008－09～

续表 2-6-1

部　门	职　务	姓　名	任职时间
职社处	处　长	李保军	2002-01~
	副处长	徐新文(女)	2008-09~
体卫艺处	处　长	崔　瑛(女)	2008-09~
	副处长	尹玉玲(女)	1999-12~2010-08
财务处	处　长	徐目新	2002-01~
	副处长	钱　彬	2002-01~
	副处长	魏建春	2008-09~
发展规划处	处　长	潘　杰	2008-09~
政策法规处	处　长	徐　志	2005-09~
安全保卫处	处　长	葛友杰	2006-09~
成人教研室	主　任	孟宪平	2005-09~
	副主任	马　岚(女)	2009-10~
德育研究室	主　任	王　芳(女)	2009-10~
	副主任	徐新颖(女)	2009-10~
普通高中会考办	主　任	李　洁(女)	1998-11~
	副主任	张　涛	2007-09~
高等学校招生办	主　任	宋广良	2004-08~
	副主任	李世强	2002-11~
高等教育自考办	主　任	郭凤清	2004-08~
	副主任	张海勋	2005-09~
勤工俭学办	主　任	钱　彬	2009-10~
	副主任	宋浩宇	2009-10~
中小学生卫生保健所	所　长	张兆成	2009-10~
教学研究室	主　任	何振国	2006-03~
	副主任	仲新元	1998-11~

续表 2-6-2

部　门	职　务	姓　名	任职时间
教育科学研究所	所　长	郑　飞	1998-11~
教育技术装备站	站　长	陈　戈	2004-08~
	副站长	丁　蕾(女)	2004-08~
电化教育馆	馆　长	周　岩	2004-08~
	副馆长	汤勇建	1998-11~
人才服务中心	主任	王　静(女)	2009-10~

(刘　艳)

政策法规

【优秀法制课件评选】 年内,组织参加全省中小学优秀法制课件的评比和选送。推荐36件作品参加省级优秀法制课件评选,获得一等奖2个,二等奖6个,三等奖10个,优秀奖12个,市教育局获优秀组织奖。

【规范性文件备案、审查、清理】 2月28日,市教育局出台《徐州市教育局规范性文件制定和备案办法》,对教育局规范性文件的起草、制定、审核、清理和备案提出明确要求。对2000年以来市教育局制定出台的规范性文件进行清理,并将清理结果报送市政府法制办备案。2010年,市教育局共有6份规范性文件在市政府法制办备案。

【义务教育阶段改制学校的清理规范】 根据《省政府办公厅转发省教育厅等部门关于进一步做好义务教育阶段改制学校清理规范工作意见的通知》要求,对28所义务教育阶段改制学校进行认真清理和规范。12月16~17日,省政府督察组到徐州市督察义务教育阶段改制学校清理规范工作,督察主要内容为义务教育阶段改制学校清理规范工作整体情况,清理规范后学校收费、教职工安置、资产处置、教学秩序情况等,督察组对徐州义务教育阶段改制学校清理规范工作给予肯定。

【法治城市创建工作】 年初,市教育局出台教育系统《法治城市创建工作考核细则》,确立目标定位,对目标责任全面分解、量化细化,建立科学考核评估体系。12月,市教育局对县(市)、区教育(文教体、社会事业)局法治城市创建工作考核验收。通过实地查看、听取汇报、检查创建工作台账等形式,按照考核细则逐项打分,各单位均被评为优秀等次。

【学校安全管理条例立法调研】 按照市人大常委会立法工作计划,市教育局积极做好《徐州市学校安全管理条例》立法调研工作。深入基层和到外地调查研究,广泛吸取经验和听取意见、建议,最终形成的调研考察报告获得市人大常委会的认可,《条例》被市人大确定为2011年立法预备项目。

【教育依法行政工作】 贯彻落实国务院《全面推进依法行政实施纲要》和《国务院关于加强市县政府依法行政的决定》，大力推进依法治教，促进职能转变和行政效率的提高，促进教育的进一步改革与发展。按照“合法行政、合理行政、程序正当、高效便民、诚实守信、权责一致”及“有权必有责、用权受监督、违法受追究、侵权须赔偿”的要求，以深入贯彻落实义务教育法为契机，以依法治教为抓手，加强管理，强化监督。5 月 31 日，市政府依法行政领导小组下发《关于 2009 年度依法行政考核工作情况的通报》，市教育局被评为 2009 年度依法行政工作先进单位。

【教育法制工作】 10 月 14 日，市教育局召开 2010 年全市教育法制工作会议，进一步推进全市教育系统法制工作。会议全面总结一年来教育法制工作，深入分析当前教育法制工作面临的形势和任务。特别强调要突出抓好 4 项重点工作：一是认真做好“五五”普法依法治理考核验收；二是深入开展青少年学生和干部、教师的法制宣传教育；三是大力推进依法治校；四是大力推进依法行政。

【行政执法人员培训】 严格执行行政执法主体资格和行政执法人员持证上岗制度，举办行政执法人员法制培训，努力提高行政执法人员依法行政的能力和水平，不断加快法治教育建设步伐。

（徐　志）

教育督导

【规范办学行为专项督导】 2010 年，进一步深入开展规范办学行为，实施素质教育专项督导。市教育局、市政府教育督导团成立规范中小学办学行为工作领导小组，领导小组下设督察办公室，建立督导室、基教处、职社处、监察室和政策法规处共同参与的联合督察机制，组织开展专项督察、随机督察和飞行检查。对违反省“五严要求”和市“十条禁令”的单位和个人及时通报，并按照《江苏省教育厅江苏省政府教育督导团关于中小学违规办学行为的处理意见（试行）》规定，提出处理建议。按要求向省教育厅、省政府教育督导团报送全市规范办学行为工作情况。定期召开专题工作会议，通报情况，明确要求，不断提高全市规范办学行为、实施素质教育工作水平。

细化“五严要求”和“十条禁令”的具体标准，建立规范办学工作检查机制。通过开学检查、随机督察等形式，检查各校规范办学工作落实情况，一查到底，督促整改。协同相关处室开展课程计划执行情况、中小学安全工作等专项检查，开展“常规管理校校行”活动，检查了解学校管理的常态，及时反馈，并要求写出书面整改意见。全年，对市教育局直属学校进行了不少于三轮的检查，对县（市）、区 100 余所学校进行随机督导。对举报的学校进行明查暗访，通过学生问卷、教师访谈、实地察看等方式弄清事实，对确实存在违规办学行为的学校要求限期整改，并对整改情况进行随机督导。加大对违规学校的处罚力度，制定了直属学校综合督导“一票否决”的规定，对 2 所四星级高中、4 所三星级高中发出预警通知。对省反馈的被举报单位逐校进行督察，并在全市范围内开展规范办学行为飞行检查活动，进一步巩固规范办学行为工作成果，确保素质教育深入实施。

完善综合督导制度，建立规范办学长效机制。把规范办学行为作为综合督导的重点内容，把综合督导的结果作为确定学校绩效工资总量和校长绩效工资的依据，并提出了直属学校综合督导的十条一票否决要求。通过严格的管理促进学校规范办学行为，引导学校全面协调可持续发展，树立和维护教育良好形象。

【开展普通高中素质教育督导】 9月15～21日,市政府教育督导团办公室组织部分督学、教研员和机关工作人员分别对运河中学、睢宁中学、徐州市第七中学、丰县中学、沛县中学、铜山郑集中学和棠张中学等7所四星级高中进行市级督导。10月18～25日,结合直属学校综合督导年度考核工作,对徐州一中、三中、三十六中和候集中学开展市级督导检查,并出具评估报告。11月29日～12月3日,省督导组对铜山区棠张中学和徐州市第三中学素质教育情况进行督导检查。

【直属学校综合督导】 10月15～27日,市教育局、市人民政府教育督导团依据《徐州市直属学校目标管理综合督导考核要点》,对徐州一中等31所局直属学校进行年度综合督导考核。此次督导以办学条件、学校管理、教育教学科研工作、干部教师队伍建设、自主创新、学校特色及社会评价等为重点,通过听汇报、听课、看现场、看资料、访谈或问卷等形式,对学校2009～2010学年度发展情况进行全面督导。各学校高度重视,认真开展自查、公示和整改,抓住综合督导契机,促进学校发展。

【对县级政府教育投入情况调研】 11月,市政府教育督导团对各县(市)、区政府2010年度教育投入情况进行调研,并将调研结果向市政府汇报。调研发现,截至2010年10月,各地教育实际拨付教育经费距"三个高于"的要求仍有差距。主要原因:一是编制预算时没有充分考虑教育经费法定增长的要求;二是经济发展速度快,教育拨款虽年年增加,但仍赶不上财政经常性收入增长幅度;三是部分县(市)、区"校安工程"动工较迟,尚未形成实际的支出。

【开展县域教育技术装备督导】 11月15～25日,市政府教育督导团对全市各县(市)、区实施教育技术装备工作专项督导。督导团依据《江苏省县域教育技术装备工作督导细则》和《江苏省中小学校教育技术装备工作督导细则》,采取听汇报、看资料、随机抽取一定数量的各类型学校现场检查等形式,着重对各县(市)、区教育技术装备工作的组织领导、资金投入、队伍建设、各类馆室建设及使用、教育信息化建设及设备使用等方面实施检查督导。对检查督导中发现的问题向学校和县(市)、区政府有关部门反馈,并提出整改建议和要求。

【职业学校督导】 12月,按照《徐州市人民政府教育督导团关于建立中等职业学校督导制度的意见》,对新沂职教中心、邳州职教中心、贾汪职教中心和徐州经济技术开发区工业职中进行督导。督导通过听汇报、看资料、问卷、听课、访谈师生等方式进行。对发现的问题及时向学校反馈,促进学校加强内涵建设,努力创建四星级职业学校。

【举办市政府督学新年联谊会】 12月28日,市政府教育督导团举办市政府督学新年联谊会。主任督学曹孟军和市直机关以及市教育局直属单位部分督学出席。会上,大家回顾了三年来督政、督学工作,认为徐州市教育督导日益得到党委、政府、教育行政部门和学校的重视和认可,在教育教学改革和发展中的作用也越来越明显、重要。徐州市的教育督导工作在全省居于领先地位,其中建立镇级政府教育工作督导机制和对学校各项检查评估扎口管理等被《江苏教育报》等宣传报道,规范办学督察等工作得到省厅领导的表扬。

(撰稿:李　乐　审稿:姚　杰)

宣传思想

【参展首届江苏教育博览会】 9月16日，首届江苏教育博览会在南京国际展览中心开幕，市教育局、铜山县教育局、沛县教育局、鼓楼区文教体局、徐州幼儿高等师范学校、徐州市公园巷幼儿园、睢宁县实验小学等7家单位参展。市教育局参展的主题为“从教育大市迈向教育强市”，分为教育规模、教育现代化、科学发展、人力资源等4个板块。对于这次参展，市教育局高度重视，聘请专家设计展位，搭建令人耳目一新的展台。运用展板、视频等多种形式，集中展示和反映近年来教育改革、发展取得的丰硕成果。为突出徐州职业教育的水平、特色，江苏模特艺术学校选派12名在各级各类比赛中获奖的优秀模特现场展示，收到较好的宣传效果，被誉为当之无愧的“前三甲”。

【加强徐州教育网新闻宣传工作】 年内，市教育局宣传处加强徐州教育网的新闻宣传工作，实行扎口管理。《教育新闻》和《基层动态》栏目新闻内容的发布，由宣传处集中审核、统一发布，并根据有关要求，确定各单位、部门新闻稿件每月最低采用标准。至年底，宣传处审核、发布《教育新闻》栏目稿件200余篇，《基层动态》栏目稿件1600余篇。

【做好全市教育系统舆情监控工作】 按照上级要求，建立舆情监控制度。每日通过对重点网络、本地报纸、电视、广播等媒体的监测，及时捕捉负面舆情，密切关注舆情的内容和走向，将最新情况及时反映给上级领导。全年累计发布舆情监测报告27期，为相关部门采取行动、化解危机、消除不良影响提供依据。

【全市教育政务督察工作】 2010年，为全面掌握教育局机关各项政务工作开展情况，宣传处负责对市政府各项转办单、局机关各处室月度计划总结和绩效计划完成情况进行督办。全年共督办各级各类转办单70余件，每月按时完成各处室月度工作计划总结和绩效计划完成情况的汇总、报送工作。对加强局机关行政规范化，提高机关工作效能起到重要作用。

【成立《江苏教育报》和江苏教育电视台徐州记者站】 1月、11月成立了《江苏教育报》和江苏教育电视台徐州记者站。该记者站的宗旨为及时宣传徐州教育改革与发展的新举措、新进展、新经验，扩大徐州教育在全省的影响力，使徐州教育与省级媒体的交流联系更加紧密。

【表彰精神文明建设先进单位】 12月11日，江苏省精神文明建设指导委员会表彰2007~2009年度江苏省群众性精神文明建设先进单位。徐州市科技中学、徐州高等师范学校被授予江苏省文明单位称号；徐州市王杰中学、徐州市第三十一中学、徐州市第三十五中学被授予江苏省精神文明建设工作先进单位称号。

【徐州市第二届文明礼仪大赛获奖】 12月3日，在徐州市文明委主办的“徐矿杯”第二届徐州市文明礼仪大赛中，市教育局荣获优秀组织奖。徐州市文明礼仪大赛为团队赛，分为窗口行业组和校园组。参赛对象为市各行政机关、企事业单位、窗口行业的服务集体和在校中小学生团体。局宣传处积极发动，全市教育系统共有18支代表队参赛。

【“家长心目中的好教师”评选】 2010年，市教育局与彭城晚报社联合开展徐州市首届“家长心目中的好老师”评选活动。在学生家长推荐、各地各校层层选拔的基础上，彭城晚报社组织记者深入学校实地采访，在《彭城晚报》、《校门口》栏目和彭客网上连续报道61位教师的事迹。市教育局在徐州教育网上开辟专题网页同步宣传，并组织有关人员对候选人进行严格的评审，评选出李凤遐、陈雯婕、刘升娜、赵春卉、王琰、范敏、王海玲、洪玮、梁春季、李月汉10位教师为徐州市首届“家长心目中的十佳教师”。

【开展“阳光少年”评选活动】 年内，市教育局与徐州报业传媒集团联合举办徐州市“阳光少年”评选活动。活动的主旨为加强和改进未成年人思想道德建设，树立徐州青少年优秀典型，引导中小学生增强社会责任感和现代公民意识。活动历时4个多月，通过第一阶段的校级推选、第二阶段的各区推选和第三阶段的市级评选，评选出100名德智体美全面发展的阳光少年(综合类)，评出爱心少年、诚信少年、明礼少年、勤俭少年、自强少年、好学少年、才艺少年、运动少年、环保少年、创新少年各100名，全市200多万名学生参加评选活动。

【开展“童眼看徐州”评选活动】 年内，市教育局与徐州报业传媒集团共同举办“发现家乡之美——‘童眼看徐州’”活动。通过图画、照片、作文的形式，用孩子最纯真的眼光记录展现徐州变化，发现徐州之美，记录和展示徐州城市建设、徐州人精神面貌。活动评出一等奖100名，二等奖300名，三等奖600名。一等奖作品在《彭城晚报》上刊登。

(王胜勇)

纪检监察

【党风廉政建设工作】 年初，召开全市教育系统党风廉政建设工作会议。会上观看警示教育片，局领导与各学校签订2010年党风廉政建设工作责任状，印发《2010年全市教育系统纪检监察工作要点》。年内，组织开展《中国共产党党员领导干部廉洁从政若干准则》学习活动。征订《廉政准则》及系列辅导材料，结合观看警示教育片，邀请市纪委领导对机关全体党员干部进行专题辅导。继续做好“廉政文化进校园”工作。结合省部署的“廉政文化活动周”，各县(市)、区撰写学习《廉政准则》读后感90多篇，廉政活动手记30余篇，创新项目6篇，14篇优秀作品报送省厅。11月，在彭城广场举办“勤廉从政，幸福平安”徐州市教育系统专场广场文艺演出。市纪委领导、市教育局和文化广播新闻出版局(文广新局)的有关领导到广场观看演出。在市纪委组织的全市反腐倡廉美术作品展活动中，直属学校共上报油画、剪纸、讽刺漫画等多种反腐倡廉题材作品70余件，收集廉政格言、警句100余条。

【重要工作和重点环节的监察】 2010年，贯彻新修订的《中华人民共和国行政监察法》，加强对重要工作和重点环节的监察。对中考、高考、英语口语测试、中考体育考试、对口单招艺体考试、中考评卷录取的现场监察30余次；对撷秀、树人等小升初热点初中电脑派位、直属学校中层以上干部绩效考核现场监察，对部分直属学校中层干部竞争上岗、直属学校教师招录、教师职称评审等进行现场监察10余次；对直属学校各种大宗物品、工程采购招标进行监察20余次。

【加强领导干部廉政建设】 根据市纪委要求，结合争先创优活动，切实加强领导干部廉政建设。年内，局机关科级以上干部均签署廉洁承诺书，局领导均写出廉政座右铭。处级以上领导干部进行述职述廉，并对照廉政要求内容加以具体说明。

【纪检信访工作】 2010年,进一步完善服务形式,畅通投诉渠道,做好纪检信访工作。在教育网上公布教育纪检监督电话,对于群众电话投诉和信访举报,按照纪检信访程序办理。对于能够直接办理的事项,认真核实调查,尽快办理。对于转办的事项,严格按照信访要求,限时要结果。对省转信访件,成立省、市联合调查组,直接调查了解,及时形成调查报告。全年市教育纪工委共受理群众举报52件次,办结52起,查处违纪违规收费金额13.4万元,清退违规收费13.4万元,6人受到党纪政纪处分。

【全面推进规范办学】 参加市纠风办与徐州电视台合办的《行风热线》栏目,局领导、3所热点学校校长及受评议的处长先后多次走进演播室,现场解答群众的疑难问题。年内,徐州市教育局被评为"最佳上线单位"。组织好春秋季开学收费检查,市治联办检查各个县(市)、区的开学收费工作。并通过下发《收费检查通报》,对存在问题的县(市)、区和学校进行公开批评。推进规范教育收费示范县(市、区)的创建活动。2010年,5个县(市)、区申报省"规范教育收费示范县(市、区)",全部通过验收。至此,所有县(市、区)全部创建成为省"规范教育收费示范县(市、区)"。

【专项治理工作】 2010年,贯彻徐州市纪委《关于印发〈关于设立徐州市购物卡(券)廉政专柜的实施办法〉的通知》,局党委及时召开专题会议,学习文件精神,增强廉洁从政的自觉性。年内,开展机关效能建设,做好行政权力网上运行工作;全市办公开始实行行政权力网上运行,凡是能够公开的,一律公开;认真推行"限时办结制",对与人民群众利益密切相关的教育问题,合理设置时限,及时办理。监察室协调有关处室及时完善"网上政务"有关内容的录取工作,对机关处室进行培训,对网上办事情况及时予以监督。

(戴世荣)

组织建设

【建立党员学习教育的长效管理机制】 坚持和完善"三会一课"学习制度,间周一次政治理论学习,间周一次业务学习,年初定学习要点,年终有学习考核。加强理想信念教育、廉政意识教育、形势教育,组织党员学习科学发展观和构建社会主义和谐社会等重大战略思想,进一步提高科学治教、民主治教、依法治教的能力,为全市教育事业的持续健康发展打下坚实的思想理论基础。注重改进学习方法。集中学习、专题辅导、大会交流和上党课等方式相结合,与"支教助困"等主题实践活动相结合,到农村联系点学校"送温暖、献爱心"。结合党员先进性教育和学习实践科学发展观主题实践活动,在全市直属学校广泛开展教育思想解放大讨论,把解放思想体现在具体工作中,落实到解决问题上,推动徐州教育又好又快发展。

【全面推进基层党建工作制度建设】 一是建立学校基层党建工作领导责任制度。形成由市委教工委、局党委统一领导,组织部门牵头抓总,有关处室密切配合,学校党组织实践创新的工作格局。二是建立和完善党员教育学习制度。对学习内容、时间、形式作出明确规定。三是明确党组织生活制度。四是深入开展"三走进,三服务,办人民满意教育"、"五个一"标兵、"读好书"等主题教育实践活动。五是建立党建工作目标管理考核机制,明确党组织负责人是党建工作责任人,考核结果作为工作实绩评定的重要内容。六是党建信息采集、上报、建档制度。学校党组织定期上报信息,并及时整理归档。

【基层党组织建设】 坚持标准,严格程序,认真抓好党员教育、发展和管理工作,保持党员队伍先进性。严格按照发展党员“十六字”方针,严把党员“入口”关,注意在教学一线的青年教师中发展党员。建立和完善发展党员两推荐(党员推荐、群众推荐)一公示制度、组织员谈话制度、入党积极分子培训制度。把好培养考察关、推荐选拔关、培养目标关、组织谈话关以及预备转正关,推进发展党员工作的制度化、规范化。实现学校基层党组织全覆盖,夯实学校党建工作基础。学校基层党支部(党小组)与学校年级组同步建立,支部工作与年级教育教学工作协调开展;民办学校建立的同时,或依托或联合或独立建立学校党组织,确保党的工作全面开展,保证社会主义办学方向;严格按照学校办学规模和党员队伍状况,建立学校党组织;严格按照《党章》规定,组织指导学校党组织按期换届选举,增强党组织的活力。

【加强干部队伍建设】 树立“以发展论英雄、以贡献看能力、凭实绩用干部”的用人导向,坚持德才兼备、任人唯贤的用人标准。在选拔任用工作中,注重在发展有成绩、进位提先有成效的学校选任干部。探索建立科学、完善的干部选任制度,全面推行中层干部竞聘制、公开选任制,完善选任机制,出台《市教育局直属学校中层干部管理办法》,真正落实广大群众在干部工作中的知情权、参与权、选择权、监督权。按照《干部教育培训条例(试行)》,制订干部培训规划,建立以高校为主的培训基地,坚持校干初级、中级、高级三级培训,形成常规,定期培训。针对干部素质的状况和事业发展的需要,拓展培训渠道,创新培训形式,以会代训,努力提高培训的针对性和实效性。制定《市教育局直属学校校长聘任及任期目标管理办法》,加强校长任期目标管理,对校长和领导班子工作实绩,特别是在教育教学管理方面实行量化计分,进行年度考核和任期届满考核,考核结果作为校干任用、晋升、奖惩、培训和调资等依据,建立科学的干部评价考核机制。

【老干部和统战工作】 密切联系党外人士,定期召开基层民主党派负责人、各级人大代表、政协委员会议,征求对教育工作的意见和建议,组织他们参政议政,发挥民主监督作用。坚持老干部阅读文件、组织生活、政治学习、情况通报等制度,保证老干部政治待遇的落实。充分发挥老干部在“两个文明”建设中的积极作用,大力支持关工委工作,为老同志老有所为提供广阔的平台。坚持走访慰问、扶困助难。开展内容丰富多彩,形式灵活多样的活动,活跃老干部的精神文化生活。

(刘　艳)

发展规划

【完成中小学校舍安全工程年度任务】 2010年,按照校舍安全工程的规范要求和省校安办的指导意见,按照“一校不漏,一校一册,一楼一表”的要求,在全市中小学校开展校舍安全鉴定工作。至6月,全市共检测鉴定1491所中小学7263幢校舍,总面积为798.28万平方米,其中安全的110.8万平方米,占13.88%,需加固544.9万平方米,占68.26%,需拆除142.6万平方米,占17.86%。组织开展校舍排查鉴定“回头看”工作,采用“全面审核、分期推进”办法,对鉴定报告的科学性、可行性进行审核,夯实工程实施基础。

根据省校安办要求,依据“安全、必需、节俭”的原则,科学编制工程规划。7月,调整完善工程总体规划、分年度计划和具体校舍加固改造方案,经市政府审定,上报省政府。全市工程总体规划期为8年(2010~2017年),其中,市区规划期为6年,县(市)规划期为8年。将校园安全工程与学校布局调整、教育现代化创建、新农村建设、农村寄宿制学校食宿工程等相结合，采用最科学、最经济、最安全、最高效的加固或新建方案，整体提高全市中小学的校舍水平和安全性能。

按照省关于校安工程专项资金筹措管理的办法，积极筹措校舍安全工程资金，市、县两级政府在年初预算中均将校安工程经费纳入财政预算，设立专用账户，安排专项资金。同时，通过闲置学校处置变现、整合使用教育费附加等支持工程推进。至年底，全市校安工程地方安排专项资金实际到位超过4亿元。

按照工程规划，全市2010年计划安排加固校舍面积16.12万平方米、新建校舍面积57.55万平方米。根据全国校舍安全工程月报系统统计数据，工程建设从2010年8月份开始启动，到12月底，全市加固项目已开工、完工16.5万平方米，占规划量的102%，新建项目开工、完工68.8万平方米，占规划量的112%，全面完成工程年度计划任务。同时，按省校安办要求，全市共拆除危旧校舍19.2万平方米，所有不能安全使用的校舍全部停用。

【推进学校建设工程】　年内，推进学校建设各项工程。三十四中学新校区建设是2010～2011年为民办实事项目。项目经过征地、协调周围居民出行道路、办理各项手续等事项后，施工队通过市建设局招标，江苏锦宸集团有限公司中标，施工队于12月底进场做施工准备。项目占地2.6公顷，建筑面积2.8万平方米，建设工期8个月，2011年9月全面竣工投入使用。

第二职业中学新建艺术中心项目为2010～2011年市城建重点工程。设计面积4200平方米，拆迁、建设投资预算1660万元。各项前期手续全部完成，施工队伍通过市建设局招标，由江苏淮海建设公司中标。由于建设用地上宿舍楼拆迁尚未完成，工程未能施工。

徐州高级中学南门改造工程是2010年市重点工程——解放南路改造项目的组成部分。学校形成建设方案，经市重点办审核和市建设局招标，投资额38万元，10月开工建设，12月底完工。

三十七中现有校舍建筑面积20022平方米，共有建筑物11栋，其中4栋建于上世纪70年代，经鉴定，不符合抗震设防要求。根据校舍安全工程有关要求，拆除老校舍2632平方米，新建一幢6层5593平方米综合楼。该项目总投资800万元，资金主要来源于学校移交资金。该项目由江苏淮海建设公司中标，11月进场施工，计划2011年暑期投入使用。

徐州市第三十五中学初中教学楼建于1978年，四层砖混结构，建筑面积2304平方米，简易体育馆及附属房屋建于1987年，框架结构，建筑面积1830平方米。两楼的安全性评级分别为Dsu、Csu，抗震鉴定均为不满足抗震要求。根据校舍安全工程有关要求，结合学校长远发展，拆除教学楼、简易体育馆及周边附属房屋，原址新建一幢教学综合楼，建筑面积约8600平方米，建设投资约1200万元，资金主要来源于市校舍安全工程专项经费和学校自筹。至年底，项目已完成立项、规划、许可等手续，老校舍已经拆除，新楼计划于2011年春季施工，暑期投入使用。

云龙区负责建设的绿地小学已投入使用。新城区管委会负责建设的青年路小学分校已投入使用，1所九年一贯制学校已完工，2011年招生。鼓楼区负责的生态园和九里山机场的2所学校已经完成部分主体工程，2011年暑期投入使用。

【侯集中学设置新疆高中班】　暑期起，根据省政府内地西藏、新疆班扩招工作会议部署和《省教育厅关于下达内地西藏、新疆高中班扩招任务的通知》的要求，在徐州市开办新疆高中班。新疆班设置在侯集高级中学，计划2010年招收一个班43人,8月底到校，2011年、2012年分别招收一个班,2013年开始每年招收2个班,至2017年达到至少8个班360名学生规模。为办好新疆班,经局研究,市政府同意,在对校园校舍进行改造后，将新疆班安排在春晖中学校区集中学习、生活,另在校园北征地6.7公顷建设新春晖中学。建设资金来源于中央财政投资资金安排760万元、地方财政资金1600万元。暑期完成了新建餐厅、公厕和大门工程,完成了对学生宿舍1号楼的改造和修缮、教学楼一层和浴室、报告厅、广场、花园、塑胶跑道、篮球场及部分道路的改造工程和相关设施设备的添置工作,总投资900万元。春晖中学新校区征地和立项手续基本完成,计划开春启动建设,力争2011年暑期完成一期工程。

【招生计划编制和各项教育统计工作】 年内,根据全市教育工作会议精神和基本实现教育现代化指标要求,结合初中毕业生和高中阶段教育发展条件,科学编制招生计划。完成全市基础教育、中等职业教育事业学年初统计和教育基本建设统计工作,编制《2010年徐州市教育事业统计资料》。按时、准确完成教育服务业统计等工作。处室被评为市统计工作先进集体。

【完成教育事业“十二五”规划编制工作】 2010年,与局办公室等一起在开展前期课题研究、认真总结“十一五”全市教育事业发展成绩的基础上,编制教育事业“十二五”规划。6月形成规划初稿,经广泛征求意见,于10月形成送审稿,报市政府审定。规划提出,适应“两个率先”和建设特大型区域性中心城市战略部署,坚持教育优先发展、率先发展、加快发展、科学发展,到2015年,教育发展规模、教育质量、教育投入、教育贡献度在江北和淮海经济区领先,基本实现教育现代化,建成教育强市;到2020年,实现教育现代化,建成学习型社会和人力资源强市。

（潘　杰）

教育人事

【义务教育学校(含完中)绩效考核和奖励性绩效工资发放工作】 2010年,按照国家、省、市有关要求,继续做好义务教育学校绩效工资实施工作。为更好发挥绩效考核作用,体现绩效工资改革的积极作用,先后召开各类人员座谈会,认真研究2010年义务教育学校绩效考核办法,完善各县(市)区、各有关学校绩效考核方案,指导各县(市)区、各有关学校科学确定岗位工作系数,规范进行绩效考核,稳妥发放奖励性绩效工资。认真做好局直属学校2010年绩效考核测算和奖励性绩效工资发放工作,23所义务教育学校(含完中)的2852名教职工领取奖励性绩效工资,整项工作平稳、有序。

【新师资招聘工作】 2010年,根据全市基础教育师资补充需要,做好各县(市)区新师资招聘指导工作。通过坚持教师资格准入和清理临时代课教师等措施,补充新教师近800名。23所局直属学校在市人力资源和社会保障局、教育部门的指导下,坚持公开、公平、公正原则,面向社会招聘89名新教师。坚持硕士及以上学历研究生、职教类专业教师面向全国招聘。这些政策的改革,对吸纳优秀毕业生到徐州市中小学任教起到积极的作用。

【义务教育阶段改制学校招聘公办教师工作】 根据《教育部关于进一步做好义务教育阶段改制学校清理规范工作的几点意见》和《省政府办公厅转发省教育厅等部门关于做好义务教育阶段改制学校清理规范工作意

见的通知》等文件精神，结合徐州市教育事业发展需要，面向市直义务教育阶段改制学校招聘公办教师80名。市直义务教育阶段改制学校为《省教育厅关于公布第一批符合“四独立”要求改制学校名单的通知》中所列的第一批符合条件的6所学校即：撷秀中学、树人中学、昕昕中学、第一外国语学校、西城中学、大庙春晖中学。

【局机关、事业单位的津贴调整】　年内，对局行政64名在职人员，61名退休人员，12名离休人员进行津贴补贴调整。对局直属23所义务教育学校2791名在职人员，1963名退休人员调整了绩效工资和生活补贴标准。11所非义务教育学校1998名在职人员月增加600元，868名退休人员月增加450元；局直属学校、事业科室离休人员100人调整生活补贴标准。

【完成沛县师范学校教职工分流】　在市委、市政府的亲切关怀下，徐州沛县师范学校100名在职教职工和55名离退休人员顺利分流到徐州幼儿高等师范学校（在职50人，离退休27人）、徐州高等师范学校（在职50人，离退休28人）。

【省第十一批特级教师候选人推荐工作】按照省文件要求，积极做好省第十一批特级教师候选人评选推荐工作。经过层层推荐选拔，市辖各县（市）、区上报徐州市108名候选人，经资格初审、量化评比和市第十一批特级教师推荐评审委员会票决，遴选出42名候选人上报江苏省专家评审委员会参评。李秋颖等33名教师被评为省第十一批特级教师。33名特级教师中语文学科12人，数学学科9人，英语学科2人，政治学科2人，体育学科2人，物理、化学、生物、地理、音乐、心理健康学科各1人；高中教师13人，初中教师7人，小学教师13人。评选人数名列全省榜首。

【选派优秀大学生，引进紧缺师资到农村任教】　2010年，按省厅文件精神，继续落实选派优秀大学毕业生赴苏北农村中小学任教工作，选派符合条件的196名大学生到徐州市农村中小学任教。继续落实市政府关于引进数学、英语紧缺学科师资工作。积极协调、督促省、市有关部门按文件规定核发补助经费，并敦促县（市）教育部门做好专项补助发放和人员管理工作，2006年、2007年、2008年三批计219名大学生领取了专项补助经费。

【其他工作】　落实全国地市级教育局长研修班、县（市）教育局长培训班，全国省、地督学培训班参培人员报名工作。组织局机关公务员参加科级干部任职培训。配合市编办认真做好幼儿园编制核定调研工作。根据市委办公室、市政府办公室《关于认真落实机关事业单位工作人员带薪休假制度的通知》，做好局公务员、事业科室工作人员带薪休假时限的审核、统计、备案、上报工作。抓好局直属学校2010年度考核工作

【及时办理各项人事劳资业务】　2010年，及时办理各项人事劳资业务。根据增资政策及时调整教师岗位津贴，局直属单位近300人增加岗位津贴；办理60名新教师转正定级手续；完成全市教师教龄津贴审核、审批工作，150多名教师增加了教龄津贴；办理百余名教职工退休手续；办理5名2008年局机关招聘事业科室工作人员的调动手续；按政策安置随军家属11人；局直属学校内部调整17人；系统外调入11人。

【认真接待群众来信来访】　年内，认真接待群众来信来访，妥善处理各类教育人事问题。2010年是徐州市义务教育学校实施绩效工资的第二年，随之产生的教育人事矛盾较为集中。面对特殊时期、特殊困难，人事处积极

应对,在各部门的支持和各级领导指导下,顺利渡过难关,有些棘手问题在一定程度内得到妥善解决。全年共接待群众到访800多人次,答复"省委书记信箱"、"省长信箱"、"市委书记信箱"、"市长信箱"批件30余件,办理人大代表、政协委员提案5件。

(刘桂云)

人才中心

【民办学校教师队伍管理】 2010年,人才中心加强民办教师队伍管理,继续承担对民办学校人事管理的日常事务。全年接转档案、办理人才流动手续200余人次;为代理人员出具相关证明材料近百人次;代理各类职称评定近百人次。

【加强档案管理】 年内,人才中心加强档案管理工作,使之规范有序。对1000余份全市师范类未就业大学生档案、200份系统内自动离职等特殊人员档案、700份民办学校各类代理人员及流动人员档案,全部登记造册、编号,各类交接记录、转档表格、查阅、借阅登记等台账材料一应俱全,所经手的每一份档案都有案可查。一年中,接待不同年度、不同情况、不同身份人员的调档、阅档,帮助他们解决所遇到的问题,为其提供政策范围内的各种服务。

【完成全市教师资格认定】 2010年,人才中心完成全市各类教师资格认定工作。全年认定6614人,其中幼儿园1089人,小学2034人,初中1169人,高中1929人,中等职业学校386人,中等职业学校实习指导教师7人。其中市教育局认定2821人,包含初中499人,高中1929人,中等职业学校386人,中等职业学校实习指导教师7人;县(市)区认定3793人。

【政府便民服务中心工作】 年内,继续做好政府便民服务中心值班及网络维护工作。教师资格认定工作作为局行政许可事项之一入驻市政府便民服务中心后,人才中心严格遵守值班制度,克服两地办公、收材料、审材料难的问题,保证工作、值班两不误。同时额外承担了近3000人的数据认定输入工作。配合市便民服务中心及市教育局关于网上办事、网络维护、检查等要求,建立、充实、完善徐州市教师资格认定网,兼顾徐州教育网及徐州市行政服务中心的网络平台,与社会互动,加班加点做好政策宣传、解读、答疑等工作,收到良好的社会效益。

【搞好教师资格实施制度的管理】 10月,根据工作需要启用了徐州市教师资格认定专用章,制定、规范《徐州市教师资格证书补发换发办法》,同时对各县(市)、区首次面向社会认定教师资格以来历年的所有认定人员信息收集、汇总,并且进行县(市)、区教育(文教体)局,高校、高师校教师资格相关政策及网上申报的培训,进一步规范全市的教师资格认定工作。12月,开展全市新一轮教师资格实施制度的检查工作,全面了解在岗教师持证上岗及岗证相符情况,为下一步教师资格实施制度的规范与整改提供依据。

(王　静)

队伍建设

【全力提升教师综合素质】 2010年,认真贯彻落实省市教育工作会议精神,大力加强师资队伍建设,加快全市教师综合素质的提升。积极依托省师培中心、省干训中心,国家、省、市培训基地,多层次多渠道开展各类教师培训。充分发挥"名师工程"和"青蓝工程"的引领作用,开展第六批"名师工程"、第八批"青蓝工程"评选工作。2010年全市教师队伍高素质人才拥有量进一步增加,33名教师荣获省特级教师荣誉称号。教师学历又有新提升,其中小学教师大专学历达78.3%,初中教师本科学历达62%,高中教师本科学历达95%,其中具有研究生(硕士)学历(学位)达3%。学历提高率与去年相比,小学教师提升9%,初中教师提升14%,高中教师提升2%。教师队伍年龄结构进一步趋于合理,中学教师中年富力强教师有明显增加,小学26~45岁教师比例为64.3%,中学26~45岁教师比例为79%。职称职数核定及评审进一步规范,结构进一步合理,小学高级教师达57%,中学高级教师达14%,中学一级教师达36.7%。教师队伍基本满足教育事业发展要求。

【做好中小学教师培训工作】 2010年,在调研各学校教师需求的基础上,精心组织各级各类教师培训,顺利完成部、省、市三级近3万名教师培训任务,教师培训数量和培训质量达到近年来新高。认真落实各县(市)、区及学校的师德教育活动,组织教师学习新《教师职业道德规范》,促进教师职业道德水平的提高。选派31名优秀骨干教师参加"国培计划"培训项目,组织26名英语骨干教师赴上海外国语学院参加提高培训。选派1320名英语教师,55名音美、科学教师,22名特教教师、24名少先队辅导员参加省级专业培训。选派110名高中网管人员参加省级网络管理及安全培训。选派550名语文、数学教师参加省级新课程骨干教师提高培训,部分小学语文、小学数学、中学语文骨干教师参加省高级研修班。组织1600名思品、音乐、美术教师参加省"送培到市、县"培训,组织2000名初中历史、地理、化学、生物教师参加省教师教育网络平台新课程提高培训。采取送培到校模式,组织800名学科教师参加"INTEL未来教育"培训。组织1700名班主任参加中国教师研修网国家级中小学班主任培训。组织1000名教师参加教育部——微软创新教师培训项目暨现代教育技术与课程整合中级水平培训。聘请省内外专家,组织直属学校全体教师、县区学校骨干教师共10000多名参加各学科新课标研修及课堂教学培训,并在集中培训、暑期自修的基础上进行考核,促进教师加强学科教学研究。组织全市120名青年优秀骨干教师参加高级研修。组织300名直属学校教师参加网络资源建设培训。组织120名图书管理员、实验室管理员参加市级培训。组织500多名新教师参加岗前培训。组织150名职业教育专业课教师参加"双师"资格专业培训。

【拓宽校长培训渠道及培训项目】 年内,选派29名校长赴境外参加国际合作培训。选派2名校长参加教育部校长高级研修班,2名校长参加长三角校长高级研修班。选派25名中小学校长、幼儿园园长参加省级提高培训,25名高中校长参加省级任职资格培训。组织120名校长参加市级任职资格培训,组织120名校长、德育办主任参加德育管理专项培训。组织1000名校长参加国家教育行政学院校长网络培训,1000名校长参加"学习贯彻全国教育工作会议和《教育规划纲要》精神"远程专题培训。

【做好"支教项目"和"支疆项目"】 2010年,选派9名优秀教师、校长赴新疆支教。选派城区近200名教师赴农村学校支教交流。无锡、扬州160所学校选派近1000名骨干教师到徐州支教及交流,并向受援学校赠送部分教学设备。受援学校与支教学校建立了"理念共享、资源共享、方法共享、成果共享"的交流机制,通过网络积极开展网上同步教学研讨,互通备课信息和教学检测资料,跨校开展教学研讨活动。

【严格规范职称评审工作】 2010年,教师职称评审工作严格按照教师职务结构比例与岗位职数,按岗择优推荐申报,坚持评审原则,规范评审程序。先后组织对全市5905篇申报中学高级教师职务人员的教育教学论文进行鉴定答辩;对3204名申报各系列中、高级专业技术职务任职资格人员进行教学能力测试。6名市属高校教师、19名中专校教师、56名直属学校教师通过专业技术职务初定;6名研究生初定中学一级教师,2名研究生初定高校讲师,5名研究生初定中职校讲师。55名市属高校教师、32名中职校教师、219名中学教师分别通过中级职务评审,45名市属高校教师通过副教授资格评审,108名中职校教师通过高级讲师资格评审,1143名中小学教师通过中学高级教师资格评审。

(蔡陵军)

教育国际交流与合作

【校际交流卓有成效】 2010年,徐州市有30多所学校与20多个国家50多所学校建立了校际交流与合作关系。全年有20多个批次,近百名中小学师生到徐州市中小学进行友好交流,如徐州五中接待韩国、美国、澳大利亚等学校代表团,徐州职教中心接待日本熊本工业专门学校友好交流团,徐州一中、十三中接待新西兰旺格努伊学校师生交流访问团,徐州幼儿高等师范接待韩国学生汉文化学习团,徐州一中、三中、运河中学、青年路小学、民主路小学等接待美国、澳洲教育代表团。部分学校组团赴海外友好访问,通过友好交流,进一步增进校际间的了解和友谊,开拓学校的国际化视野,给教育发展注入新的活力。

【组织校长教师参加国际合作培训】 2010年,教师、校长出国培训人数达到新高。有165名教师、校长分33个批次赴海外参加各专项培训,为教师、校长拓宽视野、提高素质搭建有效平台。通过"引智培训"项目,暑假聘请22位外籍教师分赴各县(市)、区培训660名英语教师,至年底,全市英语教师基本完成一轮外教培训。

【学生参加境外修学旅行人数攀升】 2010年暑期,部分学校积极组织学生参加境外修学旅行。全市中小学生参加境外修学420多人,其中自组团70人,参加中心组团近360人。境外修学、旅行使学生拓宽国际视野,提高外语水平,感受到异域文化。近年来,徐州学生赴海外就学的人数逐年递增。

【成功举办国际教育论坛】 10月23~24日,市教育局与市外办联合组织首届徐州市国际教育论坛。论坛邀请20多个国家30多所学校及教育机构代表和本市各类学校代表共150余人参加。活动期间组织了国际教育展,来自世界各地的30多所学校布置展厅,徐州市20多所学校设置展板。举办两场境外教育专家国际教育形势报告会。国外学校代表还到一些学校进行友好访问交流,达成进一步合作意向。

【成立徐州市教育国际交流协会】 11月16日,徐州市教育国际交流协会召开成立大会。大会选举产生理事会、常务理事会,市教育局局长强国当选名誉会长,市委教工委书记、副局长曹孟军当选会长,李运生、韩宝平、王志勇、史先进、苏开育、王慕启、赵民强、石运昌、李乐东当选副会长,蔡陵军当选秘书长。通过建立组织机构,积极推动徐州市教育国际交流与合作多渠道、深层次的开展,搭建徐州教育与国际交流合作的平台,促进徐州教育加大对外开放力度。

(蔡陵军)

财务工作

【全市教育经费及财政投入情况】 2010年，全市地方教育经费总投入为85.17亿元，其中，国家财政性教育经费71.58亿元，占总投入的84.05%；社会团体和公民个人办学经费0.15亿元，占总投入的0.18%；社会捐集资办学经费0.08亿元，占总投入的0.09%；事业收入11.85亿元，占总投入的13.91%；其他收入1.51亿元，占总投入的1.77%。

国家财政性教育经费所占教育经费来源比重逐年增加，徐州市委市政府不断加大对教育的投入力度，有力推进教育资源均衡化发展的目标。

【徐州市教育投入力度不断加大】 2010年，全市地方教育经费为851685.30万元，比上年679954.00万元增加171731.30万元，增长25.26%。全市财政性教育经费为715801.30万元，比上年550061.40万元(同口径)增加165739.90万元，增长30.13%。

【积极筹措资金，提升办学水平】 2010年，全市筹措建设经费4.1亿元，完成校舍抗震鉴定，拆除、停用危旧校舍19.2万平方米，加固11万平方米，新建开工近70万平方米，竣工23万平方米，超额完成省定节点目标任务；积极筹措资金为全市13.85万名农村义务教育寄宿生免除住宿费2412.8万元。鼓楼区、铜山区顺利通过省教育现代化现场评估验收。至2010年，徐州市主城区率先基本实现教育现代化，保持了苏北领先地位。

【安排专项资金，完善扶困助学体系】 2010年，在全面免除义务教育学生学杂费、教科书费的基础上，全市筹集7814.42万元资助家庭经济困难学生97.88万人，发放中职助学金、免除困难学生和涉农专业学生学费6271万元。

全市多渠道筹集教育经费情况表

表2-7　　　　单位：万元

项　目	2010年	2009年	增　长%
教育费附加等税费	63603.3	49364.5	28.84
捐资集资	802.3	911.8	-12.01
学杂费	94358.9	79440.2	18.78
勤工俭学	9.6	78.1	-87.71
其　他	15083.1	14270.9	5.69
合　计	173857.2	144065.5	20.68

（撰稿：魏建春　审稿：徐目新）

教育审计

【完成各项审计工作】 2010年,全市教育系统各级审计部门共完成审计项目471项。其中财务收支审计136项,预算执行与决算审计5项,基本建设审计54项,修缮项目审计146项,经济责任审计66项,经济效益审计9项,专项资金审计33项,其他项目审计22项。审计金额52286万元,发现有问题金额3182万元,财务处理不当1341万元,损失浪费金额71万元,违纪违规金额1770万元,促进增收节支合计2452万元,已纠正违规违纪金额642万元,挽回损失金额37万元,工程审减金额1573万元,其他增收节支196万元。发现经济案件移送纪检部门4件,涉案金额32万元。基建修缮自审项目送审额3794万元,审减额591万元,审减率15.60%;委托项目送审额6421万元,审减金额982万元,审减率15.30%。完成审计调查38项,其中上级部门安排7项,本单位安排31项,提交审计调查报告19篇。提出审计建议171条。

【中职校国家助学金发放情况调查】 年内,协助省厅编写《全省中等职业教育学校国家助学金发放情况专项审计调查工作方案》,并对本市中职校国家助学金发放情况进行调查。审计调查发现国家助学金存在省市拨款不及时、部分县(市)、区财政无配套或配套不足、滞留省拨助学金、财政年终累计结余较大、省核定学籍人数不及时等问题,导致部分学生不能及时足额领取助学金。调研掌握了全市中职校国家助学金发放情况,揭示问题,提出建议,以完善该政策体系,促进中等职业教育健康发展。

【审计结果公开】 年内,通过到被审计单位召开审计结果通报会、在教育网上发布审计信息、发放审计简报3种方式公开审计结果。2010年,对第一中学综合楼、十三中学和平校区教学楼、2009年度基建项目以及3家工厂跟踪审计结果等均采用不同形式予以公开,增加审计透明度。

【专项审计】 年内,实施2009年度全市事业单位年检审计。实施沛师移交债权债务清理审计,实施局工会账目年度审计,审核零星维修工程结算审计报告103份,审核、修改工程、超市等招标书16份,参加25次招标会。基建维修审计送审金额11416320.98元,审减金额2309048.71元,审减率20.23%,节约资金2309048.71元。对校办工业公司进行审计。编写市本级绩效考核审计方案,实施审计并出具报告。出台校舍安全工程审计审前调查通知并作出统计。

【其他工作】 出台《建设项目审计补充规定》,根据学校及审计组建议,结合建设项目审计工作实际,对相关问题做补充。修定学校教育经费检查细则,对市审计局教育审计项目提出意见和建议。与市审计局有关人员讨论、修改省审计厅绩效工资审计方案,审核市审计局绩效工资上报省审计厅报告。讨论、商定市校舍安全工程审计相关问题。对审计处历年档案,包括电子档案进行全面梳理。对各县(市)、区政府教育投入情况进行调查,促进各县(市)、区政府及时足额拨付教育经费。参加收费工作检查,核查沛县整改挪用公用经费情况。对学校举报信内容进行核查认定。重聘兼职审计员,组织内审人员参加继续教育培训。

【所获荣誉】 年内,市教育局审计处荣获国家审计署、全国内部审计协会颁发的全国内部审计工作先进集体荣誉称号;市教育局审计处、泉山区文化教育体育局内审办公室荣获江苏省教育厅颁发的省教育审计工作先进集体荣誉称号；市教育局李庚申、铜山区陈庆伟、丰县高卫东荣获省教育审计工作先进个人荣誉称号。在省教育厅召开的4年一次全省教育审计工作会议与市内审协会二届二次理事会上，市教育局作先进典型发言。

（朱　云）

德育研究

【未成年人思想道德建设工作案例获奖】 3月，徐州市开展第三届未成年人思想道德建设工作创新案例征集评选活动，市教育局选送的部分案例获奖。其中《校园开放日》获创新案例一等奖，《争做文明人六项基础习惯养成教育》获推广奖，《责任教育的实践与探索》、《班主任“三走进”》等案例分获二、三等奖。

【考前减压助考心理辅导公益讲座】 4月24日，徐州市教育局和彭城晚报社联合举办面向家长的高考心理辅导公益讲座。讲座围绕如何营造家庭学习气氛、指导孩子高效复习以及帮助孩子调整心态3个主题和家长进行面对面的交流，对缓解学生和家长的紧张焦虑情绪起到重要作用，受到家长好评。

【召开未成年人思想道德建设经验交流会】 5月13日，全市未成年人思想道德建设经验交流会在沛县召开。市委书记曹新平到会并讲话，市教育局领导徐保卫作题为《让百万学生成为文明小公民》的发言。大会表彰全市未成年人思想道德建设工作先进县（市）、区和先进集体、先进个人。

【举办第三届中小学德育论坛】 5月18日，在徐州市九里中学举办以“主题班会”为主题的第三届中小学德育论坛。各县（市）、区教育（文教体）局的分管局长、德育办主任，市直属学校分管校长、德育处主任以及各地班主任和德育干部代表等200余人参加论坛。睢宁县实验小学宁海侠等8位老师就主题班会主题不明、准备不足、内容不精、过程不实的问题进行剖析，提出建议，得到与会代表的认同。市教育局领导徐保卫作专题发言。

【“我们的节日·端午”经典诵读大赛】 6月13日，市文明办、市教育局主办的“读国学经典，做德行学生”——“我们的节日·端午”中华经典诵读大赛在新城区行政会议中心大礼堂举行。市领导邹徐文、肖俊、赵彭城，市教育局领导徐保卫观看比赛。全市中小学和在徐高校的22支代表队通过配乐诵读、配舞诵读等多种形式，深情演绎了《弟子规》、《诗经》、《论语》、《道德经》等广为流传的经典古诗文。徐州师范大学、徐州市西苑中学和大马路小学分获高校组、中学组、小学组第一名。

【召开第二届家校联系表彰会】 9月20日，市教育局、市妇联在撷秀中学召开全市第二届家校联系先进集体、先进个人表彰会。市教育局领导徐保卫、市妇联副主席高红出席会议。徐州市幼儿高等师范学校附属幼儿园等“二十佳”网上家长学校、徐州市撷秀中学等30个家校联系先进集体、徐州高级中学曹蕾等260名家校联系先进个人受到表彰。徐保卫在会上讲话。

【中小学生统一着装及礼仪风采大赛】 9月28日，市教育局举行中小学生统一着装及礼仪风采大赛。全市35所中小学代表队700名学生参加。大赛的主题为“青春着装展示学生风貌，优雅礼仪传承校园文明”。各代表队精心编排，以多种形式展示学生学习、生活、运动的场景，诠释在不同的环境中学生着装要求及礼仪规范。徐州师范第一附属小学、徐州第二职业高中获最佳校服一等奖，徐州八中、丰县外国语小学、泉山区求是小学、徐州三十四中获校服比赛二等奖，徐州师范第一附属小学获文明礼仪展示一等奖。

【省中小学校园心理剧汇报演出获奖】 10月28日，江苏省中小学校园心理剧优秀剧目现场汇报演出在江苏教育电视台举行，市教育局选送的部分节目获奖。省教育厅、省教育报刊社联合举办的“快乐学习，健康成长”校园心理剧征集活动，以剧目的形式展现学习过程中遇到的具有代表性的心理问题，诸如学习困难、考试失利、厌学等，分析产生问题原因，寻找适合学生心理发展规律的最佳应对方式。市教育局在全市进行征集选拔和DV录制，选送优秀作品参加全省评比。新沂市新安小学《我真的很不错》，徐州市王杰中学《心灵的答卷》代表徐州市参加汇报演出，分获小学组、中学组一等奖，徐州市教育局获优秀组织奖。

【市双拥办调研“做军人子女成长导师和校园家长”工作】 11月17～18日，市双拥办对“做军人子女成长导师和校园家长”工作调研。徐州市双拥办主任孙峰、徐州市教育局领导徐保卫以及徐州市军分区有关领导一行到徐州市第三中学、徐州高级中学、徐州市王杰小学、鼓楼小学进行调研。各校领导就2010年学校在军人子女导师选聘、教育工作开展情况作汇报，并展示相关资料，部分成长导师汇报工作的体会做法。孙峰对市教育局“做军人子女成长导师和校园家长”工作给予肯定，指出这项工作是徐州双拥工作的特色，是争创“双拥模范城”工作的亮点，要进一步拓展，出经验，树典型，打造成品牌。

【第五届少儿书信大赛颁奖大会】 11月18日，共青团徐州市委、市教育局、市少工委和市邮政局联合召开第五届全国少儿书信比赛（徐州赛区）颁奖暨第六届书信比赛启动大会。第五届书信大赛结合新中国成立六十周年，“以畅想未来”为主题，引导孩子们用书信抒发对祖国母亲的深厚感情，书写对未来社会的信心与期待。活动收到1万余件作品，评选出10个一等奖、20个二等奖、40个三等奖、22个优秀奖、5个组织奖、10个辅导奖。大会同时启动第六届书信文化活动，第六届活动的主题为“争当四好少年，共同成长进步”。

【举办市第四届中小学德育论坛】 12月24日，徐州市第四届中小学德育论坛——“学生成长导师制、伙伴制”在新沂市隆重举行。徐州市教育局局长强国，新沂市副市长郑彦芳等领导出席论坛。强国就“两制”的推进情况进行总结，就下一步工作提出要求。新沂市唐店中学王兆友等10位老师的文章在论坛交流。

（徐新颖）

科技教育

【开展丰富多彩的科技活动】 2010年，开展丰富多彩的科技活动，营造科学教育的浓厚氛围。市教育部门组织科技创新大赛、科普系列活动、科普基地一日游等活动，组织参加江苏省教育厅组织的科技竞赛活动。结合科技特色学校建设和科技辅导员的培养，全市中小学学生的创新意识和动手能力得到明显提高。至年底，全市有20所学校建起科学发现室和科技实践基地。配合科协、科技局等单位举办发明创造、科学论文、信息技术应用成果及技术创新、科学幻想绘画等竞赛活动。

【机器人项目普及活动】 结合省教育厅在全省义务教育阶段资助一批机器人教学实验

学校的文件精神，举办全市机器人培训班，选择4所学校开展机器人项目的普及活动。12月，徐州市教育局、共青团徐州市委、徐州市科协联合举办淮海经济区首届机器人大赛，来自淮海经济区7个核心城市的学生参加了比赛。年内，沛县五中在第十二届全国机器人比赛中获得一等奖1个，二等奖2个；12月，在澳大利亚举行的TRO竞赛中获得金牌。

【举办科技夏令营】 暑假，举办科技夏令营活动，努力打造科技教育特色品牌。市教育局利用暑假各中小学不得组织上文化课的时机，把科技夏令营作为返校活动的主要内容。充分发挥科普活动基地的作用，组织学生参观学习，引导学生关注自然，关注生活，培养学生的综合实践能力。

【进行科技特色学校评选】 配合省级科技特色学校评比，联合市科协进行科技特色学校评选活动。各学校认真落实评选条件，结合科技特色学校考核标准做好各方面工作。年内，徐州市西苑二小、贾汪区新新小学被批准为江苏省科技特色学校。

【4名学生获宋庆龄奖学金】 8月1日，第九届宋庆龄奖学金在上海揭晓，徐州高等师范学校一附小的陈子末、铜山县魏集中学的李曼获得宋庆龄奖学金；铜山县柳新实验小学的张艺宁、铜山县汉王镇中心中学的董子初获得宋庆龄奖学金提名奖。陈子末代表江苏省参加了在上海举行的颁奖活动。

【义务教育学校标准化建设】 2010年，继续进行义务教育阶段学校标准化建设工作。各教育主管部门、各校对照标准查找差距，加快义务教育阶段学校标准化建设的步伐。至年底，全市义务教育阶段学校共1015所，已有913所达到标准化建设要求，占总数的90%。其中云龙区、泉山区、鼓楼区、铜山区、贾汪区、沛县、邳州市义务教育阶段的学校全部通过标准化验收。

（赵锡安）

教学研究

【教学研究】 2010年，市教研室及时调整教学研究思路，构建新的研究平台，以有效性教学研究为研究重点，在全市范围内推行，打造“高效课堂”教学模式。该研究成果在江苏省首届教育教学基础成果奖评比中获特等奖。年内，各学科加大区域性教研活动的力度和校本研究力度，注重学科间、学段间的相互借鉴，充分发挥中心备课组的作用，正常开展各项活动，攻克教学难题，掌握教学主动权。

【坚持调研制度，加强教学视导】 2010年，市教研室继续坚持“三二一”的调研思路，加强教学视导。坚持每周不少于两天到基层学校调研的制度，力求做到调研一所学校、帮扶一所学校、提高一所学校。将教学视导作为调研的主要形式，实行集体视导和学科个别视导相结合，扩大视导的覆盖面，突出教学视导的实效性。年内各学科集体视导45所县（市）、区学校，对12所教育局直属学校进行教学督导，学科个别视导32所学校，各科教研员参加了10多所学校的对外公开课活动，全年共听课1000多节。加强对薄弱学校的视导和帮扶，已初见成效。

【开展教研活动】 年内，重视教研活动的开展。先后承接了省教研室小学语文、音乐，初中物理、生物优质课评比活动，活动组织井然有序，得到上级有关部门的肯定。小学、初中、高中各科教研员依据学科特点，积极开展教研活动，全年共组织开展教学研讨活动达500余次。

【中、高考成绩提升】 加强对中、高考试题的分析,总结经验,找准问题,发挥其对教学的引领和导向作用。各学科教研员认真研究教学中的实际问题,为命题提供科学的依据。2010年徐州市首次实行中考网上阅卷。市区中考成绩在全市名列第一,市区直属学校均分比市区均分高18分,优分率、及格率都高于市区平均水平,低分率低于市区和大市,市区初中的整体教学质量稳步提升。大市高中教学质量也有所提高,今年高考参考人数为86488人,比2009年少近6000人,文化考试二本上线人数为12404人,比2009年增加158人,上线人数提高1.1%。

【搭建基础教育公共服务平台,促进资源共享】 2010年,市教研室发挥优质教育资源的辐射作用和名特优教师的带头骨干作用,实现优质教学资源共享,促进教师专业化成长,与市局相关处室共同努力打造基础教育公共服务平台。平台由名师讲堂、名师在线、同步课堂三部分内容组成。教研室负责组建学科专家小组,确立同步复习课题,并对所讲课题把关、跟踪指导以及后期完善。教育公共服务平台的建设可以实现在线回答学生的疑难问题,进行师生现场互动,学生自由选择时间进行学习。基层学校的教师通过"同步课堂"与名师自动匹配,实施网络教研,实现资源共享的最大化。

【加强教师队伍培训】 针对新的课程标准和教学要求,加大教师培训的力度。做到教学改革推进一步、教师培训跟进一步,引导和帮助教师理解课改精神、落实课改要求、转变教学观念、创新教学方法;调动广大教师参与教学改革的积极性,形成推进教学改革的强大合力。暑假期间,市教研室对小、初、高各学科教师近15000人集中培训,各县(市)、区又结合实际情况进行二级培训。年内,加强对青年教师的培养和培训,落实青年教师培养名单,制定青年教师培训计划,打造一支师德好的青年名优教师队伍。

(撰稿:王 波 审稿:何振国)

语言文字工作

【三类城市语言文字工作评估结束】 3月10~12日,受省语委委托,徐州市语委办负责组织实施对邳州市三类城市(县)的语言文字评估工作。评估工作由市语委副主任、语委办主任、徐州市教育局领导李玉良担任总负责,市语委副主任、市政府副秘书长刘宏担任总顾问,市政府文教处处长戴立宏担任工作指导。各评估组采取定点和随机相结合的方式抽取邳州市政府机关、学校、新闻媒体、公共服务行业及公共设施等四大领域15家单位,通过听取工作汇报、审阅档案台账、座谈民意摸底、实地走访考察等环节,对邳州市的语言文字工作进行全面的检查评估,认为邳州市的语言文字工作取得很大进步,在城区初步实现"普通话基本普及、汉字的社会应用基本规范"的工作目标。3月底,省语委正式授牌,认定邳州为三类城市语言文字工作评估达标城市。8月,授予徐州市为三类城市语言文字工作评估全面达标城市。至此,由市语委办具体组织实施、历时3年的三类城市语言文字工作评估全面达标。

【举办省中小学诵读骨干教师培训班】 8月,江苏省语委、徐州市语委、徐州师范大学语委、市教育局师资处共同举办为期一周的江苏省第11期经典诵读骨干教师培训班,对各县(市)、区200多位经典诵读骨干教师进行培训指导。培训使学员充分认识开展中华经典诵读活动的现实意义,准确理解中华经典作品的思想和文化内涵,提高经典赏析能力,掌握诵读技巧,成为中小学开展中华经典诵读活动的骨干力量。

【评选“讲诵写吟”优秀教师与教案】 6月，组织中华经典诵读“讲诵写吟”优秀教师与教案的征集工作。各县(市)、区推荐100余位教师参加市级评选，经过层层选拔，徐州市职业教育中心罗佳的《论语七则》、铜山县茅村实验小学郭艳的《忆江南》等72篇教案入选江苏省经典诵读优秀教师与教案。

【组织规范汉字书写大赛】 2009年11月17日～2010年4月24日，市教育局、市文化局、市语委办、彭城视窗教育频道、中国电信118114共同承办彭城首届万人少儿书法大赛。大赛历经4个多月，经过初赛、复赛，1039名选手脱颖而出。评选出金奖9名、银奖40名、铜奖80名、入展奖85名、最佳人气奖8名、优秀奖825名，中小学最佳组织奖18个。6～8月，市语委办组织全市小学、普通中学、中等职业学校全日制在校学生参加的第二届全国学生规范汉字书写大赛徐州地区的比赛。活动以规范汉字和写字教学为主题，87141名选手参加比赛，市大马路小学的潘婧欣等8人获省一等奖，西苑中学的吴炎慧等21人获省二等奖，贾汪区团结小学的张睿洁等21人获省三等奖。

【抓好省、市特色校创建】 2010年，语委办通过开展规范汉字书写教育特色学校工作的认定，进一步促进国家语言文字方针政策、法律法规、规范标准在中小学的普及。至年底，共有30多所学校申报省市级规范汉字书写教育特色学校。特色校创建工作的开展，使语言文字工作回归教育主阵地，夯实学校语言文字工作的基础。

【组织参加语言文字法律法规培训班】 9月18日，市语委组织各县(市)、区语委办干部参加在南京大学举办的语言文字法律法规和规范标准培训班。国家语委有关领导作《国家通用语言文字法》、《汉语拼音正词法》等辅导，南京大学省语言文字应用监测中心专家为语委干部们作《公共场所标志英文译写规范》辅导。培训提升了市语委干部的业务水平和语言文字执法能力，也为下一步省、市开展公共场所中英文标志的规范，标牌名称等中英文用字规范进行监督做好前期准备。

【专题调研】 5月，受省语委委托，徐州市语委办对186人进行普通话审音调研。调研涉及徐州市城区、县级城镇、农村中的教师、播音员、语委工作人员及其他人员。各县(市)、区通过精选样本、实地摸底，为国家制定“十二五”语言文字规划提供政策依据和参考。11月，市语委办在市区和沛县进行国家普通话普及情况调研，调研涉及徐州市区及沛县130户居民，120名在校学生，调研了解徐州市普通话推广的实际状况。

【启动中国语言资源有声数据库调查工作】 10月，市语委办启动中国语言资源有声数据库徐州地区的调查工作。这项工作属全国性的语言调查，江苏省率先启动，徐州市在苏北领先开展。徐州地区设7个调查点，即城区(主要指老城区)、贾汪区、丰县、沛县、睢宁县、邳州市、新沂市。各地的调查将按照《中国语言资源有声数据库调查手册·汉语方言》规定，遴选世居当地、身体健康、发音洪亮清晰的当地发音人。中国语言资源有声数据库徐州调查工作将各地的语音建档立库、永久留存，目的是更好地探讨地方方言的内在规律，发现地方方言向普通话过渡的特征，更好地为普通话的推广普及服务。

【开展“啄木鸟行动”】 年内，以推普周为契机，开展“啄木鸟”行动。在社会用字方面，市语委发挥学校的主阵地作用，强调学生学习与实践结合、开展对辖区主要商业街名称、主干道路名称牌、公交站牌、各类广告用语用字以及街头店招、店牌的不规范用语用字进行整理检查的"啄木鸟行动"。活动提升了学生和教师的语言文字水平和应用能力。市语委通过开展经典诵读、规范书写等推普周活动,进一步加大语言文字法律法规和规范标准的宣传力度,弘扬中华优秀传统文化,不断提高全社会语言文字规范意识和公民语言文化素养。

【"推普"进乡村活动】 2010年,语委办和矿大语委办开展"推普进乡村、推普进课堂、推普进校园"的系列活动。9月,矿大党委宣传部和徐州市语委办、贾汪区语委办到运河小学开展"中华赞·乡土情"经典诗文进乡村活动。活动中,矿大宣传部刘静丽、市语委办马龙浩、贾汪区教育局单海峰分别代表矿大、市语委办、贾汪区教育局讲话。矿业大学赠送运河小学《普通话教程》、《五月诗会》等书籍、光盘,诵读协会会员为全校师生朗诵《一滴水》、《青春万岁》、《少年中国说》等经典美文,并深入班级与小学生互动。"推普"下乡提升了边远学校的普通话水平和语言文字的规范意识。

(马龙浩)

课程改革

【获省首届基础教育基础成果奖】 3月,省教育厅江苏省首届基础教育基础成果奖公布,徐州市获特等奖2项、一等奖4项、二等奖13项,在苏北地区居领先地位。江苏省首届基础教育基础成果奖是为促进基础教育健康发展,全面推进基础教育课程改革,深化素质教育,鼓励广大教育工作者积极开展教育教学研究,提高实践水平和教育质量而举办的。徐州市积极组织各校参加,认真进行市级选拔,取得优异成绩。

【获省基础教育课程改革先进市称号】 3月,徐州市获得江苏省基础教育课程改革先进市称号。按照"抓住重点、突破难点、彰显亮点"的工作思路,市教育局不断推进基础教育课程改革,取得较好的阶段性工作成绩。在2010年省组织的基础教育课程改革先进地区和先进个人评选活动中,获得江苏省基础教育课程改革先进市称号。徐州市另有18家单位和46人分别获得江苏省基础教育课程改革先进单位和先进个人称号。

【"全员参与型有效课堂研究"被确定为"十二五"重点课题】 5月,徐州市课堂改革实验总研究课题"全员参与型有效课堂的研究"开题,被省教研室确定为"十二五"重点课题。该课题是在进行教学改革实验取得一定经验的基础上,进一步提升教学改革实验的理论高度。通过省级课题引领,使全市课堂教学改革实验工作由模仿操作、经验运行进入自主创新、理性推进、研究提升的新阶段。

【省小学"生态课堂与管理"研讨会在徐召开】 4月9~10日,由江苏省教育学会教育管理专业委员会学校管理编辑部主办、沛县教育局协办的江苏省小学"生态课堂与管理"现场研讨会在沛县召开。省中小学教学研究室副主任董洪亮、市教育局领导李玉良等出席会议。沛县就"生态课堂改革与管理"作经验介绍。会议期间,与会人员到沛城镇孔庄小学实地观摩课堂教学,并进行点评与研讨。

(李进强)

教育科研

【课题管理】 年内,完善课题管理,将教科研与学校和教师实际相结合。1月,市教科所完成徐州市2009~2010年第二批教师个人课题的评审、立项;3月,召开全市2008年度首批教师个人课题表彰大会暨2010年个人课题开题、培训大会;9月,召开全市个人课题中期成果交流大会;11月,市教科所个人课题管理经验在南京召开的全国个人课题研讨会上作交流发言。年底,完成省、市级"十一五"规划第一批课题的结题工作,并着手准备第二批个人课题的鉴定准备工作以及"十二五"省、市级课题的申报工作。

【科研活动】 年初,确立"有效教学"专题调研。3月,制定出"有效教学研究"的具体研究行动计划,进一步明确研究思路,成立子课题组,分解研究任务,收集相关研究资料。4~6月,采用问卷、访谈、观察记录、随机听课等形式全面开展调研。在全市范围内随机抽样,重点调研学校20所(包括市直属学校、区各类小学、县区乡镇以及偏远农村中小学等各级各类代表学校)。访谈中小学校管理者、中小学教师179人,中小学生200多人,随机听课115节,问卷样本总规模9363份(其中有效问卷样本9047份,含教师问卷1417份,学生问卷7630份)。前往南京溧水东庐中学、宜兴实验学校、苏州一中、苏州工业园区第二实验小学以及江苏泗阳中学考察。7月完成调研报告,重点分析课堂教学效率低下的原因及影响因素,提出可以探索的解决对策。9月完成《有效教学研究参考样本》的汇编和实验学校的申报审核工作。10月,审核批准全市56所"有效教学研究"实验学校。11月,在徐州市第五中学召开"有效教学研究"实验学校开题大会。12月,深入市区6所重点调研实验学校听课指导。

【教师读书活动和"科研杯"系列活动评选】 下半年,市教科所在全市范围内开展第二届书香校园、读书先进集体、优秀读书个人的评选活动。12月底,完成所有材料的申报。围绕教师读书,市教科所开展多种形式的读书活动。组织《成长·路径》一书的读书征文活动。继续组织全市教师读书心得评审、第二届"科研杯"教学案例评审、第十二届"科研杯"论文评比等活动。

【创造性地办好杂志】 2010年,进一步提高《徐州教育科研》的编辑质量,创造性地办好杂志。杂志编辑打破常规,分主题编辑,主题分别设定为有效教学、教师素质、教育公平、道德教育、公民教育、读书专题等,每年发行6期。

【做好相关业务工作】 编辑《教育决策参考》6期;编选教师教育理论学习材料;围绕专题,以电子文档的形式定期为学校提供学习材料;更新维护网上课题管理平台,在全国率先使用课题博客管理,极大提高课题管理的效率;改版教育信息网,增加科研服务功能;协助市教育局其他处室完成中级职称评定、论文认定、学生征文评比、督导检查等工作。

(郑 飞)

高校招生与中考招生

【普通高校招生】 2010年,全市高考考生86488人。通过高考,录取61791人,其中本科录取18723人,专科录取43068人。

【空军招飞】 年内,向空军航空大学输送6名飞行学员。

【中考招生】 全市(包括六县(市)一区)初中应届毕业生共计15万人参加中考,高中阶段教育各类学校招生共计录取新生14.2万人,升学率达到95%,其中普通高中招生6.2万人、中等职业技术学校招生8万人。

(宋广良 李世强)

高等教育自学考试

【**13.15 万人参加考试**】 2010 年,全市自考人数为 51387 人,非学历证书考试人数为 80128 人,合计 131515 人。

【**5.13 万人参加自学考试**】 年内,组织 4 次高等教育自学考试,2 次增考,2 次中英合作考试,2 次助学专业考试,2 次专接本考试。上半年考生 17625 人,下半年考生 14231 人,增考 5420 人,中英合作考试 10 人,助学专业考试 12631 人,专接本考试 1470 人,合计 51387 人。其中新生约占 32%,在校大中专学生约占 53%。年内,共有 1177 名社会考生获得专科或本科毕业证书。

【**8.02 万人参加非学历证书考试**】 2010 年,8.02 万人参加非学历证书考试。全国计算机等级考试(NCRE)53074 人,全国英语等级考试(PETS)920 人,全国计算机应用技术证书考试(NIT)2068 人,剑桥少儿英语考试(UCLES)333 人,书法水平等级考试 15878 人,教师资格证书教育学、心理学考试 7855 人,中国物流职业经理资格证书 169 人,合计 80297 人。

【**11.9 万学子参加大学英语四、六级考试**】 2010 年,市自考办组织 2 次高校大学英语四级、六级考试,全市共有 119027 名(其中 265 人参加了俄语、日语、法语、德语考试)高校大学生,分别在中国矿业大学、徐州师范大学、徐州医学院、徐州工程学院、徐州空军学院、徐州高等师范学校等 17 个考点进行考试。考前各考点对监考教师进行严格培训,考试期间,市教育局局长强国及市委教工委书记、教育局副局长曹孟军等局领导分别到各考点巡视。市自考办派组织巡视组全程参与试卷的接送、巡视、安全保密等工作,保证考试的顺利进行。

【**7855 人参加教师资格证书考试**】 2010 年,7855 人参加教师资格证书教育学、心理学考试。为保证质量,考试期间省教育考试院、市教育局领导分别对各考点的考试组织工作进行巡视、监督、指导。

【**教材工作**】 认真做好教材资料的供应工作。通过网络订购和现场订购两种方式为考生服务,确保每一位考生正常使用学习、复习资料。全年市考办发行教材 24800 册。

【**江苏省书法水平等级证书考试工作委员会成立**】 9 月 13 日,江苏省书法水平等级证书考试工作委员会成立。市委教工委书记、市教育局副局长曹孟军当选为副主任委员,并在成立大会上发言。

【**"我与自考同行,自考助我成功"征文活动**】 11 月,开展"我与自考同行,自考助我成功"征文活动,自考生积极参与。活动得到省考试院的肯定,优秀征文在《都市晨报》和《江苏自学考试》杂志上刊登。

(撰稿:石　磊　审稿:郭凤清　张海勋)

普通高中会考与成人高考

【**信息技术考查培训**】 4 月、11 月,会考办到基层学校对全市中学信息技术教师进行业务培训。了解学校、教师及学生的基本情况,帮助解决教学中存在的实际困难,使广大信息技术教师明确教学要求,了解考试范围,提高业务能力,同时引导学校开展信息技术学科教学方面的课题研究,促进和加强初中信息技术课的硬件建设及教学工作,带动并推进信息技术课堂教学改革。

【中考信息技术考查】　5月、12月，分别举行全市中考信息技术考查。考查前对各考点学校微机室建设情况逐一检测，指导考点学校熟练掌握考试及考务软件的安装和运行；对县（市）、区会考办负责人和信息技术课教师多次培训。年内，参加中考信息技术考查的考生118131人，设置考点268个，303个考场。考试全过程实现“零差错”目标。

【成人高校招生考试与录取】　年内，成人高校招生考试与录取工作立足抓早抓紧抓实。报名、统考及录取工作制定严密的实施方案以及应急预案，分工负责，明确职责，周密安排，各项工作进展顺利。2010年，全市成人高考共计报名22228人，其中报考高中起点升专科（高职）9937人，占44.7%；报考高中起点升本科1362人，占6.1%；报考专科起点升本科10929人，占49.2%。通过考试，被省内外各类成人高校录取15482人，录取率为69.7%，其中高中起点升专科（高职）录取6680人，占43.1%；高中起点升本科录取696人，占4.5%；专科起点升本科录取8106人，占52.4。

（李　洁）

综合治理与安全

【落实安全稳定工作责任制】　年内，与市公安局联合下发《关于加强警校共建协同机制全力维护学校及周边治安环境的通知》、《关于进一步强化校园安全保卫工作的八条措施》，与市公安局、市综治办联合印发《关于进一步加强学校安全工作的意见》，深化平安校园创建活动，规范全市大中小学、幼儿园安全工作，加强学校及周边治安秩序的整治力度，防范和打击各类违法犯罪活动，对校园安保监控、内部保卫、安全责任等制订明确标准。与市公安局建立联席会议制度，多次召开专题会议，传达贯彻中央、省有关要求，连续下发专项通知7份，转发部、厅有关文件8份，进一步落实工作责任制，强化校园安全防范责任。全市各级教育部门将学校安全稳定工作列入年度综合考核方案中，拿出专项资金进行单独评比表彰，同时把学校安全稳定工作的成效与有关负责人的考评和奖惩直接挂钩，实行“一票否决”制。

【调整工作思路，推进学校安全工作】　2010年，调整、完善学校安全工作思路，明确“重三防、抓三关、筑牢校园安保防线”的工作重点。“重三防”即抓好校内防护、门卫防护、校园周边防护三层防线；“抓三关”即在校内抓好预防关、教育关和重点部位管理关。提出“一二三四”的具体要求，即实现校校园园均平安一个目标；突出专职保安、技防设施二个到位；落实学校会客、学校门前教师值班维持秩序以及民警巡逻三项制度；开展学校周边环境综合整治、隐患排查、应急演练、平安年检四项活动。做到“重点抓教育、突出抓防范、始终抓落实”，强调校园安防基础设施建设，夯实校园安防物质基础。

【增强师生安全法制意识】　年内，采取多种形式加强对师生的安全法制教育，增强师生的安全法制意识。编写以“珍爱生命，安全伴我行”为主题的《中小学生安全教育知识读本》，从对生命造成危害的重大灾难和突发事件入手，让学生了解其危害性，掌握必要的预防和应急知识。在全市中小学、幼儿园广泛开展安全教育“五个一”活动：举办一次安全教育主题班会，组织一次安全主题演讲，出一期安全教育宣传栏，悬挂一幅安全宣传标语，组织一次应急演练。为配合全国第十五个中小学生安全教育日活动，与地震局联合制作《做好应急准备提高处置能力》专题教育课件，在徐州防震减灾信息网《应急救援》栏目为学校提供《地震来了怎么办》专题知识讲稿。3月29日~4月2日,全市中小学、幼儿园通过校园视频系统向师生进行防震减灾知识教育,并在保证师生安全的前提下,因地制宜开展紧急疏散演练,提高师生应急避险和自救自护能力。

【提升校园治安防控水平】 2010年,全市中小学幼儿园进一步健全治安保卫机构,加大投入,提高校园治安防控水平。全市1456所中小学、幼儿园设置了保卫机构,851所学校配备专职保卫人员,955所学校配备兼职保卫人员,940所学校聘请专职保安,1755所学校重点部位安装视频监控报警装置。

【开展多项行动,消除安全隐患】 2010年,市教育局开展多项安全行动,消除安全隐患。2月,组织开展学校及周边治安排查行动。4月,开展接送学生车辆交通安全集中整治行动。5月4日,全面启动校园安全专项整治行动,市教育局组成12个督察组,由局领导班子成员分别带队,对各县(市)、区和直属学校开展拉网式检查。同时,建立信息日报制度,编印《校园安全工作检查通报》,对当天检查情况上网通报,确保一旦发现问题能够在第一时间得到掌握和控制。5月17~21日,与市公安局、市食品药品监督管理局联合组成6个督察组,在全市范围内开展学校食品卫生安全专项督察,实地督察学校54所。6月,开展学校地质灾害防治行动。8月,开展教育系统构筑社会消防安全"防火墙"行动。8月3~22日,组成检查组,对30所市直学校校舍建筑安全、施工工地安全、防洪设施安全、消防设施安全、校车安全、安防设施安全等重点安全项目逐校进行全面检查。8月27日~9月10日,全市学校再一次集中时间、集中力量进行安全大检查,全方位、拉网式排查隐患,采取强有力的措施,切实消除事故隐患。9月,开展校园安全防范排查行动。10月,开展社会矛盾纠纷排查行动。12月,开展警校共建机制督察行动。年内,针对农村地区民办无证幼儿园办园隐蔽、缺乏有效监管、存在安全隐患等问题,会同有关部门,按照属地管理、分级负责和谁审批谁管理、谁主管谁负责原则,责成各县(市)、区对现有民办学前教育机构进行全面清理整顿,对存在安全隐患、整改后仍不合格的幼儿园,依法吊销办学许可证。

【召开平安校园创建现场会】 12月7日,在云龙区召开全市平安校园创建工作现场会。会议主题为"完善学校安防建设,提升平安创建水平"。徐州市各县(市)、区教育部门分管领导及安保科长、徐州市"平安校园"创建活动领导小组成员单位安保处长参加会议。与会人员实地考察云龙区学校的"三防"建设和校园安全文化建设,参观云龙教育平安校园创建工作成果展板。学生进行自护自救演练,校园保安大队专职保安进行技能训练和防范暴力突发事件的情景演练。市教育局副局长李运生对全市的平安校园创建工作进行全面总结,对下一步工作提出明确要求。市综治办领导到会并讲话。

(葛友杰)

教育技术装备

【实施"龙芯"电脑工程】 年内,农村中小学实施"龙芯"电脑工程。319所农村初中和中心小学建成319"龙芯"电脑互动多媒体教室,安装"龙芯"电脑14355台,多媒体投影机319台,电子白板319块。该工程历时半年,顺利通过上级检查验收。

【支持直属学校教育现代化验收】 2010年,继续支持直属学校教育现代化验收。年内,为4所接受教育现代化验收的学校配备计算机、多媒体设备、实验设备、图书、体育和艺术设备总价值达130万元。至年底，市直属中学全部达到现代化装备标准。2009～2010年为支持直属学校教育现代化验收，装备硬件投入达1100万元。

【初中生物教师实验操作大赛】 9～12月，举办全市初中生物教师实验操作技能大赛。成立大赛组委会，统一领导比赛组织工作。比赛分县级、市级两个阶段，全市初中生物教师近700人参加比赛。评出市级一等奖15名、二等奖25名、三等奖40名。

【小学科学教师实验课比赛】 10～11月，举办全市小学科学教师实验课比赛。比赛分县级、市级两个阶段，全市839所小学近1600名科学课教师分别参加了城市组和农村组的比赛。评出市级一等奖20名、二等奖55名。

【初中物理实验改进与创新设计和中小学优秀实验教学论文评比】 年内，举办初中物理实验改进与创新设计和中小学优秀实验教学论文评比活动。共收到物理实验改进与创新设计100余项、优秀实验教学论文200余篇。评出物理实验改进与创新设计一等奖5个、二等奖12个；评出优秀实验教学论文一等奖20篇、二等奖30篇。

【参加省农村初中教师化学实验操作技能比赛】 年内，推荐优秀教师参加省农村初中教师化学实验操作技能比赛。徐州市选拔推荐3名选手参赛，获省级一等奖1名、二等奖2名，市装备站获优秀组织奖。

【举办第三届网络读书活动】 5～10月，举办第三届网络读书活动。活动的主题为“在感恩中成长”，共收到中小学生读书征文12000余篇。其中154篇获省级金奖、286篇获银奖，市装备站获优秀组织奖。

【开展教育技术装备专项检查】 10～11月，开展教育技术装备专项检查。检查旨在加强教育技术装备管理，发挥装备资金投入效益。县级自查做到校校到，项项查，共检查学校1200余所；市级抽查各种类型学校100余所。检查促进全市中小学教育技术装备管理使用水平的提高。

【开展农村幼儿园教师培训】 3月1～20日，举行农村幼儿园教师培训。培训由省级专家授课，内容为幼儿园管理、幼儿保健、幼儿活动设计和保教设备的管理使用等，全市农村172所幼儿园的688名教师接受培训。

（陈　戈）

电化教育

【教育信息化基础网络建设】 年内，电教馆坚持技术创新，推进教育信息化基础网络建设。云龙、泉山、鼓楼、铜山、经济技术开发区、贾汪、邳州、丰县、沛县、睢宁10个县（市）、区已建成网络资源中心，徐州教育城域网接入省基础教育网，优化教育城域网的网络结构。建设开通徐州教育网络电视（http://vod.xze.cn）、徐州校园电视（http://tv.xze.cn）和徐州教师培训平台（http://px.xze.cn）等专题应用网络平台；依托教育城域网建立全市教育教学活动网上直播系统，县（市）、区共建有直播点24个，初步形成全市网络视频直播体系，为现代教育技术研究搭建便捷、互动的平台。实施徐州教育网第二次改版，对网站的栏目架构进行规划完善，强化政务公开和对外服务功能，增强交流互动。

【优质教学资源开发】 围绕教育教学中心工作，利用网络平台，研发优质教学资源。实施“名师讲堂”、“名师在线”、“教学研讨”等直播和录播活动。徐州教育网络电视（http://vod.xze.cn)建成覆盖义务教育主要学科的教学视频《课程精要》1267 节，专题讲座、课堂实录等 450 节。

【创新校园电视工作】 年内，电教馆创新校园电视工作。召开全市校园电视研讨会，组织 22 个节目参加全国中小学校园电视评比活动，获金奖 9 个，"百佳校园电视台"1 个。徐州校园电视(http://tv.xze.cn)上线发布，已拥有校园电视节目 50 档，成为宣传学校发展的新阵地。

【网络课程建设】 以网络课程建设为突破，教育技术能力建设取得新成绩。以 CNE 平台为基础，整合多方资源，建设徐州教师培训平台，开发"摩灯(Moodel)"网络课程系统，实施"交互式电子白板"、"交换机应用"和"依法治校"网络课程建设和应用试点，拓展教师培训工作的空间。认真做好省教师培训网络资源的镜像管理工作，为中小学班主任网络培训和新课程学科教师网络培训提供技术支持；与中国教育干部培训网合作，建设徐州中小学校长网络培训平台，千余名校长参加培训，提高网络远程培训的影响力。开办直属学校网络管理员安全培训班，提高网络管理员的安全意识和防范本领；开展电视制作专题培训，提高网络资源制作人员的技术水平；举办全市教育信息化宣传工作培训，提高基层学校信息化宣传的能力。

【完善英语口语比赛网络参赛制度】 2010 年，以制度建设为突破口，完善中学生英语口语比赛网络比赛制度。网络技术的应用，为县(市)、区和乡镇、农村学生参加比赛提供了便捷途径，增加了参赛学生的数量，参赛人数达到 45000 余人，全市农村参赛人数为 66%，接近学生城乡自然分布情况，提高学生对英语口语的认识和应用信息技术的水平。

【探索教研新平台】 2010 年，创新研究应用制度，探索教研新平台。现代教育技术应用研讨活动，采用现场和网络相结合的策略，搭建现场观摩、网络直播和网络互动 3 个教研平台。将课堂实录、教学设计、媒体、课件等资源全部上网，建成网络互动教研平台，教师在平台上对教学进行点评，通过网络进行跨时空交流。全年在线观看 2010 年交互式电子白板比赛选手教学视频 191162 人次，发表教学研究回帖 41348 个，有效回帖 32095 个。

【开展网络夏令营】 暑假期间，开展网络夏令营活动。将 CNE 平台的"主题资源"、"同步课堂"、"名师讲堂"、"仿真实验"、"数字图书馆"、"英语口语比赛"等栏目整合，以基础教育信息化公共服务体系为支撑，开展师生暑假活动，丰富暑假生活。暑期，英语口语比赛在线观看选手参赛视频 1200267 人次；利用数字图书馆开展"书香徐州"读书活动，全市累计 7924065 人次访问；建立个人书房 53438 个，1493 所学校参与读书活动，39 所学校创建了具有特色的专题读书活动。

(周　岩)

体育卫生艺术

【省阳光体育运动推进会在徐召开】 10 月 26～27 日，省教育厅在徐州市铜山区召开江苏省学生阳光体育运动推进会。副省长曹卫星出席会议并讲话；教育部体卫艺司副司长廖文科、省教育厅厅长沈健、省体育局副局长杨国庆、团省委副书记沈海斌、徐州市市长张敬华分别讲话；省财政厅副厅长宋义武出席会议；省教育厅副厅长胡金波主持会议。各省辖市教育局、体育局，徐州市各县(市)、区教育(文教体)局负责人参加推进会。会上表彰 4 个全国阳光体育先进县(市)、区，13 个省阳光体育先进县(市)、区，200 所省体育工作先进学校。徐州市铜山区获得全国阳光体育先进县称号，云龙区被评为江苏省阳光体育先进区，另有28所学校获得2008～2009年度江苏省学校体育先进单位称号。会议期间，与会代表分4路参观考察徐州市铜山区13所学校的中小学生阳光体育运动展示现场。

【获省学生身体素质测试综合排名第一】 1月25日，江苏省教育厅对29所高校中江苏籍2009级新生身体素质测评结果公布，徐州市获综合排名第一。2009年10月，省教育厅选择在29所高校，对江苏籍2009级新生分男、女两个组别，随机抽取11310名新入学的大学生进行身体素质测试。测试分耐力素质，力量、柔韧素质，速度、灵敏素质三类，具体项目有800米跑、1000米跑、掷实心球、50米跑、立定跳远，按照《国家学生体质健康标准》，省教育厅对测试数据进行统计分析，徐州市在13个省辖市中男、女生4项身体素质综合排名第一。

【获全国青少年排球锦标赛冠军】 7月12～17日，在全国青少年女子排球锦标赛中，徐州市中学生女排获得冠军。比赛在重庆举行，徐州市棠张高级中学女排代表徐州市中学生女排参赛，以优异战绩荣获冠军。徐州市获得精神文明道德风尚奖。

【举行"我健康我快乐"和"舞动青春"广播操比赛】 5月，市教育局组织了以"我健康我快乐"为主题的幼儿广播操比赛和以"舞动青春"为主题的中学生广播操比赛。侯集高中、第一中学、第二中学、第三中学、三十六中学、三十五中学、三十二中学、王杰中学获得一等奖，西苑中学、十三中学、三十一中学、科技中学、第八中学、三十七中学、徐州高级中学、第十中学、东苑中学获得二等奖。

【初中毕业生升学体育考试】 4月12～18日，市区13165名学生在市体育场参加2010年初中毕业生升学体育考试。按照中考改革要求，在科学选项和时间操作上加大改革力度，使体育中考与实施体育新课程标准、学生体质健康标准逐步接轨。体育中考成绩包括初中毕业生升学体育考试成绩和平时体育考核成绩两部分内容。跳绳、立定跳远为必测项目；50米、实心球、游泳为选测项目。初中毕业生升学体育考试属于中考范围，市教育局领导高度重视，成立徐州市2010年初中毕业生升学体育考试工作领导小组。工作小组加强管理、精心组织、科学安排，测试现场组织检录、执考、登录、纪检、医务、安保、后勤等工作小组，考试全程接受纪检部门的监督，切实做到公开、公正、公平。

【"阳光杯"第二届中学生乒乓球比赛】 9月5日，市教育局在徐州市第一中学乒乓球馆举办徐州市"阳光杯"第二届中小学生乒乓球比赛。市直属学校17个代表队的186名乒乓球爱好者参加比赛。比赛分为小学组、初中组、高中组。男、女单打采用单淘汰制。星源小学等6所学校获得希望之星奖，星源小学、解放路小学、少华街小学、一中、二中、徐高中、三十七中、五中、西苑中学、八中、十中、十三中、三十二中、三十五中、三十四中、贾汪区教育局等单位获优秀组织奖，张凌岳等48名运动员获优胜奖。

【举办徐州市中小学田径运动会】 10月30～31日，徐州市中小学田径运动会在徐州幼儿高等师范学校新建体育场举行。市政协副主席赵彭城、市人民政府副秘书长刘宏、市人大教科文卫工委副主任刘顺生、市教育局局长强国等出席开幕式。来自直属学校和市五区的31支代表队16200名学生参加。开幕式上第五中学、公园巷小学、西朱中学、第十三中学、新北小学、春晖中学、柳新实验小学分别进行特色操表演。运动会除传统田径项目外,还设有垒球、轮滑、三项全能和五项全能比赛。徐州三中、侯集中学、高级中学、三十七中、贾汪高中、城东中学获得高中组前六名;开发区中学、春晖中学、大庙中学、贾汪初中、东苑中学、三十一中学、黄山外国语学校、徐州八中获得初中组前八名;贾汪代表队、经济开发区代表队、云龙区代表队、泉山区代表队获得小学组前四名。

【学校食品卫生与健康教育检查】 4~6月,开展学校食品卫生与健康教育检查。4月25~29日,接受省教育厅副处长姚志化等领导对邳州和睢宁的6个乡镇12所中小学的随机检查,重点检查学校卫生室、学生食堂、学生体检、传染病防控、常见病防治等。5月17~22日,市教育局、卫生局、食品药品监督局、工商局、公安局联合对市六县五区及直属学校的食堂卫生进行拉网式检查,确保中、高考期间学校食堂的食品卫生安全。6月4日,徐州市教育局和卫生局在徐州建筑职业技术学院多功能报告厅联合召开全市学校食品卫生安全现场会,各县(市)、区教育(文教体)局、卫生局的分管局长、体卫艺科科长,食品卫生监督所所长、直属学校分管领导,驻徐高校、高职院校食品卫生负责人参加了会议。市教育局局长强国通报前阶段全市学校食品卫生安全督察工作情况,市政府副秘书长刘宏部署全市学校食品卫生安全工作。会后,与会代表参观了建筑职业技术学院、第一中学及公园巷幼儿园3所学校的食堂。

【学生健康体检工作】 年内,徐州市教育局、卫生局、财政局、物价局联合制定了《徐州市关于做好中小学生健康体检工作的通知》,3月和5月分别组织市区13426名初中毕业生和8997名高中毕业生体检。中考、高考体检工作严格按照省、市体检工作有关文件精神,规范操作,确保无差错。

【市教育局被评为市食品安全先进单位】 5月19~21日,根据《市政府办公室关于开展全市食品卫生安全督导检查的通知》要求,市食品卫生安全专项工作督导检查组,对驻徐高校、高职院校、市教育局直属学校和幼儿园的食品卫生及校园安全工作进行专项督察,市教育局被评为全市食品安全先进单位。教育局所属各校建立健全组织机构和各项规章制度,环境卫生和食品卫生得到进一步加强,多数学校基本卫生设施齐全,使用得当。各类加工场所配有完善的防蝇、防尘、防鼠等设施。在原有的基础上投入资金,食堂的基础设施趋于完善,基本达到标准。

【举行少儿庆六一书画大赛颁奖会】 6月1日,徐州市少儿庆六一书画大赛颁奖会在徐州电视台演播大厅举行。市教育局局长强国、徐州广播电视台台长李爱彬分别致辞。绘画大赛收到书法、绘画等作品1000余幅,作品质量较高,体现学生的创新意识和创作能力。

【省、市艺术教育特色学校考核】 根据教育局《关于开展徐州市艺术教育特色学校考核评选工作的通知》,市教育局组织开展徐州市首批艺术特色学校评选活动。通过各学校自查,各县(市)、区审核推荐,专家组检查评定,评出青年路小学等38所徐州市艺术特色学校。市教育局从中选拔优秀学校申报江苏省艺术教育特色学校,并于4月接受省教育厅组织的现场考核,徐州幼儿高等师范学校、徐州市三十六中、公园巷小学、青年路小学、公园巷幼儿园、民主路小学、大马路小学、西苑二小、风华街小学被授予江苏省艺术特色学校。

【艺体展演迎新年】 12月,全市中小学生开展形式多样、丰富多彩的艺体展演活动。艺体展演活动分班级、学校、乡镇、区县四个层面开展,各学校展示的才艺包括书法、绘画、声乐、器乐、广播操、田径运动会、拔河、手工制作、课本剧表演等10多个文化艺术体育板块，全方位、多角度展示近年来实施新课程改革和推进素质教育取得的成果。

（崔　瑛）

勤工俭学

【素质教育基地和劳动实践场所建设】 2010年，加强素质教育基地和劳动实践场所建设。全市素质教育基地和劳动实践场所建设形成了市区以鼓楼区青山青少年素质教育基地和云龙区城南青少年素质教育基地为主体，各县（市）、区因地制宜，宜农则农、宜林则林、宜渔则渔等形式多样的格局。各学校积极组织学生入营参加丰富多彩的社会劳动实践，青少年素质教育基地和劳动实践场所成为实施素质教育的重要载体。

【局直属学校办公用品统一采购】 春季开学起，局直属学校办公用品统一采购。其宗旨为提高教育经费使用效益，减轻学校经济负担，保障采购质量，促进学校党风廉政建设。实行局直属学校办公用品统一采购，克服零星采购价格较高等不利因素和虚报冒领等违规行为的发生。

【加强对校办企业的监管】 2010年，进一步加强对校办企业的监管力度。徐州市南苑印务公司、徐州市希望服装厂分别成功举办2010年度产品订货会；协调徐州兰天化工厂"退城入园 "工作；督促协调局属单位校办企业退休职工独生子女一次性奖励经费的发放；联合市质检局对学生校服和住宿生床上用品进行检查，保证质量，防止不合格产品流入校园；对原淮海化工厂的工人档案进行整理，移交徐州市第十三中学；配合徐州生物工程学校和九里区完成原矿西小学东院及沿街临时房的拆迁；参与校办企业"小金库"治理工作。

【规范局直属学校门面房管理】 1月，对各直属学校的门面房租赁业务实行统一管理，进一步规范局学校门面房租赁行为。建立公开、透明的经营管理机制，发挥其最大经济效益，防止违法违规现象的发生，强化局直属出租房产资源的管理力度，确保国有资产的保值、增值。

【加强勤工俭学工作交流】 10月，组织全市各县（市）、区勤工俭学办公室的相关人员，参加在重庆举办的全国普教系统勤工俭学研究会，与全国各地的会议代表就如何开展勤工俭学工作进行广泛研究和探讨。11月，在鼓楼区召开勤工俭学工作现场会，总结交流2010年度勤工俭学工作。

【强化教育报刊管理】 年内，下发《关于进一步加强教育报刊管理的指导意见》，对教育报刊的宣传、推荐和管理提出明确要求。进一步完善各级通联站的组织队伍建设，对各县（市）、区通联站人员进行审核登记。积极开展读报刊用报刊活动，在江苏省第十届中学生作文大赛、江苏省"教海探航"征文等活动中均取得较好成绩，在江苏省第二届"未来杯"科学教育论文评选活动中，获优秀组织奖。

（钱　彬）

机关党委

【创建学习型党组织活动】 2010年，局机关开展创建学习型党组织、争当学习型干部活动。开展"每月谈"读书活动，积极倡导机关党员干部每天读书一小时、每月阅读一本书。以支部为单位，全员参与，利用每月一次集中学习时间，采取座谈或沙龙的形式交流个人读书所得。每月30日前，以支部为单位用电子稿报送本支部认为最值得推荐的书籍,并说明推荐理由。每季度最后一周的周五前上报开展"每月谈"读书活动的签到表、活动记录等材料。局机关党委汇总各支部意见后,利用网络平台有重点地推荐反映当代世界发展趋势的现代市场经济、现代国际关系、现代社会管理和现代信息技术等知识。根据各支部"每月谈"读书活动开展情况,评选出学习型党组织和学习型干部。

【征集社会主义核心价值体系箴言活动】 以社会主义核心价值体系学习为重心,在广大党员干部中积极开展征集社会主义核心价值体系箴言活动。发放《社会主义核心价值体系读本》人手一册,在自学的基础上,组织集中专题学习讨论,深化对弘扬社会主义核心价值体系重大意义的认识,掌握社会主义核心价值体系的基本内涵和要求。并联系党员干部的思想、工作与生活实际,要求用简练的语言撰写箴言,作为庆祝建党89周年的一份献礼。近百条优秀箴言在机关网页上宣传,成为机关党员加强党性修养、开展自我教育的生动教材。

【争当勤政廉政好干部活动】 以勤廉教育创建活动为契机,印发《在市级机关深入推进廉政文化进机关活动意见》,认真贯彻落实《廉政准则》各项规定。以支部为单位发放《中国共产党党员领导干部廉洁从政若干准则》、学习问答、学习读本等各类学习材料,聘请市纪委案审室主任张春宁举办《廉政准则》专题辅导讲座。开展评选推荐勤政廉政好干部活动。组织党员领导干部撰写"勤政廉政座右铭",组织机关党员干部集中收看《北极雪》教育影片。

【机关党建创新创优】 以"五比五看一争当"活动为主要抓手,深入开展创先争优活动。贯彻落实修订后的《中国共产党和国家机关基层组织工作条例》,把《条例》作为机关党委理论学习、干部培训、党员上党课的重要内容。组织党员干部参加《条例》知识测试。对照《条例》新要求,结合机关党员干部关心的热点、难点、焦点问题,利用机关党委电子信箱等网络平台,扩展反映问题的渠道。开展以工作(岗位)承诺、实事承诺为主要内容的公开承诺活动。扎实开展领导点评工作,机关各支部通过组织生活会、调研座谈会、情况通报会等方式,对支部和党员开展活动情况进行点评。"七一"前夕,推荐、评选表彰一批党建工作先进集体和先进个人。

【完善和健全各项规章制度】 严肃党的组织纪律,完善和健全各项规章制度。严格执行"三会一课"制度和民主生活会制度,印发《关于在市级机关推进党员领导干部参加党支部组织生活公示制的通知》、《关于完善党员参加组织生活登记制度的通知》,增强党内组织生活的严肃性和实效性。对党费收缴、支部部分活动开展情况在网上公示。做好党员信息库审核、管理工作,为党委决策提供准确信息。按照党员发展工作的方针在优秀分子中发展党员。

【规范"优质服务党员示范岗"创建活动】 年内,实行党员干部挂牌上岗服务,开展"优质服务党员示范岗"创建活动。机关党委组织党员按照岗位职责挂牌上岗,统一印制挂牌服务卡,服务卡内容包括党徽图案,党员的单位、姓名、性别、年龄、职务、工作岗位等,各支部同时建立挂牌档案,方便办事群众。

【开展各种党员教育活动】 2010年,机关党委开展各种形式的党员教育活动,增强党组织的凝聚力。组织机关党员干部开展"访贫问苦、心系教育"、"扶贫济困一日捐"等活动,全年上交捐款近5万元。三八节前委托妇委会组织妇女同志开展红色之旅,接受革命传统教育；组织机关女同志进行体能测试及体检，参加市级机关女同志健康讲座；六一节前为机关职工14岁以下子女发放慰问金；全国科普日前组织机关人员参加“走近低碳生活，你我共同参与”知识竞赛；重大传统节日前以工会小组为单位举办各种文娱活动；做好公务员体检工作。年初印发全民健身系列活动方案，开展适合机关特点的全民健身系列活动。荣获市级机关干部“看新城沿湖健身走”及市级机关乒乓球比赛优秀组织奖。

（王培彦）

工会工作

【扎实开展党群共建创先争优活动】 2010年，根据市教育局《关于进一步推进党群共建创先争优活动的意见》精神，局直属各单位工会积极组织教职工开展创先争优活动。活动以“党建带动工建”为切入点，以创建“五个好”为主要标准，组织和引导广大工会干部和教职工积极投入到创先争优活动中，自觉做好本职工作。在创先争优活动中涌现出一批先进个人和先进集体，三中张绍辉被评为市第二届十佳文明职工，徐高中鲍雯、幼高师王安雷、王杰中学许庆华被评为市劳动模范，徐高师文理系被评为市先进班组，市职教中心被评为徐州市先进集体。

【健全维权机制，依法维护教职工合法权益】 开展教代会制度“达标创优”活动，进一步完善教代会制度，更好地落实教代会职权。一中、二中、三中、徐高中等20家单位被评为达标单位，三十四中被评为优秀单位。贯彻落实市教育局、市教育工会制定的《徐州中小学教代会操作规程》，进一步规范教代会的工作程序，尤其在校务公开和实施绩效工资过程中，工会发挥自身优势，积极配合党政做好宣传工作，广泛征求教职工意见，全面发挥教代会作用，制定出切实合理的绩效工资分配方案，维护教职工的合法权益。局属各单位教职工对校务公开的满意率达到85%以上。全面做好教职工的健康体检工作。根据市政府《关于2010年徐州市公务员健康体检有关事项的通知》精神，按照局领导的要求，积极协调市人保局、财政局、医保中心等部门，落实好局属单位6594名在职及离退休参保人员的登记申报体检工作。

【开展形式多样的文体活动】 年内，开展形式多样的文体活动，丰富教职工生活。举办庆祝三八国际劳动妇女节100周年女教职工合唱比赛，23个单位、700多名女教职工参赛。11月，在徐高师体育馆举办教职工排球比赛，40个代表队、近500名运动员参赛。组织教职工参加徐州市第三届职工艺术比赛。举办“安康杯”篮球友谊比赛活动。按照省、市总工会的要求，组织劳模先进赴桂林、南宁等地区参观考察。做好诗词进校园及创建诗词大市工作。开展诗词吟诵、创作活动，组织学生唱古诗、画古诗、续古诗、写古诗、评古诗，将古诗编成童谣、游戏口诀等，取得较好成效。

【加强师德师风建设】 指导基层各单位建立和完善师德师风建设的各项制度。通过组织教师学习《中小学教师职业道德规范》，签订师德师风建设目标责任书，做到师德师风建设无死角、无漏洞、无空白。开展“三问教师”（传道授业，我会什么；关爱学生，我做什么；为人师表，我凭什么）大讨论暨师德建设征文主题教育活动。在大讨论基础上，广泛动员教职工围绕主题积极撰文投稿，评选出一等奖6篇，二等奖7篇，三等奖13篇。开展向汪金权学习活动。转发省教育厅《关于教育系统向汪金权同志学习的通知》，采取多种形式学习、宣传汪金权的先进事迹。组织开展扶贫济困送温暖活动。41686名师生参加“一日捐”活动,捐款259207.7元;7263名师生参加慈善捐款活动,捐款80万元;“博爱在彭城,人道万人捐”活动中40134名师生捐款348947.69元。

【加强工会组织建设】 年内,建立会员“评家”机制。调查显示基层各单位对“建家”工作和工会工作的满意率均在90%以上。做好基层工会委员会换届选举工作,指导第一中学、第二中学、第五中学、西苑中学、公园巷幼儿园、运河高等师范学校、特教中心、王杰中学、三十二中学等9个单位工会的换届及工会主席的推荐、考察、选举工作。加强工会干部业务知识的学习,认真做好工会干部培训工作,全年106名工会干部分别参加不同级别的业务知识培训。扎实抓好“建家”工作,三中工会被评为省模范职工之家。王杰中学工会、科技中学工会被评为省教科系统模范职工之家,三中地理教研组、三十四中九年级组被评为江苏省教科系统工人先锋号。三十六中工会、运高师工会、徐高中工会被评为市教育系统模范职工之家,一中高三工会小组、特教中心聋部工会小组被评为市教育系统模范职工小家。

【财务工作】 进一步完善工会经费预算决算和经费审查监督制度。基层各单位按要求全面完成工会经费的上缴任务。收好、管好、用好工会经费。加强基层工会财务基础建设,切实做到依法收费、科学理财、合理用财,更好为工会工作服务。

(姚澄华)

团委工作

【开展五四表彰活动】 年内,以争创五四红旗团委为抓手,开展五四表彰活动。局团委命名五四红旗团委5家,五四红旗团支部100家,评选出局优秀团员367名,局优秀团干132名,100名教师荣获“关心支持”奖。

【常规工作动态考核评估】 10月,开展团队工作动态考核评估检查。进一步细化了《团队工作动态考核评估细则》,并组织直属学校团组织自查、互查,通过量化考核,增进各校团队工作交流,促进基层团组织建设。

【开展志愿者登记注册工作】 9月,为大力弘扬志愿服务精神,根据《徐州市关于深入开展志愿服务活动实施意见》的要求,在局直属单位开展徐州市志愿者登记注册工作,共登记注册志愿者3640名。

【深入开展创先争优活动】 认真贯彻局党委关于创先争优活动的部署和要求,结合局共青团工作实际,在直属学校共青团基层组织和团员团干部中深入开展“争创先进集体、争当先进个人”主题实践活动。各校积极响应,在团组织和广大青年中营造了学习先进,争当先进,赶超先进的氛围。

【万名团员自查自律主题教育活动】 局团委在直属学校开展“对照三管十不,强化文明养成”万名团员自查自律主题教育活动。活动目的是提高中学生的文明素质,强化文明养成,使广大青少年真正做到“我参与,我奉献,我快乐”,自觉养成文明习惯。

【暑期社会实践表彰活动】 暑假,各直属单位开展社会实践活动,5家单位被评为徐州市社会实践优秀团队,15名个人受到省、市级表彰。

(张　焰)

局关心下一代工作委员会

【完善关工委组织建设】 年内，市教育局、各县(市)区、直属单位进一步完善关工委组织建设。市教育局安排刚从领导岗位退下来相对年轻的同志任关工委主任，各县(市)、区教育(文教体)局由一把手兼任关工委主任，配备热心关心下一代事业、有威信、有能力的老同志担任关工委常务副主任。关工委机构健全，分工明确，形成工作网络，切实做到以现任领导为核心、以老同志为主体、各职能部门密切配合的工作机制。至年底，全市教育系统关工委领导班子都已配齐。

【落实关工委活动经费】 年内，落实教育部党组20号文件及省教育厅、财政厅《关于进一步完善教育系统关心下一代工作长效机制的通知》要求，在继续争取财政支持的同时，采用在教育经费中立项的办法保障关工委工作经费。市教育局每年10万元专项经费已经到位，各县(市)、区部分单位已落实，直属学校实行实报实销制度。

【抓好关工委干部的培训】 年内，市教育局关工委组织3次县(市)、区及直属单位关工委负责人培训。学习讨论教育部20号文件及省厅51号文件，做到内容具体、讨论针对实际，进一步提高关工委工作人员做好关工委工作的信心和能力，增强工作的责任感。

【"五有五好"关工委的检查验收】 年内，抓好第三批10所基层学校"五有五好"关工委的检查验收工作。通过听汇报，查资料，看现场，具实打分，对三十三中学、西苑中学、王杰中学等10所学校关工委验收，均达到"五有五好"关工委标准。至年底，市直管学校关工委全部达到"五有五好"标准。

【"学双百，争三好"主题教育活动】 年内，市教育局关工委和市关工委联合下发文件，在全市青少年中开展"学双百，争三好"读书征文主题教育活动。全市购买《学习双百人物，规划精彩人生——感动中国》读本3.3万册，刊登"双百"人物事迹近10万份，97.3万名青少年参与活动。全市举办大型文艺会演2场，图片展览145次，办手抄报9.34万份，出黑板报3400块、橱窗专栏1560个、电子屏幕178块；举办读书会6256次、报告会1280场、主题班会5412次，国旗下讲话25120次，演讲比赛914场，诗歌朗诵比赛6次；撰写征文24.2万篇。10月，召开全市"学双百，争三好"读书征文主题教育活动表彰会，对360名获得一、二、三等奖的学生、496名优秀奖获得者、296名指导教师、58个优秀组织奖单位表彰奖励。

【扶困助学】 2010年，扶困助学工作取得新进展。全市通过上级拨款、县(市)区资助、社会捐赠共筹措扶困助学资金1896.22万元，资助贫困小学生2734人、中学生31409人。全年对义务教育阶段贫困生减免作业本费、社会实践活动费174万元。局直属学校对34名孤儿每月生活补贴150元，计61200元。社会捐助40万元，资助200名考上大学家庭困难的学生，帮助他们完成学业。年内，"五老"(老干部、老战士、老模范、老教师、老专家)志愿者和14名孤儿结成对子，开展为期一周的夏令营，"五老"志愿者为孩子购买夏衣、食品、饮料，幼高师关工委免费提供食宿，向每位孤儿发放迷彩服夏衣1套。江苏省关心下一代扶困救助基金为徐州市孤弃残学生和120名孤儿实施救助，发放救助金27600元，免费为贫困学生订购《关心下一代周报》12000份。

【校外教育辅导站建设】 2010年，校外教育辅导站建设进一步加强，涌现一批先进典型。

徐州一中关工委校外教育辅导站在徐家振的带领下,27名离退休老党员、老校干、老教师和47名"五老"志愿者通过报告会、参观访问、家教讲座、慰问演出、开办辅导班等20多项活动,做好青少年的思想工作,社会影响大,效果好,被省关工委评为全省先进校外教育辅导站。

【成立"五老"关爱团、艺术团】 年内,市局关工委成立"五老"关爱团、"五老"艺术团,开展各项活动。"五老"关爱团成员和广大志愿者与孤儿结对子,在学习上补差,生活上补助,心理上疏导,活动上指导,成为孩子们的贴心人。"五老"艺术团320人分成5个分团排练节目,利用节假日深入学校、社区、街头广场演出22场。

【办好家长学校】 全市教育系统关工委认真贯彻落实省《关于进一步加强和改进家长学校工作的意见》精神,全市各县(市)、区普遍开办家长学校,成立家长委员会。679所中小学家长学校办学规范,做到有教学计划,有教学内容,有教学人员,定期举行家教知识讲座,开放家长听课日,举办咨询会,给家长讲授科学育人先进理念和方法,改变过去"以会代课"的局面。年内,教育局关工委组织各县(市)、区关工委常务副主任到丰县首羡镇和集小学参观家长学校现场会。

(赵平贵)

信访工作

【完成任务情况】 年内,受理来访16批,38人次,其中集访1批,6人次。来信148件,其中上一级要结果8件(含"徐政信复核委字"3件),受理复查1件,全部办结;收到具名信64件(其中联名信8件),匿名信73件。领导阅批66件,占信访量的40%;立案自办64件,全部结案。

【信访形势】 2010年,信访形势总体平稳,受到市联席会议的表彰,嘉奖10000元。信访工作人员获市委机关工作委员会"勤政廉政"荣誉证书及物质奖。信访总量呈下降趋势。但信访人采取集访、联名访等方式,以信访的形式上行趋势明显。因办学体制、工资分配、利益格局调整、规范学籍管理、教育教学质量等群体性利益所产生的新矛盾、新问题,更加复杂化。

【工作思路及对策】 坚持以科学发展观统领教育信访工作,紧紧围绕中心、服务大局,不断完善信访工作机制,妥善处理信访突出问题。努力实践"以人为本,信访为民"的宗旨。强化信访工作领导责任制。坚持信访工作目标考核,认真落实国家关于信访工作责任追究的"两个规定",有效传递工作压力,不断推动领导干部落实责任,形成主要领导负总责、分管领导具体抓、其他领导"一岗双责"的信访工作领导责任体系。坚持领导干部定期接访、下访制度。有效了解社情民意,有针对性地解决复杂疑难信访问题。认真接待每一批访客,阅办好每一封来信,规范转办、交办、督办程序,提高接访、办信质量,坚持定期分析、排查制度,推进合理信访事项的及时解决。强化电访、网访及"阳光信访"工作,方便群众诉求和沟通。定期梳理、收集来信来访中反映的热点难点问题,加强分析预测,提出工作建议,供领导决策参考,推动问题解决。加强对县(市)、区教育信访工作的指导,妥善处理好联名信、异常信和集体访。要把工作重点放在解决产生信访的源头问题上,依法、科学、民主决策。在施政过程中,要做到执行政策不走样,工作方法上尽量避免失误。既注重解决旧矛盾(化解积案),也不制造新矛盾(不忽视新案的产生)。对信访群众反映的真实问题,真正做到"案结事了",对信访群众的错认问题,坚持以教育疏导为主,多做思想和理顺情绪工作。引导涉法涉诉类信访人走司法之路。

（张家富）

志鉴编纂

【参加全国年鉴工作研讨会】 6月1～4日，教育志办公室派员参加第五次全国地方专业（行业）年鉴研讨会。会议在湖北武汉市举行，由中国版协年鉴工作委员会地方专业工作部主办，湖北教育年鉴承办。各省、自治区、直辖市及基层单位地方专业（行业）年鉴工作者160余人出席会议。中国版协年鉴工作委员会主任许家康出席会议并作主题报告，副主任、地方专业年鉴工作部主任黄丽进行总结。《武汉年鉴》、《湖北年鉴》作经验介绍。徐州教育志办公室代表向大会介绍了《徐州教育年鉴》坚持地方特色、服务教育发展、力求编出精品的编纂概况，受到与会者的好评。

【2010卷《徐州教育年鉴》发行】 6月7日，2010卷《徐州教育年鉴》由方志出版社发行。全卷彩页版71页，53万字，1820个条目，其中教育教学类条目1183个，占65%。在编纂质量上，该卷年鉴以条目规范，要素齐全为突破口，加大培训力度，加大2次、3次组稿力度，整体质量有所提升。为突出年鉴服务教育、存史修志的功能，该卷年鉴在框架设计上略作调整，将“教育行政”与“党委工作”合并为“教育管理”，将“各类教育”中的部分综合性内容调整到“教育管理”中。发行工作至7月5日结束，共发行2800余册。

【召开县（市）、区教育年鉴工作会议】 11月12日，在市电化教育馆会议室召开县（市）、区局教育年鉴工作会议。会议主要内容为总结2010卷教育年鉴编写工作，表彰先进集体、先进个人，部署2011卷年鉴编写要求。会上印发2011卷徐州教育年鉴编写方案、撰写要求、优秀条目选编、参考样式等材料。就县（市）、区年鉴材料中“综合条目”的编写进行重点培训。市教育局宣传处处长、办公室副主任王志升主持会议并讲话。

【市区学校及办学单位工作会议】 11月26日，在市第二职业中学会议室召开市区部分学校及有关办学单位教育年鉴工作会议。会议重点剖析优秀条目，培训年鉴条目编写要素中“释文”部分的具体撰写要求。会上下发2011卷编写方案、撰写要求、参考样式等材料，市区学校及办学单位的相关负责人参加会议。

【新沂调研】 11月16日，教育志办公室全体编辑到新沂进行工作调研。新沂市教育局副局长赵敏参加了调研座谈会。新沂市办公室主任陆林裕汇报了新沂市教育局落实教育年鉴工作会议的情况，就新沂教育年鉴材料“综合条目”的编写提出设想与建议。近年，新沂教育局领导重视《教育年鉴》编写发行工作，具体工作人员认真严谨，在组织稿件，彩页版制作、年鉴发行等方面表现突出，市教育志办公室借此行表示感谢，并就2011卷的编写工作提出进一步要求。调研结束，参观了窑湾古镇。

（陈玉萍）

教育学会工作

【科研课题的结题工作】 年内，重点抓好各级科研课题的结题工作。至年底，中国教育学会10项课题结题1项，省、市教育学会200余项课题结题三分之一。对于尚未结题的课题，逐一具体分析指导；对于立项而未认真实施的单位，不能参加“十二五”的立项申报；对于因有其他情况未能完成课题研究任务的，通过帮、扶、转，争取有一个良好的结局。

【教师培训工作】 2010年,继续做好教师培训工作。3月13~18日、9月25~29日分别邀请全国部分城市的名、优、特和青年骨干教师到徐州借班上课、讲学,开阔教师视野,使教师培训工作真正做到教育理论与教学实践相结合。

【省、市级教育论文评选】 年内,教育学会在全市中小学教师中开展省、市级教育论文评选。省级论文初评阶段基本告一段落,论文综合筛选工作进行中。市级论文评选结果在争取教育行政部门认可,报告待批。

【抓好省、市两级学会会员的评优课】 9~10月,集中抓好省、市两级学会会员的评优课,为提高教师教学水平,增长才干搭建平台。按照上级要求,从严保证评选质量,向省推荐的,必须经市辖(区)的评选。至年底,教育学会完成参加省级比赛教师的初选工作。

【学会自身建设】 学会加强自身建设,坚持会长办公制度和每年一次的常务理事制度,工作取得新成绩。2010年被评为全国大中城市社科联标兵学会,被徐州市民政局评为08~09年度先进民间组织。

(张锡吾)

离退休教育工作者协会

【坚持社会力量办学】 2010年,在客观环境极其困难的情况下,协会力所能及地坚持办学。至年底与两个单位联合办高等教育自学辅导班和高考辅导班,在读学生约250人。

【成立老教育工作者书画研究会】 年初,成立教育局老教育工作者书画研究会。研究会的宗旨为活跃离退休人员的晚年生活,促进中小学书法绘画教学。研究会选举王璞为会长,王世田、薛登科、孙晋忠、盛载杰、张言夫为副会长,其中薛登科为常务副会长,张言夫为秘书长,宋学民、戚有信为副秘书长。

【书画研究会活动】 年内,书画研究会开展3次活动。举行一次笔会;给青少年先进辅导站——开文爱心书屋、继法爱心书屋赠送书法绘画作品;9月10日研究会下发通知,将于2011年七一前开展全市教育系统"老少牵手迎接建党90周年书画比赛",目前正在积极筹备中。

【出版《名师风范》第二集】 2010年,《名师风范》第二集的出版工作全部就绪。为确保出版质量,离退休工作者协会的工作人员深入各县(市)、区调查,广泛收集名师的事迹,撰稿、编辑、排版、校对等工作一切就绪,待领导批准后出版。

【走访慰问离退休教师】 坚持在重大节日、纪念日和高龄老同志生日、知名老同志生病住院期间,组织人员走访慰问,送上慰问品、生日蛋糕和组织的温暖,受到老同志欢迎。

【热情接待离退休教师】 离退休协会坚持面向基层、服务基层,热情服务离退休人员。对于有困难和疑问前来协会的离退休人员,热情接待,耐心听取他们的意见和建议,力所能及地帮助他们解决困难,维护离退休人员人员的合法权益。

【为离退休教育工作者举行金婚庆典】 春节前夕,离退休教师协会为局机关及直属学校金婚离退休教育工作者举行了盛大的金婚庆典。协会给他们送上精美的金婚贺卡和蛋糕。一对对金婚夫妇登台演出,载歌载舞,用歌声、诗篇和生动的语言介绍他们爱情保鲜的经验。活跃了老教师们的晚年生活,促进老年婚姻的和谐和稳定,深受离退休教师的欢迎。

(薛登科)

陶行知教育思想研究会

【组织建设】 年内，围绕加强陶研会组织建设，开展有效工作。3月31日，在新沂瓦窑中心小学召开区域推进陶研工作现场会。会后，各县(市)、区积极发动、推荐，会员单位由原来的350家发展到380家，其中幼儿园由5家单位发展到近30家。根据工作需要，年内重新增补理事，完善中学专业委员会的领导班子，成立幼教专业委员会。在中陶会第五届理事会议上，选举产生新一届理事，周洪芝、姚焕书、胡伟当选为理事。在省陶研会的庆典大会上，徐州市陶研会等10个单位被评为先进单位，11人被评为先进个人。

【开展多种形式的陶研活动】 4月16日，陶研会组织近百名教师参加徐州高等师范学校举办的以“聚焦课堂，研究探索，提高效率”为主题的教学开放日活动。4月23～24日，在淮海堂举办第15次学术报告会，邀请徐州高等师范学校校长、省特级教师张兴朝，苏教版小语教材编委、理论室主任高万同，分别作《探索有效教学 促进专业成长》和《课文解读与课堂教学》的学术报告，4位名特优教师开设数学、语文展示课。4月27日，省陶研会幼教专业委员会年会在徐州举行，作为协办单位，陶研会组织近百家幼教单位负责人参加会议。会上听取省陶研会会长周德藩和南京机关幼儿园园长贺长民的学术报告。与会人员参观徐州幼教集团附属幼儿园。5月6日，在铜山大许实验小学举办徐州市“学陶师陶、减负增效”现场会。10月16～17日，在徐州高级中学举办第16次学术报告会，邀请江苏省特级教师、江苏省“333高层次人才培养工程”中青年首席科学家、南通市教研室主任助理符永平，全国优秀外语教师、徐州市青年名教师、市教研室教研员田莉开设学术讲座，4位青年名师上展示课。12月3日，在新沂市瓦窑中学举办“弘扬行知精神，营造育人环境”现场会。年内，分别举办小学数学、音乐、美术和中小学语文优质课评选，26名教师获数学课一等奖，14名教师获音乐课一等奖，13名教师获美术课一等奖，26名教师获语文课一等奖，其中6名教师获中学语文课一等奖。

【组织省、市陶研会教育成果评选活动】 2010年，组织参加省、市陶研会教育成果评选活动。1000余篇论文参加评选，获省级奖159篇，市级奖852篇。在中国陶行知研究会发布的“区域推进学陶工作”主题征文比赛中，徐州市陶研会《多渠道推进学陶工作》一文被评为一等奖；邳州市陶研会、丰县陶研会和邳州市邹庄镇陶研会的征文被评为二等奖；睢宁县官山镇中心小学和新沂市瓦窑镇中心小学的征文被评为三等奖。

【加强实验学校建设】 按照省陶研会的部署，配合省陶研会抓好实验学校的管理工作。年内，徐州市2所第一批省陶行知实验学校，经过评估、核查，被重新确认命名。7所会员学校被省陶研会批准命名为第五批实验学校。同时指导4所省实验学校迎接省检查。年内，创建首批市陶行知实验学校。11月16日在铜山大许小学中心校召开徐州市陶行知实验学校命名授牌会议，为首批51所学校授牌。

【做好课题管理和会刊工作】 受上级陶研会的委托，对申请结题的72个“十一五”陶研科研课题进行考核鉴定，并报省审核结题。同时做好“十二五”科研课题的立项准备工作。

(周洪芝)

(本编编辑 陈玉萍)

第三编　各类教育

基础教育

【概况】 2010 年,全市基本普及 15 年基础教育,教育结构进一步优化,各类基础教育进一步均衡发展。落实义务教育经费保障机制,提高义务教育公用经费定额标准,全面落实义务教育免费政策,继续推进薄弱学校振兴工程,加快义务教育阶段学校标准化建设。推进基础教育现代化建设,提高普通高中可持续发展能力,开展优质幼儿园和星级普通高中创建工作。2010 年,全市有幼儿园 557 所,在园幼儿 29.7 万人;特殊教育学校 13 所,在校生 8500 人;小学 871 所,在校生 53 万人;初中 244 所,在校生 33.7 万人;普通高中 87 所,在校生 18.3 万人;基础教育教职工 95771 人,其中小学 36334 人、中学 45903 人、学前教育 13049 人、特殊教育 485 人。全市学前幼儿入园率达 95%,义务教育入学率、巩固率达到 99% 以上,初中毕业生升学率达 96.6%,残疾儿童入学率达到 98%。

市教育局坚持把教育现代化等教育基础建设纳入市委市政府对县(市)区科学发展目标考核,深入推进义务教育学校标准化建设,全市 90% 的中小学建成市标准化学校,创建三星级以上高中 4 所、省优质园 39 所、市优质园 47 所。鼓楼区、铜山区通过省教育现代化评估验收,主城区全面完成教育现代化创建任务。

幼儿教育

【概况】 2010 年,徐州市学前教育管理工作按照"抓事业,促发展,抓规范,促提高"的思路,加快推进学前教育健康、均衡发展。全市幼儿园总数 557 所,在园幼儿近 30 万人,幼儿入园率达 95% 以上,其中市区幼儿入园率达 100%,学前教育基本普及。创建市优质幼儿园 47 所。

【推进优质园、教育现代化创建工作】 年内,分层推进省、市优质园与教育现代化创建工作。徐州市不断加快省、市优质园创建工作,2010 年创建市优质幼儿园 47 所;39 所幼儿园通过材料评审,已进入省优质园现场验收阶段。

【加强队伍建设,规范办园行为】 2 月,出台《徐州市进一步规范办园行为的意见》,在全市范围内开展规范幼儿园管理的专项检查工作,进一步规范幼儿园的办园行为。为提高幼儿园管理队伍及幼儿教师的业务水平,3 月组织省学前教育学会免费送课活动,4 月组织市幼儿园管理高级研修学习。11 月组织市幼儿教师专业技能大赛,来自全市的 65 名选手参加决赛,大赛产生全能奖 20 名,另产生舞蹈、美术、弹唱、语言等多个单项奖。比赛掀起全市幼儿教师业务大练兵的热潮,提升教师专业水平。

【关注幼儿培养,推进素质教育】 以游戏为基本活动,关注幼儿素质培养,进一步推进素质教育。组织开展徐州市首届幼儿创意建构游戏大赛活动,全市幼儿园的几千名幼儿积极参与。6月1日,举行徐州市庆六一幼儿书画、创意建构游戏大赛的颁奖典礼和文艺演出,表彰一批学前素质教育先进单位及个人,各幼儿园的孩子展示了精彩纷呈的文艺节目。

【科学决策政策保障】 年内,为更好落实国家、省的有关政策,推动徐州市学前教育健康发展,制定一系列关于学前教育的文件。市教育局先后出台《关于加快学前教育改革与发展的实施意见》、《徐州市加快2011年学前教育发展的工作计划》、《徐州市学前教育十二五规划》等文件,使徐州市学前教育事业有了政策保障。

（韩 莹）

义务教育

【控辍工作】 2010年,加大义务教育控辍工作力度,促进全市控辍工作走在全省前列。强化控辍工作机制。实行学校、教师评优评先考核,控辍工作一票否决制。严格学籍管理,学生转入、复学、转出、休学等必须要有相应的手续,外来人员子女返回原籍或到别处就读,必须要有暂住地居委会开具的离居证明,否则,就视为辍学。

控辍重点下移。为进一步强化学校、班主任控辍责任,基教处把控辍工作与班主任绩效考核挂起钩来。全市统一使用"徐州市控辍工作监控表",每学期对学校各班巩固情况进行公示,年底与教师绩效考核结合。

加大督察力度。配合市教育督导室,在规范办学行为、综合督导考核中将学校控辍工作作为重点内容。

控辍成效显著。据统计,徐州市2007级初中新生123765人,增员2378人,转出、休学8870人,辍学896人,死亡12人,毕业116365人,巩固率达99.2%。

【义务教育阶段招生】 对义务教育招生提出多项规定:不得以任何名义进行任何形式的招生考试或测试,不得以"奥数"等竞赛成绩或获奖证书作为录取学生的依据,不得以举办"实验班"、"双语班"等名义招生和分快慢班,不得与社会培训机构联合或采取其他方式"选优"招生,不得提前招生。

根据省教育厅及徐州市义务教育阶段改制学校清理规范工作相关文件精神,市区第一外国语学校、西城中学、昕昕中学和大庙春晖中学等五所民办初中,2010年起停止初中一年级招生。

根据市区公、民办各初中学校的办学规模、招生计划等实际情况,2010年,市区三十四中、三十六中两所公办初中和撷秀中学、树人中学两所民办初中仍然实行电脑派位招收部分学生,其他初中学校不再实行电脑派位招生。

【创建国家环境保护模范城市】 完成创建国家环境保护模范城市工作任务。"创模"(创建国家环境保护模范城市)对教育和学校开展环境教育工作提出了明确和具体要求:全市要有统一的中小学环境教育专题教材,要纳入学校地方课程,每年环境教育12课时以上,省、市绿色学校要全部开设环境教育课程,中小学环境教育普及率≥85%,全市创建省"绿色学校"30所以上。

在创模期间,市教育局先后制发《关于进一步加强全市中小学环境教育的通知》、《在全市中小学开展创建国家环境保护模范城市工作方案》,召开两次全市教育系统创模工作会议,对全市学校创模工作进行宣传动员、部署。全市中小学师生认真按照市"创模办"(市创模工作办公室)相关要求,开展环保知识竞赛、演讲比赛、歌咏比赛、书画展览、街头宣传等活动。市教育局为市区各区,包括贾汪、铜山253所小学,109所中学,统一购置国家环保部编印出版的《环境教育》教材1116套,计5581册,发放到各学校使用。完成市创模办需要的环境教育材料A类23种,B类68种,受到市创模办领导赞扬。全市中小学成立创模机构200多个,悬挂创模横幅450多条,宣传标语2335幅,电子显示创模口号650多条,布置创模宣传栏、板报2226块,发放创模倡议书65695份,散发宣传单26784份,组织学生志愿者9202人。10月上旬,国家创模验收专家组对以徐州二中为代表的教育创模工作验收中,给予了极高评价。创模期间,积极开展创建“绿色学校”活动,通过考核,认定23所市级绿色学校,全市绿色学校建成比达29.7%。

【“感动江苏教育十大人物”评选】 省教育厅开展评选“感动江苏教育十大人物”活动。市教育局制发《关于推荐“感动江苏教育十大人物”候选人的通知》、《关于组织全市中小学师生评选和学习“感动江苏教育十大人物”活动的通知》,召开全市评选和学习“感动江苏教育十大人物”活动会议,从全市上报的18名候选人中,挑选出9名候选人报省。其中2名候选人进入前20名,分别是睢宁县岚山镇农民刘保宏和原矿大附小学生邵帅。12月4日,省教育电视台专门派记者对刘保宏进行为期3天的采访,邵帅的事迹已在全国产生广泛影响。

【开展民族团结教育工作】 年内,在开展民族团结教育工作方面取得明显成效。上半年,完成了徐州市中小学民族团结教育调研报告并报省厅;下半年,与市民族局联合下发《关于在全市中小学全面开展民族团结教育工作的意见》,首次将民族团结教育纳入中小学考核。

(吴启龙)

特殊教育

【概况】 “十一五”以来,徐州市特殊教育工作有了较快的发展,总体思路是:加快特殊教育现代化建设的步伐,推进合格学校建设,努力提高残疾儿童少年的入学率,促使特殊教育进一步发展。2010年,徐州市残疾儿童少年在校生总数8935人,三类残疾儿童少年入学率为97%。特殊教育学校13所,学生2365人;特教班26个,学生363名;小学随班就读3851人,中学随班就读2356人。全市特教教师513人。

【进一步巩固残疾儿童入学率】 年内,进一步巩固残疾儿童入学率。从方便残疾儿童少年入学出发,做好残疾儿童少年的调查登记工作,合理安排特殊教育学校的布局,基本形成以特殊教育学校为骨干,以大量随班就读和适量特教班为主体的特殊教育办学格局。年内,进行残疾儿童摸底调查,有条件的乡镇建立特殊教育辅读班,实现特殊教育布局合理、就近入学的目标,确保三类残疾儿童少年入学率县区不低于96%。市区通过江苏省教育现代化验收,残疾儿童入学率已经达到100%。残疾儿童学前教育入园率,县区不低于60%,市区不低于80%。

【加强对特殊教育学校的管理】 继续开展特殊教育合格学校、省级特殊教育现代化示范学校创建活动。年底,全市有省级特殊教育示范学校6所。县级聋校都已建成包括聋和弱智在内的综合性特殊教育学校,徐州市特殊教育中心集中办好聋人高中和盲人学校。结合徐州市教育现代化标准化验收,邳州、贾汪、沛县3所特殊教育学校已经通过验收,徐州市特殊教育中心、云龙培智学校、牌楼培智学校通过江苏省教育现代化验收。

【省特殊教育委员会年会在徐召开】 10月25～26日，江苏省特殊教育专业委员会第九届会员代表大会暨2010年特殊教育年会在徐州市举行。教育部基础教育司特教处、江苏省教育厅、江苏省特殊教育专业委员会有关领导，全省各特殊教育学校校长、部分特殊教育学校教务主任、信息技术教师参加大会。会议由江苏省教育学会特教专业委员会、徐州市教育局主办，市特殊教育中心承办，主题是“信息技术在特殊教育中的应用”，教育部基础教育司特教处处长谢敬仁发表讲话，省特殊教育专业委员会理事长程益基做省特教专业委员会第八届理事会工作报告，市特殊教育中心校长裴洪光在会上发言。会议进行特殊教育论文交流，选举江苏省教育学会特殊教育专业委员会第九届理事会。

（赵锡安）

高中教育

【规范普通高中招生行为】 年内，进一步整顿普通高中招生秩序、规范招生行为。6月13日，召开全市规范普通高中招生工作会议，出台《关于进一步规范普通高中招生工作意见》，市教育局与各有关县（市）、区和直管高级（完全）中学签订《普通高中招生工作责任状》。全市普通高中招生秩序大为好转，各种违规招生基本杜绝。

【有效控制普通高中发展规模】 2010年，经过进一步整合、优化普通高中教育资源，有效控制普通高中发展规模。推进布局调整，撤并薄弱学校，全市实际招生的普通高中学校数量下降到82所。进一步压缩普通高中招生规模，普通高中招生6.5万人。

【推进星级高中创建】 5月，在睢宁召开全市普通高中创建工作推进会，推进星级高中创建工作。会上，推广创建成功经验，布置创建工作任务，尤其突出民办高中学校创建工作。全年创建二星级高中3所，4所民办高中接受三星级高中创建现场考察评估。创建工作取得重大突破。

【高中通用技术课程建设】 年内，普通高中通用技术课程建设取得新进展。在省教育厅的大力支持下，6所县级中学建立高标准通用技术实验室，为通用技术课程的有效开设提供物质基础。同时，将各县（市）中学确立为区域通用技术基地，引领各地通用技术课程开足开好。

【四星级高中素质教育综合督导】 年内，对四星级高中进行首次素质教育综合督导。在省教育督导室的领导下，按照《普通高中素质教育综合督导方案》的要求，对徐州市11所四星级普通高中进行素质教育综合督导。徐州三中、铜山棠张中学代表徐州市普通高中接受省级督导。

【星级学校顺利通过复审】 2010年，认真组织2010年星级学校复审。学校从材料整理、基础建设、科学管理等多方面积极准备迎接复审。组织召开两次复审学校专题会议，进行业务指导和复审准备工作调度。在材料申报前对每所学校的申报材料逐一进行审核修改，保证申报材料的高质量。参加复审的9所学校材料评审全部过关。

【普通高中学籍管理进一步规范】 年内，普通高中学籍管理进一步规范。应对2010年普通高中学籍库与高考报名库第一次对接的要求，全面细致完成高三、高二年级学籍审核工作，完善学籍信息，保证所有学生正常报名。认真做好2010级高中学生建籍工作，按照省教育厅要求，全面、准确、及时地上报普通高中录取数据库，并指导各地各校完成对高一学生学籍进行电子注册，保证徐州市高一新生在录取学校建立学籍,杜绝在录取学校以外建籍现象。

(李进强)

徐州市公园巷幼儿园

园　长　李艺然
副园长　耿佟文　秦菊芬　樊秋梅
金　文　方红娣　李红蕾

【概况】　2010年,全园占地面积0.12公顷,建筑面积7600平方米,在园幼儿600名,在编教职员工53名,其中特级教师1名,高级教师33名。幼儿园获得省和谐校园、省信息化建设先进单位、市三八红旗集体标兵、市教育系统先进集体等荣誉称号。在全国第七届校园电视作品评比中,校园电视《快乐的幼儿园游泳课》获金奖,《妈妈和我做同学》获银奖。

【山水华美新校区开园】　9月,山水华美新校区开园。以"中心区一个本部,包括婴幼一体的旗舰幼儿园,城市东南西北各有一个校区,成为当地示范园,满足不同地域家长入园需要"为发展规划,多方考察,稳步拓展。9月,位于市区南部的山水华美新校区开园,有小中大教学班6个,在园幼儿164名。

【参加首届江苏省教育博览会】　9月16~18日,参加首届江苏省教育博览会。公幼作为徐州幼教代表参加省首届教育博览会,从文化、管理、教学3个角度全面展现幼儿园自建园起,特别是近10年来的园本课程、校园文化、管理特色、0~6岁一体化教育构想等内容。

【组织广场艺术展】　6月1日,在古彭广场举办"庆祝六一、神往世博"大型广场艺术展。全园数百名幼儿以"低碳生活"为主题,创作了绘画、泥塑、拼插、手工、废旧物品利用等多种形式的艺术作品,《徐州日报》以《公幼孩子的创意天马行空》进行专版评论。

【打造大型幼儿游戏场景】　落实《纲要》精神,还游戏于幼儿。根据真实生活,打造大型幼儿游戏场景"心儿迷你世界",提出"爱玩才会赢"的主题,幼儿通过参加活动、挣取酬劳、自主消费,在游戏中获取经验、陶冶情感、体验生活。

【打造安全校园】　年内,加大安保力度,打造安全校园。各校区安装监控、周界报警、入门闸机等安保设施,各校区配备两名以上保安人员及辣椒水、防割手套等器械,全面提升技防、人防、物防力度,打造最安全校园。

(撰稿:李红蕾　审稿:李艺然)

徐州市机关第一幼儿园

园　长　犁　红
副园长　袁冰楠　王　莉

【概况】　2010年,徐州市机关第一幼儿园开设大、中、小、托12个班级,在园幼儿470人;在编教职工48人,其中,中学高级教师1人,小学高级教师35人,江苏省幼教特级教师1名。3月,被授予市三八红旗集体荣誉称号。

【成为科技特色幼儿园联盟成员】　11月9日,江苏教育电视台和江苏教育学会联合为幼儿园颁发"未来科学家"科技特色幼儿园首批联盟成员证书。从2008年开始,重视科技特色教育,在游戏中融入科学教育内容,通过家庭、社区及各种多媒体密切配合,在教学中对幼儿进行科技教育渗透。多次参加江苏省以科技为特色的论文和活动设计比赛,均取得优异的成绩。

【科研成果显著】　年内，幼儿园科研工作取得显著成果。1月，荣获教育部“科学教育——开发儿童少年潜能研究”总课题组优秀科研单位，犁红、袁冰楠、王莉荣获课题优秀实验教师称号。2月，荣获江苏省教育科学研究院科学教育研究所、省青少年科技协会五星级单位，袁冰楠获课题优秀组织奖，朱玉茜、郭颂被评为优秀辅导员，9篇论文分获优秀课题一、二等奖。9月，省级课题“学习陈鹤琴教育思想 提升幼儿教师专业发展能力”结题，获优秀课题奖。11月，成为江苏省唯一一所获联合国教科文组织颁发的全国“节能减排与可持续发展学校——社会行动项目示范学校”称号，11篇论文、案例分获优秀课题成果一、二、三等奖。

（撰稿：郭　颂　肖　琨　审稿：袁冰楠）

徐州八一中心幼儿园

园　长　朱金华
副园长　孙慧敏
行政助理　丁　红

【概况】　2010年，徐州八一中心幼儿园占地面积0.6公顷，建筑面积3787平方米。共开设13个保教班，其中4个大班，4个中班，5个小班。在园幼儿490名，教职工53名，其中在岗教师27名，保育员13名；教师本科学历16人，大专学历11人。先后投入近60万元，更换暖气设施、装修幼儿盥洗室、幼儿厨房，添置9台液晶电视，为幼儿创设了良好的生活学习环境。

【加大安全工作力度】　上半年，幼儿园对安全工作采取一系列切实有效的措施。投入近5万元资金，添置安全监控设备、CK一健式报警器、橡皮棍和钢叉；安装智能刷卡机和两台刷卡设备；与徐州市泉山交警大队联系，增设大门外减速线、“禁止停车”和“注意幼儿”等标志；增设了警务室，增加了1名保安。严格幼儿饮食管理，把好采购、验收、加工、制作、留样等环节的卫生关，确保饮食安全卫生。加强幼儿安全教育，将安全教育和安全防范常识落实到日常教育教学活动之中。

【建园六十周年庆典】　2010年，迎来了八一幼儿园60华诞，组织一系列园庆活动。本着“简单、隆重、欢庆、难忘”的宗旨，组织两场“庆六一暨建园六十周年”幼儿团体操表演，编撰《硕果——幼儿园教育教学成果集之三》，编印“庆祝幼儿园建园六十周年纪念”台历；组织教师进行“爱园、惜岗、护牌——建园六十周年”专题讨论，开辟“回眸60年、精彩60年、缤纷60年”橱窗展。

【教研硕果累累】　2010年，是八一幼儿园“十一五”立项课题的结题年，共有9项课题结题或进入结题阶段。5名青年教师的市级个人课题顺利结题，其中一名教师获个人课题评优三等奖。2个国家级课题，即“幼儿园教学游戏化课题”和“民间游戏在幼儿园的应用研究”完成结题材料上报。1个市级课题“主题游戏的教育价值的实践研究”进入结题阶段。参与南师大邱学青教授主持的“幼儿园棋类游戏的指导策略”课题研究，其子课题“幼儿识谱特点的研究”进入结题阶段。

（朱金华）

徐州市妇联幼儿园

园　长　李　红（~6月）　安　媛（6月~）
副园长　汪　蕾（~6月）

【概况】　2010年，徐州市妇联幼儿园占地面积0.47公顷，开设21个班，其中7个小班，5个大班，2个小托班，2个幼小衔接班；在园幼儿800名，教职工63名，其中专任教师42

名,保育员21名,本科学历6人,本科在读11人,大专学历25人。

【课题研究取得新突破】 年内,课题研究取得新的突破。3月,朱秀梅老师个人课题"2~3岁婴幼儿早期阅读中师幼互动的实践研究"课题结题。另有11位老师个人课题开题并实施研究。

【教育研究硕果累累】 年内,积极推进教育科研工作,硕果累累。以年级为单位开展一人一课活动。年级组长带老师听课评课,选出最优秀的,为全园老师上示范课。10月,市教科所李燕老师组织全市幼儿园教师在妇联幼儿园开展幼儿早期阅读的教研活动,朱秀梅老师上阅读示范课并开设关于多元阅读的讲座。11月,3位老师获江苏省"师陶杯"论文评比三等奖。

【开展教师基本功比赛】 12月,幼儿园以年级组为单位开展教师基本功比赛。基本功比赛内容涉及自弹自唱、舞蹈、简笔画等。各年级组教师积极准备,努力向大家展示自己的才华;比赛选出年级组得分最高的老师,再进行全园比赛。最后胜出的张琳老师参加全市比赛,获得自弹自唱二等奖、舞蹈组合二等奖、语言类一等奖、美术类二等奖好成绩。

徐州市机关第二幼儿园

园　长　颜　艳

【概况】 徐州市机关第二幼儿园属市教育局直管幼儿园,设有托、小、中、大共12个班级,在园幼儿近400人,教职工39人。2010年荣获徐州市第二届家校联系先进集体和徐州市巾帼文明岗称号。幼儿园位于市中心青年路回龙窝内,被规划为棚户区改造范围,幼儿园新址已确定。

【党员干部率先垂范】 开学前,全体党员干部利用休息时间疏通了因棚户区改造堵塞的幼儿园周边道路,为广大师生做出榜样。这次义务劳动,为幼儿园的环境建设贡献出一份力量,体现了党员的奉献精神。

【加强消防安全意识】 年内,幼儿园邀请消防支队专业人员到幼儿园进行消防知识讲座,增强师生消防安全意识。消防队员还指导教师进行灭火演练,提高师生对突发火灾事故的应变能力和自救防范能力。

【教育科研成果显著】 年内,教育科研取得可喜成绩。近50篇论文在全国、省、市级幼儿教师教育论文大赛中获奖;3位老师的教学活动获市优质课一等奖,并分获省优质课一、二、三等奖;3位老师的教具玩具制作在徐州市第二届幼儿园优秀自制玩教具展评中获得二等奖和三等奖。2位老师参加2010年徐州市幼儿园教师专业技能比赛获得全能一等奖和多个单项奖。年内,19项市级个人课题开题,"十一五"市级重点课题"多元智能课程背景下家园配合的评价研究"顺利结题。

(撰稿:卢　雅　审稿:颜　艳)

徐州市文化局艺术幼儿园

园　长　程艳华
副园长　卢爱民

【概况】 2010年,徐州市文化局艺术幼儿园占地面积0.22公顷,全年财政拨款20.17万元,自筹资金65万元,全年教育经费投入90万元。设8个班级,共245名幼儿,毕业26人;招生108人。教职工36人,包括专任教师16名,小教高级教师8人,本科学历3人,大专学历12人。暑假期间,改造7个班的卫生间,寝室、教室更换了铝塑玻璃窗。重新装修舞蹈房,安装覆盖全园的监控设施,200平方米的活动场地新铺设地垫。幼儿园被评为徐州市2010年巾帼标兵岗。

【建园20周年庆典】　5月18日,在徐州市和平大剧院举行建园20周年庆祝活动。市文化局和市教育局领导、幼教同行和幼儿家长参加了庆典。庆典活动热烈、有序,孩子们的精彩表演得到一致好评。

【加强安全教育,强化安保措施】　加强安全教育及安检力度,确保幼儿安全。入园、离园实行接送卡制度,家长必须持接送卡方可入园、离园;配强安保人员,园长带队,至少保证5人在园门口执勤;对幼儿进行自我保护意识的培养,请民警到园进行安全教育,进行119火灾疏散演练。

【教师幸福感的培养】　做幸福教师,培养快乐孩子。11月,幼儿园进行"换位思考,做幸福教师"的演讲,16位教师参加演讲,老师们从孩子的视角出发、换家长的角色去思考问题,从中感受到孩子们的天真可爱,家长们的信任与期望,体验到做教师的幸福,同时感受到责任的重大。

【教科研成果显著】　搭建科研平台,促青年教师业务能力提升,取得丰硕成果。2010年有6名教师的个人课题结题,3人个人课题立项,1人在江苏省评优课中获二等奖,2人获市评优课二等奖,10篇教育文章在《徐州幼教》发表,1篇在省优秀教育论文获二等奖。1人在市幼儿教师技能比赛中获单项美术第一名、语言第二名、舞蹈第三名,一人获市教科研先进个人。

(撰稿:卢爱民　审稿:程艳华)

徐州市育苗幼儿园

园　长　周晓安

副园长　陈化云　鲍　丹

【概况】　2010年,徐州市育苗幼儿园占地0.22公顷,开设大、中、小、托共10个班级,在园幼儿350人,教职工40人,其中专任教师24人,保育教师10人,保健教师1人。是江苏省优质幼儿园、青年文明号荣誉单位、徐州幼儿高等师范学校实践基地。年内,投资10余万元对幼儿园教学楼、外墙栏杆、幼儿园大厅、门岗、舞蹈房进行改造,进一步改善办园条件。

【开展义卖募捐活动】　4月22日,幼儿园在奎园广场开展为灾区人民义卖募捐活动。为帮助甘肃玉树灾区的同胞,发动全园师生"送温暖,献爱心",捐出自己的图书、玩具、衣物等进行义卖,奎园的部分居民及路人也加入了募捐赈灾的队伍。23日,义卖及募捐所得款项4712元由教师、家长、幼儿代表送至徐州市红十字会,《徐州广播电视报》对此次活动进行了报道。

【开展电化教学、提高教学质量】　11月19~24日,分别在中、大班开展了电化教学观摩活动。从课堂教学到亲子手工制作,整个过程都使用电化教学手段。活动调动幼儿学习的积极性,提高教学质量,取得良好的教学效果。

【开展丰富多彩的亲子活动】　9~10月份,分别组织全园幼儿开展丰富多彩的亲子活动。9月16~17日,在操场组织中、大班幼儿与家长一同制作、品尝月饼,家长们带来月饼模子,大家在做一做、尝一尝的过程中,感受传统节日的意义,体验劳动带来的快乐。10月19日,组织小班幼儿与家长一同到绿健乳品厂参观,开阔幼儿眼界,了解牛奶生产的整个流程。11 月 19 日、24 日,面向家长举行中、大班半日开放活动,幼儿与家长共同进行亲子手工制作。定期开展亲子活动已成为幼儿园特色教育。

(撰稿:任明侠　审稿:鲍　丹)

徐州市房管局幼儿园

党支部书记兼园长　王周军
教学园长　田慧平
后勤园长　毛洪艳

【概况】　徐州市房管局幼儿园建于 1982 年,隶属徐州市房管局,为全日制幼儿园。是省示范性实验幼儿园、省巾帼明星岗、市文明单位、市巾帼标兵岗、市示范家长学校。2010 年,幼儿园共有 9 个班级,320 名幼儿,教职工 36 人。

【培养教师应变能力】　4 月 29 日,举行教师处理突发事件比赛活动。幼儿园模拟各种事故现场,让教师现场处理,并说出处理事故的心理过程,从而进一步增强教师的责任心,提高教师的应变能力及安全意识。

【举办教师自编故事演讲比赛】　9 月 10 日,幼儿园举办自编故事演讲比赛活动。比赛现场抽签,参赛教师根据所抽题目即兴自编故事进行演讲。活动评出前三名给予奖励。自编故事比赛使教师节活动别具色彩。

【举办新生教学成果展】　8 月 20 日,幼儿园举办第三届新生教学成果展示活动。活动向家长展示 7 月份刚入园的新生一个月以来的变化,宝宝的生活常规和所学到的本领,让家长感受到宝宝在园的进步和快乐,推进家校密切合作。

【建立幼儿成长档案】　年内,给幼儿园所有幼儿建立成长档案。改变了原来只是给多元智能班的孩子建立成长档案的做法。成长档案记录孩子快乐的幼儿园生活,并且每个班级都增设了成长档案柜。老师和家长,都能随时看到孩子的成长信息,管理制度进一步健全。

(撰稿:田慧平　审稿:王周军)

徐州市铁路地区幼儿园

园　长　陶　青

【概况】　2010 年,徐州铁路地区幼儿园设有 7 个教学班,占地面积 0.33 公顷,是一所现代化的省级示范幼儿园。幼儿园有教职工 28 人,其中专任教师 14 人,保育员 7 人。教师中具有本科学历 1 人,大专 12 人。

【进一步改善办园条件】　年内,加大投入,对幼儿园进行改造,改善办园条件。为丰富幼儿户外活动内容,提高户外活动质量,在原先的水泥跑道和水泥操场上先后铺设 30 米塑胶跑道和 400 多平方米的塑胶软质地垫,使场地更加美观、平整、安全。每天下午增加 30 分钟户外活动时间,促进幼儿的身心健康。

【布置“区角”,情境教学】　下半年,根据班级人数、活动室空间以及幼儿年龄特点,重新布置各种“区角”,运用情境教学培养幼儿智能。不断更新“区角”内容,变换投放的材料品种和数量,在原有美工角、自然角、语言角、图书角的基础上,根据园本教材内容增添独具特色的手工制作“区角”,如:花店、服装加工厂、小小报纸、葡萄园、彩旗飘飘、花灯、好娃娃、有趣的门帘、花伞等等。在美术活动中幼儿进行有趣的想象画、装饰画、豆贴画、吹画等练习;根据游戏内容续编故事、仿编诗歌、拼图讲述;在科学活动中设想发明创造,让孩子在自由开放式的环境中达到智能的提高。

（撰稿:魏　颖　审稿:陶　青）

徐州市第一中学

校长、副书记　王志勇

副校长　刘永生　卞东华　王冀宁

叶弘媚　陈　雷

【概况】　徐州一中肇始于1903年,前身是由清康熙年间云龙书院改办的徐州中学堂。为江苏省四星级高中。2010年,学校教职工303人,专任教师232人。其中特级教师8人,教授级高级教师2人,高级教师80人,一级教师103人,研究生30人,在读研究生16人。参加国家、省级骨干教师培训占专职教师的19%。2010年有教学班48个,撷秀中学高中18个班,合计在校生3280人。荣获省级健康促进学校银牌单位称号,被江苏省教育厅、江苏省军分区授予江苏省学生军事训练工作先进单位,被徐州市妇联、市教育局评为徐州市家校联系先进集体,被省教育厅授于江苏省基础教育课程改革先进集体。生物学科组被徐州市妇联、团省委授予徐州市三八红旗集体、省青年文明号等九项表彰。校长王志勇被授予省有突出贡献的中青年专家、省人民教育家培养对象、市优秀专家等称号,副校长叶弘媚被授予全国三八红旗手,郭军英老师被授予省"333工程"中青年科学技术带头人、省中小学校优秀共产党员标兵,袁长江、郭军英、宋志贵被授予江苏省特级教师称号,校长王志勇、处长张安义、处长谢凤艳获江苏省首届基础教育教学成果一等奖。2位老师评为徐州市拔尖人才,3位老师分获省级评优课一、二等奖,8位老师获大市区评优课一等奖。

【杨湘宁副厅长到学校调研】　11月16日,省教育厅副厅长杨湘宁一行4人,在市委教工委书记、教育局副局长曹孟军等人的陪同下,到学校进行创优争先的调研。校长王志勇汇报了学校创优争先工作,杨湘宁对学校围绕中心工作开展的形式多样、新颖活泼的创优争先活动十分赞赏。

【高考取得优异成绩】　2010年,学校高考取得优异成绩。文科总均分为341.6分,理科总均分为363.8分。公办生850人,一本上线511人,上线率为60.1%;本科上线766人,上线率为90.1%;400分以上43人,全省前10名1人,前60名2人,前100名3人。

【探讨责任教育】　3月,省级课题研究结题。江苏省"十一五"规划课题"小事塑造人生——当代高中生责任教育的实践研究",由江苏省徐州市第一中学承担研究,副校长刘永生主持,历时4年。该课题以素质教育和新课程实施为背景,着眼于校本实际和亟待解决的问题,采用问卷调查法、行动研究法,边行动边研究,从实践到理性探索,再从理性探索回归到实践中去,形成了具有徐州一中特色的责任教育体系。

【加强社团活动】　年内,学校加强社团活动的组织和引导。现有小草文学社、阳光心理社、歌舞青春社、口才社、科技社等十几个社团。小草文学社组织的知识竞赛、尚言口才社组织的辩论赛、学生百家讲坛、各社团的迎新巡礼活动、51艺术区的现场手印彩画等等,深受学生欢迎。学校社团活动正力求向活动品牌化、实施课程化、管理科学化和教育效果最大化的方向发展。

【心理健康教育】　2010年,心理健康教育工作成效显著。学校心理健康教育工作已开展多年,逐步形成由心理教师、心理社团、心理委员组成的三级心理健康教育网络,以及“个体心理咨询制度化、团体心理活动课程化、整体心理教育系列化、心理健康宣传普及持续化”的心理健康教育机制。年内,又设置班级心理委员,班级心理委员在心理教师指导下开展工作,组织班级心理健康教育活动,反馈班级心理健康动态,预防和及时干预学生心理问题,加强学生与心理辅导中心的联系与沟通。由学生创新开展的心理活动有:感动我的心理美文、心灵“画”语、冬日暖阳祝福“心”年、我的心理格言等活动。

【学案四段教学法的改革与实践】 年内,着力推进“基于学案教学”的课堂教学改革。学校发布了《关于深化“基于学案教学”改革的意见》以及附件《“基于学案教学”的课堂教学基本规范——四段教学法(试行)》、《“基于学案教学”的课堂教学评价标准(试行)》、《关于做好学案审编工作,切实提高学案质量的若干办法》。“基于学案教学”的课堂教学基本规范——四段教学法,即:以案导学,查知学情——自主深化,创设环境——精讲点拨,学会提升——即练即评,迁移达成。一学期的教学实践,学生自主学习能力有明显提高,课堂有效性和各学科成绩都有显著进步。

【学生竞赛获佳绩】 年内,学生参加各学科竞赛获佳绩。高三王俊杰等10位同学获物理奥赛一等奖,高二房涛、高三李佳恒等6位同学获化学奥赛一等奖,高三刘耀获生物奥赛一等奖,高三梁笠智等7位同学获数学奥赛一等奖。高三吕国屏等7位同学在“北斗杯”全国青少年科技创新大赛获奖,高三魏春露“博雅杯”征文获奖。

【获北京大学中学校长实名推荐资质】 2010年,学校获得北京大学“校长实名推荐制”资质。根据《徐州一中“北京大学中学校长实名推荐制”实施方案》确定的实施程序,学校对报名的学生进行了初审和面试。根据学生的综合素质、文化成绩、面试情况进行综合考察,最终确定许锡童同学综合排名第一,作为校长实名推荐的对象。另有蒋星露等8位同学被南大强化班、基地班录取,陈诗坤被上海交大实名推荐。

【国际交流活动】 年内,国际交流活动日益频繁。9月,接待澳大利亚艾文豪女子中学留学生团。11~12月,为期1月的留学生交流活动,来自澳大利亚、新西兰友好学校到访。10月,参加由市教育局组织的国际教育展,展示学校近年来国际交流成果。12月承办省苏教国际班首届圣诞联欢活动。

(撰稿:尹祥斌　审稿:王志勇)

徐州市第三中学

校长兼书记　史先进
副校长　都晓明(兼副书记)
郑友君(兼工会主席)
王继民　张裕琴　王传喜

【概况】 徐州市第三中学由本部和西校区(徐州市民主北路61号)组成,共占地6.04公顷,建筑面积40158平方米。在校学生2450人,教职工222人,专任教师197人,其中教授级教师1人,特级教师3人,高级教师66人,一级教师61,拥有研究生学历及硕士学位的教师12人。2010年4月学校被省教育厅、省综治办、省公安厅授予江苏省平安校园称号。在江苏省第二届中小学网络读书活动中荣获读书活动团体奖,武蕾同学获金奖,赵婷、李博同学获银奖;在全国大中学生英文读后感大赛中,获奖人数居全市第一,外语教研组获优秀组织奖;学校获2010年中国大学生篮球协会培训基地“辽宁北辰液压杯”篮球赛第五名;穆洪淼老师荣获江苏省高中青年数学教师基本功大赛一等奖，史先进、张裕琴获市优秀专家称号，周兴获市拔尖人才称号；学校被市妇联、市教育局评为“二十佳网上家长学校”，袁向萍被评为特级教师；学校被省体育局授予江苏省群众体育先进集体；彭超、黄新棚同学获省信息学奥赛(NOIP)二等奖，倪路等6同学获三等奖，在中国高中篮球联赛中学校荣获江苏赛区第三名。5月17日，《徐州日报》第二版以《徐州三中素质教育成就精英人才之路》为题，介绍学校教育教学情况。

【公开课暨苏北五校联谊会】 4月23日，徐州三中大型公开课暨第38届苏北五校联谊会举行。来自山东单县一中、江苏海安高级中学、海州高级中学、盐城一中、清江中学、扬大附中及徐州市三十多家单位的学校领导和教师参加活动。

【国际教育交流合作说明会召开】 10月24日，徐州市国际教育交流合作说明会在徐州三中召开。来自全市各学校有出国意向的学生及家长300多人参加会议，澳大利亚蒙克利尔中学、新西兰旺格努伊高中、美国招生管理联合会等多家有招生资质的单位就其招生情况作介绍，并与学生家长进行交流。

【常州教育代表团参观学校阳光体育】 11月8日下午，常州市教育体育代表团一行近百人莅临学校参观阳光体育长跑活动。常州市教育体育代表团对学校的阳光体育长跑活动给予较高评价，并参观了学校高水平运动队的篮球训练科目。

【省教育督导团莅临指导】 12月1日，省教育督导团专家对学校进行为期两天半的督导考核。督导团专家在完成各项检查任务后，对学校的总体工作给予较高评价，认为学校能坚持以科学发展观为统领，统筹兼顾，协调发展，全面实施素质教育。教学质量高，在体育、心育、外教方面特色鲜明，成效显著。

(撰稿：赵爱武　审稿：钱益民)

徐州市第三十六中学

校长、书记　李再生

副校长、工会主席　邹钥天

副校长　陈　强　武　梅

党委副书记　孙　莹

【概况】 2010年，徐州市第三十六中学占地6.9公顷，建筑面积3.1万平方米，拥有足球场、篮球场和400米塑胶跑道，图书馆藏书51891册。全年教育经费投入2130万元。毕业624人，招生825人，在校生2902人。教职工174人，专任教师158人，其中高级教师59人，市级青年骨干教师4人，市青年名教师2人。2010年荣获省健康促进学校银奖、省艺术教育特色学校、市五好关工委单位、市中学生广播操比赛一等奖、市中小学生田径运动会体育道德风尚奖、三八妇女节100周年合唱比赛二等奖。

【举办建校三十五周年系列活动】 12月29日上午，学校建校35周年庆祝大会暨文艺演出在石化管道俱乐部隆重举行。中石化管道储运公司党委书记田以民、徐师大党委副书记王超、市教育局局长强国等领导嘉宾和学校历任校领导、全体师生参加了大会，会后举行文艺演出。系列活动还出版了校庆丛书——1本制度手册、2本论文集。

【举办“国培计划”教学观摩活动】 11月5日上午，在徐师大参加“国培计划”的来自河南农村中学的100位骨干英语教师到学校考察、观摩英语教学。学校首先向客人们介绍办学情况和英语教学情况，随后韩露、张汝慧两位老师开设了不同风格的英语观摩课，课后进行交流探讨,徐师大外国语学院副院长穆凤英教授作精彩点评。

【与苏塘中学进行校际交流】 10月26日,睢宁苏塘中学一行14人到校进行校际交流。参加交流的领导和老师深入课堂听课,课后与开课老师进行交流探讨。校长李再生与苏塘中学校领导就办学、交流等问题进行广泛探讨。

【国家级英语课题顺利结题】 5月28日,由国家基础教育实验中心组外语教育研究中心批准立项的英语教学实验研究课题顺利结题。学校特聘请徐师大外语学院教授作总指导,市相关教研员参与研究。经过多年的实验研究,取得多项成果,总结了许多经验。评审专家一致认为,该课题具有先进性、科学性、实践性,成果突出。

(撰稿:罗　娅　审稿:李再生)

徐州市侯集高级中学

校长、党委书记　支乾锋

副校长　张广义　王孝军　周广钦　彭金虎

【概况】 2010年,徐州市侯集高级中学占地12.2公顷,建筑面积4.5万平方米,拥有篮球场、网球场、排球馆、400米塑胶跑道等基础设施,图书馆藏书14万册;全年教育经费投入3000万元。毕业1120人,招生900人,在校生2700人,教职工398人,专任教师352人,其中特级教师2人,高级教师99人,市级青年骨干教师7人,徐州市名教师8人。获江苏省课改先进集体、徐州市文明单位等称号。

【对外交流日益频繁】 年内,学校对外交流日益频繁。4月底,被中国国家汉语推广领导小组派往智利圣地亚哥天主教大学孔子学院任教一年的许海健老师返校,获国家汉语办荣誉证书,他是该孔子学院成立后首位汉语中国教师;9月7~15日,由学校及江苏其他4所学校学生组成的中国高中生访日团进行了为期9天的友好访问,在14日晚上日中友好协会的欢送晚宴上,学生王子楠作为代表发言;11月27日,外语教师花菁赴英国研修交流。

【社团经验全市推广】 年内,学校团委牵头管理社团的建设和发展。在原有45个学生社团的基础上又新成立了涉及诸多知识领域的30个社团,参与的学生超过3000人次。创办10期《社团活动简讯》,组织大型社团成果汇报表演,《徐州教育科研》杂志开辟专栏介绍宣传学校部分社团建设的成果。

【语文课改成果显著】 语文教研组自新课程改革以来,创建"学组讨论,合作学习"的教学模式,实行"一四五十工程",教学成绩显著,课改经验被推广。"一四五十工程"即课前一个成语、一句名言、一篇美文或时评,四个语文本:课堂笔记本、摘抄本、读写笔记本、错题整理本,五篇读写笔记,十本中外名著。教研组被评为江苏省2010年度苏教版高中语文课程标准实验教科书实验工作先进集体;赵雪莲老师被评为先进个人。

【全市首个新疆班运作良好】 9月1日,徐州市首个内地新疆班在侯集中学正式开学。为做好新疆班筹备工作,学校党委书记、校长支乾锋多次到具有丰富办班经验的学校参观考察;副校长张广义也多次参加"内高班"的交流活动。4月17~28日,李洪瑞、任康乐到新疆自治区参加培训,6月22~25日,分管校长王孝军带领李洪瑞、任康乐等6人外出学习考察。8月31日凌晨,首个新疆班的全体同学到达徐州。开学以来,新疆班整体运作良好。

(撰稿:曹桂久　审稿:支乾锋)

徐州高级中学

校　长　曾宪安
副校长　秦晓华　戴先群　姚　斌
　　　　　杜宪刚　文　青　彭卫国
副书记　曾宪安　秦晓华

【概况】　2010年，徐州高级中学占地6.33公顷，建筑面积5.957万平方米，拥有篮球场10片、标准足球场1片、400米塑胶跑道和17副乒乓球台。图书馆藏书近20万册。全年教育经费投入4475万元。毕业1559人，其中，初中732人，高中827人；招生1379人，其中，初中509人，高中870人；在校生4342人。教职工377人，其中专任教师310人，教授级高级教师2人，特级教师8人，高级教师111人，全国优秀教师1人，省人民教育家培养对象1人，市劳动模范4人，市级青年骨干教师13人，徐州市名教师6人。

【成功举办大型对外公开课】　4月15日，成功举办以“实施减负增效，加强课堂教学有效性研究”为主题的大型对外公开课。活动期间共开课34节，覆盖了初、高中各个学科、各个年级，市教研室领导、教研员到校指导，促进了教师队伍素质的整体提高。

【教师队伍建设成果显著】　年内，教师队伍建设成果显著。在徐州市市区青年教师基本功比赛中，学校27人获得奖项，其中17人获一等奖，获奖人数及等次在市区中学中领先。校长曾宪安被评为教授级中学高级教师；鲍雯老师被授予徐州市劳动模范称号。副校长秦晓华被评为徐州市第五批优秀专家。曹蕾、谢奕萱老师荣获徐州市第二届家校联系先进个人称号；文棋老师被评为徐州市第三届“学生最喜爱的教师”。刘宁老师获全国初中数学青年教师优秀课评比一等奖；濮阳莉老师获徐州市普通高中信息技术教学基本功比赛一等奖。刘升娜老师荣获徐州市“家长心目中的十佳老师”称号；张静、孟庆伟老师的文章入选徐州市中小学第四届德育论坛文集。

【特色教育成绩斐然】　年内，学校特色教育取得可喜成绩。5月，获中国高中足球联赛江苏赛区第三名；获江苏省第十一届中学生足球比赛第二名。7月，朱艺楠同学获全国信息奥赛一等奖，被保送到南京理工大学就读。9月，曹思齐同学获得全国青少年网球排名赛总决赛U12组女子单打第一名。10月，获徐州市中学生田径运动会高中团体第三名。11月，在第十六届全国青少年信息学奥林匹克联赛（NOIP2010）江苏赛区比赛中，李嘉鑫、曹鹤竞、曹鹏宇等同学获得二等奖。中考、高考学校均取得较好成绩。

【举办教师论坛】　8月25～30日，学校分别举办了以“读书与成长”为主题的教师论坛和班主任论坛。会上，20位教师作主题发言并和与会教师互动交流，以自身的实践启示大家：要做一名称职的教师，一定要好读书，读好书，多实践，多交流。论坛提高了青年教师的认识，促进了青年教师健康成长。

【积极开展创先争优活动】　学校从7月开始，深入开展创先争优活动。以创建“五个好”先进基层党组织、争当“五个带头”优秀共产党员为主要内容，号召各支部积极建设学习型党组织，出色完成教育教学工作任务。踏实履行承诺。此间开展了关爱患病教职工捐助活动，全校师生为储阳华老师捐款共计5.797万元。12月20日，局纪委书记王亚到学校点评，充分肯定学校取得的成绩。

【承接考试任务】　6月，学校承接中、高考考试任务。在2010年中考和高考期间，学校承接了考试考点任务，并组织了由市委副书记陈美行、副市长孔海燕等领导主持召开的高考座谈会、高考准备工作汇报会。

(撰稿:邓　红　审稿:曾宪安)

徐州市第二中学

校长、书记　尤建伟

副校长　李卫国　付　国　张德志　霍伟东

【概况】　2010年,徐州市第二中学占地面积4.2公顷,建筑面积25760平方米,图书馆藏书85595册。全年教育经费投入2161万元。毕业781人,其中,初中166人,高中615人。招生622人,其中初中71人,高中551人,在校学生2108人。教职工168人,其中专任教师136人;高级教师59人,市级骨干教师11人,徐州市名教师1人。年内被评为江苏省和谐校园、徐州市基础教育课程改革先进单位,荣获徐州市提高普通高中教育教学质量目标考核奖、目标管理综合督导高中组优秀第一名。

【微格教室峻工】　12月底,微格教室峻工。工程总投入35.5万元,其中教室装修施工面积80平方米,资金投入8万元;全自动录播系统设备投入24.8万元;中央空调设备投入2.7万元。该微格教室能完成网上直播、录播、教师培训等多项教学功能。

【召开学习互助小组表彰大会】　4月7日,学校召开星级制学习互助小组表彰大会,37个小组、275位同学获得表彰。从2009年开始,学校狠抓以"学案教学"和"学习互助小组"为核心的课堂改革,全校共建立学生学习互助小组360多个。在全校师生的积极参与下,学习互助小组活动不断深入,各小组、小组成员之间自觉互助、竞争合作、共同进步,营造了良好的学习氛围。

【举办校本课程公开课活动】　5月11日,成功举办面向市区的校本课程、研究性学习和通用技术公开课活动。活动共开课23节,展示了学校在上述课程领域所进行的探索和实践。"玉器鉴赏初步"、"走进茶文化"等与日常课程迥然有别的公开课使听课教师耳目一新,教师普遍认为,这些别开生面的教学内容较好地体现了新课程的理念,能够引发大家对于实施素质教育的深入思考。

【启动意大利留学计划】　4月22日,与南京师范大学达成在学校设立徐州市意大利留学"马可波罗计划"和"图兰朵计划"生源基地的合作协议。7月初开始实施该计划。经报名、面试共推荐23名应届高三毕业生到南师大外语学院进行意大利语培训,其中文化类"马可波罗计划"17人,艺术类"图兰朵计划"6人;本校毕业生17人,其他学校6人。

(撰稿:李益群　审稿:尤建伟)

徐州市第五中学

校长兼党委书记　赵良厅

党委副书记　姜　红

副校长　翟明臣　章　春　胡兴亭　王运思

工会主席　曹　力

【概况】　2010年,徐州市第五中学占地面积2.89公顷,建筑面积1.40万平方米,教育经费投入2140万元。教学班40个,在校生1573人;毕业506人,其中初中134人,高中372人;招生539人,其中初中134人,高中405人。教职工171人,其中专任教师159人;市名优教师4人。年内,荣获江苏省军训工作先进单位、江苏省健康促进学校铜牌、徐州市精神文明单位、徐州市园林式单位、徐州市教育系统先进基层党组织等称号。组织师生代表团分别赴韩国、湖南大学访问交流。教室装备了多媒体教学设备。2010年高考文化本科上线22人,艺术本科上线89人,专科上线率达90%以上;中考上升28个位次。

【开展创先争优活动】 9~12月,学校党委组织全体党员开展创先争优活动。全体党员围绕学校工作中心及自身岗位职责公开承诺、创先争优并进行自评,对党支部干部进行点评;开展了"生命因教育而精彩"读书活动,6名党员上了微型党课。

【拍摄纪录片《正道》】 12月,拍摄完成学校优秀教师群体系列纪录片之二——《正道》。选取9位优秀教师和4个优秀教师群体,拍摄他们常态下教研、上课、辅导、带班等方面的"绝活",并配以点评,以电视片的形式展现学校优秀教师的奉献和业绩。

【开展青年教师课堂教学培训】 4~12月,开展了青年教师课堂教学系列培训。共有37位35岁以下的教师参训,举行以"课堂教学反思"、"三步一环课题研究"、"高效课堂导学案规范"为主题的3次集中讲座,组织赴溧水县东庐中学学习交流,全体参训教师完成了学习论文和科研规划。

【建成射箭房】 11月,射箭房建成投入使用。射箭房位于西楼三楼,共150平方米,按照"全国射箭重点中学"标准,配备了10张比赛标准弓,12支比赛专用箭,8个草靶等射箭器材。

(撰稿:王 敏 审稿:赵良斤)

徐州市第八中学

校长、书记 郭兆峰
副书记 韦 锋
副校长 李颖华 徐 明

【概况】 2010年,徐州市第八中学占地面积1.13公顷,建筑面积7867平米。共有18个初中班,在校生569人。教职工83人,其中中、高级教师61人。有江苏省特级教师1人,市拔尖人才1人,市名教师2人,市骨干教师1人。全年教育经费投入785万元。

【初三毕业典礼隆重举行】 6月14日上午,徐州市第八中学2010届初三毕业典礼在学校操场隆重举行。市教育局党委书记、局长强国,副局长葛宝堂,局办公室主任张宝民莅临典礼。在师生代表发言后,校党支部书记、校长郭兆峰发表了热情洋溢的讲话。

【办学质量与学生素质大幅提升】 2010年,学校办学质量与学生综合素质取得好成绩。中考成绩连续3年大幅进位,跃居全市初中第一方阵。荣获市教育局2010年度教学质量优秀奖。赵蔚同学被评为江苏省优秀少先队员,并荣获"四星雏鹰奖章",这是2010年度局直管中学里唯一获得此项殊荣的少先队员。9月28日,学校在由徐州市教育局主办的"徐州市中小学生统一着装及礼仪风采展示大赛"中荣获舞台展示二等奖和最佳着装二等奖。

【小组合作学习观摩研讨活动】 11月25日上午,学校举行市区公开课观摩研讨活动。活动围绕"小班化背景下小组合作学习"教学模式的实践研究展开,市区及周边30多所兄弟学校近300名领导和教师参加活动。课堂上,教师关注全体学生,培养学生自主建构、合作互助、研究探索的能力,努力提高课堂教学效率。课后,听课的专家、教师与上课教师积极互动,达到加深交流、促进教学、共同提高的目的。

【师生捐款校园义卖】 12月28日中午,学校举行“为爱手牵手”慈善义卖活动。全校师生积极参与,纷纷捐赠出自己心爱的书籍、珍藏的海报、精致的手工艺品等进行义卖。短短一个小时的时间,全校师生共筹集善款近3000元。全校教职工踊跃参与“一日捐”慈善捐款,筹集善款5200余元,学校捐款5000元。

(撰稿:潘　畅　审稿:郭兆峰)

徐州市第十中学

校　长　王建伟(兼副书记)
副校长　徐六二(兼副书记)　晁　虹
书　记　夏友洲

【概况】 2010年,徐州市第十中学占地面积2.67公顷,建筑面积9347平方米,拥有标准化理、化、生实验室4间,50座电脑网络教室两间,多媒体报告厅、多媒体教室全部由百兆光纤接入互联网。图书馆为省二类图书馆,有纸质图书与电子图书6万余册。250米环形塑胶跑道,4片篮球场,1片塑胶运动场,2间物理探究实验室。全年教育经费投入1276万元。2010年学校共有12个班,在校学生371人,毕业学生109人,初一招生143人。教职工76人,其中专任教师67人,专科以上学历66人,高级职称28人,中级职称35人,初级职称4人,优秀青年骨干教师1人。5月,新建塑胶跑道及运动场竣工投入使用。

【举办课堂教学研究课】 3月25日,学校举办课堂教学研究课。推出语文、数学、外语、物理、化学、历史、生物、体育、信息共计12节公开课,邀请市教研室教研员、各兄弟学校领导、老师现场指导。全校31位教师参与评课。

【举办第十九届校园文化艺术节】 第十九届校园文化艺术节于12月6日开幕。举行了拔河、踢毽子、跳绳、篮球赛等活动,12月31日在校演播厅举行了卡拉OK演唱比赛。

(撰稿:王绍峰　审稿:王建伟)

徐州市第十三中学

校　长　刘尚锦
书　记　刘尚锦
副校长　舒　惠　赵　苑

【概况】 2010年,学校建成140平米汉语推广教室及音乐舞蹈、图书阅览、书法剪纸等配套教室多间,总面积达600余平方米,已投入使用。全年教育经费投入2067.33万元。学校图书馆藏书138723册。年内,毕业1001人,招生933人,在校生2898人。教职工216人,其中专任教师195人,高级教师57人。连续四年获局目标管理综合督导考核优秀;4月,被江苏省公安厅、教育厅、综治办联合授予江苏省平安校园称号;10月,在徐州市“中学生英语口语电视比赛”中,有8位学生获奖。

【对外汉语推广小使者项目启动】 4月12日,以“用汉语连通世界,让世界了解中国”为主题的对外汉语推广小使者项目正式启动。市教育局、省教育厅国际合作与交流处、市外办、侨办和在徐工作的部分外国专家出席仪式,并为30名小使者颁发了荣誉证书;同时,学校为其中的10名同学每人提供5000元的资助,用于参加境外汉语推广活动。学校是江苏省首批省级汉语推广基地学校。

【承办"汉语桥"美国高中生夏令营】　7月26日~8月4日，由国家汉办主办、省教育厅承办的2010年"汉语桥"美国高中生夏令营活动在学校顺利进行。此次活动共接待来自美国密苏里州圣路易斯市韦伯斯特孔子学院的12名青少年和2名带队教师，他们在学校学习汉语言、书法、剪纸、篆刻、太极扇、陶艺、中国歌曲等课程，体验踢毽子、包饺子等丰富多彩的中国文化，观摩茶艺表演，拜访孔子故里，参观徐州汉文化景园。

【举办教学公开课活动】　10月28日上午，学校举行市区大型公开课活动，12门学科的41位教师上了公开课，展示"四环六步"教学新模式。"四环"指课前导学、课堂互动、课后三清、家校一体四个大环节；"六步"即明确目标、学生自学、演练展示、教师精讲、当堂检测、总结评价六个教学环节，这是学校进行课堂教学改革与研究的新成果。市区、贾汪区及山东菏泽市牡丹区二十一中的领导、教师400余人参加了听课、评课及研讨交流活动。

【韩国井邑市教育团访问学校】　11月15~18日，韩国井邑市政府文化观光科金性洙局长、市政府企划监察科李再春、金永德、柳在昆及韩国井邑市中学生一行16人对学校进行了为期3天的教育考察访问。学校为韩国学生开设了太极扇、书法、剪纸、中国歌曲等课程。

（撰稿：施旭辉　审稿：刘尚锦）

徐州市王杰中学

校长、副书记　李桂强
书　记　周　沛
副校长　陆金寿　许庆华　安和平

【概况】　徐州市王杰中学为省三星级普通高中。2010年，全年教育经费投入1497万元。毕业594人，其中，初中287人，高中307人；招生607人，其中初中228人，高中379人；在校生1849人。教职工154人，其中专任教师138人；省特级教师1人，教授级中学高级教师1人，市学科带头人1人，高级教师32人，市劳模1人。荣获市文明单位、市教育系统先进集体、市未成年人思想道德建设工作先进集体、省防震减灾科普示范学校先进单位、市教育信息化工作先进单位等称号，通过省群众性精神文明建设先进单位的验收，在市2009年度目标管理综合督导评估中再获良好等次。江苏省校园心理剧优秀剧目征集评选活动，学校选送的剧目《心灵的选择》荣获徐州市中学组唯一的省一等奖，并于10月28日代表徐州市赴南京参加优秀剧目现场汇报演出。

【晋升省三星级普通高中揭牌】　6月3日，学校举行晋升省三星级普通高中揭牌仪式。市教育局、驻徐王杰部队和各兄弟单位等到会祝贺。校长李桂强代表全校师生致辞，市教育局局长强国与驻徐王杰部队首长一起为学校揭牌。

【召开七届一次教代会】　2月6日，学校召开七届一次教代会。51名教职工代表就大会提交讨论的文件进行认真审议，最后以高票通过《市王杰中学全员聘用制改革方案》（修订稿）、《市王杰中学年度考核办法》（修订稿）、《市王杰中学绩效考核工作实施方案》等文件。

【2010年德育工作研讨会】　7月12日，学校召开2010年德育工作研讨会。市教育局德育办主任王芳对学校近两年的德育工作给予充分的肯定，10位班主任代表就自己的工作体会做大会交流。校长李桂强作总结，要求大家要时刻用研究者的视角来审视德育工作，在实践中勇于探索。

【校园文化体育活动】 2010年,学校校园文化体育活动硕果累累。6月3日,承办市中小学生广播操现场会,学校师生以昂扬的精神风貌向来宾们展示了“阳光大课间”特色活动,并荣获市中小学生广播操比赛一等奖。9月29日,以秋季田径运动会拉开了第19届文化体育艺术节的帷幕,此次文化体育艺术节包括冬季三项赛、三人制篮球赛、书画赛、“才与情”表演大赛等12个项目,丰富了同学们的课余生活。

【推进有效教学研究】 学校为市首批“小班化教学研究”和“有效教学研究”实验学校,年内学校对这两项实验进行了积极的探索和实践。12月1日,学校请市教科所有关专家对全体教师进行“有效教学研究”专题培训;12月20日,组织31名教学骨干赴南京市溧水县东庐中学参观学习,亲身感受以“讲学稿”为载体的课堂一线。

(撰稿:孟　虎　审稿:李桂强)

徐州市第二十二中学

校长、副书记　马　毅
副校长　蔡启祥　闫　励　朱卫华

【概况】 2010年,徐州市二十二中学占地面积1.53公顷,建筑面积7739平方米,拥有250米塑胶跑道。图书馆藏书31032册。全年教育经费投入816万元。初中毕业85人;初中招生86人;在校生315人。教职工57人,专任教师48人,其中高级教师17人,徐州市青年名教师1人。5月,获徐州市2009年度基础教育课程改革先进单位称号,11月,被批准为徐州市“有效教学研究”初中阶段实验基地。

【教学质量大幅提升】 年内,教育教学质量大幅提升,中考成绩再传喜讯。学校在组织骨干教师北上茌平,南下溧水,学习先进经验,感受新课改前沿的同时,继续深化学校内部的教育教学改革,从抓教学实效着手,将提高教学质量努力落实到每一节课上。2010年,学校中考再传喜讯,总分位次稳步提升,在市教育局教学工作会议上受到表扬。

【教育科研成果显著】 年内,教育科研成果显著。1月,张锋、欧颖、路浩3位老师的论文在徐州市第十一届“科研杯”优秀论文评比中获得一等奖。7月,张林、柏发瑞两位老师编著的《青少年不可不知的100个艺术家成才之路》一书,由安徽文艺出版社出版发行。8月,在市教育局教师业务测试中,学校各个学科教师都取得了优异成绩。11~12月,盛莉、张锋、陈继辉、王敏、欧颖5位老师在市区优质课评比中获得较好等次。12月,市教科所所长郑飞一行5人到校指导培训,拉开了学校“有效教学研究”的序幕。

【校园吉尼斯挑战赛】 4月中旬,学校成功举办首届“校园吉尼斯挑战赛”。挑战赛以“激发潜能、挑战极限、超越自我、团结协作”为活动宗旨,共设英语单词速记、电脑汉字输入、诗词背诵、集体跳绳、踢毽子等12个项目,将校园文化、学科知识、品德教育巧妙地融合在一起,为同学们提供一个展示自我、挑战自我的平台。

【王梓一同学成为课余“小明星”】 年内,学校全面推行素质教育取得丰硕成果。王梓一是七年级2班学生,自2008年来,他先后参加《墨土》、《鸳鸯河》、《美丽童心》、《锣鼓巷》、《大兵小将》、《三十六计别计》、《战神韩信》、《老马家的幸福往事》等10多部电影电视剧的拍摄,已成为国内小有名气的小明星。

(撰稿:柏发瑞　审稿:马　毅)

徐州市科技中学

校长兼书记　刘巨达
副书记　雷修英
副校长　吴小凡

【概况】　2010年,徐州市科技中学占地面积2.8公顷,建筑面积11223平方米,绿化面积5560平方米,拥有300米塑胶跑道,图书馆藏书34503册。全年教育经费投入1131万元。毕业生372人,招生457人,在校学生1240人。教职工88人,其中专任教师68人,高级教师19人,徐州市名教师1人。学校先后被评为徐州市文明单位、徐州市模范学校、徐州市基础教育课程改革实验先进单位、江苏省教育现代化实验学校、江苏省基础教育课程改革实验先进集体、江苏省文明单位。

【德育工作彰显特色】　年内,学校继续保持优良的学风、校风,彰显德育工作特色。学校坚持"我们不能选择学生,我们可以改变学生"的教育教学理念,德育工作由点到面、由浅入深、由小到大地展开。以学生行为习惯的养成为抓手来促进学生良好学习习惯的养成,做到教师示范引导、学生跟学跟做、文明岗随时提醒、学校督察评比;通过反复强化落实,将文明习惯内化为学生的自觉行为,逐步实现学生的自我管理,促进学校德育工作的不断深化。学校初一年级(8)班被江苏省宣传部和江苏省教育厅命名为"周恩来班"。

【教育教学质量稳步提升】　年内,学校教育教学质量稳步提升,2010年中考再创佳绩。学校中考成绩在前4年总均分排名提升33个位次的基础上,2010年中考均分再次提升5个位次,升入第一批重点高中人数为82人,达到了历年最好水平。市区唯一中考数学满分的学生在徐州市科技中学。招生工作顺利进行,新生来源49所小学,优质生源率逐年提高。其中195人为小学择校,学校社会声誉继续稳步提升。

【民主管理成效显著】　学校实行民主管理,圆满完成2009年绩效工资发放工作。学校绩效工资发放工作起步早、讨论深、过程细、效果好。2010年1月成立考核领导小组,对学校绩效工资考核方案进行深入讨论,多次召集教师代表,研究方案,反复修改;最终,教代会以全票通过绩效工资考核方案,使绩效工资在春节前顺利发放。

(撰稿:赵　晖　审稿:刘巨达)

徐州市第三十一中学

校长兼书记　金建明
副校长　卜宪刚　于　欣　张晋良(3月调入)

【概况】　2010年,徐州市第三十一中学东、西两大校区占地面积4.12公顷,建筑面积2.64万平方米,美术专用教室4间,音乐专用教室3间,舞蹈教室1间,环形跑道2个,塑胶篮球场7片,拥有藏书9.1万余册,报刊杂志130余种,音像资料637件。全年教育经费投入1590万元。毕业898人,招生884人,在校生2800人。现有教职工221人,其中专任教师198人,江苏省特级教师1人,徐州市名校长1人,名教师2人,优秀青年骨干教师2人。年内荣获省苏科版初中数学教材实验先进集体、2008~2009学年度目标管理综合督导优秀等次、市家校联系先进集体、依法治校示范校、2009年度安全保卫工作嘉奖、"学法知法守法用法"十佳单位、五四红旗团支部、市青少年科技体育创新大赛第一名、市中学生广播操比赛第二名等18项荣誉。

【推行"一课一研",改革集体备课】　2月,学校将每周的集体备课,改革为"一课一研"的形式。第一节课主讲老师开课,第二节课针对性研讨。推行“一课一研”以来,浓郁了课堂研讨气氛,老师们聚焦课堂、开诚布公、剖析问题、共同进步,取得了良好的效果。在此影响下,先后有政治、语文的4次市区和大市评优课在校举行,化学、语文6次市区集体备课和教研活动在校召开,三十一中提供了12节研讨课和示范课,受到一致好评。

【督导重心转移,问题治标治本】 上半年,学校督导工作的重心逐渐转移到专题督导和跟踪督导上。其中包括集体备课督导及针对问题班级、问题学科、问题教师的专题调研工作,此项工作,彻底改变了过去对问题分析不深入的现象。督导室和年级处、教务处一起,用跟人、跟班的方法进行课堂调研,发现问题的根本,与相应的老师进行透彻的分析和充分的对话,共同开出解决问题的良方。一段时间后,再次进行比较和反馈,总结有效方法,真正达到治标治本的目的。

【开展理想教育,创“省周恩来班”】 5月,七年级(13)班被江苏省委宣传部、省教育厅、共青团省委命名为“周恩来班”。学校召开江苏省“周恩来班”命名大会,校领导为每位学生颁发“周恩来班”纪念章,并颁发专项资金用于班级文化建设,带动全校学习周恩来同志“为中华崛起而读书”的精神,心系祖国,拼搏进取。

(撰稿:沈　瑜　审稿:于　欣)

徐州市西苑中学

校长、书记　王保林

副校长　丁　侠　李　明　杨江波

【概况】 2010年,徐州市西苑中学毕业生683人,招生570人。现有37个教学班,在校学生1803人,教职工138人,其中专任教师127人,教育硕士及在读教师19人,特级教师2人,学科带头人1人,青年骨干教师4人。学校占地面积1.8公顷,建筑面积16000平方米,绿化面积8500平方米,占总面积的47%。图书馆藏书64779册。全年教育经费投入1145万元。被评为江苏省和谐校园、徐州市绿色学校、徐州市教育信息化工作先进单位,获2008~2009学年度目标管理综合督导考核优秀等次。

【“双制”进课堂】 年内,学校进一步实施“双制”进课堂的教学策略。学校率先在全市推行“学生成长导师制和学生成长伙伴制”以来,不断创新“双制”模式,以深入改革课堂教学为切入点,成立社区家长教育服务中心和学生服务中心,把学生自主学习、合作学习与成长伙伴组、团队辅导结合起来,形成“学生成长伙伴组”及“教学案一体化”的教学模式,促进学生的自主、自立、自我管理、自我展示、自主发展,形成学校教育教学的特色,教学质量稳步提升。

【举办电子白板教学观摩】 5月13日,交互式电子白板学科教学观摩活动在徐州市西苑中学举行。全市直属学校130多名领导、教师参加了此次活动,西苑中学3位教师展示了电子白板教学,新颖、高效、丰富的课堂教学形式得到了听课领导及教师的认可。2位老师在全国白板课比赛中分获中学组一等奖及唯一的1个特等奖。

【初步形成科技教育特色】 年内,学校成功申报了徐州市青少年科技教育特色学校。学校为“江苏省机器人教学实验学校”,8月份选送3位教师参加省级机器人课题培训,按照省课题要求开展研究,开设课程。为此,学校特设置机器人教学专用教室2间,改造地下室建成科技实验活动大厅,开放天象馆,开设科技教育图书吧。以机器人教学课程、探究性实验、航空航天兴趣小组、海洋地质兴趣小组、三模制作兴趣小组为基础，创新科技教育特色。

（撰稿：吴 婕 审稿：王保林）

徐州市第三十二中学

校 长 郭洪踉

书 记 陈宗学

副校长 姚元芝 练晓涛 周 毅

【概况】 2010 年，徐州市第三十二中学初中毕业 263 人，招生 259 人，共计 17 个班，在校生 776 人。教职工 73 人，其中专任教师 64 人，高级职称 13 人，中级职称 39 人。年内，学校获得徐州市优秀级平安校园、徐州市“五有五好”基层关工委、社会治安综合治理及法制创建工作先进单位等荣誉称号。

【大力提升课堂效率】 年内，以狠抓教学五认真为着力点，提升教学效果。学校特别重视教学五认真的细节管理，积极追求“轻负担、高质量”课堂教学目标，通过多种方式挖掘教师潜能，破解教学疑难，更新教育理念。2010 年中考“比起点，比进步”取得了突出的成绩，受到市教育局表扬。

【加快教育现代化步伐】 年内，学校加大资金投入，加快实现教育现代化步伐。学校现有 5 间现代化的理、化、生实验室，2 间计算机教室，各班教室均改造为多媒体网络教室，新添置 16000 册图书，安装最先进的电脑监控系统，学校办学条件逐步实现教育现代化。

【体育活动硕果累累】 年内，积极开展阳光体育活动，提高学生健康水平。学校获得徐州市中学生广播操比赛初中组唯一的一等奖，徐州市中小学田径运动会入场式奖，连续 3 年获得市元旦长跑优秀组织奖，在市中学生乒乓球比赛中分获男女组亚军。

（撰稿：张 晗 审稿：郭洪踉）

徐州市第三十三中学

校 长 姚 灿

书 记 张振祥

副校长 董向伟 高昌华 秦 俭

【概况】 2010 年，徐州市第三十三中学占地面积 1.54 公顷，建筑面积 7451 平方米，拥有 200 米塑胶跑道。图书馆藏书 46000 册。全年教育经费投入 902 万元。毕业 459 人，招生 409 人。教职工 84 人，其中专任教师 72 人，高级教师 20 人，市级青年骨干教师 1 人，徐州市名教师 1 人。年内获徐州市课改实验学校称号。

【推进教育现代化创建工作】 暑假期间，市教育局领导带领发展规划处人员冒雨考察学校校舍情况，对学校的发展提出改进意见。重建 2 间微机室，增建 2 间物理实验室、1 间化学实验室、1 间生物实验室，所有教室都配备了多媒体教学设备；图书室购进新书 18000 册。学校筹集资金为每位教师配备笔记本电脑，办学条件得到显著改善。

【顺利实施绩效工资】 2 月，顺利实施《三十三中绩效工资实施办法》。学校从实际情况出发，召开各种座谈会，制定《三十三中绩效工资实施办法》（讨论稿），下发各处室征求意见，2 月 6 日召开教代会顺利表决通过。寒假中，将奖励性绩效工资及时发放到每位教师手中，并张榜公示学校绩效工资发放情况。方案在保持稳定的前提下，充分体现了向教学一线倾斜的原则。

【举办高效课堂教学研讨课】 年内，学校着力打造高效课堂，举办高效课堂研讨课。45 岁以下教师人人参与，并与教师基本功比赛结合起来。评选出的校级优秀课张川老师的《石灰石的利用》教学设计在全省中学化学优秀教学设计评选中获得一等奖,刘娜老师在徐州市青年教师基本功大赛中获得一等奖。

(撰搞:杨海龙　审稿:姚　灿)

徐州市第三十四中学

校　长　王飞鸣
书　记　刘　洪
副校长　张世栋　徐成林　张黎明

【概况】　2010年,徐州市第三十四中学占地面积1.36公顷,建筑面积7711平方米。学校图书馆藏书42860册。全年教育经费投入1180万元。毕业309人,其中,初中154人,小学155人;招生386人,其中初中207人,小学179人;在校生1537人。教职工82人,包括专任教师73人,其中中学专任教师36人,高级教师19人;小学专任教师37人,小学高级教师17人,中学高级教师4人。12月31日,新校区建设工程开工。

【举办校园文化艺术节】　12月,学校举办历时1个月的校园文化艺术节。12月1日下午,"八年级演唱会"拉开了此次艺术节的序幕。此后,中小学两部陆续开展了"千奇百怪的帽子"、音乐剧表演、八年级皮影戏展示、七年级器乐展示等校园文化艺术活动。

【温馨教室创建暨班级文化建设】　下半年,学校开展温馨教室创建暨班级文化建设活动。12月19日下午,学校举行了温馨教室创建暨班级文化建设工作推进会,通过温馨教室创建和班级文化建设活动,使班级成为温馨舒适的家,营造和谐的学习氛围,建立理解尊重、民主平等的师生、生生关系,创建团结向上、凝聚力强的班集体。

【教科研工作成绩显著】　9月28日,学校举行徐州市中小学美术教研活动,刘砚老师为全市200余名美术教师上了一堂《皮影戏》公开课。她的《皮影戏》录像课获江苏省美术学科录像课评比徐州赛区一等奖。9月,学校被授予"中小学教师国家培训计划"实践基地;11月15日,赵树荣、焦云伟2名年轻教师为河南省农村小学数学骨干教师培训班上了2堂精彩的数学观摩课,受到专家和老师们的一致好评。13名老师市级个人课题2010年顺利结题,12名老师的新课题立项。

(撰稿:董　升　审稿:王飞鸣)

徐州市第三十五中学

校长　赵　伟(兼党委副书记)
党委书记　张忠尧
副校长　汪建军　范安生　尚家勇
赵学志(兼工会主席)

【概况】　2010年,徐州市第三十五中学占地面积1.63公顷,建筑面积1.812万平方米。拥有文轩楼、园丁楼等,内置天然草坪的200米塑胶跑道,图书馆藏书87474册。全年教育经费投入2080万元。毕业714人,其中,初中310人,高中404人;招生664人,其中,初中240人,高中424人;在校学生1978人。教职工176人,其中专任教师156人,特级教师1人,教授级高级教师1人,高级教师52人,徐州市名校长、名教师3人。年内,被评为徐州市文明单位,江苏省文明单位,荣获初中教学质量优秀奖、徐州市基础教育课程改革先进单位、江苏省中数会《时代学习报》第五届数学文化节活动优秀组织奖、徐州市"舞动的青春"中学生广播操比赛一等奖。造价为1200万元人民币,建筑面积为8600平方米的攻关楼、体育馆改造和新建教学综合楼工程项目获准立项。

【被命名为高中数学学科基地】 年内，徐州市教育局教研室研究决定，徐州市第三十五中学为徐州市区高中数学学科基地。3 月，徐州市高中数学教学观摩研讨会在学校举行，全市高中数学教师近 500 人参加会议。

【高中数学课程改革取得新成果】 年内，数学课程教材改革实验取得可喜成绩。在新课改背景下，数学教研组在课堂教学方式、学生学习方式、教学评价等方面进行有益的探索，取得许多宝贵的经验和可喜的成果，被江苏省中小学教学研究室授予江苏省高中数学课程教材改革实验工作先进集体称号。

【教学质量逐年提高】 2010 年，高考二本上线人数和高考指标完成率位居全市前列。普通高校招生美术类省统考，美术班 29 名学生全部通过省合格线，其中孙巧巧同学以 261 分的优异成绩名列全省前 500 强。中考均分 547 分，超市区均分 38 分，超大市均分 98 分，优生率显著提高，获中考质量奖。

（撰稿：田传信　审稿：赵　伟　杨　倩）

徐州市第三十七中学

校　长　张志清
书　记　程友平
副校长　王传进　邱志宏

【概况】 2010 年，徐州市第三十七中学有 51 个班，在校学生 1896 人，其中高中 1336 人，初中 560 人。高三毕业 488 人，高一招生 429 人；初三毕业 250 人，初一招生 193 人。教职工 209 人，其中专任教师 183 人，高级教师 75 人，中级教师 88 人。学校是江苏省三星级高中，泉山区综合治理先进单位。新综合教学楼开工。

【开展高效课堂研究】 5 月，在全校开展构建高效课堂教学研究活动。作为课堂教学改革实验第二批市级试点学校，积极探索高效课堂的构建，先后分两批组织 60 余人次的公开课、研究课，涵盖所有学科和年级，各组抓好集体备课，探讨出多种高效、生动、易学的教学模式。5 月 13 日，面向全市举办了主题为“课堂教学中以学生为本，促进学生主动学习”的教学公开课研讨活动，受到市教研室领导和兄弟学校的好评。

【推进素质教育】 4 月，在市教育局等部门举办的“彭城视窗杯”首届万人少儿硬笔书法大赛中，荣获最佳组织奖。学校以美术特色教育为依托，广泛开展普及性艺术教育，高中设立美术专业班，初中开设硬笔书法课，建立艺术社团，举办比赛、展示等。12 月，5 名同学在江苏省第十届“苏教国际杯”中学生作文大赛中获奖，一等奖获得者金心蕾同学参加南京现场作文比赛。

【加强干部队伍建设】 8 月，组织中层干部竞争上岗。按照自愿报名、演讲答辩、民主测评和上级考察审批的流程，对所有处室和教学部的正副主任公开招聘，竞争上岗。上级领导和专家组成的评议组与校内评议人员以无记名方式给予评分。做到了公平、公正、公开。

【打造平安文明校园】 8 月，学校加大投入，保障校园平安。成立保卫处，设立专管人员，在保安人员聘用、设备设施配置、技术更新等方面加大投入。对师生加强教育和管理，举办讲座，开展演练，严格进出校门登记制度，确保了校园安全，学校被评为泉山区综合治理先进单位。

（撰稿：王志强　审稿：张志清）

徐州市东苑中学(徐州三中初中部)

校长、书记 吴国方

【概况】 2010年,徐州市东苑中学占地面积2.18公顷,建筑面积1.88万平方米,拥有实验室9间和300米塑胶跑道。图书馆藏书21000册,学校为2008年6月新建公办初中校,无应届毕业生。招生540人,在校学生1400人。教职工71人,包括专任教师67人,其中高级教师18人,一级教师20人。8月,获徐州市优秀平安校园称号。

【举办"推行有效教学研究"培训】 10月,学校被批准为徐州市首批"有效教学研究"重点实验学校。12月15日,徐州市教科所组成专家团到学校视导工作,所长郑飞对全校教师进行关于"推行有效教学研究"方面的培训,并对如何提高课堂效果与全体老师进行交流。

【市级课题结题】 12月8日,学校两个市级立项课题如期结题。经市教研室课题评审组的认真鉴定、审评,由学校教师主持的"活动教学方案的设计与实施"及"初中数学课堂中师生情感交流的研究"圆满完成结题工作。鉴定组专家听取了课题主持人的结题报告,对课题研究所取得成果给以充分的肯定,同时为两课题成果的推广工作提出合理化建议,对学校教学研究工作提出指导性意见。

【举办校园文化艺术节】 11月29日~12月31日,学校举办第二届校园文化节。艺术节文体结合,内容丰富,一周一赛事。有篮球联赛、冬季三项赛、乐器大赛、舞蹈比赛、校园十佳歌手评选、相声、小品、话剧、动漫表演赛、板报评比、书法绘画、摄影手工制作等活动。12月31日下午,全校师生齐聚中山堂举行首届校园文化艺术节文艺汇演暨闭幕式。

【女子足球队扬威省运会】 10月,在江苏省第十七届运动会上,学校女子足球队代表徐州市参加青少年女子丙组比赛。全体运动员不畏强手,顽强拼搏,以进28球仅失3球的骄人战绩荣膺亚军,并以优良的比赛作风获得体育道德风尚奖。比赛结束后,何孟席、康雪、崔雨涵、孔清芳、杜晔5名运动员入选省集训队。

(撰稿:张琳琳　审稿:吴国方)

中国矿业大学附属中学

校　长　薛淑萍
书　记　宣　炜
副校长　宣　炜　张　诚

【概况】 2010年,中国矿业大学附属中学初中毕业生230人,高中毕业生196人;初中招生232人,高中招生210人,在校学生1299人 ,共有24个班级。教职工92人,其中专任教师70人,高级教师41人,一级教师17人。

【开展助邵帅出困境活动】 3月,学校开展了"让世界充满爱,助邵帅出困境"捐助教育活动。矿大附小毕业生邵帅满怀希望和憧憬准备踏进中学时,他妈妈不幸患上了骨髓增生异常综合症,需进行骨髓移植,他毅然决定捐出自己的骨髓来挽救妈妈的生命,并到北京伺候妈妈。为帮助邵帅走出困境,学校组织师生进行了捐助及教育活动。

【开展校园文化节活动】 11月22日,矿大附中第11届校园文化艺术节暨校园歌手大赛拉开帷幕。其宗旨是弘扬民族精神,传承民族文化,培养中学生的审美情操,调节学生学习压力，展现莘莘学子风采，创建和谐校园，内容有校园歌手大赛、我们的校园作品展、"指上论键"、中华经典诗文朗诵比赛、英语演讲比赛、乐器比赛、趣味化学实验、我的舞台我来秀、元旦综合文艺会演。

（撰稿：林清华　审稿：薛淑萍）

徐州市特殊教育中心

校长兼书记　裴洪光
副校长　李之刚　张吉峰　张文豹　鲍红安

【概况】　2010 年，徐州市特殊教育中心占地面积 3.1 公顷，建筑面积 25500 平方米。拥有 200 米塑胶跑道，图书馆藏书 24950 册。全年教育经费投入 1500 万元。毕业 89 人，其中，小学 26 人，初中 30 人，高中 33 人；招生 105 人，其中，小学 48 人，初中 25 人，高中 32 人；在校生 546 人。教职工 154 人，其中专任教师 110 人，高级教师 2 人，市级青年骨干教师 1 人，徐州市名校长 1 人。10 月 8 日，徐州市康复中心大楼投入使用，大楼建筑面积 12000 平方米，共建有 36 间教室，可容纳 400 人康复、学习。

【举办教师培训活动】　8 月 25～26 日，学校举办教师培训活动。学校聘请赵锡安、胡刚、郑旋、吴安安等专家作了题为《关于聋教育中的热点问题》、《理念·感恩·责任》和"双语教育"的学术报告。徐州市各特教学校部分教师共计 228 人参加培训活动。

【承办江苏省聋教育年会】　10 月 24～25 日，学校承办江苏省聋教育年会。会上，江苏省各市特殊教育学校 7 名教师代表就学校软件管理、双语研究、课堂教学的有效性等专题进行交流。国家教育部基础教育司特殊教育处处长谢敬仁参加年会。全省与会代表 223 人参加交流。

【高考升学率 100%】　2010 年，学校高考升学率 100%。学校聋部 7 人参加考试，录取 7 人，其中本科 4 人，专科 3 人；盲部 4 人考入山东省特殊教育专业学校。

【举办 60 华诞校庆活动】　10 月 26 日，学校举办 60 华诞校庆活动。校庆活动分校史展、学生才艺展示、师生联合汇演、校园参观等四部分，向来宾展示学校 60 年发展历程。学校邀请政府领导和苏、鲁、豫、皖友好单位代表、知名校友以及退休教师共 860 人参加了庆祝活动。

（撰稿：朱树林　审稿：裴洪光）

徐州市彭城培智学校

校　长　韩汝芬
副校长　洪小云
工会主席　王　娟

【概况】　2010 年，徐州市彭城培智学校占地面积 0.14 公顷，建筑面积 1400 平方米，拥有校办工厂、餐厅各 1 个。图书馆藏书 2600 册。毕业 6 人，就业 6 人，招生 12 人。在校生 132 人。教职工 29 人，包括专任教师 16 人，辅教教师 6 人（其中高级教师 3 人，名教师 1 人）。2 月，被民政局授予全国先进社会组织荣誉称号。3 月，被江苏省外国专家局授予聘请外国专家单位资格。5 月，校长韩汝芬被评为第二届时代英模，参加中华社会各界先进英模人物五一座谈会。6 月，中央电视台北京慈善总会到校，采访校长韩汝芬并做访谈节目在中央电视台播出。11 月，被江苏有线数字电视电影频道评为江苏优质办学机构，颁发奖牌及荣誉证书。

【加强骨干教师培训】　年内，学校加大教师培训工作力度 。1 月，陈静老师到常州学习，3 月、10 月，王娟老师到重庆学习，7 月、8 月、

10月分别有5位老师到南京学习,12月,1位老师到南京学习。培训方式有听讲座、实际操作、互动交流、业务考核等。

【学校被定为学术研究基地】 7月，江苏汉博教育培训中心把学校选定为“做中学”学术研究基地。7月17~18日,韩汝芬校长和1名教师参加由江苏汉博教育培训中心在东南大学举办的特殊教育学校“做中学”科学教育教师培训,在全国民办特殊教育学校中,彭城培智学校是唯一一所该学术研究基地。

【举办亲子活动】 12月21日,学校举办“你行,我也行”的亲子活动。活动主要针对自闭症儿童开展,由插红旗、踩踏石、武大郎赶集、二人拔河4个游戏组成,学校请来学生家长与学生配合完成游戏,对孩子进行语言、认知、社会交往等方面的康复训练。

(撰稿:李　琳　审稿:韩汝芬)

职业教育和社会教育

职业教育

【加强骨干学校建设】 2010年,在职业学校开展国家级示范性职业学校、江苏省星级学校、实训基地、示范专业创建。江苏省丰县中等专业学校成功创建国家级高水平示范性职业学校;徐州经济开发区工业学校、睢宁中等专业学校、邳州车辐中等专业学校创建江苏省四星级职业学校;徐州亚东电脑学校创建江苏省三星级职业学校。至年底,全市四星级职业学校已达7所,三星级职业学校8所。全市共创建省级示范专业13个,省级课改实验点4个,课改实验学校6所;省实训基地5个,提高了徐州职业学校的综合实力。

【重视学生技能和职业素质培养】 年内,开展职业学校技能月活动。省、市、县、校层层开展技能大赛的制度已经形成。成功举办全市职业学校师生技能大赛,引入大型企业参与大赛,参赛人数创历年之最,技能水平明显提高,以赛促教、以赛促学已见成效。在2010年全省职业学校技能大赛中,徐州市选手获一等奖30个、二等奖37个、三等奖71个,计138个,金牌总数与无锡并列第三。在全国职业院校技能大赛中,获4金1银,位列全省综合排名第五。

【狠抓基础管理,提高办学水平】 加强职业学校基础管理,提高职业学校的竞争力和可持续发展能力。组织有关专家对全市五年高职校、星级职业学校进行教学管理工作视导,并将视导结果进行通报。配合市政府教育督导团对职业学校督导,促进学校把工作重心转移到内涵建设上来,切实重视基础管理,提高办学水平。坚持育人为本,德育为先,根据职业学校生源实际和培养要求,重视学生基础管理和职业道德教育。组织对全市骨干职业学校广播操、军训会操检查,强化职业学校德育工作,优化学风、教风、校风,努力塑造职业教育良好形象。2010年,铜山张集中等专业学校获全国德育先进集体,江苏模特学校王军芳老师获全国德育先进个人,徐州财经高职校、丰县中等专业学校获省级德育特色学校,徐州生物高职院等7所学校获省级德育先进集体,16名教师获省级德育先进个人。

【建设双师型教师队伍】 逐步建立和落实专业教师企业顶岗实践制度,重视双师型教师培养。2010年起,45周岁以下的专业课教师每两年必须参加一次市级技能大赛,并将其参赛率累计,计入下一年学校大赛成绩的综合排名。年内,加大市级专业课骨干教师培训力度,全年全市职业学校参加出国培训

36 人，国家级骨干教师培训 36 人，省级培训 189 人，市级骨干专业教师培训 41 人。

【对口单招工作成绩显著】　2010 年，对口单招工作再上新台阶。全市 1478 名学生报名参加对口单招，经过技能考试严格筛选，参加文化考试的学生有 1314 人，1151 名学生被高校录取，录取率达 88%。

【加大宣传力度，确保职教招生】　按照"稳定普高规模、提高质量，扩大职教总量、加快发展"的总体思路，加大对发展职业教育的宣传和舆论引导，扩大职业学校招生。2010 年，全市 6.1 万人升入各级各类职业学校，其中本地职业学校招生 4 万人。成功举办第四届中国淮海职教节，营造发展职业教育的良好氛围，提高社会和家长对职业教育认同感，促进职业学校招生和就业。积极拓展招生范围，不断扩大退役士兵、农民双提升、高中后技能学历教育、培训的规模，全年分别招生 3233 人、5500 人、3900 人。

（徐新文）

社会教育

【现代农民教育工程】　2010 年，加强现代农民教育工作。完成农村劳动力转移培训 6 万多人，其中"两后双百"2 万多人；农村实用技术培训 30 多万人次。中青年农民技能、学历双提升完成 5500 人。退役士兵培训 3233 人，其中学历教育 79 人；中高级培训 1026 人；短期培训 2095 人；复学 33 人。

【教育富民五项行动】　年内，开展教育富民五项行动。完成百名农民上大学 516 人；千名农民出国门 1135 人，万名农民进工厂 4.6 万人，十万农民学技术 35 万多人，百万农民受教育 118 万人次的培训工作。

【老年教育】　全市老年教育蓬勃发展。全市老年大学（学校）和各类社区教育机构共开展各类老年教育培训 50 多万人次。根据 2010 年老年人入学率 8% 的要求，超额完成全年任务 107.95%。新增大屯矿区老年大学 1 所，丰县老年大学被评为徐州市示范老年大学，彭城老年大学和宣武老年大学分别更名为徐州老年大学、徐州第二老年大学。除鼓楼区外，全市五县（市）六区老年教育网络已基本形成。

【社区教育及农村成人教育】　运用现代远程教育技术，有效的整合资源，开展社区教育。建成"徐州学习在线"（www.xzstudy.cn）网络平台，成立徐州社区学院泉山区分院，创建铜山区棠张镇、郑集镇省级社区教育示范乡镇（街道）2 个，创建铜山区柳新镇、贾汪区青山泉镇、邳州市碾庄镇、睢宁县双沟镇省级乡镇（街道）社区教育中心 4 个。创建丰县梁寨镇大棚蔬菜、铜山区刘集镇水产养殖省级农科教结合示范基地 2 个。

【省教育厅领导高度评价社会教育工作】　11 月，省教育厅领导在徐州调研，对徐州市社会教育工作取得的成绩给予了充分肯定。称赞徐州市社会教育事业有经验、有发展、有措施、有规划。城市社区教育培训工作扎实，特色鲜明，成效显著；农村成人教育力度大，进展快，在服务新农村建设中成效显著。

【举办全民终身学习活动周】　10 月 31 日～11 月 6 日，成功举办全民终身学习活动周。活动期间，大力宣传终身教育思想，推动全民树立终身学习理念，推进全民学习、终身学习的学习型社会建设，努力提升国民素质和生活品味，促进经济社会的和谐发展。

（刘念波）

民办教育

【全市民办教育培训机构新证换发】 按照教育部和省教育厅要求,2010 年指导各县(市)、区教育(文教体)局有关人员,分别对全市 300 余家民办教育培训机构进行换发新证工作。以换证工作为契机,对全市民办教育培训机构进行一次全面检查,进一步建立健全教育机构管理档案,为实施有效管理奠定良好的基础。

【依法审批民办教育培训机构】 坚持依法行政,按照《中华人民共和国民办教育促进法》和《中华人民共和国民办教育促进法实施条例》所规定的材料要求和审批程序开展工作。对申请材料全面审查,并进行实地查看,对照规定要求,提出评议意见,报局领导决策。全年有 20 家个人或单位申请举办教育培训机构,经严格审查,审批 10 家民办教育培训机构,其中英语培训机构 4 家,艺术教育培训机构 3 家,其他教育培训机构 3 家。

【查处非法办学,规范教育秩序】 年内,职社处针对群众反映突出的违规办学等问题,严格规范教育秩序。按照局发《关于严禁面向中小学生举办学科类竞赛及以竞赛名义举办培训班的通知》和《关于开展非学历教育培训机构违规办学专项治理工作的意见》,要求各非学历教育培训机构深入开展自查自纠,对发现的问题及时彻底整改。组织有关人员与市工商、物价、新闻媒体等部门联合执法,多次进行检查,尤其是在寒、暑假期间加大查处频率和力度,协调媒体对无证办学单位予以曝光,共检查 30 多家违规办学单位,取缔非法办学单位 3 家,进一步规范民办教育培训市场。

【民办教育培训机构安全检查】 3 月、8 月,局职社处和市职业教育与社会教育协会有关人员组成检查组,分别对全市近百所民办教育培训机构进行安全专项检查。重点检查学校门卫制度健全并落实情况,视频监控系统正常运行情况,独立设置安保机构情况,制定治安防范应急预案情况,存在治安、消防、食品卫生等其他安全隐患及有无整改方案情况。要求各民办教育培训机构要坚持以人为本,将学校安全管理工作当做头等大事,摆在首要位置,切实负起责任。

【进驻市行政服务中心】 为进一步深化行政审批制度改革,转变服务理念,提升服务工作水平,按照市政府有关文件要求,民办学校审批进驻市行政服务中心窗口。职社处负责民办教育的两位工作人员轮流在市行政服务中心值班,按照市行政服务中心的工作要求认真开展工作,圆满完成民办学校审批的工作任务。

【两项工作获市表彰】 年内,民办教育两项工作获得市级表彰。3 月,市教育局《关于积极打造"学在徐州"教育培训高地》项目入围市委、市政府"振兴徐州老工业基地创新创意奖";4 月,全市民办教育培训机构扎实推进依法治税,荣获 2009 年度全市综合治税工作先进单位二等奖,受到市政府表彰。

(马国桥)

职成教研

【机电专业教研工作会议召开】 1 月 8 日,在徐州市职业教育中心举行徐州市职业教育机电类专业工作会议。会议认真研讨机电一体化(中职)专业课程标准,观摩了市职业教育中心机电类专业课理实一体化教学并进行广泛交流,市职成教研室在会上布置 2010 年度机电教研中心组的主要工作。

【召开市职业教育教科研工作会议】　4月9日，徐州市职业教育教科研工作会议暨市职业教育教科研工作经验交流会召开。会议总结了2009年全市职业教育教科研工作，部署了2010年教科研工作任务。会上，江苏省职业教育教科研先进学校——生物工程高等职业技术学院、丰县中等专业学校、徐州市中等专业学校分别作教科研工作经验介绍。会议对提升徐州市职业教育教科研水平起到积极的推动作用。

【举行机电专业课教师说课比赛】　4月22日，成功举办徐州市职业学校机电专业教师说课比赛。经学校推荐25名教师参赛，分获一、二、三等奖。此次说课比赛旨在贯彻落实《江苏省职业教育课程改革行动计划》精神，推进徐州市机电专业课程与教学改革，对提升职业学校机电专业课教师理实一体化教学设计与实施能力起到促进作用。

【开展职业学校优质课评选活动】　5月13～14日，举办了徐州市中等职业学校文化基础课优质课评选活动。在学校初选、推荐的基础上，计有34名教师参评。分为语文、数学、英语、综合等学科组，评出一等奖11名，二等奖12名，三等奖11名。10月，举行徐州市中等职业学校专业课优质课评选活动，计有38名教师参评，涉及机械、电子、计算机、会计、旅游、服装、艺术等专业。分别在徐州市中等职业学校、铜山中等职业学校、徐州航空旅游中等职业等学校进行，评出一等奖10名，二等奖18名，三等奖10名。

【第四届“职教杯”教育论文评选及申报省级课题】　6月，举办第四届“职教杯”教育论文评选活动。在学校初选推荐的基础上，共收到各职业学校选送的优秀论文188篇，其中44篇获一等奖，65篇获二等奖，79篇获三等奖。

9月，按照苏教科院职函〔2010〕19号文件的各项要求，组织开展课题申报工作。共申报江苏省职业教育教学改革研究课题计101项。经省职业教育与终身教育研究所组织专家评审，徐州市47个课题被批准立项。

【第二届市职教教科研中心组成立】　在总结第一届市教研中心组工作经验的基础上，按照个人申报，单位择优推荐，专家评审的程序，8月完成第二届徐州市职业教育教科研中心组组建工作。共成立德育、语文、数学、英语、机电、信息技术、财经商贸、汽车、旅游、服装等10个教研中心组。9月17日，在铜山县中等专业学校召开徐州市职业教育第二届教科研中心组组长会议。会议部署了全市教科研工作，交流、制定了各教科研中心组工作计划。

【举行语文课程改革实验报告会】　11月4日，在徐州市航空旅游中等专业学校举办职业学校语文课程改革实验报告会。报告由江苏省职业教育语文教研中心组组长、徐州生物工程学院院长蒋留生主讲。200余名语文教师参加会议。

【参加省职业学校信息化教学大赛获奖】　11月，在徐州市职业教育多媒体课件评选活动的基础上，选拔推荐徐州市选手参加江苏省中等职业学校信息化教学大赛，获得一等奖2名，二等奖2名，三等奖1名的好成绩。

技工教育

【概况】　2010年，徐州市技工院校招生8614人，其中技师、预备技师228人，高级工3822人，毕业6161人，当年就业率98.5%。在校生24553人，教职工1298人，其中专任教师987人。全年培训社会人员25475人，其中获技师和高级技师职业资格567人，高级工职业资格2018人。徐州市技工院校的招生及就业工作在全省名列前茅,年内,再次受到省人力资源和社会保障厅的表彰和奖励。全市技工院校有13名教师通过技工院校教师高级专业技术资格评审,18名教师通过中级专业技术资格评审。9月9日,对徐州市技工院校评选出的20名优秀教师、8名优秀教育工作者进行表彰。

【省中心教研组调整】 3月5日,省人力资源和社会保障厅对原省技工教研室中心教研组进行调整和规范。新组建10个专业类省技工教研室中心教研组,各中心教研组组长院校一般由省重点技师学院担任,江苏省徐州技师学院为“农林组”组长单位。

【技工院校招生咨询日活动】 5月8日,省、市人力资源和社会保障部门联合开展技工院校招生咨询日活动。市人力资源和社会保障局组织各技工院校在各自的招生点举办招生咨询,向社会公众发放宣传册和招生简章、制作展板、安排工作人员现场解疑答难等形式,对技工院校进行全方位的宣传。

【徐州工程机械技校升格】 5月25日,经人力资源和社会保障部专家评审,确认徐州工程机械技工学校达到高级技工学校标准,由国家级重点技工学校升格为高级技工学校。

【实施“百校千企”高技能人才工程】 6月,省人力资源和社会保障厅为深入惯彻落实国家和省关于加强高技能人才工作精神,决定实施江苏省“百校千企”紧缺型高技能人才培养工程。通过百家技工院校与千家企业紧密合作,大规模培养社会企业急需的高技能人才。徐州市省级以上技工院校均与不少于10家企业签订校企合作协议,每个高级工班、技师(含预备技师)班专业均与两家以上企业签订校企合作培养协议,制定具体合作培养方案,实行紧密型合作。把育人标准融入市场需求,教学过程融入生产实践,学校发展融入技术进步,深入推进高技能人才校企合作培养制度。

【创建市技工院校示范、重点专业】 年内,各技工院校积极创建示范、重点专业。6月24日,根据《江苏省技工院校示范专业、重点专业评选标准》,由院校申报、专家评审、实地抽查和公示,徐州技师学院22个、徐州工程机械高级技工学校9个、江苏工贸技师学院30个、江苏煤电技师学院5个、徐州机电高级技工学校6个专业均被评为市级技工院校示范、重点专业。

【参加全省技工院校技能大赛】 8月22～25日,省人力资源和社会保障厅组织第三届全省技工院校技能大赛,徐州市各技工院校踊跃参加。大赛共有全省13个省辖市134所院校的390名选手参赛。徐州市技工院校通过初赛选拔出26人参赛,其中7人取得前五名;3名教师荣获“江苏省技术能手”荣誉称号,并晋升高级技师职业资格;10名学生荣获“雏鹰奖”,其中4人晋升技师职业资格,6人晋升高级工职业资格;另有6名学生晋升中级工职业资格。徐州市技工院校团体总成绩位列全省第三名,荣获优秀组织奖。徐州工程机械高级技工学校团体成绩位列第二名,荣获优秀教学组织奖。该校1名选手在全国技工院校技能大赛无线电调试工决赛中,取得第五名,荣获“雏鹰奖”。

【加强师资队伍培训】 2010年,加强师资队伍培训。徐州市技工院校有40余名教师参加各级各类师资培训班;10月,选派江苏工贸技师学院院长、徐州工程机械高级技工学校校长去新加坡参加培训。培训以专题讲座和企业考察结合的形式进行。

【荣获德育工作先进称号】 年内，多所技工院校荣获德育工作先进称号。11月25日，省教育厅、省人力资源和社会保障厅对全省中等职业学校德育工作先进集体和先进个人进行表彰，江苏省徐州市技师学院、徐州工程机械高级技工学校被授予全省中等职业学校德育工作先进集体称号；徐州机电高级技工学校和江苏煤电技师学院两名教师被授予全省中等职业学校德育工作先进个人称号。

（撰稿：孟甦民 审稿：路保军）

徐州市职业教育中心

校　长 苏开育（兼党委书记）

副校长 张晓元 李普春 王明志 项冬松 钱群幸 吕建春

【概况】 2010年，江苏省徐州市中等专业学校占地面积13.53公顷，建筑面积60000平方米，拥有汽车、旅游、机电、信息技术4大专业系。建筑面积8500平方米的汽车理实一体化教学大楼于11月启用。学校建有400米塑胶跑道。图书馆藏书10.42万册。毕业905人，招生674人。教职工289人，包括专任教师253人，其中高级教师86人，市级青年骨干教师5人。学校被评为徐州市先进集体；获徐州市文明单位称号。年内，学校举行新一轮中层干部竞聘。

【中学教育教学论文评比获奖】 3月，学校15名教师在徐州市第十一届“科研杯”中学教育教学论文评比中获奖。陈静等5位老师获一等奖，胡所德等5位老师获二等奖，翟雪野等5位老师获三等奖。3月23日市教科所向获奖者颁发获奖证书。

【被授予职业教育主题教研年先进学校】 3月，学校被授予2009年江苏省职业教育主题教研年先进学校称号。根据“教学改革年”实际，组织开展或参加多层次、多形式的教研活动。参加第五届江苏职业教育创意论坛，获一等奖1人、三等奖1人；参加2009年江苏省职业学校技能大赛28人获奖；参加2009全省职业教育竞赛类教研活动，10位教师获奖；参加首届江苏省职业学校“文明风采”大赛10人获奖。计算机及应用专业被认定为2009年江苏省职教课改专业实验点，学校被认定为第二批江苏省职教课改实验学校（A类）等。

【江苏省副省长曹卫星到校视察】 3月22日，江苏省副省长曹卫星一行到校视察工作。曹卫星观看了学生在车间实训的情况，对学校“把企业引进学校，把课堂搬进车间”的教学模式表示赞赏，并希望学校多建像汽车专业一样的校企合作的校内实训中心，办人民满意的职业教育。

【举行校园文化艺术节】 4月12日，学校第十九届校园文化艺术节开幕。艺术节以“厉行五景十德，构建和谐校园”为主题，开展主题演讲比赛、主题征文比赛、摄影比赛、心育等活动，将校园精神文明建设推上一个新台阶。

【承办市职业学校技能大赛项目】 10月22日，承办市职业学校技能大赛部分项目。学校承办了2010年市职业学校技能大赛汽车、电工电子、旅游三大类11个项目的竞赛，全市职业院校共213名师生参赛。学校参赛师生取得22金、27银、27铜的优异成绩。

【承办市级及举办校级评优课】 11月11～12日，学校承办了市职业学校专业组的评优课竞赛。竞赛设有4组6个科目，共计27人参赛，其中，王于松、祖家政、钱静、张宏钢4人获一等奖，陈薇、夏冬秋2人获二等奖。12月，学校开展全校35岁以下青年教师评优课活动,学校教务处、督导室进行严格的监督与评选,最终评选出一等奖8人,二等奖10人,三等奖9人。

【举行校园话剧展演】 12月29日,学校举行以活跃校园文化,激发学生创造力为主题的话剧展演比赛。比赛以专业系为单位自由组队,各专业系分别演出了经典剧目《梁祝》、《雷雨》以及原创剧目《三年前,三年后……》、《感恩,从对母爱开始》。比赛最终评出一等奖1名、二等奖1名、三等奖2名,最佳男、女主角各1名,最佳男、女配角各1名,最佳原创剧本奖1个,最佳编导奖1个。

【实施教师教学工作考核办法】 12月,学校制订并开始实施教师教学工作考核办法。教务处与各专业系联合对全体教师教学工作进行考核,各专业系成立考核工作小组。考核分为优秀、合格两个等级,其中,优秀等级人数占参加考核教师总数比例为30%。

(撰稿:曹芷熙 审稿:苏开育)

徐州第二职业中学(江苏模特艺术学校)

校 长 李海琳
副书记、副校长 陈一纯
副校长 杜培恩 陈向群 陈 彪
工会副主席 王奇志

【概况】 徐州市第二职业中学占地面积2.66公顷,建筑面积1.25万平方米。2010年在校生970人,招生229人,应届毕业生471人。有教职工134人,专任教师121人,其中高级教师33人。学校设2个专业部,14个专业方向。年内,获得江苏省职业学校服装表演技能大赛"特别贡献奖"、省职业技能大赛服装表演专业优胜奖和全国、省技能大赛徐州赛区一等奖,学校被确定为徐州市第五批文物保护单位、徐州市园林式单位、全国中职校动漫游戏教育联盟常务理事单位。服装展示与礼仪专业实训基地建设项目获得中央财政支持。对口单招成绩突出,17名学生升入本科。王军芳老师获全国职业学校德育工作先进个人荣誉称号。8月27日,美国国际友谊之力总裁乔治·布朗、美国中华医学基金会(CMB)董事会主席玛丽·布朗·布洛克等布朗家族成员一行11人对学校进行友好访问。6月,黄玉华、牛立萍2位教师主编的《商务礼仪》由科学出版社正式出版发行。

【技能大赛再创佳绩】 年内,在省级和国家级技能大赛中,师生成绩优异,保持了在全国技能大赛中的领先地位。在省级大赛中,参赛选手全部获奖,取得了3金、7银、5铜的成绩,2010年学校再次定为全国技能大赛服装表演集训点。参加国家级比赛的3名选手,获2金1银,其中夏晓燕同学夺得一等奖的第一名。学生还获2010中国新丝路模特大赛江苏赛区冠军、季军和"美少女"大赛江苏赛区冠、亚军。

【校企深度合作】 年内,校企合作更加密切。6月28日,徐州经济开发区高铁国际商务区与学校共建人才培养基地;10月,左右精致影像走进校园,与学校进行合作。此两项合作办学,从合作模式和内涵上较以往有所发展,是校企深度合作的开始。

【为患病学生奉献爱心】 12月24~26日,全校师生为患病学生谢景举行募捐活动。谢景同学身患重病,在24日升旗仪式上,航旅部主任代表学校向师生发起了为谢景同学捐款的倡议,12月26日下午举行募捐仪式,全校师生为谢景同学募捐善款14539.5元,徐州市相关新闻媒体人员也参与募捐。当日下午,学校领导和师生代表到医院向谢景同学献上了全校师生的一片爱心。

【参演全国颁奖晚会】 12月9日,学校部分师生代表参加全国"文明风采"颁奖晚会演出。在教育部、中央文明办、共青团中央和中华职业教育社共同主办的第七届全国中等职业学校"文明风采"竞赛颁奖晚会上,学校40多名学生参加演出,受到教育部、省厅领导的赞扬。此次学校参演节目,充分展示了专业教学的成果,演员的造型、化妆全部由形象设计专业学生担当。

（撰稿:李　慧　审稿:李海琳）

徐州经贸高等职业学校
江苏联合职业技术学院徐州经贸分院

党委书记、校长　孙庆胜

副校长　吴兆刚　陈春秋　霍久真

【概况】 2010年,徐州经贸高等职业学校占地面积13.4公顷,建筑面积12万平方米,拥有完善的教学、生活和体育设施,有近百个校内外实训基地。图书馆藏书29万余册。毕业2015人,招生1843人,在校学生7518人。教职工300多人,其中专任教师213人,全部达到本科以上学历,研究生60人,副教授等高级职称70人,高、中级职称教师比例为77%,"双师型"教师比例为73%;有江苏省"333"中青年科技带头人1人、江苏省教科研中心组成员6人、江苏联合职业技术学院专业带头人4人,徐州市拔尖人才3人、徐州市技术能手3人、徐州市教科研中心组成员8人。学校共设置商贸、管理、信息技术、机电工程、工艺美术5个系16个专业,其中省、市级中职示范专业10个、省级高职示范专业4个、省级高职优秀专业4个、省级课改实验点2个、联合学院重点专业2个。《电子商务基础与实务》被江苏联合职业技术学院评为2010年度院级精品课程。荣获省高水平示范职业学校称号。12月,学校新大门和实训综合楼投入使用。

【软件开发获认证】 2月2日,学校开发的《图书馆综合管理系统软件》获得国家版权局颁发的计算机软件著作权证书。《图书馆综合管理系统软件》项目在信息技术系项目组成员努力及信捷信息科技有限公司的技术支持下成功开发,系统现已投入运行。学校图书馆得到了实用的管理软件,提高了工作效率,特别是在新生办证、图书编目和期刊合并等方面,工作量减少了90%以上。

【开展集中听、评课活动】 3~6月,开展集中听、评课活动。学校成立由教务处、教科处、五系一室主任、外聘专家等组成的听、评课小组,面向全体专兼职教师,深入课堂一线,认真开展听、评课活动。听课小组成员通过采取随机听课、听评结合重在讲评、口头反馈与书面反馈结合、学生评教等方法评价教师课改情况及教学水平。定期召开教师、学生课改座谈会,总结、反思教师教学优缺点,探讨学校课程改革新思路,评出学校教学能手。

【举办第九届校园文化艺术节】 5月18日~6月9日,学校举办第九届校园文化艺术节。艺术节由校团委主办,各系以及有关社团承办,以"我与学校同发展,青春建功创示范"为主题,先后开展翰逸书画大赛、欣风小作家大赛、"金话筒"主持人大赛、校园十佳歌手大赛和经贸形象大使选拔赛等,共评出团体奖项11个,个人奖项91个。

【技能大赛获佳绩】 年内,参加各种技能大赛获佳绩。6月24~25日,2010年全国职业院校物流技能大赛在天津举行,来自全国34个省、市、自治区和计划单列市的102名物流技能选手同台竞技,经过激烈角逐,学校孙伟等代表的江苏队获得一等奖。年内,还有3

人获省级一等奖、6人获省级二等奖、4人获省级三等奖,29人获市级一等奖、40人获市级二等奖、41人获市级三等奖。

【商务英语成为省级示范专业】 9月28日,商务英语专业被省教育厅认定为江苏省五年制高职教育示范专业优秀格次。商务英语是学校举办最早的五年制高职专业之一,该专业建设工作思路清晰、师资结构优良、教学管理规范有序、质量监控措施得力、课程改革成果显著、学生综合素质高、专业社会影响大、行业培训优质有效。

【课题研究成果丰硕】 下半年,多项课题相继结题或开题。9月28日、10月11日、10月18日,刘翠英副教授主持的江苏省职业教育学会2008~2009年度立项课题“高职院校体验式德育教学与管理研究”、杨晓敏副教授主持的江苏联合职业技术学院立项课题“五年制高职教育课程实施能力发展机制研究”及于凌云副教授主持的江苏省职业教育研究立项课题“职业院校提高专业教师技能教学水平的探索和实践”分别通过专家鉴定,顺利结题。10月29日,刘翠英、刘永、于浩三位副教授分别申报的江苏联合职业技术学院立项课题通过了开题论证,如期开题。

(撰稿:吴建新　审稿:孙庆胜)

徐州生物工程高等职业学校

党委书记、校长　蒋留生

副校长　秦越华　刘明生

【概况】 2010年,徐州生物工程高等职业学校占地40.87公顷,建筑面积13.2万平方米,馆藏图书25万册,建有22个实训中心和97个专业实验(训)室,实验实训设备3900万元。招生1633人,毕业生2866人,在校生8602人,其中大专4644人。教职工345人,专任教师260人,其中正教授1人,副高职称62人,博士4人,硕士107人,“双师型”教师105人。设置生物技术应用、生物制药、药物制剂、园林技术、园艺技术、畜牧兽医、计算机应用技术、机电一体化、会计电算化等36个大中专专业。老校区周边累计新增土地9.33公顷。学校被评为江苏省文明单位、江苏省德育工作先进集体、徐州市文明单位标兵等。

【获批筹建徐州生物工程职业技术学院】 1月29日,省教育厅致函市政府(苏教发函〔2010〕7号),经省政府同意,在徐州生物工程高等职业学校的基础上筹建徐州生物工程职业技术学院,按专科层次筹建,筹建期间校名为“徐州生物工程职业技术学院(筹)”。

【教科研取得丰硕成果】 年内,教科研取得丰硕成果。独立完成1项国家级星火计划项目通过验收,主持1项科研成果获市政府科技进步二等奖,独立申报1项课题获批全国教育科学“十一五”规划课题、教育部重点课题,独立申报1项实用新型发明专利获国家知识产权局授权,16项国家及省市级教科研课题获得立项,公开发表论文255篇,编写出版教材12部,63项教学成果在全国、省、市各类评比中获奖。

【生物技术及应用被评为省示范专业】 9月28日,学校生物技术及应用高职专业被评为省示范专业(苏教职〔2010〕35号)。5月31日,省职业学校示范专业建设视导专家组对学校生物技术及应用高职专业进行检查视导,专家组通过听取汇报、实地考察、随堂听课、查阅材料、听取介绍等方式,对该专业进行了全面考察。

【技能大赛中取得优异成绩】 年内,多项技能大赛取得优异成绩。6月2日,学校在教育部、农业部联合主办的全国技能大赛农业技能项目比赛中,获中职组动物外科手术一等奖。年内,学校在市级以上比赛中获一等奖22个,其中国家级1个,省部级3个;二等奖19个,其中省部级2个;三等奖32个,其中省部级6个。

【服务三农获三项省级表彰】 年内,学校继续扎实做好“挂县强农富民”、“新型农民培训”和“农信通”热线咨询等三大惠农工程。和丰县人民政府共同举行“挂县强农富民工程”推进会,派出5名涉农教师到丰县驻村进行技术帮扶,组织16名涉农专业教师组成对接团队;共举办示范县基层农技人员培训班、农民创业培训班等各类培训班34期,培训各类人员4300人;继续做好“农信通”服务热线。学校被评为省农民培训工程先进集体、省“挂县强农富民工程”先进单位、省“送科技下乡,促农民增收”活动科技富民突出贡献单位。

(撰稿:段素峰 审稿:蒋留生)

江苏省徐州医药高等职业学校

校长、党委书记 王吉东
副校长 王质明 崔福军 袁 龙
党委副书记 高 侠

【概况】 2010年,学校有教职工220人,包括专任教师184人,其中副教授以上高级职称60人,双师型教师89人,硕士学位以上52人。开办10个高职专业,3个中专专业,1个中外合作办学项目。毕业1876人,其中,高职1579人,中职297人;招生1424人,其中高职903人,中职521人。年内,先后获徐州市未成年人思想道德建设工作先进集体、“勤廉徐州”活动先进单位、徐州市文明单位、徐州市教育系统先进基层党组织、徐州市技能大赛先进单位、江苏省物价局2009~2010年度江苏省价格诚信单位、江苏省精神文明建设工作先进单位称号。11月,被确定为江苏省高水平示范职业学校;12月,江苏省食品药品监督管理局局长胡晓抒到校视察指导工作。9月,投资8600万元的体育馆和教学实训楼顺利开工建设。

【推进专业建设及课程改革】 年内,着力推进专业建设及课程改革。1月,新增护理专业顺利通过省教育厅、卫生厅专业设置可行性专家组论证;10月,医用电子仪器与维护被认定为江苏省五年制高职示范专业,药物制剂技术被江苏联合职业技术学院确定为精品课程。

【承办省级以上技能大赛】 年内,成功承办各种省级以上赛事。3月,承办2010年江苏省化学检验技术、药物制剂压片技术技能大赛,其中药物制剂压片技术技能大赛是江苏省第一次举办。年内,全省举办17项技能大赛,学校同时获得两项赛事承办权,也是徐州地区的唯一赛点。5月,承办“天祥杯”全国医药职业院校技能大赛,大赛由中国职教学会医药专业委员会主办,分中药调剂员、药剂压片工、药物分析工、医药商品购销员4个竞赛工种,分个人竞赛和团体竞赛,来自广东、河南、湖北等全国各地医药职业院校的18支代表队102名选手参赛,另有10所医药院校派代表观摩。

【技能大赛成绩优异】 年内,参加各项技能大赛取得优异成绩。省级大赛,12名参赛选手收揽8金3银;“天祥杯”全国大赛,收获4金4银和团体一等奖;11月,参加在天津举行的全国“国药杯”医药职业技能大赛,获1金2银5铜和团体二等奖。

【教科研工作成绩显著】 年内,学校教科研工作取得新突破。1个省级立项课题结题,1个省联院课题结题,1个省联院课题开题;2

个省级重点课题获准立项,7个省级一般课题立项;8个市级课题开题;教师全年在省级以上刊物发表论文70余篇,21篇论文获省级以上奖励;1人获第二届中国职业技术教育科研成果三等奖;1人获全国高职高专药品类专业说课竞赛二等奖;2人获首届江苏联合职业技术学院"教学能手"称号。

(撰稿:滕学良　审稿:王吉东)

江苏省徐州财经高等职业技术学校

校　长　曹华祝
副校长　刘景忠　张广银
副书记　曹华祝　单淑娟

【概况】　2010年,学校有教职工200余人,其中高级职称66人、教授1人、研究生41人。在校学生7000余人,其中高职学生5000余人。学校占地面积13.5公顷,建筑面积11.2万平方米,拥有高性能教学用计算机1889台,馆藏图书19万册,电子图书7万册。设有11个五年制高职专业、10个普通中专专业。会计、会计与审计、电子商务、计算机应用技术专业是省五年制高职示范专业。先后获得江苏省职业院校技能大赛先进学校、江苏省职业院校技能大赛专业优胜奖、江苏省高水平示范职业学校、江苏省德育特色学校、江苏省五四红旗团委、江苏省职业学校技能大赛特等奖等荣誉。经江苏联合职业技术学院11月17日认定,学校2010届1080名高职毕业生就业率为100%,在各分院中排名第一。4月25日,《江苏教育》、《徐州日报》、《都市晨报》、《彭城晚报》相继以大幅版面刊发学校招生连年火爆的专访文章。

【全省技能大赛喜获佳绩】　2010年,在全省职业学校技能大赛中喜获佳绩。3月底,在江苏省职业学校会计技能大赛中获6个一等奖、5个二等奖、2个珠算单项一等奖。在江苏省职业学校计算机技能大赛中获3个一等奖、3个二等奖、6个三等奖。4月21日,学校召开大会,表彰在省、市技能大赛中获得优异成绩的老师和同学。

【举办田径运动会、乒乓球赛】　年内,学校举办田径运动会和教职工乒乓球比赛。4月29~30日,学校隆重举行第26届田径运动会,900余名师生参加了16个项目的竞技,2位同学刷新校内记录。4月11~16日,举办第二届"创新杯"教职工乒乓球比赛,经过5天275场次的激烈竞争,行政、基础、信息工会小组分获前三名。

【承办财会、计算机技能大赛】　10月30日,2010年徐州市职业学校财会类、计算机类项目技能大赛在学校举行。竞赛分为财会、计算机两个大类,来自全市30余所职业院校的274名选手展示了精湛的技能。

【承办职业学校技能大赛表彰会】　11月15日,2010年徐州市职业学校技能大赛表彰大会在学校隆重召开。会议表彰了在国家、省、市职业技能大赛中取得优异成绩的学校。财校获得江苏省职业学校技能大赛特等奖、徐州市职业学校技能大赛团体总分一等奖、徐州市职业学校技能大赛最佳赛点奖。来自全市近30所职业学校的领导参加了会议。

(撰稿:雷泰平　审稿:曹华祝)

徐州文化艺术学校

书记、校长　刘继刚
副书记　邵建伟
副校长　李培民　邱　海

【概况】　2010年,徐州文化艺术学校招生120人,毕业65人。在校生12个班级380

人。有教职工 90 人(含外聘教师 8 人),其中高级职称 12 人,中级职称 28 人,初级职称 29 人。开设音乐、舞蹈、美术、动漫设计、现代歌舞、航空乘务等 16 个专业。6 月被市文化局评为文化产业先进单位;10 月获得市教育局颁发的全国比赛、省级比赛集体三等奖,并得到市教育局 20 万元资金支持。

【深化制度改革,增强办学活力】 年内,学校进行新一轮的教学及管理制度改革取得成效。先后修订出台《任课教师教学违纪处理办法》、《师资队伍建设五年规划》、《班主任队伍建设与管理办法》、《教职工技能大赛及教学成果奖励办法》等 10 多项规章;按照省文化厅关于进一步加强艺术学校教研工作和师资队伍建设的要求,组建艺校教研室,不断推进全校教学、教研水平的提升。

【承办全省艺术教育教学评比活动】 10 月 11～13 日,由江苏省文化厅组织的全省艺术学校课堂教学评比活动在徐州艺校举行。学校音乐、舞蹈、美术专业及文化课的 7 位教师参加比赛。活动采取教案、说课、公开课综合评比的方式,从说教材、说教法、说学法、说教学过程等方面对参赛教师进行评比。比赛结束后,专家评委们进行综合点评,充分肯定徐州艺校教师们在比赛中所表现出的扎实理论功底和每位教师的成功之处,并重点分析了课堂教学的相关要点和细节,与参赛教师进行了深入细致的交流。

【全省职业学校技能大赛获奖】 3 月,学校根据市教育局的要求,代表徐州市组队参加全省艺术类职业学校技能大赛。经过激烈角逐,艺校代表队获二等奖 2 个,三等奖 1 个,优秀奖 4 个的好成绩,为徐州市争得荣誉,受到了市教育局的表彰。

【市级技能大赛喜获大奖】 11 月,由市教育局主办的 2010 级市级技能大赛上,艺校师生喜获大奖。总结大会暨颁奖仪式在徐州市财经学校隆重举行,徐州艺校 3 名教师、10 名学生参加声乐、舞蹈、美术 3 个项目的比赛,取得一等奖 5 个、二等奖 8 个的优异成绩。

【参加"梦幻北部湾"启航演出】 10 月 25 日晚,学校舞蹈专业 30 余名学生应邀参加由著名导演冯小刚任总导演的大型海上实景演出《梦幻北部湾》启动起航首演仪式。学校学生先后为宋祖英、周华健、张惠妹、戴玉强以及京族妹组合、月亮组合等著名演员伴舞。活动不仅开阔了舞蹈专业学生的眼界,同时,对扩大徐州艺校的社会影响,提升学生的专业技能和综合素质都起到推动作用。

(撰稿:梁晓舒　审稿:刘继刚)

徐州市体育运动学校

校　长　吴南宁
副书记　佟子杨
副校长　丁　力　冯　杰　刘家强

【概况】 2010 年,徐州市体育运动学校(徐州市少年儿童业余体育学校)占地面积 13.27公顷,建筑面积 23000 平方米,拥有篮球馆、足球训练场、体育综合训练馆;图书馆藏书 15000 册。毕业 79 人,招生 107 人,在校学生 667 人。教职工 129 人,包括专任教师 31 人,专职教练员 25 人。教师高级职称 12 人,中级职称 11 人,初级职称 7 人。专职教练员高级职称 5 人,中级职称 17 人,初级职称 10 人。

【组织论文评审和公开课】 年内,学校多次举行教师公开课和论文评审活动。上半年,学校成立评审工作领导小组,对 10 位教师的 11 次公开课、5 位教师的 12 篇论文进行评审。各学科教师先后参加了市教研室组织的各种教研会议、集体备课、研讨课、公开课及评优课等活动;学校安排10次校级公开课,对教师的校内听课、教案、论文提出明确要求,提高了教研活动的效果;组织40余名教师参加暑假教材培训和教师业务能力考核。学校教学教研工作开展得扎实有效。

【参加省第十七届运动会】 年内,参加省第十七届运动会。学校的篮球、足球、乒乓球、击剑、柔道、摔跤、举重7个项目286名运动员参赛,经过团结协作,精心谋划,顽强拼搏,共取得了26枚金牌、18枚银牌、25.5枚铜牌,奖牌总数69.5枚,总分769.75分的成绩,获得江苏省第十七届运动会(青少年部)徐州市突出贡献奖。

【参加后备人才基地创建评比】 下半年,学校按照国家体育总局颁布的新一轮《国家高水平体育后备人才基地认定工作要求(草案)》进一步规范学校日常工作。为迎接省体育局在10月进行的国家高水平体育后备人才基地中期检查,学校做了充分的准备,在全省38所国家级后备人才基地检查中名列第四位。

【添置教育教学设施】 2010年,学校继续加大对教育教学设施的投入。由财政部门拨款20余万元,为学校购置了教学投影仪、办公设备等配套的教育教学设施,学校拿出专门资金为学校图书馆添置新书1000多册。

【科研成果显著】 年内,科研成果显著。学校科研部门获2010年江苏省十七届运动会科学大会优秀组织奖、突出贡献奖,获徐州市人民政府颁发的先进集体、徐州市第二十二届科普宣传周先进集体称号。

(撰稿:李佳衡 审稿:丁 力)

江苏省徐州技师学院

书 记 王延荣
院 长 朱其训
副院长 江 浩 吴 彬 唐自强

【概况】 2010年,江苏省徐州技师学院占地面积26.7公顷,建筑面积20.03万平方米。图书馆藏书12.5万册。毕业2838人,其中,中级工1120人,高级工1469人,技师249人,就业2838人;招生2324人,其中,中级工1045人,高级工1030人,技师148人,高职101人;社会培训12221人次;在校生9026人。教职工503人,其中,文化技术理论教师260人,生产实习指导教师127人,一体化教师153人;社会兼职教师154人。11月,获第三届全国技工院校技能大赛教学创新成果展优秀组织奖。12月29日,徐州市高校诗词联谊会和徐州市楹联家协会联合举办“联律通则”培训班,150名学员参加了培训。

【实施实训教学严格管理】 4月,学校开始实施实训教学严格管理。学校制定了《江苏省徐州技师学院实训教学严格管理办法及考核细则》,成立院系二级实训教学督导组,对实训教学的安全规程、教学秩序、教师教学资料、教学设备、环境卫生等环节进行严格检查。建立健全各工种操作规程,加强实训教学安全管理,确保不发生安全事故。

【申报省重点专业】 4月,学校成功申报9个省重点专业。这9个省重点专业是数控加工(数控车工、铣工、加工中心操作工方向)、汽车检测、汽车维修、计算机动画设计、计算机网络应用、电气自动化设备安装与维修、数控编程、焊接加工(预备技师班)、烹饪(中、西式烹调方向,中、西式面点方向,预备技师班)。

【承办高级技师鉴定考试】 6月19～20日，江苏省高级技师社会化统一鉴定考试在技师学院举行。这是江苏省职业技能鉴定中心在徐州举行的首次高级技师鉴定，学院也是徐州市唯一的高级技师培训鉴定点。共鉴定高级技师31人。

【承办2010年职业技能大赛】 7月22日，2010年徐州市职业技能大赛部分项目在学院举行。学校作为焊工、数控类赛点，共设焊工、数控车工、数控铣工、加工中心4个项目，全市5所职业院校、12个企业的233名选手参加了竞赛。

【举行立项课题开题论证会】 10月15日，学院举行江苏联合职业技术学院立项课题开题论证会。朱其训教授的研究课题"职业教育实训基地建设研究"是2010年度江苏省各技师学院中唯一通过评审并最终立项的课题。

【举办"师德建设月"活动】 11月1～30日，学院举行2010年"师德建设月"活动。活动以"创建和谐校园、争做魅力教师"为主题，将"依法执教，爱岗敬业，关心学生，严谨治学，团结协作，尊重家长，为人师表，热爱学校"作为学院教师职业道德规范的核心。活动包括学习交流、师德报告、专题座谈、师德讨论、师德征文等内容，共评选出魅力教师20人，"管理育人、服务育人"先进个人10人，优秀师德论文10篇。

【举行创业园开园典礼】 12月22日，学校举行学生创业园开园典礼。徐州电视台台长李爱彬、徐州市人力资源和社会保障局副局长戴新颖出席。经过学校首届创业设计大赛的层层选拔，首批共有10个创业团队入驻创业园。

【召开校企合作联谊会成立大会】 12月28日，学校召开校企合作联谊会成立大会。徐州市政府副秘书长王志华、徐州市人力资源和社会保障局副局长戴新颖出席。会议邀请到各类企业35家，通过了校企合作联谊会章程及联谊会领导机构名单。学校与部分企业签署了校企合作协议。

【举办第二十四届田径运动会】 4月15～16日，学院举办第二十四届田径运动会。479名教工参加25个项目的比赛，1834名学生参加了54个项目的比赛。运动会学生组4人次打破4项院运功会记录，教工组2人次打破3项记录，16个班级荣获田径比赛团体奖，数控工程系荣获优秀组织一等奖，20个班级荣获精神文明奖。

【召开高校诗词联谊会成立大会】 6月4日，徐州市高校诗词联谊会成立仪式暨诗词进校园活动推进会在技师学院召开。徐州市总工会主席徐崇先、全市各高校工会领导、徐州教育工会领导等出席。联谊会致力于推进徐州市文化名城建设，通过开展诗词研讨、创作、宣传、出版、培训等工作，为各高校之间，协会与兄弟协会之间提供一个交流创作心得、拓宽创作视野的平台。

（撰稿：麻　莉　审稿：朱其训）

江苏省徐州机电工程高等职业学校 江苏工贸技师学院

校　长　贾　涛
书　记　孙健身（9月～）
副书记兼纪委书记　李东岩
副校长　严建华　吴如根（10月～）
任国兴（10月～）　薛　莲（10月～）

【概况】 2010年，学校设有云龙校区和贾汪校区，占地面积30.5公顷。图书馆藏书20余万册。全年教育经费投入5000万元。

2010年安置就业3909人;招生4146人,其中五年制高职604人;在校生13722人,其中五年高职4144人;安全与社会各类资格培训9724人次。有专任教师324人,其中教授3人,副教授68人,硕士研究生59人,中级职称128人,"双师型"教师177人,省技术能手4人,江苏联合职业技术学院专业带头人5人。学校设有数控技术系、机械工程系、电气工程系、信息工程系、采矿工程系、汽车工程系等6个专业系,开设12个五年制高职专业,30多个中职专业。年内,煤矿开采技术(五年制高职)、焊接技术(中职)获省级示范专业。9月份,江苏煤矿安全监察局(江苏省安全生产监督管理局)党组任命孙健身为校党委书记,10月份任命吴如根、任国兴、薛莲为副校长。

【举办课堂教学观摩课】 5月18日,学校举办"创建高效课堂"为主题的课堂教学观摩课活动。观摩课邀请安徽省8所职业院校、省内47所职业学校共计200余人到校观摩交流,受到一致好评。

【技能大赛获佳绩】 2010年,学校组织参加了多项技能大赛并获奖。阚士元老师在第四届全国数控技能大赛江苏赛区选拔赛中获得江苏赛区第一名,作为徐州市的唯一代表参加全国数控大赛。江苏省技能大赛中,学校选手一举夺得3金、10银、18铜,以31块奖牌的总数位居全市前茅。徐州市职业学校技能大赛中,学校141名参赛选手共夺得123枚奖牌,以321分的总成绩位居全市第一。第二届江苏省中等职业学校"文明风采"大赛,学校共有200件作品获奖,其中一等奖20件,二等奖40件;第七届全国"文明风采"竞赛,学校共有33件作品获奖,其中一等奖2件。

【学校荣誉】 2010年,学校获得多项荣誉称号。被省教育厅认定为省高水平示范职业学校、省职业教育课程改革实验学校;被省人力资源和社会保障厅评为二十佳省级高技能人才培养示范基地,在全省11家获此荣誉的技师学院中总分排名第二。荣获第七届全国中等职业学校"文明风采"竞赛工作组织奖、省平安校园和贾汪区社会综合治理先进单位称号。

(撰稿:邓宝仿　审稿:刘新立)

江苏煤电技师学院

院　长　曾现周
书　记　程　辉
副院长　王忠宁　张兆吉(1~3月)
徐树君(5月~)
纪委书记、工会主席　张汝强

【概况】 2010年,江苏煤电技师学院占地面积5.08公顷,建筑面积89942平方米,新建煤矿通风系统及生产系统仿真实验室、电力电子及自动控制实验实训室等7个实验实训室,开设机电一体化、综合机械化掘进、综采机械维修等20多个工种专业,其中3个省级重点专业,5个市级重点专业。全年教育经费投入2389万元。全日制毕业生910人,其中中级工368人,高级工542人;招生708人,其中中级工296人,高级工412人,在校生1912人。教职工166名,其中专任教师118人,高级职称56人。学校为省级职业教育实训基地建设项目学校,获全国煤炭行业优秀职业技能鉴定站、江苏省职业技能鉴定优秀鉴定所称号。

【全国职业学校技能竞赛获奖】 9月19~21日,学院在"中平能化杯"首届全国煤炭行业职业学校技能竞赛上获奖。比赛在平顶山工业职业技术学院举行,由中国煤炭教育协会主办。全国有22所学校99位选手参加大赛。学院代表队由3名学生组成，获优胜奖1项、优秀奖2项，学校获优秀组织奖。

【举办教学能手竞赛】　11月10～30日，学院举办第九届教学能手竞赛。竞赛为期20天，由各教学部门推选出的9名优秀教师参加。理论教学均采用多媒体教学手段，实习教学实行现场操作讲解。竞赛设两组评委，分别观摩每位选手一堂课，从教学内容、教学方法、教学手段、实践能力培养、师德师风等方面进行评价，同时结合教案编写、学生评教，对参赛选手进行综合打分，评出理论教学能手2名、实习教学能手1名。

【教学管理规范现场知识竞赛】　12月17日，学院在图书馆举行贯彻《江苏省技工院校教学管理规范》现场知识竞赛。竞赛以党支部为单位组队，每支代表队3人，共有6支代表队参赛。竞赛形式灵活多样，包括个人必答题、小组必答题、抢答题和风险题，中间穿插观众答题，题型有选择、判断、简答，全面考察参赛队员及现场观众对教学管理规范的掌握情况。全体教师和管理人员126人参加。

【举行遇险应急疏散演练】　6月21日，学院举行以“让校园远离灾害，使学生健康成长”为主题的遇险应急疏散演练。学院制订了详细的应急疏散预案，并组织师生进行学习，明确师生撤离路线、各自职责等。遇险疏散演练指挥部下达“演练开始”的命令后，全体人员严格按照预案，进入各自岗位，各班学生在老师指挥下按照指定安全出口，快速有序地离开事故现场撤离到安全地带。整个演练活动部署周密，全校1423名师生用时150秒全部安全有序的抵达学校操场，达到了预期效果。

（撰稿：邱小玲　审稿：吴广斌）

徐州机电高级技工学校
徐州机电工程学校

校　长　章结来
书　记　钟　诚
副校长　刘运举　苍中洪

【概况】　2010年，徐州机电高级技工学校暨徐州机电工程学校在籍学生5700余人，招生1923人。教职工151人，其中研究生学历（学位）教师13人，双师型教师达69.5%；有教学能手21人，骨干教师15人，学科带头人3人，市级品牌教师3人。专业特色以机和电为主，开设机电一体化、电子电器应用与维修、计算机及应用（图像处理、网络、动漫）、采矿技术、数控车工、模具设计与制造、汽车维修、财会电算化、公关礼仪等20多个专业。年内，学校被中国教育学会评为“十一五”科研先进单位、“班主任专业化”实验学校，荣获江苏省平安校园、徐州市和谐校园等称号。

【省安监局和省财政厅领导视察】　7月24日上午，省安监局党组书记、局长王向明，省财政厅副巡视员李建，省安监局副巡视员陈忠伟在省局财务处处长戚新中等领导陪同下到学校视察指导工作。王向明充分肯定学校的办学成绩，他指出，学校领导班子团结务实、开拓进取，发展思路明确；能够始终坚持科学发展、和谐发展、特色发展的目标定位；新班子团结进取、目标一致，抓招生、强内涵、创品牌，学校呈现出建校以来最好的发展态势。

【三个大赛取得新突破】　下半年，学校组织参加3项大赛并获奖。7月份，学校11名选手在徐州市技工院校技能大赛中获奖，其中一等奖1名，二等奖2名，三等奖8名，学校荣获优秀组织奖。在10月份举行的徐州市职业学校技能大赛中，学校52名选手获奖，学校荣获团体三等奖,有11名选手代表徐州市参加省赛。在江苏省职业教育创新大赛中,学校09机电3班翟建同学荣获省赛三等奖。在第七届全国中等职业学校“文明风采”大赛中,学校共有10件作品获奖。

【专业建设取得丰硕成果】 年内,学校专业建设取得丰硕成果。4月30日,江苏省人力资源和社会保障厅下发文件,学校电气自动化设备安装与维修、计算机应用与维修、数控加工、煤矿技术、电子技术应用、机械设备维修6个专业被认定为省级重点专业。9月28日,学校机电技术应用和电子技术应用两个专业被省教育厅认定为省级示范专业。

【建成电工电子与自动化实训基地】 年内,建成电工电子与自动化省级实训基地。由省人社厅和学校共同投资150多万元建设的电工电子与自动化省级实训基地于11月初建成使用,包括波峰焊、家用电器音频视频、电工电子、传感器检测、高级维修电工、电力电子技术与自动化控制等实训设备,改善了学校实习、实训条件。

【举行第四届校园文化艺术节】 11月1~30日,学校举行第四届校园文化艺术节。艺术节以“展现青春风采,传承校园文化,构建和谐校园”为主题,包括文化艺术、体育和学术研讨等三大类12项活动。艺术节成为展现学校办学特色的一道亮丽风景线。

(撰稿:彭　宝　审稿:章结来)

徐州工程机械高级技工学校

校长、党总支书记　徐美刚
副校长、工会主席　孟蓬苫
副校长　牛　杰

【概况】 2010年,徐州工程机械高级技工学校在校生2279人,招生819名。教职员工105人,其中本科及以上学历66人、中级以上职称13人、技师及以上等级35人。学校设凤鸣、黄山两个校区,有现代化的数控设备和编程模拟系统、多媒体教室、语音教室、PLC可编程控制系统、计算机中心及CAI制作室等教学实训设备设施。主要开设现代焊接技术、数控编程与加工、汽车装配检测与维修技术、数控机械加工技术、工程机械装配调试与维修、工程机械液电装配、工程机械液电装配(铁路装配方向)、工程机械机电技术、高级焊工、高级钳工、工程机械铆焊技术、工程机械涂装技术12个专业。6月,学校数控机械加工技术等9个专业被评为市级重点专业,现代焊接技术、数控编程与加工、工程机械装配调试与维修3个专业被评为省级重点专业。

【晋升高级技工学校】 4月,学校被人力资源和社会保障部确认为高级技工学校,实现了继2009年晋升“国家重点技工学校”以来办学层次的又一次提升。9月10日,学校举行庆祝2010年教师节暨徐州工程机械高级技工学校揭牌仪式,徐工集团党委副书记、教委主任李格,徐州市人力资源和社会保障局副局长戴新颖共同为徐州工程机械高级技工学校揭牌。

【启动新校区建设】 4月1日,徐工集团召开徐工培训学院(徐工大学)建设专题经理办公会,决定学校迁址建设新校区。学校步入转型升级、跨越式发展的关键时刻。会后,学校成立新校区建设办公室,坚持高标准、高起点、高水平、现代化的要求,进行校园规划方案设计,力求打造具有工程机械特色、世界级水准的智慧型、开放性、国际化徐工培训学院。

【各级技能竞赛屡创佳绩】 2010年,学校师生在各级技能竞赛中屡创佳绩。97名师生参加第三届全国技工院校技能大赛、第六届"振兴杯"全国青年职业技能大赛、第四届全国数控技能大赛徐州市初赛及市职业技能大赛11个项目、24个组别比赛,44人分别进入前三名,取得12个组别的市第一名;18名师生参加第三届全国技工院校技能大赛省级选拔赛,4名教师、9名学生分别进入全省前十,获全省团体总分第二名,荣获"优秀教学组织奖",学生丁修珂晋级参加全国比赛,并取得无线电调试学生高级组第五名成绩;5名师生参加第四届全国数控技能大赛江苏赛区选拔赛,4人进入前八名;2名教师参加第六届"振兴杯"全国青年职业技能大赛省选拔赛,分别取得第一、第三名,并在全国比赛中分别取得第二名、第十四名的成绩,实现学校教师入围全国比赛前三名的突破。

【校园招聘会、定向实习双选会】 5月1日,学校举办2010年校园招聘会。徐工集团徐州重型机械有限公司等12家用人单位提供就业岗位1243个,2倍于学校应届毕业生人数,初次就业率达98%。为进一步满足企业用工需求,5月9日,举办2011届毕业生定向实习双选会,371名2011届毕业生也被企业提前预定,意味着还没毕业就已经就业,再次出现学生被用人单位"争抢"的局面。

(撰稿:孙庆根　孙思瑜　审稿:徐美刚)

徐州电力工业学校
徐州电力高级技工学校

校长兼书记　杨正保

副校长　唐佑秀　许卫平

【概况】 2010年,学校占地面积15公顷,建筑面积52000平方米。实验实训设施配套齐全,有专业实训室20个;建有设施先进的仿真中心,拥有137.5兆瓦、220兆瓦、300兆瓦仿真机组,100兆瓦循环流化床仿真机,600兆瓦超临界、1000兆瓦超超临界仿真机组。毕业590人,就业565人,全校12个教学班,在校生450人。根据主管单位神华、国华电力公司的要求,学校的主要任务是为企业提供职工培训服务。现有教职工98人,专任教师56人,理论教师全部达到大学本科及以上学历,具有高级技术职称32人,中级技术职称22人,"双师型"教师40人。

【建成1000兆瓦仿真机】 12月,学校1000兆瓦仿真机建成,这是国内发电行业最先进的仿真机组。该仿真机是对实际机组的1:1全范围仿真,精确仿真了火电厂的全工况动、静态特性及整个生产过程,真实地再现了火电厂可能出现的各种事故和异常运行状况。1000兆瓦仿真机的建成使学校拥有了覆盖火力发电的完整仿真系统,仿真系统的建设和发展使学校实训设施提档升级,实训功能显著增强。

【教师深入生产现场调研实践】 9~12月,学校组织30名教师利用课余时间到发电企业生产现场进行调研实践。教师通过现场调研实践实现了3个目标,一是补充完善培训课程体系;二是提高生产现场知识、经验和技能,增强技能培训的能力和水平;三是收集生产案例、电力生产设备的检修工序和标准及点检定修的工作程序和标准,提高培训方案策划和教材编写能力。

【技能培训成果丰硕】 年内,学校全方位开展电力企业职工培训工作,全面服务企业人才队伍建设,成效显著。完成5479人次培训任务,2470人次高级工及以下技能鉴定任务,856人次技师、高级技师技能鉴定任务,全年共完成8805人次培训鉴定任务。

【组织教学培训工作研讨】 5月12日和10月20日,学校分别举办江苏电力系统和神华国华电力系统教学培训工作研讨会。江苏省和神华国华电力系统40多家电力企业负责教育培训工作的领导和专家参加了会议。会议研究和探讨学校教育培训工作的新路子和新方法,分析江苏电力和国华电力近几年的培训需求和人才需求。各单位充分交流教育培训工作经验,增进校企之间的相互了解,学校与参会企业就下一步职工培训和人才培养工作达成了合作协议。

(撰稿:刘庆云　审稿:杨正保)

徐州市撷秀中学

学校负责人　王冀宁
教学校长　姜竹梅
德育校长　李志坚

【概况】 2010年,学校有教职工149人,专任教师136人,其中研究生4人,在读研究生1人,本科学历127人,高级教师6人,共产党员37人。学校中考取得优异成绩,总分在全市名列前茅,受到市教育局的嘉奖。

【"感恩与奉献"主题教育活动】 3月,学校举行"感恩与奉献"主题教育活动。3月8日,组织全体学生观看邹越《让世界充满爱》的演讲。3月12～15日各班同学结合学雷锋活动,分别制定"感恩与奉献"集体、个人活动计划。3月15日,各班召开"感恩与奉献"主题班会,交流"感恩与奉献"的计划和观后感。会后,各班同学认真落实行动计划,活动内容和活动照片以海报的形式在校宣传栏内展出。

【举办春季社会实践活动】 4月,举办主题为"我观察、我思考、我体验、我成长"春季社会实践活动。活动以班级为单位,通过开展丰富多彩的社会实践活动,让学生观察社会、思考社会问题,培养学生的创新精神和实践能力,使学生受到爱国主义、集体主义、热爱自然、热爱家乡等教育,扩大视野,增长见识,增强社会责任感。

【举办市区公开课活动】 4月1日,学校举办市区公开课活动。经市教育局教研室同意,学校近年首次对外开课,三个年级所有学科开课29节,展示学校"基于学案、先学后教"的教学模式,共同探讨如何构建高效课堂。听课教师达800多人。

【举办第十二届知识节】 5月,学校举办第十二届知识节。知识节形式多样,涉及到百科知识、英语口语、数学知识及物理小制作等方面。全校2000多名学生积极参与,共有12个班级荣获团体奖,146人荣获单项奖。

【举办第二届趣味体育节】 10月18～22日,学校举行第二届体育节。体育节为期一周,18～20日下午开展了以班级为单位的拔河赛和篮球赛,22日,举行了盛大的闭幕式。运动会还设置了六人七足跑、同舟共济、三角往返障碍接力、投球比远、风火球接力等趣味运动项目。

(撰稿:许遵宝　审稿:王冀宁)

徐州市树人中学

校长、书记 都晓明
副校长 陈玉明 赵银鹤

【概况】 2010年,徐州市树人中学有教学班36个,12轨,在校学生2213人。教职工107人,其中专任教师95人,共产党员29人。有高级教师5人,中学一级教师44人;本科学历73人,大专学历32人。中考成绩超市均分96.6分,居市直属中学前列,学生张鸣鹤以718分的成绩位居全市中考第一名。

【加强内部管理】 年内,坚持每周一校长例会和教学工作联席会制度。坚持校长、主任联系年级组制度,深入基层调研指导。学校实行双级巡查管理,校长、德育处和年级组安排专人值班。校长办公室定期编辑《树人简讯》,针对问题,及时反馈,限期整改。

【注重师德建设】 年内,学校十分重视师德建设。师德建设采取新举措:第一步,各年级党小组长组织教师再学《规范》条文。第二步,对照《规范》要求,全员自查、反思,写出小结,并通过小组交流相互促进。第三步,通过教师、学生访谈,学生、家长问卷调查等形式,全面了解情况,评选出2010年度树人中学师德标兵和先进个人。学校召开表彰大会,并向获奖者颁发证书。

【凝神聚力抓教研】 年内,凝神聚力抓教研。在徐州市第六届"创新杯"论文评选中,共有9篇获奖,其中一等奖2篇。李文淑、封居团两位老师的论文在省级刊物上发表。学校组织2010年度青年教师优质课评选,选出10位教师参加市区评优课,获得一等奖4人;二等奖4人。教务处刘剑主任参加中国教育协会举办的"全国湘教版地理教材现场教学大赛",荣获特等奖。12月1日,学校面向全市举行"高效课堂研讨课"活动。共开课24节,来自全市31所学校的319位教师参加活动,会后收到有效反馈意见表173张;召开数学、物理、政治、地理、体育、信息等6个教研组的评课会议以及校领导与教研员的座谈会。

(撰稿:李文淑 审稿:都晓明)

徐州市春晖中学

校　长 曹继林
副校长 郭东泉 闫雪霞

【概况】 2010年,徐州市春晖中学占地面积6.67公顷,建筑面积3万余平方米。初中毕业10个班计586人,初一因省清理规范改制暂停招生一年。2010年有20个教学班,在校学生1208人。专任教师91人,其中高级教师20人。

【举办市区教学公开课】 12月9日,学校举行"课堂教学有效性"教学研讨活动。推出数学、语文、英语、物理、化学、体育、计算机、地理等14节公开课,探究提高"课堂教学有效性"方法,市区150名教师参加听课、研讨。

【参加市中小学运动会获奖】 10月30~31日,在徐州市中小学运动会上,学校获特色操表演奖和入场式奖。个人项目有3位运动员取得第一名,2位运动员取得第二名,4位运动员取得第三名,3初中组团体总分第二名。

(撰稿:张邦科 审稿:曹继林)

徐州老年大学
(原彭城老年大学)

校　长　王希龙
常务副校长　唐朝双
副校长　袁法训　江恒进

【概况】　经徐州市委、市政府批准,2010 年 1 月 1 日,彭城老年大学正式更名为徐州老年大学。2010 年,徐州老年大学校舍面积 5500 平方米,开设 39 个专业,61 门课程,159 个班级,在校老年学员 7943 人(次)。校内书画研究院、艺术团等社团组织和校外活动辅导站成员 3190 人。全校各类学员总数已经超过 1.11 万人。新聘、续聘专兼职班主任 22 人。聘用教师 85 人,其中具有高级专业职称的 40 人,有中级职称和专业特长的 45 人。徐州老年大学是中国老年大学协会会员校,获得"全国老龄工作先进单位"、"全国先进老年大学"称号。

【创建教学部】　2010 年,学校建立了新的教学管理运行机制。学校依据校情、教情和老年人的特点,在教务处内设 6 个教学部,即文史计算机教学部、书画摄影教学部、卫生健体教学部、声乐与舞蹈教学部、器乐教学部、生活综合教学部,并建立了相应的工作责任制。同时建立与其配套的教师工作 8 项制度,完善班主任工作制度,形成了新的教学管理运行机制。2010 年两个学期内,各教学部组织教师、班主任开展听课观摩活动,跟班听了 49 位教师讲课,计 110 课时。现场了解授课情况、及时总结、交流和反馈。

【参加徐州市首届老年艺术节】　7 月 ~ 10 月,参加徐州市首届老年艺术节大型系列活动。徐州老年大学作为 4 个承办单位之一,组织校书画研究院、艺术团、诗词研究会、摄影研究会以及各教学部和校外活动辅导站 800 多名学员,出演 78 个文艺节目,创作参展 191 件书画摄影作品,获得了艺术节所设奖项总数中的四分之一奖项。在此期间,学校组织全校师生举办各类教学成果展览、展示 18 次,在校内外展出作品 1236 件。文艺演出 15 场,包括市民广场演出和到部队、机关进行慰问演出。

【参与全国性教育科研活动】　3 月 2 日,学校召开理论研究座谈会。座谈会邀请徐师大 3 位教授参加,会后,组织学校老年教育理论研究会特约研究员和研究员,围绕老年教育的时代特征、发展展望、办学思路、教学研究、学员心理等,撰写 10 篇论文。10 月 18 ~ 20 日,中国老年大学协会在沈阳召开研讨会,徐州老年大学荣获征文活动组织奖、一个优秀论文二等奖、9 个人选论文荣誉证书。

【开展对日文化交流】　4 月 12 日,日本半田市市民赏樱友好代表团一行 15 人,到徐州老年大学参观交流。日本友人与学校书画研究院的学员互相切磋,挥毫泼墨,互赠书法作品和纪念品,举办了一场别开生面的中日老人"樱花书会"。6 月 3 ~ 8 日,徐州市市民友好代表团访问日本半田市。徐州老年大学艺术团服饰模特队 8 名队员随行,与日本朋友进行了文化艺术交流。

(撰稿:董安营　审稿:袁法训)

徐州第二老年大学
(原市宣武老年大学)

常务副校长　王玉楼

【概况】　原徐州市宣武老年大学,于 2010 年 6 月 18 日,经市委批准,正式更名为徐州第二老年大学。毕业 22 个班,毕业学员 1226 人次。招收新学员 1284 人次。有 27 个专业,52 个班,在校学员 2598 人次,在职教师30人,管理人员15人。

【承办老年大学协会教学研讨会】 6月9日,学校承办徐州市老年大学协会首届教学管理专题研讨会。全市13所老年大学的领导和教务负责人60余人参加会议,会长唐朝双讲话,教务处处长唐晋元作了教学管理主题报告,7所老年大学的代表作经验交流。与会人员还参观学校国画研究班、书法研究班、书画作品展,观看校艺术团演出。

【老年教育理论研究硕果累累】 年内,老年教育理论研究成果显著。学校研究室2篇论文获国家级奖项,其中唐晋元的《关于"教学大纲"》获优秀论文奖,应邀参加10月底在芜湖召开的研讨会,论文编入研讨会的论文集;王传良的《从文化视角看老年教育的本质》,获中国老年大学协会第九次老年教育理论研讨会论文三等奖,论文编入《老年教育文集》第九集。另有5篇论文被全国性刊物刊用。

【教学成绩斐然】 下半年,学校认真宣传贯彻国务院《国家中长期教育改革和发展规划纲要》关于"重视老年教育"的精神,调动师生员工的积极性,教学工作取得丰硕成果。诗词班出个人诗词集4本,集体诗词集3本,在各级报刊发表作品200余件。展出国画作品105幅、摄影作品190幅、剪纸作品216幅、布艺作品152件。徐州电台、电视台,《徐州日报》、《彭城晚报》等媒体作了报道。服饰表演《汉风丽影》和民舞《老伴》获第二届全国老年大学文艺演出"菊花奖",健身舞《俏夕阳》获"桂花奖"。在省、市大赛中有2项获省级奖,12项获市级奖。

（撰稿:王传良　审稿:王玉楼）

徐州高等师范学校少儿艺校

校　长　倪正华
副校长　吴景祥　刘永前

【概况】 徐州高等师范学校少儿艺校,2010年举办5期培训班,设立6个教学点,覆盖徐州市区,有15000余名学生参加了16个科目183个班级的培训与学习。

【为师范生提供教育实践园地】 暑期,艺校成为师范教师、学生了解小学教育的窗口和实践园地。师范生在艺校担当班级辅导员,培养其管理班级的能力。全年为徐州高等师范学校困难学生提供了230余个勤工俭学岗位,年内,发放勤工俭学补助合计16万余元。师范生既参与了教育教学实践,全方位的体验教师生活,既得到锻炼,又得到了一定的经济补助。

【举办生存自护夏令营】 暑期,举办了生存自护夏令营。全市共有69所学校,累计2325名中小学生围绕生存教育主题5大模块参加了活动,其中6名美德少年、49名农村留守儿童、76名市级优秀少年队员、15名孤儿免费参加了本次活动,320余名家庭经济困难的学生得到减免部分费用。

【省第三届小小数学家评选】 12月,学校承办了江苏省第三届"小数报杯"、"小小数学家"徐州市区优秀小读者推荐活动的组织工作。此次活动,参加人数达7600人次。学校严格按照省文件精神要求,本着"自愿参与、不收费用"的原则组织活动,体现了社会公益性。

（刘永前）

徐州市新世纪儿童培训中心

董事长 李维田
校　长 戈同华
名誉校长 李鸿民
常务副校长 李　迪
艺术顾问 李保田
主　任 李　玲　纵　原
名誉顾问 徐瑞吉
督学顾问 刘怀德

【概况】 徐州市新世纪儿童培训中心,办学10年,面向幼儿、中小学生常年开设书法、美术、英语、舞蹈、武术、音乐、电脑等专业。利用寒假、暑假以及春秋双休日时间上课。2010年开办20多个专业,67个班,学生1200人;教师50名,80%本科以上学历,3名特级教师,30名高级教师,全国优秀教师10名,市级骨干教师20名。在全国各项艺术大赛中60人获一等奖,200人获二、三等奖;在全国蒲公英英语大赛中获金奖5人;获其他奖项60人。累计3000人次获奖。2010年先后被评为市教育局先进单位,民政局先进单位,市"十佳培训品牌",彭城知名教育品牌,文明办讲诚信无欺诈百万市民满意单位,市爱心助学先进单位,全国素质教育艺术基地,全国剑桥英语考级示范点,全国百佳艺术特色机构。

【举办李保田影视艺术节】 6月2月,在学校总部礼堂隆重举行"李保田电影电视获奖作品巡展"。巡展中,作品《凤凰琴》、《宰相刘罗锅》、《神医喜来乐》等深受师生喜爱。李保田出神入化的表演和几十年如一日的敬业精神让师生们由衷敬佩。学员们纷纷表示要以李老师为榜样,"今天我以徐州为骄傲,明天徐州以我为骄傲"。

【上海世博会夏令营】 7月30日,学校举办了"新世纪2010上海世博会夏令营"。200余名优秀学员由15位辅导教师及校领导带领,前往上海参观世界博览会。同学们深切感受到高科技给城市带来美好生活,同时认识到要注意环保低碳,才能促进世界的和谐发展。

【常年开设免费公益班】 暑假期间,学校增设公益摄影班。该班面向全市中小学招生,邀请著名摄影专家、老年摄影家学会会长徐瑞吉先生主讲,免费教授静物、风景、人物摄影理论技法。参加学习的人数达80余人。

【开展赈灾活动】 8月15日,学校举办了"我与舟曲心连心"赈灾活动。学校学员发出"风雨同'舟',威武不'曲'"重建家园献爱心倡议。320名学员及52位教师、10名学员家长纷纷捐款;名誉校长、著名书法家李鸿民先生捐赠2幅力作进行义卖赈灾。所筹善款全部寄往灾区。

（撰稿:李　玲　审稿:李　迪）

徐州市彭城家长网校

董事长 朱晓荣
校　长 吴　刚
副校长 王宗彩　李雪松(1月~)

【概况】 2010年,徐州市彭城家长网校对网站和校讯通信息平台继续进行优化升级,有效地提升了服务学校、服务教师和服务家长的功能。年内,网站发布各类教育信息和文章4600多篇,日访问量1100多人次;校讯通已覆盖全市412所中小学和幼儿园,月平均下行信息量达到840万条;短信办公系统功能日趋完善,使学校提高办公效率,节省人力和资金。

【承办家校联系先进表彰活动】　9月20日，由徐州市妇联、徐州市教育局主办，徐州市彭城家长网校承办的全市第二届家校联系先进集体、先进个人表彰大会召开。大会对“二十佳”网上家长学校、30个家校联系先进集体、260名家校联系先进个人进行了表彰。活动对进一步加强校园信息化系统建设，对学校教育和家庭教育有效结合起到积极推动作用。

【开展优秀短信评选】　3月，在全市62所中小学和幼儿园开展“家校互动优秀短信”评选活动。活动共筛选家校互动短信1.9万条，评出优秀短信2166条，获一、二、三等奖的教师共470名。活动有效促进家校互动短信质量的提高，提升了老师与家长的沟通能力，营造了家校教育和谐氛围。

【举办家庭教育公益讲座】　年内，举办家庭教育讲座12场次。免费举办“专家与家长面对面”家庭教育系列讲座：《从考试中砺练成功》、《科学教育与孩子未来竞争力》、《孩子成长的困惑与对策》、《如何培养孩子良好的生活习惯和学习习惯》等，直接受益家长5200多名。

【组建外呼中心】　2010年，网校建立了外呼中心和录音抽查制度，及时精准地为家长服务。网校月均外呼数据17839个，高峰期月均外呼27973个，能够在第一时间预知家长意图，并跟踪互动流程，有效地避免不必要的纠纷，提升家长的满意度，确保校讯通业务的顺畅推进。

（撰稿：朱晓玉　审稿：吴　刚）

徐州市青少年宫

主　任　蔡　霞
副主任　钟　玲　史　胜　于桂芬

【概况】　青少年宫2010年有教职工49人，高级教师6人，中级教师25人，兼职教师19人。开设美术、音乐、舞蹈、语言表演及科技、文化、体育等10大类48个专业，年培训学员近万人次。在公益培训、活动拓展、队伍建设等方面取得了丰硕成果，荣获江苏校外公益培训先进集体和公益活动的全国、省级优秀组织奖。

【打造“机器人俱乐部”品牌】　年内，机器人项目实现了跨越式发展。拓展了BDS机器人，引进“广茂达”省竞赛普及项目，年培训量比去年增长11%，还采用“流动少年宫”的形式，走进青年路小学等20所学校和风华园等3个社区。举办“淮海经济区暨江苏省青少年机器人徐州赛区竞赛”，联络8个核心城市，扩大了徐州青少年宫机器人俱乐部的影响力。对机器人教学研究有新突破，编写《徐州青少年宫机器人教程》，研发“XJB”拼装机器人。组织80名选手参加由省科协、省教育厅举办的少儿机器人大赛、WRO中国赛区比赛、VEX工程机器人亚洲锦标赛选拔、香港亚太机器人锦标赛等国内外赛事，取得7个一等奖、19个二等奖、17个三等奖、3个优秀组织奖。

【强化公益，打造品牌】　年内，组织开展多项活动，强化公益，打造品牌。组织开展“绿健杯”故事大王比赛、中日青少年书画展、青少年科技文化艺术节等传统品牌活动，参加者近5000人。组织“爱心、温馨+开心少儿快乐游戏节”，吸收40名民工子弟、特困家庭子女与1000多少先队员参与。组织开展“共享阳光、让爱飞翔”暑期特困家庭子女、外来务工子女免费培训系列活动,开设公益班18个,390人次参加了免费培训。开展"我是青奥小使者"趣味运动公益夏令营活动,受到省教育学会的表彰,荣获优秀组织奖。

【打造优秀教师队伍】 年内,加强师德教育和教科研活动,不断提升教师队伍素质。开展"加强师德修养,践行为人师表"教育活动和寻找"身边的罗文"活动。开展丰富多彩的教科研活动,定期进行教学课件制作比赛、教案评比,在团市委千字文展示和PPT比赛活动中,青少年宫教师连续两次名列前茅。各部门开展争先创优活动,评选出先进部门和十佳教师。

【扩大青少年宫社会教育功能】 年内,以多种形式服务于社会,扩大青少年宫社会教育功能。在职专业教师与学校一对一进行对接,帮助部分学校打造特色项目。表演组教师辅导徐师一附小的学生参加市文明办、市教育局举办的文明礼仪大赛获得第一名。增加对社会开放时间,每周三、四、五下午将所有专业面向中小学生开放,分批组织他们参加公益兴趣培训和少先队实践活动,突显公共服务价值。

【引进青少年艺术考级项目】 成立青少年宫艺术考级中心,与全国各大知名艺术院校初步联系,洽谈考级事宜。通过实地考察和社会调查,确定了重点签约院校,已与天津音乐学院、西安音乐学院签订合作协议,将于2011年举行挂牌仪式,正式开展艺术类考级活动。

(撰稿:马　蓉　审稿:蔡　霞)

徐州市少先队工作委员会

主　任　苗　琳　徐保卫
副主任　徐子宇　崔　瑛
少先队总辅导员　刘　雨

【概况】 2010年,徐州市少先队有1016个少先大队,1039名乡镇大队辅导员,1800名校外辅导员,1063520名少先队员。

【开展"红领巾教育月"活动】 下半年,为纪念中国少年先锋队建队61周年,团市委、市少工委开展了"党是阳光我是花,争当彭城好少年"主题队日活动。10月12～13日,全市中小学少先队举行以少先队入队仪式为主题的主题队会。各少先队组织还根据实际情况开展了丰富多彩、富有内涵的主题队日活动。

【"争当四好少年"主题教育活动】 年内,在全市开展"争当四好少年——学习邵帅捐髓救母事迹"主题教育活动。活动由影片观摩、主题讨论、征文等组成。放映根据邵帅捐髓救母事迹拍摄的栏目剧《生死母子情》,同时进行慈善义演,为邵帅及母亲继续募集善款用于后期治疗。影片首映后,在徐州共青团网站(www.xzyouth.net)、徐州学生联合会网站——"柠檬网"(www.54lemon.com)展映,开辟主题教育活动专栏。全市各级少先队组织通过了解、学习邵帅同学的事迹,积极参与大讨论活动。

【开展暑期道德实践活动】 年内,开展"红领巾寻访共和国英模"活动。六月初,邳州八义集小学依托本地资源,开展"小萝卜头——宋振中"寻访活动;贾汪区团结小学牵头,四校联动,开展英雄足迹寻访活动;鼓楼区以身边的共产党员为榜样,开展道德标兵的寻访活动;泉山区通过寻访抗美援朝老战士、寻访武警支队战士，以及了解身边教师共产党员的先进事迹等等，培养少先队员爱党、爱国家的情感。

【参与主办徐州市第二届童话节】 年内，与市教育局、市委宣传部、市电视台等多家单位共同主办徐州市第二届童话节。童话节以“上海世博会”为主题，分为“讲童话、写童话、看童话”三大环节。以“校园电视海选”、“校园对对碰”、“我是大王”等阶梯式赛程为平台，在各县区海选出16所学校320名选手进行校际间打擂，最终选出20名选手进入“我是大王”总决赛，评选出冠亚季军以及“校园写作小能手”等。

（撰稿：刘　雨　审稿：苗　琳）

徐州市关心下一代工作委员会

名誉主任　何赋硕
主　　任　李为健
常务副主任　周维宇　董继忠　高之均
副主任　司云胜　郑庆生　侯宗维

【概况】 2010年，市关工委扎实推进未成年人思想道德建设，创新开展具有鲜明时代特征、符合未成年人认知规律、成效明显的工作项目和品牌活动。1月份，市关工委开展的创建“小海燕农家（社区）书屋”的品牌活动，荣获徐州市第三届未成年人思想道德建设工作创新案例二等奖。

【“小海燕书屋”授牌赠书仪式】 3月30日，市关工委召开全市工作会议暨“小海燕书屋”授牌赠书仪式。李为健主任作工作报告，总结回顾2009年工作成绩和经验，安排部署2010年工作任务。市关工委常务副主任高之均宣读关于命名“小海燕农家（社区）书屋”、家庭辅导站、社会实践教育基地的决定。市关工委共向新建的103个“小海燕农家（社区）书屋”、52个家庭辅导站、51个社会实践教育基地授牌、赠书。共赠书10568套，书款价值340827元。

【“学双百、争三好”主题活动】 3月25日，市关工委、市教育局联合印发《通知》，决定在全市青少年中特别是中小学生中，广泛开展“学双百（学习100位为新中国成立作出突出贡献的英雄模范人物和100位新中国成立以来感动中国人物）、争三好（在家庭做好孩子、在学校做好学生、在社会做好公民）”主题教育活动。市关工委要求各级关工委，充分利用“小海燕农家（社区）书屋”和校外辅导站等各类校外辅导教育阵地，采取读书征文、座谈讨论、演讲比赛、报告会、夏令营、参观爱国主义教育基地以及与贫困地区孩子手拉手等寓教于乐的形式，开展“学双百”人物和身边英雄模范的先进事迹活动，让英雄模范的崇高精神广为传颂，得到传承。

【未成年人思想道德建设交流会】 5月13日，全市未成年人思想道德建设经验交流会在沛县召开。会议表彰全市未成年人思想道德建设工作先进县（市）、区，先进集体、先进个人和优秀活动场馆。徐州市关工委办公室、沛县关工委、睢宁县关工委、新沂市关工委被授予先进集体称号，沛县大屯镇小海燕家庭辅导站负责人张兴良被评为先进个人。

【承办省“学双百、争三好”教育交流会】 8月12～13日，全省关工委“学双百、争三好”主题教育汇报交流会在徐州召开。省关工委名誉主任储江，主任曹鸿鸣，常务副主任王霞林、王湛，副主任钱协寅、祝世珍，市领导张敬华、庄华平、夏文达、邹徐文、戚锡生、郭希忠，市政府秘书长周建洪，以及全省各市关工委、省教育系统、民营经济、农林厅关工委负责人等出席会议。徐州市关工委、常州市关工委等7家单位作了典型交流发言。与会人员参观云龙区王杰小学现场观摩会、全市主题教育成果展板、淮海战役纪念馆新馆、市规划馆和新城区。

【举行"爱心救助乡镇行"】 8月19日,举行"爱心救助乡镇行"暑期特别救助仪式。市关工委与市红十字会、市教育局、徐州电视台,联合举行"爱心救助乡镇行"暑期特别救助仪式,向考入大学的50名贫困新生发放救助金10万元和价值2.43万元的《淮海战役丛书》,帮助贫困大学生顺利走进大学校门,实现他们的大学梦想。

【少儿才艺大赛暨捐衣助学仪式】 11月20日,由市文明办、市关工委、彭城晚报社主办的全市首届"风意羽绒服"杯少儿才艺大赛暨捐衣助学仪式,在彭城广场举行。近千名中小学生、幼儿园小朋友参加才艺大赛。仪式上,向100名品学兼优的贫困中小学生捐赠羽绒服。李为健主任代表主办单位讲话。

(王大林)

师范教育

【概况】 2010年,调整师范布局,实施资源整合,促进高师提升办学水平和效益。高效有序完成徐州高等师范学校沛县分校的撤并工作,教职工、部分教学设备分流和调配到徐州高等师范学校、徐州幼儿高等师范学校,增强了两所高师的综合实力。年内,徐州幼儿高等师范学校顺利通过教育部组织的升格为"幼儿高等师范专科学校"的专家组评估验收,为做大做强徐州幼教事业奠定坚实的基础。强化3所高师的学科建设,加强课程设置的指导和教育教学各项工作的管理,各高师学科建设和课程结构调整力度不断加大,构建有特色的课程体系和专业建设,多元办学,错位发展的格局初步形成。强化常规管理,规范办学行为,平时检测与定期督导相结合,加快各高师内涵建设。3所高师一年级学生语、数、外三科统测,成绩充分显示各高师基础学科教学水平进一步提高。强化学生专业技能训练,成功举办师范生技能大赛,学生的综合素质进一步提升。高师学生成长多元化,就业和升学渠道日益拓宽,学生参加普通高考和"5+2"专升本考试,均取得优异成绩。各高师通过多种途径,利用各种培训平台,加强在职教师的继续教育,教师的学历水平和教育教学能力有了显著提高。各高师充分发挥职后教育的功能和优势,圆满完成省级、市级各专业培训项目并积极组织网络培训,受到各送培单位和全体参培学员的一致好评。

徐州高等师范学校

校长、副书记 张兴朝
副书记、副校长 倪正华
副校长 张茂杰 张逢成
校长助理 蒋 铭

【概况】 2010年,徐州高等师范学校占地面积9.51公顷,建筑面积50958平方米,拥有风雨操场、艺术楼、塑胶跑道、大礼堂、实验楼等场馆设施,图书馆藏书100834册。在校生3826人,录取新生587人,毕业生811人,毕业生就业率97.41%。8月,市政府对徐州师范布局调整,沛师分校停止办学。按照上级部署,沛师50位在岗教职工、28位离退休教职工、230位学生转入学校。全校教职工232人,其中专任教师200人。9月,为适应市场需求,调整系科设置,建立中文系、数理系、外语系、艺体系4个系科。学校先后获全国模范职工之家、江苏省学校先进基层党组织、省文明单位、徐州市先进集体、市教育信息化工作先进单位、市未成年人思想道德建设工作先进集体等荣誉称号，目标管理综合督导考核再获“优秀”等次，实现四连冠。张逢成老师获徐州市第五批优秀专家荣誉称号、臧凤萍老师获徐州市第五批拔尖人才荣誉称号。7月上旬，开展第四轮中层干部竞聘，对新任干部举办干部培训班。

【有效教学研讨持续升温】 年内，学校有效教学课堂研究取得阶段性成果。全校全年开设公开课300余节，听课超过5000人次，先后有13人次在市级以上比赛课和基本功比赛中获一等奖，成绩居同类学校之首。4月16日，学校举办主题为“聚焦课堂、研究探索、提高效益”的教学开放日活动，近500位来自徐州及周边地区的领导、老师参与活动，37位教师执教观摩课受到广泛好评。12月17日，学校又成功举办徐州市小学艺术教学课堂研讨活动，来自南京、安徽和徐州地区的3位名师观摩课和来自南通的教学名师讲座均受到与会人员的好评。

【各类升本考试再创佳绩】 年内，学校各类专升本考试均取得较好成绩。高中实验班704班孙越、郭秀卓同学超一本分数线，实现高考班新突破。05级同学在江苏省高师专转本考试中录取率68.2%，高于全省52%的录取率，英语专业录取15人，占全省11%，总均分高出省均分28分，袁青以375.5分获全省理科第一名。517班4人参加全省高职类专转本考试，3人被录取，继续保持较高录取率。

【语言文字成为办学特色】 年内，语言文字工作中取得优异成绩。学校先后被评为省级和国家级语言文字工作先进单位，200余人次在省级以上书写比赛中获奖，9月份被教育部、国家语言文字工作委员会授予“国家级经典诵读创建单位”，12月份又被评为省第四届中小学生书写大赛优秀组织奖。

【大力开展创先争优活动】 年内，学校党委号召广大党员结合本职工作积极开展创先争优活动。开展党员公开承诺、“每周一星”宣传、组织干部赴睢宁学习、领导点评，邀请市委党校教授到校开设讲座等活动，有效促进学校的教育、教学管理工作。

【开展特级教师校友寻访活动】 4月17日，学校党委启动“探访校友成功之路，领略特级教师风采”活动。学校邀请32位特级教师校友聚会母校，学生分别对他们进行采访，寻找校友成功足迹，积累校史资料。

【国际交流日益增多】 年内，学校与日、韩等国交流互访、洽谈合作、拓宽办学之路。4月8～13日，学校师生代表团赴日本进行交流访问活动。6月28日，日本熊本工业专门学校董事会成员一行10人，回访学校，两校就师生互派、合作办学等事宜达成协议。3月，韩国韩巴大学到校就韩语专业进行洽谈交流。11月，新西兰国立理工学院国际业务部主任Mr. Bruce Osborne先生一行到校商议合作办学。

【开展爱心捐助活动】 年内，全校师生为灾区人民和患病同学捐款近9万元，表达徐师人的一片爱心。青海玉树发生地震，学校师生向灾区人民捐款共计11408.10元。其中，一位退休老党员以“徐师人”的署名捐赠1000元。5月17日，学校师生为挽救身患白血病的文理系郝缓缓同学，在吴亚鲁广场为其捐款，总计捐款金额68513.7元。

【参与各类大型活动】 年内，学校组织师生，积极参与各类大型活动。参加市文明办举办的“我们的节日·端午”大型经典诗文诵读大赛，获高校组第二名。参加徐州市首届端午节龙舟大赛，作为徐州市唯一一支大中专参赛队伍，与市特警支队、驻徐某部等队伍同场竞技,荣获优秀组织奖。

(撰稿:苗苏莉　审稿:张兴朝)

运河高等师范学校

校　长　户振江

党委书记　户振江

党委副书记　吕立言

副校长　吕立言　毛国良　丁彦华

【概况】　2010年,运河高等师范学校(江苏教育学院运河分院)占地面积12.07公顷,建筑面积71700平方米,教育教学科研仪器设备1509万元,拥有科技楼、艺术楼、体育馆和400米标准操场。图书馆馆藏文献21.15万册。全年教育经费投入2132万元。毕业572人;招生596人。53个班,在校生2526人。在编教职员工180人,其中专任教师137名,高级职称49人,副教授28人,特级教师4人;省"333"工程重点培养对象1人,省、市名教师、学科带头人、青年骨干教师12人。

【特色教育成绩斐然】　年内,广泛开展各类特色活动。紧扣师范生特点,以"个人有特长,班级有特点,专业有特色"为目标,促进学生全面发展和个性发展。11月,获省高师第二届体育节田径女团第一名、男团第二名、健美操6人操一等奖和啦啦操一等奖;全国师范院校书法大赛获团体特等奖。12月,获省高师美术技能大赛4个一等奖、1个二等奖;在市级以上作文、科技小论文、朗诵等比赛中也获得突出成绩。

【青年教师培养成绩突出】　年内,多措并举加强青年教师培养,成绩突出。采取"进城(高校读研)、出国(培训进修)、下乡(送教锻炼)"三结合方式,让教师校内校外兼教、国际国内兼修,提升学科视野、学术水平和学历层次;邀请专家作报告、名优教师开讲座、举办学术沙龙等方式更新和丰富教师的现代教育理念和理论知识;每周一开设研讨课,组织教师共同探讨高效课堂的方法路径。金英等5位教师被评为江苏教院分院第二批学科带头人;李红、许荣良2位教师获徐州市区教师基本功比赛一等奖,周程成等5位教师获省协作组教学评比一等奖,胡颖、庄焕等4位教师分获全国说课、课件评比一二三等奖,王畅老师的动画作品在中央电教馆组织的评比中获银奖。

【课题研究呈现金字塔结构】　年内,课题研究呈现"金字塔"结构。全校共承担各类课题40项。其中,省教育科学"十一五"规划课题5项,徐州市教育科学"十一五"规划课题7项,徐州市教研室规划课题4项,徐州市2010年度个人课题22项,中国陶研会师范教育专业委员会"十一五"规划课题1项。课题数量达到历史新高,课题结构形成"金字塔结构"。3项省级课题和5项市级课题按计划顺利结题。教师在省级以上刊物发表论文174篇,市级刊物发表论文4篇。其中核心期刊论文8篇,学报上发表论文32篇,论文的学术含金量进一步提高。

【承办全国暨省师范书法年会】　11月8日,第十一届全国师范院校书法教育学术年会暨省高等师范学校书法协作组年会在运河高师举行。来自浙江、福建、广西、四川、江西、山西、安徽、山东、重庆等省的75位师范院校领导专家和全省高师的40位领导、老师莅临大会交流书法教学工作,省内13所高师的65位同学前来参加书法现场比赛,学校和服务区6所中小学的400名学生参加了现场书法展示。书法家笔会、学术讲座、书法教学研讨会、观摩课等精彩纷呈;现场比赛和展示活动参加人数多,场面大,水平高,成为本届书法年会的一大亮点。

【法国教师到校开展教育活动】 6月9日，来自法国的身患癌症的33岁青年教师伊格栅维埃·朱利安到校开展生命教育活动。栅维埃·朱利安骑行12000公里来到中国，在校活动2天，和师生进行广泛的交流，并以“生命与人生”为题作了精彩的报告。

【承办服务区学校师资培训活动】 7月5～16日，承办江苏省中小学英语教师引智培训。来自美国的4位外籍专家担任培训教师，对邳州市和睢宁县的中小学英语教师120人进行培训。7月18～23日，承办江苏省义务教育阶段农村小学英语教师培训，邳州和新沂市农村小学英语教师120人参加培训，沈峰、施延霞等省内知名小学英语教育教学专家担任培训教师。9月18～20日，协助邳州市教育局承办江苏省初中新课程思品学科“送培到县”工作，来自邳州市、新沂市和睢宁县的300位中学思品学科教师参加培训，省师培中心常务副主任严华银作学术报告。

（撰稿：陈　颂　审稿：吕立言）

徐州幼儿高等师范学校

书　记　强　国（兼）
校　长　张祥华
副校长　马　玲　滕建志　李克军
校长助理　张丹枫　邓宪亮（工会主席）

【概况】 2010年，徐州幼儿高等师范学校占地面积27公顷，校舍建筑面积9.96万平方米。有实验实训室344间，教学用计算机1018台，钢琴、数码钢琴667台，纸质图书26.74万册，电子图书22万册，视听资料2238件。学校设有学前教育、学前双语、英语教育、音乐教育、美术教育、音乐表演、舞蹈表演、装饰艺术设计、商务英语9个专业。全日制在校生2469人。专任教师168人，其中高级职称66人，具有硕士及以上学位54人。2010年学校荣获江苏省平安校园、江苏省价格诚信单位、江苏省陶行知教育思想先进集体等荣誉。

【各级领导关怀幼师】 教育部师范司培养处处长于兴国，省教育厅副厅长杨湘宁，市委副书记、市纪委书记陈美行、副市长孔海燕，省教育厅师资处处长樊增荣等领导先后莅临学校指导工作。9月10日，在第26个教师节到来之际，市委副书记陈美行等领导冒雨慰问教师，并看望了西藏班师生，为西藏班同学赠送了礼品。

【举行系科成立大会暨授牌仪式】 4月1日，学校举行系科成立大会暨授牌仪式。市教育局局长强国和学校领导出席大会并授牌。此举将从硬件和软件两方面共同打造学校的大学氛围。

【召开教改工作会议】 8月1日，学校召开教改工作会议。会议明确学校教学改革的指导思想：以市场为导向、以就业为目标，教学改革的主要内容是课程方案计划的改革和调整、教学评价机制的改革、学分制的全面推行。

【承办全国幼儿教师教育委员会年会】 10月15日，全国幼儿教师专业委员会2010年年会在学校召开。全国各级相关领导和来自全国学前教育界的200多位领导、嘉宾出席会议。会议研讨巩固学前教育的成果、提高学前教育的质量和提高国民素质等内容。

（撰稿：王　冠　审稿：杜军勇）

（本编编辑　翟明臣）

第四编　高等教育

【概况】　2010年,在徐高校以科学发展观为指导,积极创建和谐校园,深化管理体制和办学体制改革,加强内涵建设,不断提高人才培养的质量,办学水平进一步提高,徐州高等教育取得新发展。2010年,在徐高校总占地823公顷,建筑面积3808641万平方米,固定资产总值566984.62亿元。博士学位授予点59个,硕士学位授予点197个,本科专业244个,专科专业221个。在职教职工10756人,其中专任教师6792人,具有高级职称2882人。各类在校生168841人,其中全日制本专科学生117374人,博士、硕士研究生10243人,成人在校生43155人,留学生230人。

【加强成人高等教育校外教学点管理】　年内,进一步加强成人高等教育校外教学点的管理。切实做好高校成人教育校外教学点的年审和新增点审核工作。邀请有关专家组成专家组,采取查看资料、现场评估、召开座谈会等形式,做好高校在徐校外教学点年审和新申请教学点审核工作。起草下发《关于高等学校成人教育校外教学点的规范管理和年审工作有关事项的通知》,从招生秩序、教育教学、考试以及学生管理和规范收费行为、年审等方面出台有关措施,强化过程管理。以"征求意见函"的方式,发函给各主办高校征求对校外教学点的意见和评价。召开在徐各高校成教院院长座谈会,对加强成人高等教育管理做进一步探讨。加大宣传力度,充分利用徐州教育网及新闻媒体广泛宣传成人高等教育政策,及时向社会公布经过市教育局审核并经省教育厅公布备案的高校校外教学点,同时也把校外教学点的设立程序向社会公开。

【规范高等教育机构到徐招生】　加强招生政策宣传,对到徐招生的高等教育机构进行规范管理。起草《致高考考生和家长的一封信》,将有关的招生和录取政策向考生进行宣传,提醒考生和家长注意辨别;起草《致来徐招生(宣传)单位的一封信》,要求来徐招生(宣传)单位持有关手续到市教育局进行备案,实事求是地进行招生宣传;并将两封信放大张贴在招生(宣传)单位较为集中的场所;同时通过新闻媒体和网络,向社会宣传有关政策,通过徐州教育网和彭城视窗将备案信息向社会公布。加大执法检查力度,采取突击检查和常规检查相结合的方式,查处违规招生;联合公安、工商、消协等部门,对高等教育到徐招生宣传单位进行联合执法检查,对问题招生宣传单位要求其限期整改,个别单位予以取缔。根据省教育厅和省工商局的要求,与市工商局联合开展招生广告的整治活动。

【做好大学生扶困助学工作】　以宣传、培训、指导、协调等方式,细致、扎实做好大学生扶困助学工作。指导各学校采取奖、贷、助、补、减等措施,扶困助学,保证每一个大学生不因贫失学。按照省教育厅的统一部署和要求,从5月份起全面开展新一轮生源地助学贷款工作。通过新闻媒体和网络等平台,向社会宣传国家助学政策,让大学生了解资助的方式、标准、程序和时间安排。召开生源地助学贷款工作会议,及时总结工作、交流经验。开展业务培训,学习其他单位生源地助学贷款工作先进经验。召开市直属学校生源地助学贷款工作会议,对工作人员进行业务培训,指导高中学校做好生源地贷款的预申请工作。理顺有关县区的工作关系,协调指导各县(市)、区学生资助管理中心做好生源地助学贷款工作。2010 年,市、各县(市)区资助中心为 32019 名徐州籍学生办理了助学贷款,推进生源地贷款的顺利开展。

【做好高校思想政治和安全稳定工作】　积极推进高校大学生思想教育工作,认真做好高校安全稳定工作。开展大学生思想动态网上问卷调查,及时了解各高校学生思想动态。积极做好高校食堂价格稳定工作,市领导、教育行政部门和学校高度重视,积极贯彻落实国务院和省有关文件精神,多次对高校食堂价格和学生稳定情况进行调研,下发《市政府办公室关于做好大中专院校食堂价格稳定工作的通知》,对做好高校食堂价格稳定提出 7 条要求。市财政拨专款给予市属高校食堂临时价格补贴经费。各高校通过团购降低成本、学校予以补贴、认真落实好各项资助政策等形式稳定学校食堂价格,切实保障在校学生的基本生活,稳定学校教育教学和生活秩序。食堂伙食供应整体形势平稳,师生没有较大的反应。协调做好大学生医保工作,通过多种形式征询各高校对大学生参加城镇居民医保工作的意见和建议,协助宣传动员推进大学生参加居民医保。

【积极做好大学生创业就业工作】　积极做好大学生创业就业工作,为打造人才强市做好准备。通过大学生就业情况调查和大学生创业网上问卷调查,了解大学生就业情况和对创业的认识。认真做好大学生创业园宣传推介工作:一、对重点高校徐州籍大学生进行宣传推介。向 185 所重点高校的 533 名徐州籍大学生发出《给徐州籍大学生的一封信》,介绍目前徐州经济社会发展状况和支持大学生创业的政策措施,动员他们回家乡创业,并请他们宣传、动员其他徐州籍和市外生源地的大学生到徐就业、创业。二、通过各重点高校进行宣传。以《给重点高校学工处的一封信》及宣传画册等方式,向 120 所全国重点综合大学和理工科大学,介绍徐州地理位置、风土人情和社会经济发展状况,宣传徐州促进大学生创业的具体措施和优惠政策,请他们协助宣传和动员。

【开展在徐高校有关情况调研】　开展在徐高校有关情况调研,为上级部门决策提供依据。做好徐州高校基本情况的统计工作,掌握在徐高校的基本资料。认真开展在徐高校服务地方经济发展调研,调查了解在徐高校围绕“淮海经济区核心区建设”开展工作的情况;调查了解振兴苏北老工业基地建设所涉及有关项目进度情况和有关学科建设的情况等。督促高校积极贯彻省有关部门支持苏北发展的要求,争取省有关部门加大对徐州高等教育发展支持力度。

【加强与在徐高校的交流联系】　以多种形式加强与在徐高校的交流联系。继续建立和完善高校有关部门联席会议制度,定期通报徐州高等教育有关情况,加强与各学校的交流沟通。开展高校党办校办主任联谊会活动、在徐高校教务处长年会、各高校成教院院长联谊会,沟通情况,加强交流。

【推进徐州高校教学联合体工作】　2010 年,徐州高校教学联合体多次召开联席会议,采取多项举措,促进区域资源共享,推进区域高等教育的可持续发展。由徐州师范大学牵头召开 2010 年江苏省淮海发展研究基地建设座谈会,总结其建设经验和解决发展中的问题,推进省淮海发展研究基地建设。开通徐州高校教学联合体文献资源共享平台网站,并进一步完善网络课程建设平台,有效推动文献资源及课程资源共享。切实推进各校教师互聘工程,开展各校共享的“名师讲坛”工作,共同邀请国内外的著名学者到徐州讲学100余场,推进师资资源共享,扩大受益面。

(杜 涛)

中国矿业大学

党委书记 罗承选(~12月)
邹放鸣(12月~)

校 长 葛世荣

【概况】 中国矿业大学是教育部直属的全国重点大学,是国家“211工程”和“985工程”、“优势学科创新平台项目”重点建设的高校之一,是教育部与江苏省人民政府、国家安全生产监督管理总局共建高校。

2010年,校园占地面积294.2公顷(文昌校区103.7公顷,南湖校区190.5公顷),校舍建筑面积100余万平方米。学校固定资产235474.2万元;图书馆藏书214.6万册;该校设有研究生院和20个学院。62个本科专业,覆盖理、工、文、管、法、经、教育等7个学科门类;设有15个一级学科博士点,31个一级学科硕士点,69个二级学科博士点,173个二级学科硕士点;15个专业学位授权点,2个工程硕士授权点;1个一级学科国家重点学科,8个二级学科国家重点学科,1个国家重点(培育)学科,5个省一级学科重点学科(其中4个省一级学科国家重点学科培育建设点),9个省重点学科(其中4个省国家重点学科培育建设点),4个部级重点学科,12个博士后科研流动站。2010年有2个国家重点实验室,1个国家工程研究中心和1个国家级大学科技园,3个教育部重点实验室,2个教育部工程研究中心,15个其他省部级重点实验室和工程(技术)研究中心。大学生创新教育基地10个,青年就业创业实习基地45家。教职工3138人,其中专任教师1676人;专任教师中,教授296人,副教授435人,博士生导师250人,硕士生导师794人;中国工程院院士10人(含外聘4人),160多人享受国务院颁发的政府特殊津贴。在校生45709人,其中研究生6282人(博士生1033人,硕士生5249人),普通本科生26929人,成人教育本专科生12310人。留学生129人。

2010年,学校共招收各类学生13858人,本科生、研究生的报考人数和生源质量再创新高;毕业11857人,毕业生就业率98.07%,居全省高校第一位和全国高校前列。学校获全国毕业生就业典型经验高校、全国普通高等学校毕业生预征工作先进集体、全国高校学生资助工作先进单位以及全国暑期社会实践活动先进单位等称号。学生在“挑战杯”、数学建模、力学、电子机械、CCTV青歌赛等国家级竞赛中获得奖励350项,男篮获得CUBA大赛亚军。12月,该校被评为全国煤矿体育工作先进单位。

年内,该校《特厚煤层安全开采关键装备及自动化技术》、《大型露天煤矿开采新技术与应用研究》、《大型矿山提升装备关键技术及应用》、《时空数据挖掘关键技术与应用》和《煤矿千米深部岩巷稳定控制关键技术及应用》等5项科研成果获2010年度国家科技进步二等奖。

【深入推进创先争优活动】 根据党中央和教育部党组的部署,结合学习实践活动的“回头看”工作,认真开展创先争优活动,激发广大教职工为学校作贡献的热情和动力,有力地推动各项事业科学发展。该校“健全机制、分类指导、把创先争优活动重心向基层大力推进”的做法,得到省教育厅领导的肯定与好评。

【科学谋划事业发展】 为进一步明确学校未来10年的改革和事业发展目标及努力方

向,使办学实现新的跨越和新的发展,8 月 29 日,该校研究制订出台《中长期发展战略规划(2011—2020 年)》。规划提出“通过实施‘八大工程’及采取相关措施,经过坚持不懈的努力,把我校建设成为‘特色鲜明、国际一流的高水平矿业大学’”的奋斗目标。12 月,该校被列入国家教育体制改革首批项目试点高校和教育部继续教育改革试点项目高校。

【大力推进课程质量建设】 2010 年,会计学专业和信息工程专业被遴选为第六批国家特色专业建设点;“采矿工程专业教学团队”获国家教学团队建设立项;“空间与国土资源信息国际化人才培养基地”获江苏省人才培养模式创新基地建设立项;矿井通风与安全等 10 门课程被评选为省级精品课程;土木工程专业通过建设部评估;矿物加工工程专业在全国高校首个接受专业认证。

【学科建设取得新突破】 学校以开展一级学科博士点和一级学科硕士点自行审核工作为契机,努力调整和优化学科结构。2010 年,新增 6 个一级学科博士点、17 个一级学科硕士点,新增 6 个专业硕士学位类别以及 2 个工程硕士领域。经过调整和增补,博士点学科领域得到较大的拓宽,学科布局得到进一步优化。扎实推进“211 工程”和“985 优势学科创新平台”建设,对“211 工程”三期 11 个重点学科建设项目进行中期检查,完成“985 优势学科创新平台”项目建设试点总结及二期申报工作。

【科技创新实现新跨越】 年内,该校国家和省部级重点实验室体系建设更加完善,煤炭资源与安全开采、深部岩土力学与地下工程 2 个国家重点实验室分别通过评估与验收;物联网(感知矿山)研究中心建设进展顺利;煤矿瓦斯与火灾防治教育部重点实验室建设计划通过专家论证,矿山数字化教育部工程研究中心通过验收,江苏省煤基 CO_2 捕集与地质储存重点实验室获得批准并进入实质性建设,“国家能源煤矿采掘机械装备研发(实验)中心”正式揭牌。4 月,陈清如院士获国际选煤界最高奖励——国际选煤大会“终身成就奖”;刘炯天院士获全国优秀科技工作者称号。

【师资队伍建设取得新成效】 2010 年,该校共补充 88 名包括来自英国诺丁汉大学和中国清华大学等国内外名校的具有博士学位的师资。特聘教授陶东平入选 2010 年度国家“千人计划”,引进的王绍荣教授入选江苏省“双创人才”, 1 人被评为“江苏省有突出贡献的中青年专家”,2 人获得“全国煤炭青年科技奖”,3 人入选“教育部新世纪优秀人才培养计划人选”,袁亮、王安、谭建荣、陈清泉等 4 名院士分别担任该校相关学院院长,世界能源论坛董事会主席 Harold. OH 教授担任低碳能源研究院国际院长。12 月,该校被评为江苏高校师资队伍建设先进单位。

【科学管理水平实现新提升】 年初,学校组建现代分析与科学计算中心和公共教学服务中心,重组图书馆和现代教育技术中心为图文信息中心,为推进教学与科研工作提供完善的基础性服务平台。深化职称改革,实行新的职称评选条例,实现专业技术职务评聘结合向聘任制的转变,顺利完成两年一度的岗位设置与聘任工作。

【对外合作交流不断拓展】 2010 年,学校专家学者应邀积极参加联合国能源论坛、美国高等教育主题研讨会、国际选矿大会等国际学术活动。与西澳大学、昆士兰大学正式签署共建“中澳矿业研究中心”合作协议;中德中心建设进展顺利,首批中德学院 69 名学生正式到校注册。学校在澳大利亚设立的旅游孔子学院正式获得国家汉办批准。主动参与以政府和企业为主体的技术创新体系建设，先后与扬州市、大同市、七台河市、连云港市签署战略合作协议。学校顺利通过国家一级安全培训资质复审，逐渐形成培训品牌。

【入选全国优秀博士学位论文】 11 月，教育部、国务院学位委员会公布 2010 年全国优秀博士学位论文评选结果，副校长秦勇教授指导的博士生王文峰的论文《煤中有害元素溶出分配规律及其地球化学控制》和窦林名教授指导的博士生陆菜平的论文《组合煤岩的强度弱化减冲原理及其应用》2 篇博士论文入选。至此，该校入选全国百篇优秀博士学位论文总数达到 16 篇。

【扎实推进和谐校园建设】 年内，学校坚持为师生员工谋利益、办实事、办好事，努力维护师生员工的各方利益，进一步优化美化校园环境，改善生活工作保障条件，有力地促进了和谐校园建设。4 月和 12 月，学校被授予江苏省平安校园、江苏省精神文明建设工作先进单位和江苏省和谐校园称号。

（撰稿：蔡治华 姚 刚 审稿：方跃平）

徐州师范大学

党委书记 徐放鸣
党委副书记、校长 任 平
党委副书记、副校长 王 超
副校长 杨亦鸣 何保全 刘祖汉 周汝光 郑元林 方忠
纪委书记 岑 红

【概况】 2010 年，徐州师范大学有泉山、云龙、奎园、贾汪 4 个校区，校舍总面积 88 万余平方米，图书馆藏书 200 余万册。下设文学院、语言科学学院、历史文化与旅游学院、法政学院、外国语学院、教育科学学院、数学科学学院、物理与电子工程学院、化学化工学院、生命科学学院、城市与环境学院、体育学院、音乐学院、美术学院、信息传播学院、经济学院、管理学院、计算机科学与技术学院、测绘学院、机电工程学院、电气工程及自动化学院等 21 个专业学院以及成人教育学院、技术教育学院(社区学院)和一个独立学院——科文学院，另设 1 个直属教学单位、36 个校级科研机构。至 2010 年，有 66 个本科专业，覆盖十大学科门类，有 2 个一级学科硕士点和 53 个二级学科硕士点(另有 16 个一级学科硕士点已通过省级评审，正式公布后，二级学科总数将达 119 个)，5 个专业学位授予权和以同等学力申请硕士学位授予权。年内，在校研究生、普通全日制本科生近 27000 人。

2010 年，学校有二级学科省重点学科 8 个(其中 1 个为江苏省国家重点学科培育建设点)，一级学科省重点学科 1 个。获得江苏省“青蓝工程”优秀学科梯队 3 个，江苏省“青蓝工程”科技创新团队 3 个，江苏省高校优秀科技创新团队 1 个，江苏高校优势学科建设工程项目 2 项，省级重点实验室 3 个，省级哲学社会科学研究基地 1 个，省高校哲学社会科学重点研究基地 2 个。有国家级特色专业 5 个，国家级精品课程 5 门，国家级教学团队 1 个，省级品牌专业和特色专业 20 个，省级精品(优秀)课程 47 门(次)，省级优秀教学团队 2 个，省级人才培养模式创新实验基地 1 个，获得中地共建实验室项目 18 项，建成省级实验教学示范中心 10 个。年内，该校取得硕士研究生推免权，获得汉语国际教育硕士、艺术硕士、翻译硕士 3 个专业学位授予权；获批 2010 年度国家社会科学基金项目 9 项，其中重大招标项目 1 项，重点项目 2 项；获得国家自然科学基金项目 18 项；新获批省级精品课程 5 门，江苏省特色专业建设点 3 个，江苏省优秀教学团队 1 个；新增江苏高校哲学社会科学重点研究基地 1 个，省高校重点实验室 1 个；被中共江苏省委列为苏北地区唯一一所干部教育培训基地。

2010年,成功举办或承办了第四届国际"非线性科学及其应用"研讨会、中韩区域与城市发展学术研讨会、第二届全国孟学(国学)高层论坛、江苏省外国文学学会2010年年会、江苏省地理学会2010年学术年会、江苏省教育会计学会四届三次理事会暨2010年学术研讨会等高级别学术会议,顺利完成首届中国大学生创业(淮海)论坛、徐州市首届大学生创业创意大赛、第五十届乒乓球世锦赛徐州热身赛的承办任务,成功举办首期中小学经典诵读教育骨干教师国家级培训班、"国培计划"骨干教师研修班、"国培计划"河南省农村中小学教师短期集中培训班等国家级培训。

2010年,该校学生在一系列活动、比赛中获得佳绩:女子足球队参加2010年中国大学生女子足球锦标赛获得冠军;全国大学生数学建模竞赛获二等奖,全国大学生物理教学技能大赛获一等奖,第二届全国高等院校化学专业师范生教学素质大赛获特等奖和一等奖,第十一届中国智能机器人大赛获一等奖,第十四届全国多媒体教育软件大奖赛获一等奖;第七届全国武术功力比赛,获奖位列34支代表队金牌总数第一、奖牌总数第一;第二届全国学生规范汉字书写大赛、中国大学生(文科)计算机设计大赛、江苏省第十七届运动会、江苏省大学生文化艺术节、江苏省第三届中华经典诵读比赛等活动中,师范大学学生都有出色表现。

【江苏省副省长曹卫星到校视察】 3月22日,江苏省副省长曹卫星一行到该校视察工作。省政府副秘书长李一宁、省教育厅厅长沈健、省政府办公厅秘书五处处长邹宁华、省教育厅办公室主任马幸年、徐州市副市长孔海燕、市政府副秘书长刘宏、市教育局局长强国、市教育局副局长曹孟军陪同视察。在专题汇报会上,校长徐放鸣作徐州师范大学事业发展情况汇报,副省长曹卫星对学校工作给予充分肯定,对学校今后发展提出五点要求:一、结合国家中长期教育发展规划纲要的启动实施,科学制定"十二五"发展规划;二、重点围绕高峰人才、领军人才,采取引进与培养相结合的模式,构建一流的师资队伍;三、加快构建高峰学科、高峰科研平台,争取打造有影响力的国家级研究基地;四、进一步加强对教育教学改革的探索,着重培养大学生的创业创新能力;五、依托区域优势,加大校地共建力度,更好挖掘高校潜力,为地方经济社会发展服务。

【启动师资队伍建设"153工程"】 2010年,学校开始实施师资队伍建设"153工程"。为贯彻国家及江苏省人才工作会议精神,落实学校"十二五"发展目标和人才强校战略,全面提高教学、科研和社会服务水平,加快综合性教学研究型大学建设,自2010年起启动并实施徐州师范大学师资队伍建设"153工程"。"153工程"是指在"十二五"期间,全职引进或柔性引进10名"院士"量级、50名"长江学者"量级的高层次人才,引进和培养300名优秀博士,从而实现"大师加团队"的人才结构布局,促进重点学科、特色专业和博士点建设。

【与迈阿密达德学院共建孔子学院揭牌】 4月29日,徐州师范大学与美国迈阿密达德学院(Miami Dade College)共建的迈阿密达德学院孔子学院(Miami Dade College Confucius Institute)在美举行成立揭牌仪式。中国驻美国休斯敦总领馆总领事高燕平、教育参赞闫国华、领事周海波、中国国家汉语推广办公室副主任王永利和迈阿密市长托马斯·里加拉多、达德学院院长爱德华得·帕德罗等中美各界人士约500人出席仪式。校领导率团专程参加。美国联邦教育部副部长玛莎·坎特发信致贺。6月9日,学校获批国家汉办2010年度孔子学院奖学金名额15个。年内,首批孔子学院学生到校学习并顺利完成秋季学期学业。

【徐州师范大学科技园揭牌】 9月28日,徐州师范大学科技园(文化创意产业园)揭牌仪式隆重举行。省长助理、院士徐南平,徐州市委书记曹新平、市长张敬华、省科技厅副巡视员薛小平、市委秘书长夏文达、副市长段雄、中国矿业大学副校长秦勇、省发改委高新技术产业处处长张建华、省教育厅科学技术与产业处处长王晓天、徐州市政府秘书长周建洪及徐州市政府各有关部委办局、云龙区政府、徐州经济技术开发区负责人、兄弟高校专家和学者、企业界人士、新闻媒体代表以及师大校领导、各学院党政负责人、各相关职能部门负责人、师生代表参加揭牌仪式。校长任平致欢迎词,王晓天宣读省科技厅、教育厅关于同意筹建徐州师范大学科技园的复函,徐南平和曹新平为徐州师范大学科技园揭牌,薛小平、张敬华、徐南平分别讲话。7月15日,江苏省科技厅、教育厅正式批复同意该校与徐州市共同筹建徐州师范大学科技园。9月26日,徐州市委、市政府决定成立科技园(文化创意产业园)建设指导委员会。截至年底,共有29家企业正式入园。

【与睢宁县建立战略合作关系】 8月11日,学校与睢宁县委、县政府签署战略合作框架协议。双方在后续工作中拟定了"一委四组"工作组织架构,将在教育文化、工业技术、共建园区、高效农业等方面展开全面合作。

【设立"荣芝奖学金"、"国华奖助学金"】 2010年徐州师范大学先后引入"荣芝奖学金"和"国华奖助学金"。"荣芝奖学金"由爱国实业家张树荣先生及夫人张瑞芝女士捐资设立,每年总额为20万元人民币,将在全校范围内评选出100名品学兼优的在校本科生,每人奖励人民币2000元。"国华奖助学金"由江苏国华工贸集团有限公司及董事长孙继忠先生捐资设立,每年总额为20万元,设奖面为全校在籍本科生经济困难者,名额100人,奖励额度为每人1000元。

(撰稿:王 亚 潘震鑫 审稿:钱向农)

徐州医学院

党委书记 陈贵州
院　长 吴永平

【概况】 徐州医学院是江苏省独立设置的两所医学类院校之一,也是苏北唯一一所医学类高等院校。2010年,学校有4个校区,占地总面积83.3公顷;在校生15000余人,其中,普通本专科生8348人,研究生1138人,成人高等教育4945人,留学生75人。有14个本科专业,4个硕士学位授予点,15个院(系)、部,8所附属医院,6所临床学院,80多所教学、实习医院。有教职工1044人,其中在编专任教师539人,教授53人、副教授174人,博士78人、硕士275人,博士生导师10人、硕士生导师264人。2010年本科生毕业2141人,硕士生毕业304人,就业率达到95%以上,高于全省平均水平。

该校共有国家重点学科培育点1个,省重点学科5个,省科教兴卫工程重点学科2个,省临床重点专科12个,省临床重点专科建设点1个。有国家级特色专业建设点2个,省品牌专业1个,省品牌专业建设点1个,省特色专业建设点2个,省级优秀课程8门、优秀课程群1个,1门课程被江苏省推荐为国家级精品课程,省优秀教学团队1个。"十五"至"十一五"期间,获国家级教育教学改革课题3项;国家级教学成果奖1项,省级教学成果奖18项。获卫生部优秀教材一等奖3项,新版麻醉学系列教材被确定为教育部面向21世纪课程教材和卫生部规划教材;

获省优秀教材1部，省精品教材5部，精品教材立项建设4部。

【办学规模扩大，教育结构优化】 2010年，学校招生规模保持稳定，生源质量稳步提高。录取本专科新生2623人，硕士研究生444人，成人教育新生2120人，招收留学生25人，继续与兄弟高校、科研院所联合培养博士生。认真做好首次免试推研工作，录取“推免生”15名。

【教学工作扎实推进，人才质量不断提高】 学校坚持教学工作的中心地位，全面推进教学质量工程建设。修改完善质量工程建设系列配套文件，积极组织申报各级各类教改课题，2010年结题达84项。组织开展中青年教师教学基本功比赛，获全国多媒体课件大赛高教医科组三等奖、优秀奖各1项。该校成功召开临床教学工作会议，承办全国临床医学教育研究会常务理事扩大会议。

加强硕士研究生培养的过程管理，特别是实验环节的监控力度。制定研究生质量考核评估体系，完善临床医学研究生技能考核项目及考核指标。进一步加快博士生导师队伍建设。年内，获得江苏省普通高校研究生科研创新计划项目8项，有4篇研究生毕业论文被评为江苏省优秀学位论文；增选博士生导师4名、硕士生导师59名；成功申报徐州医学院附属医院博士后科研工作站，6名博士后科研人员已进站。在徐州、宿迁、淮安等地先后开办临床医学和护理学研究生课程进修班，共招收学员210余名。

【专业和课程建设取得新成绩】 2010年，该校专业建设和课程建设取得新成绩。临床医学专业以良好的成绩顺利通过省品牌专业建设点验收。医学影像学专业获评国家级特色专业建设点。生物医学工程专业、护理学专业新增为省品牌专业、特色专业建设点。医学信息学、影像工程、制药专业申报已经通过省教育厅评审，进入教育部复审阶段。《病原生物学》、《临床麻醉学》、《临床药理学》、《医学统计学》被遴选为省级精品课程，《人体生理学》被遴选为省级双语精品课程。

【“建博”工作稳步推进】 学校党委高度重视“建博”工作。年初，党委作出《关于进一步加强科技工作的决定》，加强对科技工作和“建博”工作的领导，成立“建博”工作领导小组，召开科技工作暨“建博”工作推进大会，全面部署安排“建博”工作。制定《徐州医学院新增博士学位授予单位项目建设规划》和“建博”工作考核指标体系，下达年度目标任务书。积极筹措“建博”专项资金，重点加大对麻醉学、内科学、外科学3个博士授权学科的建设投入，同时加大相关支撑学科的投入，在原有预算基础上增加投入2000万元。

【科研工作取得丰硕成果】 2010年，徐州医学院科研工作取得重大突破。全年共获得厅级以上课题正式立项158项（含附院12项），其中国家自然科学基金17项；省部级项目11项，其中教育部青年基金3项，省自然科学基金8项，资助率接近50%，为近年最好水平。实际获得资助经费746万元（不含专项和配套）。共获各级政府成果奖34项，社会奖20项。其中，教育部高校科学研究优秀成果自然科学奖2项，省科技进步一等奖、二等奖、三等奖各1项，中华医学奖1项。张励才教授团队获得省科技进步奖一等奖。科研论文发表数量逐年增加，论文的质量也大幅提高，全年共发表论文558篇，其中核心期刊170篇，SCI收录51篇，出版著作10部。该校被评为2009～2010年度江苏省科技工作先进高校。

【进一步加强学科建设】 年内，进一步加强学科和实验室建设。该校顺利通过省重点学科中期检查;新增基础医学、药学、公共卫生与预防医学、生物学4个一级学科硕士点;新增神经生物学、肿瘤学、生理学、病原生物学、病理学与病理生理学、药学分析学、流行病与卫生统计学、药理学、影像医学与核医学9个学科为校级重点学科。肿瘤生物治疗实验室成功跻身省教育厅重点实验室行列,该校已有4个省重点实验室。肿瘤生物治疗工程技术研究中心顺利通过徐州市工程技术研究中心的认定。组织申报江苏高校优势学科建设工程项目,生物学学科群已经通过各级审核并公示。成功申报《2010~2012年中央财政支持地方高校发展专项资金建设项目》16项,获省推荐15项,现已报中央财政审批。

【实施人才强校,师资素质不断提高】 学校党委高度重视人才队伍建设工作。年初,党委作出《关于进一步加强人才队伍建设的决定》,实施徐州医学院优秀人才支持计划,遴选并资助首批25名优秀专业技术人才。从海外引进麻醉学、生物化学与分子生物学高层次人才各1名。生物化学与分子生物学团队被评为省"青蓝工程"科技创新团队,1位教师入选省"青蓝工程"中青年学术带头人,7位教师入选省"青蓝工程"优秀青年骨干教师;1位教师入选教育部新世纪优秀人才支持计划;8位老师获得省"六大人才高峰"项目资助;新增享受政府特殊津贴1人,省突出贡献专家2人。进一步加大教师培训力度,创新培训内容和形式,教师业务水平明显提升。年内,32名教师晋升为高级职称,其中,正高10人,副高22人。临床医学专业教学团队被评为省级优秀教学团队。该校被评为江苏省师资队伍建设先进高校。

【严格执行干部选用和管理制度】 认真贯彻执行《党政领导干部选拔任用工作条例》,科学规范干部选拔任用工作。学校党委严格按照《干部任用条例》和有关规定,坚持德才兼备、注重实绩的原则,树立"注重品行、科学发展、崇尚实干、鼓励创新、群众公认"的用人导向;坚持民主、公开、竞争、择优,从干部酝酿、推荐、考察、监督等环节严把程序关;坚持组织推荐和群众推荐相结合,认真贯彻干部工作的民主集中制原则;严格执行任用干部事前征求纪委意见制度、考察谈话制度、任前公示制度、试用期满考核制度、新提任干部廉政谈话制度、诫勉谈话等制度,进一步健全选拔任用干部的工作机制。加强干部的监督管理,相继出台《中共徐州医学院委员会关于落实"三重一大"制度的实施办法》、《徐州医学院处级领导干部问责暂行办法》、《徐州医学院领导干部个人有关事项报告制度》等制度。对管人、管财、管物等关键部门的处级干部,进行定期轮岗交流。制定《徐州医学院后备干部选拔和管理工作实施方案》,加大年轻干部培养力度,提高后备干部队伍素质。

【国际合作与交流更加广泛深入】 坚持开放办学的理念,充分利用国际教育资源,提升学校的办学实力和社会影响力。在继续巩固已有国际合作与交流关系的同时,新发展与韩国京畿大学、英国哈德斯菲尔德大学、澳大利亚中央昆士兰大学、新西兰梅西大学、美国加利福尼亚州州立大学北岭分校等国外高校的合作与交流。2010年安排40余人次出国(境)参加学术会议、进修学习和考察交流,多渠道、多形式邀请国外专家、学者和国内外校友来校访问、讲学或参加学术会议。留学生教育稳步发展,2005级留学生顺利进入临床实习阶段,2010年新招收尼泊尔、巴基斯坦留学生25名,年底顺利报到入学。

【后勤服务保障有力,基本建设进展顺利】 健全完善后勤服务保障体系,服务质量和水平进一步提高。完成西校区科研楼整体改造及主校区部分食堂、超市、浴室、宿舍等改造工作;建成2200平米大学生服务中心,解决校园商业服务用房困难。改善学生住宿条件，在主校区B区规划建设6栋学生宿舍，11号、12号学生宿舍楼已开工建设。主校区扩建工程进展顺利，5.2万平米教学科研楼正在加紧施工，图书馆调整设计方案基本完成。主校区行政办公楼扩建工程已顺利封顶。节约型校园建设取得明显成效，被省教育厅、水利厅授予“节水型高校”称号。

【附属医院建设取得新成绩】 2010年，徐医附院坚持社会效益与经济效益并重原则，深化医院内部运行机制改革。科学合理地进行岗位设置，完善绩效考核机制，充分调动职工积极性；强化内涵建设，全力推进医疗服务质量的持续改进；加快学科建设和人才培养，注重科研水平和创新能力的提高，医疗、教学、科研、管理水平再上新台阶。全年门诊工作量129.67万人次，同比增长5.49%，全年业务收入11.09亿元，同比增长28.33%。至2010年，连续10年荣获江苏省卫生厅直属单位综合目标管理责任制考核一等奖。附三院医疗服务水平及经济效益有新的提高。

【党建和思想政治工作进一步加强】 深入开展创先争优活动，在院系开展争创“五好”基层党组织活动，在机关、直属党总支中开展创建“五型”机关，争做文明处室活动，在全体党员中开展党员示范岗活动。加强学习型党组织建设，不断完善并落实《徐州医学院中层干部学分制管理办法》，推进党员干部理论学习的科学化、制度化、规范化。认真抓好基层组织和党员队伍建设。完成基层党组织换届选举工作。开展党员发展工作自查，民主评议党员和支部达标创优活动。组织年度党建和思想政治教育研究课题立项活动、“最佳党日活动”和党建创新奖评比，进一步增强基层党组织的凝聚力和战斗力。2010年，被评为江苏高校和谐校园。

（孙　钰）

工程兵指挥学院

院长、党委副书记　石忠武
政委、党委书记　韩永乐
副院长　魏学东　张祥田
副政委、纪委书记　许红照

【概况】 2010年，工程兵指挥学院在上级党委的正确领导下，坚持以科学发展观为指导，以推动任职教育转型为重心，大力加强思想政治建设，全面深化教学科研改革，不断提高管理保障效益，圆满完成年度各项工作任务，学院全面建设呈现良好的发展势头。

【加强学习型党组织建设】 认真贯彻落实十七届四中全会和上级指示精神，加强学习型党组织建设。制定下发《关于推进学习型党组织建设的实施意见》，明确党的创新理论、军事教育理论、现代军事知识、岗位业务技能、人文社科知识、成功实践经验6个方面学习内容，规范党委中心组、理论学习班、专题调研等7种学习形式，确立聚焦问题研究式、反思不足检讨式、平等交流互动式、拓宽渠道开放式、联系实际融合式5种学习方法，建立健全导学、督学、考学、奖学等机制。采取学院统筹、四级联动、统分结合、人人参与的方式，开办干部夜校；举办团以上领导干部理论学习班，组织年度学习成果交流。根据上级党委统一部署，着眼巩固学习实践活动成果，组织开展党委机关集中学习教育整顿。

【继续弘扬工程兵精神】 继续把培育当代革命军人核心价值观与工程兵精神育人有机结合，深入开展“大力弘扬工程兵精神，争做工程兵优秀传人”主题实践活动。通过组织专题教育、纳入政治理论课教学、举办英模报告、推广“你讲我导”组教法等，激发广大官兵做工程兵优秀传人的内在动力。该院上下始终保持坚定正确的政治立场、顾全大局的服从意识、昂扬向上的精神状态,确保高度稳定和集中统一。

【深化任职教育转型】 提出“部队至上、能力为本、引领部队”的核心理念,为深化转型建设提供理论支撑。启动“十二五”学院教育改革与发展规划起草论证工作;重新确立人才培养目标,修订专业人才培养方案,突出实践性教学。组织专家围绕任职教育教学改革的重点难点,确定学科建设、主干专业建设、综合演练改革等7个研究课题,采取课题立项方式,展开集中攻关。按照作战任务进行战斗编组,由学员自主设计、自主指挥、自主保障,成功组织“先锋-2010”毕业学员综合演练,在军内外产生重大影响。创新中级队综合演练模式。着眼为转型建设提供人才支撑,采取完善制度机制、改革职称评审办法、双向交流任职等措施,加强教员队伍建设。

【不断提升教学质量】 积极适应任职教育人才培养需要,不断提升教学质量。调整教学组织执行编制,组建军事教学系,优化教学资源配置,促进战术技术融合,实现教学科研力量整合。力抓课堂教学质量,坚持专家、领导大密度跟查课,分类组织示范观摩课。科学构建教学质量监控机制,区分课堂教学质量等级,实行课时补助与教学质量挂钩,激发广大教员钻研教学、倾心育人的积极性和创造性。采取导师集训、战术集训,到部队代职和下基层任职,参加全军重大演习、训练考核,参与国际维和等措施,提升教员队伍的阅历结构和能力素质。优质课比例明显增加,主干课程教学质量显著提升,学员对课堂教学满意度逐步提高。作战指挥学、兵种战术学被批准为一级学科硕士授权点,“军事心理训练”被评为军队院校优质课程。

【学术科研取得新突破】 进一步完善科研管理机制,调动广大教研人员开展学术科研的积极性,学术科研取得新突破。2010年,共有22项研究成果获得国家和军队科技进步奖,发表学术论文432篇,出版专著11部。至年底,全院在研课题108项,整体研究质量稳步提高。积极开展科研协作,与工程兵科研一所、三所,兰州军区、济南军区等工程科研设计所建立了科研协作关系,拓展课题申报、资源整合、信息互通、优势互补的新渠道。

【坚持依法科学管理】 贯彻落实上级“坚持依法治军、从严治军,防范重大安全问题”集训会议精神,坚持依法科学管理。集中组织学习贯彻新条令活动,强化全院官兵学条令、用条令的意识;坚持经常性的检查讲评制度,有效规范“四个秩序”;始终把安全稳定摆在突出位置,狠抓《预防犯罪工作条例》和《安全工作条例》的落实;定期开展警示性法制教育和经常性保密教育,坚持每月组织一次保密工作检查讲评,全年没有发生重大安全和失泄密问题。档案工作坚持服务中心,狠抓制度落实,受到了军训和兵种部的高度评价。该院被评为全军“十一五”期间爱国卫生先进单位和总参军需管理先进单位。

(撰稿:张嘉丰　审稿:林浙宁)

徐州空军学院

院　长　吴义富
政　委　李广俊
副院长　师杭军　袁长仁
副政委　朱卫东

【概况】 2010年,徐州空军学院教育训练工作认真贯彻落实胡锦涛主席关于加强军事训练的一系列重要指示,坚持以科学发展观为指导,以“三项整治”为抓手,着眼教育训练向信息化转型,持续推进改革创新,圆满完成各项教育训练任务,促进人才培养质量和办学水平的进一步提高。

【“三项整治”取得阶段性成果】 空军学院认真贯彻落实空军党委首长的指示和部署，按照“目标牵引，融合发展，创新突破，整体深化”的思路，研究制定《学院2010年度“三项整治”理论深化研究任务》，取得多项阶段性成果。学院组建精干团队开展专家集智攻关，1项理论研究成果获空军三等奖，修订的《论空军“三项整治”》教材已下发空军院校使用，收到较好的效果。进一步完善综合性信息化管理系统，使系统结构更加合理、框架更加科学、功能更加完备，2篇系统建设研究论文在空军系统建设征文比赛中分获一、二等奖。提出以“理论教学模块化、实践教学系统化、模拟教学体系化、教学保障一体化、学员管理自主化”为主要内容的《徐州空军学院教育训练模式改革方案》，初步形成“实践教学系统化”模式改革长效机制，启动以模拟器材资源库、模拟实验中心网建设为主体的“模拟教学体系化”模式改革。

【优化人才培养顶层设计】 紧紧围绕新形势下空军作战后勤和装备保障人才培养的新要求，优化人才培养顶层设计。年内，完善《学院体制编制调整改革论证报告》。按照“模块化组织课程、菜单式设置专题”的思路，组织完成任职教育人才培养方案修订和教学专题立项建设，强化任职教育的岗位指向性。完成4项全国教育科学国防军事教育学科“十一五”规划课题的结题工作。组织学院教学成果奖评审，共30项成果获奖。

【深化教学内容改革】 2010年，深化教学内容改革，推动课改进程。组织开展第三批院级优质课程立项项目中期检查和第二批限期整改课程复审工作，《机场供油工程》被评为军队院校优质课程。深入推进政治理论课教学改革，开设“周末讲坛”，编写9本辅导读物，建成“英雄园”特色文化教育基地，强化育人效果。加快教材更新步伐，完成《空军基层业余生产》等80本自编教材和2部空军职业大学士官远程学历教育教材的编写、审定工作。完成1部多媒体教材、1门网络课程、2部电视教材的建设工作，获空军优秀电教教材评比一等奖1项、二等奖3项。组织学院第八届自编教材评选，共33部教材获奖。

【加大教员培养力度】 为了提高教学水平和教学质量，年内，加大教员培训力度。选派5名教员参加空军新教员培训，安排27名青年教员赴矿大、徐师大跟班听课。组织以“创新教学法、提升教学力”为主题的课堂教学竞赛和公开示范教学活动，提升教员教学水平，2名教员参加军队院校数学课程创新教学竞赛分别获得一、二等奖，1名教员参加军队院校大学语文教学大赛获得三等奖。

【提升学位与研究生教育质量】 完善研究生培养机制，不断提升学位与研究生教育质量。加强学科建设，组织开展军事学学科专业目录调整论证和军事案例研究，8个项目被总部批准立项，2个案例被评为全军优秀军事案例。完善研究生创新实践培养机制，制定《学位论文中期检查办法》和《研究生中期考核办法》，1篇毕业论文被评为全军优秀硕士学位论文。强化研究生创新能力培养，开展研究生数学建模培训和研究生英语风采大赛等创新性活动。

【推进科研学术工作协调发展】 紧紧抓住空军后勤与装备“十二五”计划论证工作的重大机遇，推进科研学术工作协调发展。以构建符合空军后勤与装备实际、具有学院特色、能够持续稳定发展的空军现代后勤作战保障技术体系为目标，优先开展重大理论、关键技术研究和重点装备攻关。2010年，学院立项课题有1项被批准为国家社科基金军事学计划课题，2项被总后批准为全军计划课题,3项被空装批准为重点计划课题,另有1项被批准为江苏省社科基金计划课题。年内,获得军队科技进步二等奖1项、三等奖20项;获全军后勤学术研究成果三等奖1项,空军军事理论研究优秀成果一、二、三等奖共14项。举办26场研究生导师前沿学术讲座,邀请11位空军机关二级部局领导到院讲课,该院学术氛围浓厚。

【打牢学员能力素质基础】 2010年,以多种形式强化训练,切实打牢学员能力素质基础。组织10级新学员进行军政基础集中强化训练和野外驻训,切实打牢学员的军政基础素质。组织本科学员到部队进行专业教学,实施士官学员专业技能和组训能力训练与考核,提高各类学员的专业素质。实施“新剑-10”毕业综合演练,切实提高学员的专业保障水平和岗位任职能力。学员参加各类学科竞赛活动,获国际一等奖1项、二等奖1项、三等奖1项,获全国一等奖14项,二、三等奖42项。

【完善教学质量监控体系】 利用教学指挥中心可视化管理系统,进一步加强教学检查和督导,促进教学管理正规化和信息化建设。组织召开教学督导工作会议,研究制(修)订《规范研究生课程教学检查机制》、《规范研究生课程考核机制》、《硕士研究生指导教师管理规定》、《优异学员选拔和培养机制》和《学员专业课程部队现地教学机制》,加大教学管理力度。加强委培生学习管理,积极举办各类讲座和职业技能培训,组织毕业水平考试辅导,确保委培生管理的安全稳定。

【加强教学硬件建设】 年内,进一步加强教学硬件建设,保障教学质量不断提高。按照“标准化建设、规范化管理、信息化教学”的要求,完成基础实验室标准化建设。以“2110工程”建设为牵引,狠抓“航空油料工程实验室”、“精确制导武器智能测试校准及综合技术保障研究中心”等重点项目的建设工作,“航空油料工程实验室”以优异成绩通过全军重点实验室评估确认。以信息资源建设为中心,引进中文图书库等27个文献资源库,重点建设《徐州空军学院自编教材库》等3个原生文献资源数据库,新增数字资源20TB。

(撰稿:高克义　胡建强　审稿:施志勇)

徐州工程学院

党委书记　花长友
院　长　韩宝平
党委副书记　韩宝平　沈　超
副院长　沈　超　宋农村　张仲谋
陶柏芳　郝朝军　殷惠光
纪委书记　王英伟

【概况】 2010年,徐州工程学院占地面积135.7公顷,校舍建筑面积64万平方米,固定资产8亿元,教学仪器设备总价值1.2亿元。设有14个二级学院和成人教育学院,35个本科专业。有全日制在校生18000余人,专任教师1095人,其中教授59人,副教授302人,博士144人。有2个国家级一类特色专业、2个省级重点建设学科、6个省级特色专业及建设点、1个省级人才培养模式创新实验基地、1个省“青蓝工程”科技创新团队、1个省级教学团队、3个省级实验教学示范中心及建设点,有10门省级精品课程,4部教育部“十一五”规划教材、9部省级精品教材和立项建设精品教材,建有30个实验室、1个工程教育实训中心、3个专业实践基地和140多个校外实习基地。与美国、俄罗斯、法国、澳大利亚、新西兰、韩国等13个国家的15所高校建立良好的合作关系,有中外合作办学项目9个。《中国教育报》、江苏教育电视台等媒体报道学校特色工作40余次,学校美誉度不断提高。2010年,该校被授予江苏省五一劳动奖、省模范职工之家和2006～2008年度徐州市文明单位标兵等荣誉称号。校报获得江苏省高校校报质量考评优秀单位称号。该校“十二五”事业发展规划编制工作顺利完成,办学思路进一步明晰,奋斗目标进一步明确。

【“迎评促建”取得可喜成果】　2010年是徐州工程学院的“迎评促建年”,学校稳步推进各项“迎评”工作,取得可喜成果。经济学等4个新办本科专业顺利通过省教育厅学士学位授予权评审;接受省高水平运动队考核、省普通高校公共体育课程考核和省公共艺术课程考核,其中,桥牌项目成为2010省普通高校高水平运动队建设项目。积极申报“中央财政支持地方高校发展专项资金项目”,工作成效显著,有10个指标获得最高分值,2个指标获得二等分值,10个项目共获中央及省市财政支持资金7200余万元。

【“质量工程”再上新台阶】　年内,该校进一步推进教学改革,“质量工程”再上新台阶。食品科学与工程专业被教育部批准为第6批高等学校特色专业建设点,4个新设本科专业获教育部批准,3个专业通过省高校特色专业建设点遴选或验收,3个实验中心通过省实验教学示范中心建设点遴选或验收,2门课程被遴选为2010年省高校精品课程,3部教材被评为2007～2009年度全国电力行业精品教材。

【科研水平达到新高】　2010年,学校科研整体水平进一步提升,科研服务地方能力不断加强。该校学术氛围日趋浓厚。应邀参加第四届中外大学校长论坛和省首届教育博览会;承办省本科院校数学类精品课程建设研讨会、苏北高校经济类专业建设暨教材建设研讨会、第三届徐州发展高层论坛等高水平学术会议。科研整体水平进一步提升。1个科研团队入选省“青蓝工程”科技创新团队;获得立项的省部级及以上科研项目39项、市厅级项目180项,其中,国家自然科学基金项目4项,教育部规划项目7项;获得省部级、市厅级科研成果奖74项,其中,省部级成果奖3项。年内新增各类科研项目经费1360多万元。科研服务地方能力不断加强。6名博士入选2010年度省“企业博士集聚计划”,2个工程中心和1个实验室通过市级认定;隆重召开首届“校企(地)联盟大会”;与北京博奥生物有限公司和徐州市新城区管委会签约共建“生物芯片国家工程研究中心淮海分中心”。

【实施“四大提升工程”】　2010年,学校实施“四大提升工程”,对教师培养力度进一步加大。实施青年教师教学能力提升工程、青年教师学历学位提升工程、中青年学术带头人海外培训工程和教授培育与激励工程。年内,邀请国家级教学名师于洪珍等8名专家、教授举行专题讲座,选拔18名青年教师攻读博士学位,19名教师赴加拿大高校培训学习,评选25名中青年骨干教师作为教授培养对象。师资队伍结构进一步优化。14名教师通过正高职称评审,32名教师通过副高职称评审,84名教师通过中级职称评审;1人被选为国家科学技术奖评委,3人被评为二级教授,1人被评为江苏省有突出贡献的中青年专家,9人入选省“青蓝工程”中青年学术带头人、优秀青年骨干教师,14人被评为市优秀专家、拔尖人才。

【学生工作扎实有力】　2010年,学生工作扎实有力,创业创新教育、个性化人才培养取得显著成效。学校圆满完成招生任务,录取本科生4984人、专科生514人。大学生创新创业教育不断加强,有5个项目获批入驻市大学生创业园,该校被省教育厅遴选第三批江苏省大学生创业教育示范校之一。组织学生参加省级及以上各类竞赛17项,共获得94个奖项。在第七届"挑战杯"全国大学生创业计划竞赛中,获银奖2项;在美国大学生数学建模竞赛中,获二等奖2项;在第二届全国大学生电子商务"创新、创意及创业"挑战赛总决赛中,获得一、二、三等奖、优秀奖各1项;在第七届全国大学生桥牌锦标赛上,桥牌队荣获混合团体比赛、公开团体比赛第三名,摘得女子双人赛东西方向、南北方向冠军。承办"挑战杯"江苏省第六届大学生创业计划竞赛。对学生的经济资助力度进一步加大,发放奖、助学金和补贴1700多万元,勤工助学工资达50万元。学校影响力不断扩大。

【校刊内涵不断提升】 2010年,该校期刊编辑工作不断加强,校刊内涵不断提升。社会科学版刊发各类学术论文125篇,其中基金论文46篇,自然科学版基金论文比为74.3%,继续保持省内同类高校领先水平。

【二期工程顺利竣工】 2010年,该校二期工程顺利竣工。省、市领导对该校中心校区建设高度重视,副省长曹卫星、省教育厅厅长沈健、团省委书记练月琴、市委书记曹新平等领导多次到校视察、指导。中心校区二期工程占地27.1公顷,总建筑面积15.36万平方米,总投资3.5亿元,包括1组实训中心、2组学院楼、1栋学生食堂、3组学生宿舍及网络等相关配套设施。二期工程于年初动工,11月初交付使用。该校再次获得市"重大项目先进单位"荣誉称号,一期建设工程全部获得市"古彭杯"优质工程奖,其中,学院A楼、学生宿舍1号楼、2号楼获得省"扬子杯"优质工程奖。年内,有7个二级学院近万名学生在中心校区学习、生活。

【深入推进国际化交流合作】 2010年,徐州工程学院坚持"请进来,走出去",国际化交流合作呈现新景象。年内接待国外友好学校、政府机构、社会团体到访25批次46人,邀请著名科学家、社会活动家、国际环境岩土工程协会主席 Hilary I. Inyang 教授等国外著名专家学者到校讲学10余场;随团或组团出访美国、加拿大、俄罗斯、阿根廷、日本、马来西亚等国家,共9批次35人;邀请俄罗斯圣彼得堡国立电工大学、韩国全北科学大学等国外友好高校参加"徐州国际教育合作论坛暨徐州首届国际教育合作展"。召开学校国际化战略研讨会,与国外合作高校共同推进相互间的国际化发展战略。外籍教师苏凯霖荣获省五一劳动荣誉奖章。该校被列为江苏省政府"茉莉花"留学奖学金全省20所接收国外留学生资助高校之一。

【综合服务保障到位】 年内,学校坚持多渠道筹集办学经费,资金运行状况进一步优化,综合服务保障到位。文献资源建设力度不断加大,积极参与徐州高校教学联合体文献资源共享平台建设,逐步实现文献资源的共知、共建、共享。安全保障和后勤服务水平稳步提高,加强消防安全工作,妥善做好校产处置。采取多种措施稳定伙食价格,学校被省物价局授予2009~2010年度江苏省价格诚信单位,大学生食堂被评为江苏省文明食堂。

【整体推进党建工作】 2010年,学校整体推进党建工作,创先争优活动深入进展,反腐倡廉"大宣教"工作格局进一步完善。制订开展创先争优活动实施方案,召开创先争优活动动员大会,干部培养与交流力度不断加大。该校向兄弟院校输送主要领导干部1名,4名干部成为市首批"科技镇长团"成员,2名青年干部到县级团委挂职锻炼。整体推进党风廉政建设和反腐败工作,反腐倡廉"大宣教"工作格局进一步完善。

(撰稿:杨　森　韩　天　审稿:孙　进)

徐州市广播电视大学
江苏城市职业学院(徐州校区)

党委书记　刘　涛
党委副书记　韩超英
副校长　黄学勇

【概况】　2010 年,徐州市广播电视大学、江苏城市职业学院(徐州校区)占地 6.25 公顷(其中铜山南校区 5.32 公顷,湖北路68 号北校区 0.93 公顷),校舍建筑面积 5.97 万平方米(其中南校区 4.9 万平方米,北校区 1.07 万平方米),固定资产 6106 万元,教学仪器和试验设备总资产 2800 万元。学校教学设施先进,设备较为齐全,图书馆藏书 16.2 万余册,各种期刊 500 余种;有基础课和专业课教学实验室 28 个、校外实习基地 22 个、语音室 3 个、计算机机房 22 个、多媒体教室 8 个、电化教室 12 个、双向视频演播室 4 个、视听阅览室 2 个。设有机电工程系、电子信息工程系、经贸系、公共管理系、外语系、徐州社区学院、远程开放教育学院 7 个系(院),36 个本、专科专业。教职工 205 人,其中专任教师 162 人,教授 3 人,副教授 49 人。2010 年,在校生总数 10817 人,其中全日制在校生 2117 人,开放教育和远程教育本、专科在校生 8700 人。毕业生就业率 91.9%。

2010 年,该校获中央广播电视大学、中国成人教育协会颁发的全国首届社区音乐展播“金韵奖”,江苏省教育厅、江苏省财政厅颁发的江苏省第三十届珠算技能比赛三等“伯乐奖”,徐州市教育局颁发的 2010 年职业学校技能大赛(国赛、省赛)三等奖等荣誉。

【领导干部调整】　4 月 26 日,学校召开领导干部任免发布会,徐州市委常委、市委组织部部长戚锡生,组织部副部长张立生出席会议。张立生宣读《关于刘涛等同志职务任免的通知》,刘涛同志任徐州市广播电视大学党委书记,免去李卫江同志徐州市广播电视大学党委书记职务。

【与北大青鸟 IT 教育公司联合办学】　为拓宽办学之路,该校与北大青鸟 IT 教育公司联合开办“JBNS 网站开发工程师”专业。“JBNS 网站工程师”专业是北大青鸟针对中央电大体系定向开发的“网站开发工程师”教育产品,是中央电大双证精品专业。学校与北大青鸟合作开展“JBNS 网站工程师”专业,学生不仅可以取得中央电大网站开发专业专科毕业证书,还可以获得北大青鸟颁发的“JBNS 网站开发工程师”资格证书。开辟了“双证”办学之路。

【两位教师获徐州市优秀专家称号】　年内,学校两位教师在徐州市第五批优秀专家和拔尖人才的选拔培养工程中被授予徐州市优秀专家称号。为加快振兴徐州老工业基地、建设特大型区域性中心城市提供强有力的人才智力支撑,徐州市委、市政府组织实施第五批优秀专家和拔尖人才的选拔培养工程,选拔培养 100 名在省内科学技术界具有一流水平、在相关领域作出重要贡献的中青年优秀专家。通过民主推荐、资格审查、专家评审、社会公示等程序,该校两位教师获此称号。

【改造基础设施,美化校园环境】　2010 年,学校加强基础设施改造,美化亮化校园环境。学校在财力十分紧张的情况下,多方筹资,投入近 1300 万元改造校园基础设施。全部工程从招标到竣工仅用 50 天。南校区运动场改造成为塑胶运动场,并改建了运动场全部设施。学生宿舍安装空调,11 月底暖气管道引入校园,于 12 月供暖日正常供暖,为师生提供良好的学习和生活环境。南校区被铜山区政府授予花园式学校、园林绿化先进单位。

【召开2010年全市电大工作会议】 10月27日上午,学校召开2010年全市电大工作会议。校党委书记刘涛、副书记韩超英、副校长黄学勇、校长助理姜万平、魏红光出席会议,9所县(市)、区电大的相关负责人以及市电大部分中层干部共40人参加会议。会议主要是为了加强全市电大系统建设,总结经验,规划未来,形成新的共识,凝聚新的合力,进一步准确把握形势,抢抓发展机遇,创新工作思路,扩大招生规模,提高整体办学水平,切实推进全市电大教育事业全面发展。

【举行"祖国万岁"合唱比赛】 10月22日下午,电大"亚星园艺杯——祖国万岁"合唱比赛在南校区塑胶运动场隆重举行。由行政部门和各系师生组成的8支合唱队、近千名师生满怀激情,引吭高歌,尽情抒发对祖国的热爱。徐州市教育局局长强国、徐州市委教育工作委员会书记曹孟军等领导观看演出并为获奖队颁奖,徐州市精神文明办公室副主任沈丽、徐州工程学院宣传部部长刘娟、艺术学院院长田洪生、团委书记王逢博等观看了演出。

【承办"徐州市2010年全民终身学习活动周"启动仪式】 10月31日,"徐州市2010年全民终身学习活动周"启动仪式在电大隆重举行。"2010年全民终身学习活动周"以"推动全民学习,让生活更加美好"为主题,活动时间为10月31日~11月6日,内容为大力宣传终身教育思想,推动全民树立终身学习理念,推进全民学习、终身学习的学习型社会建设,努力提升国民素质和生活品味,促进经济社会的和谐发展。市教育局局长强国、校党委书记刘涛、泉山区副区长毛军等出席启动仪式。

【争创全国地市级示范性电大】 年内,徐州广播电视大学积极争创全国地市级示范性电大。全国地市级示范性电大是中央电大在全国开展的一项以评选省、自治区、直辖市为区域的具有示范性、带动性、辐射性的地市级电大的活动,共计50名,旨在推动全国地市级基层电大持续健康发展。争创50强,关系到学校在全省电大系统、淮海经济区电大系统的地位和荣誉,也是向市委市政府争取发展政策的重要条件。学校组织专人撰写申报材料,历时14天,共完成申报材料68卷。

【承办省电大2010年招生工作座谈会】 12月13~15日,学校承办江苏广播电视大学(江苏城市职业学院)2010年招生工作座谈会。会议主要议题是总结2010年招生工作,部署2011年招生任务。江苏广播电视大学(江苏城市职业学院)及各办学点共50余位代表参加会议。

(撰稿:蔡　雨　审稿:马德良　骆大川)

徐州建筑职业技术学院

党委书记　王旭善
院长、党委副书记　袁洪志
党委副书记、纪委书记　吴光林
副院长　季　翔　任留钦　张登宏

【概况】 2010年,徐州建筑职业技术学院占地72公顷,建筑面积36万平方米,图书馆藏书57.5万册,教学仪器设备总值10070万元。设有12个二级学院、3个部和继续教育学院共16个教学单位,建有2个省级研究中心、5个校办企业、2个中央财政支持建设的实训基地。开设54个专业及专业方向,有2个省级品牌专业、4个省级特色专业、9门国家级精品课程、14门省级精品课程。全日制在校生12200余人,成教学员5000余人。教职工716人,其中专任教师502人,正高职称31人,副高职称179人,高级职称比例达42%。年内,1名教师荣获国家教学名师,2

名教师荣获全国优秀教师；学院荣获1项国家级教学成果奖，6项省级教学成果奖，其中特等奖2项。有15部省级精品教材，24部教育部、建设部"十一五"规划教材。先后有10余项科研项目获得省市科技进步奖，其中4项获江苏省科技进步三等奖、5项淮海科技进步奖、1项获建设部华夏建设科技奖、3项徐州科技进步奖，有8项国家发明专利被受理。该校荣获江苏省师资工作先进高校、省科技工作先进高校、省高校毕业生就业工作先进集体、省文明单位、省和谐校园、省平安校园、全国高职大学生心理健康教育先进集体等多项荣誉称号。

【中层干部换届聘任暨二级学院成立】 1月，徐州建筑学院召开新一轮中层干部换届聘任大会。经过民主测评、民主推荐、个人申报、干部年度考核、任期考核、组织考察公示等多个程序，新聘任中层干部89人，其中副处级干部54人、正科级干部35人、二级学院院长助理2人（副科级）。会上宣布成立5个二级学院，7个二级学院更名，学校党委书记王旭善和院长袁洪志为12个二级学院授牌。学院在深化管理体制改革，推进二级教学单位实现由教学实体向办学实体转变迈出了重要一步。

【专业课程建设成果显著】 年内，该院多个专业课程被评为国家级、省级品牌或精品课程。《环境监测与治理技术》被评为省级品牌专业，《矿井建设》、《电子信息工程技术》2个专业被评为省级特色专业，《室内采暖系统安装》、《混凝土结构施工》2门课程被评为省级精品课程，《混凝土结构施工》、《水处理工程技术》2门课程被评为国家级精品课程。

【教学团队建设取得新突破】 2010年，建筑装饰工程技术专业教学团队被评为国家级教学团队。学院十分重视教学团队建设，建筑装饰工程教学团队此次获评实现了高职院校国家级教学团队零的突破，是全国高职高专院校建筑装饰工程技术专业中唯一"国字号"的教学团队。

【荣登2010高考名校推荐榜】 7月，《扬子晚报》"2010年高考名校推荐榜"在南京中心大酒店揭晓，徐州建筑职业技术学院榜上有名。在10万名《扬子晚报》读者的共同参与下，作为国家示范性高职学院，优质的教育资源、高水平的人才培养质量、光明的毕业生就业前景等受到考生家长的一致认可，高票荣登"2010高考名校推荐榜"，获得"公办高职推荐名校"称号。

【建筑节能研发中心通过省教育厅验收】 8月，该院设立的建筑节能工程技术研究开发中心项目顺利通过省教育厅的检查验收。建筑节能技术研发中心以建筑节能工程技术系列研究开发为方向，在建筑节能改造技术、建筑节能集成技术等领域，组织实施省、部、市级等科研项目43项，申请国家发明专利6项，实用新型专利6项，发表论文论著90余篇（部），获得省部市厅级等科技进步奖励16项，转化科技成果7项。

【校企联办，"订单式"人才培养】 年内，该院进一步加强校企联办，积极开展"订单式"人才培养。与龙信集团、中南集团开展深度合作，联合建立"龙信学院"和"中南学院"；建筑装饰艺术学院与徐州清大吉博力涂料有限公司合作，设立了"清大吉博力班"；机电学院与常州今创集团、常州洛克电器有限公司合作，分别建立"今创班"、"洛克班"。组建企业冠名特色班级，积极开展"订单式"人才培养，引入企业文化和竞争机制，加强学生教育管理，校企双方联合制定人才培养方案和教学计划，共同开发工学结合课程和教材。

【三万平方米建筑技术馆落成】 按照“集成、共享、开放、创新”的思路,遵循“职业技能训练与建筑文化展示”相结合的原则,融材料展示、功能表现、技术应用、专业实训、文化熏陶为一体的综合性建筑技术馆正式建设完成。该馆建筑面积近3万平方米,共建有46间实训室、3个展示长廊,设备总价值3000多万元,能同时满足20多个专业、46个班级学生的实训教学任务。

【进一步加强师资队伍建设】 2010年,学院进一步加强师资队伍建设,成效显著。先后选派72名教师出国、出境学习培训,开阔视野,学习国际先进职教理念。聘请60余位企业工程技术人员到校指导技能训练、参与评教评学,安排45名教师全脱产顶岗实践。年内,新增省“青蓝工程”学术带头人1人,省“青蓝工程”骨干教师4人,校内评选首届教学名师3人、教学团队8个、专业带头人21人、骨干教师185人,有6名教师晋升正高职称。

【招生就业工作取得新成绩】 2010年,该院招生就业工作取得新成绩。新生到校4148人,报到率92.3%,生源质量进一步提高;对口单独招生321人,一志愿率达100%;在新疆和青海玉树灾区首次招生52名预科生。2010届4678名毕业生年终就业率97.18%,就业协议率91.56%,位居全省同类院校第二名,该院被省教育厅评为江苏省高校毕业生就业工作先进集体。

【全面的素质培养成效显著】 2010年,继续加强对学生进行全面的素质培养,取得显著成效。在校学生荣获江苏省第三届理工科大学生人文社科知识竞赛一等奖2名、二等奖14名,第六届“挑战杯”江苏省大学生创业计划竞赛一等奖,第六届“用友杯”全国大学生创业设计暨沙盘模拟经营大赛一等奖,全国职业技能大赛“楼宇智能化系统安装与调试”竞赛三等奖;在江苏省第十届大学生高等数学竞赛中,5名学生获一等奖,9名学生获二等奖;在全国数学建模竞赛中,数学建模队荣获国家一等奖1项、二等奖1项,江苏省一等奖2项、二等奖2项;在第十届全国机器人大赛暨2010年FIRA世界杯机器人大赛中国区选拔赛中,荣获11vs11一等奖、5vs5二等奖;在江苏省第十七届运动会中荣获高校乙组团体总分暨“校长杯”奖第一名、男子团体第一名。

(撰稿:李建民　审稿:曾凡远)

徐州工业职业技术学院

党委书记　时继尧
院　长　周立雪
党委副书记、纪委书记　王健强
副院长　金万祥　李　红　魏　勇

【概况】 徐州工业职业技术学院是一所以面向制造业、服务业培养技术应用型、创新型人才为主的综合性高等职业院校。2010年,学院设有3个二级学院、1个系,在校生12000余人,开设43个专业,涵盖材料、化工、环境、制药、生物、食品、机械、电气、汽车、信息、物流与电子商务等众多行业及领域;每年为社会输送近4000名高技能人才。先后获得省高校就业工作先进集体、省文明校园、省节水型高校、省创业教育示范校、2010年徐州市安全生产优秀单位等十几项荣誉。

2010年,该院新增国家级精品课程1门、省级精品课程2门(生物分离技术、软件工程)、省级特色专业1个(安全技术管理)、省级人才培养模式创新实践基地1个、省级大学生创新实践计划立项12项;获得质量工程建设经费92万元;获专利授权37项,其中发明专利3项,向企业转让专利技术4项;省市科技立项26项,其中科学技术项目10项,软科学项目16项;获横向课题17项,是2009年的1.7倍;获省市级科技进步奖4项,省哲学社会科学成果奖1项。教师获省市各级论文奖40余项,发表核心期刊论文近100篇等。

【获省首批高校公共体育课程考核优秀】 年内,该院在全省首批高校公共体育课程考核中获得优秀。通过教育厅公共体育课程的考核,得到评审专家的一致好评,获得包括南京大学等14所高校在内的考核优秀;同时该院被授予2008~2009年度江苏省体育工作先进学校称号。获得此项荣誉的全省共有21所本科院校、9所高职院校。

【承接江苏省对口单招考试】 2010年江苏省普通高校对口单招机电类专业技能考试于3月20日在工业职业技术学院举行。该院已经成功承接安排两届对口单招考试,均得到上级教育部门和考生、带考老师的好评。

【《配合与塑混炼操作技术》获国家精品课程建设立项】 学院材料工程系翁国文教授负责建设的《配合与塑混炼操作技术》荣获2009年度国家精品课程建设立项。此课程是在各省推荐的基础上评审确定的,全省高职高专类院校仅有14门课程获得此类高级别立项。

【党建考核获得优秀】 5月27日,省委教育工委专家组进驻该院进行党建工作综合考核,该院获得优秀等级。通过听汇报、走访、座谈、测试、查阅资料等,专家组对该院党建工作给予高度评价。年内,该院还通过了省委教育工委反腐倡廉工作的验收检查;环境工程系党总支"无偿献血,爱撒人间"党日活动经过两轮推荐、评选,获全省高校"最佳党日活动"优胜奖。

【水利部等领导、专家到学院考察】 6月4日,国家水利部、省水利厅、市水利局相关领导、专家对该院节水工作进行考察。该院科学、合理的用水机制以及多措并举的做法受到考察组高度评价,考察组一致认为,学院节水工作宣传力度大,措施落实到位,节水效果显著,经验值得推广。

【省高职研究会专家到院视察】 6月16日,省高职研究会一行12位专家在副会长、国家督学、江苏省教育厅原副厅长周稽裘的带领下到该院视察。专家们与学院领导进行座谈,就职业教育改革发展深入交流,对学院抓住机遇、跨越发展取得的突出办学成果给予充分肯定。

【荣获全国健身秧歌、腰鼓大赛一等奖】 6月25日,在国家体育总局社会体育指导中心、江苏省体育局主办的2010年全国健身秧歌及健身腰鼓大赛上,该院代表队荣获一等奖。大赛在江苏连云港市灌云县举行,全国10个省市的26支代表队参加比赛,该院代表队以9.093分夺得该项比赛的第一名,同时荣获"青春活力奖"、最佳组织奖。

【召开庆七一表彰暨创先争优动员大会】 6月30日,工业职业技术学院隆重召开庆七一表彰暨创先争优动员大会。会上表彰3个四好党总支、11个五好党支部、47位优秀共产党员、12位优秀党务工作者。党委书记时继尧回顾总结2009年学院党建工作取得的丰硕成果和突出成效,对学院基层党组织建设工作呈现出强力推进的良好态势给予充分肯定,对创先争优工作提出5点意见,努力让创先争优活动成为师生满意工程,向建党90周年献礼。

【省教育厅社政处到学院调研】 7月15日,省教育厅社政处处长汪国培到该院调研思想政治教育工作。党委书记时继尧介绍学院以党建工作为抓手,引领思想政治工作科学和谐发展的经验和做法;汪国培充分肯定该院思政工作取得的成绩,希望能不断创新高职学生思想政治教育方法和内容,开创苏北高职院校思想政治工作新局面。

【加拿大加中议会协会代表团到访】 9月15日,加拿大加中议会协会代表团到徐州工业职业技术院访问。加拿大加中议会协会共同主席约瑟夫·戴伊,加中议会协会共同主席达里尔·卡安带领加拿大加中议会协会代表团一行10人,在全国人大外事委员会副主任高金鹭、江苏省外事委员会委员周日韦、徐州市人大常委会副主任佟明泰等有关领导的陪同下到该院访问。该院的这一合作项目不仅得到教育部及省市政府的大力支持,也得到了加拿大各界人士的关心和帮助。达里尔·卡安主席代表协会发言,指出加中议会协会是中国人民的好朋友,希望中加合作项目能够以这次访问为契机得到更好、更全面的发展,也希望学院继续在国际合作交流方面作出更多的贡献。

【承办全省高职、中职2010年化学年会】 10月14日,江苏省化学化工学会职业技术教育专业委员会2010年全省高职、中职化学年会在学院召开。院长周立雪作题为《基础化学课程改革的思考》的专题报告。专家委员会的委员结合职业教育教学实际,交流化学课程教学改革经验,探讨江苏省各职业院校开展环保教育和生态文明教育情况,对江苏省化学教育和科研工作的进一步开展作了深入思考。

【承办华东区职业教育德育和学生工作研究会年会】 12月10日,中国化工教育协会华东区职业教育德育和学生工作研究会2010年年会在该院召开。华东区17所职业院校参加了会议。学院党委书记时继尧致辞,介绍学院的基本情况以及在德育教育和学生管理方面的主要举措和取得的成绩;与会代表分别就创新德育教育,辅导员、班主任队伍建设,企业文化进校园及职业院校学生管理工作等议题进行研讨。

(撰稿:刘新良　审稿:鲍桂楠)

九州职业技术学院

董事长　邢　凯
院　长　姜同凯
党委书记　朱浩熙
副院长　孙志鸿　冯新平　朱　涛

【概况】 九州职业技术学院创建于1993年,地处徐州南郊,是江苏省第一所经省政府批准的民办高校,苏北地区办学最早、办学规模较大、专业设置较全、综合实力较强,以工科为主,文、法、经、管结合的省属民办高校。学院占地15.8公顷,建筑面积13.31万平方米,已建成可容纳6000名学生规模的教室、实验室、图书馆、学术报告厅、食堂、学生公寓、运动场、文体馆等设施,累计投资超过2亿元人民币,其中教学仪器设备价值2913万元。图书馆藏书22.37万册,另有超星数字图书馆等3个资源数据库50万册图书、期刊。

2010年有机电工程、土木工程、经济与管理、计算机工程、人文与社会科学等5个系,设有30个高职专业。机电工程系应用电子技术专业被省教育厅遴选为特色专业建设点。拥有一支400余人的专兼职优秀教师群体,其中专任教师221人,教授、副教授职称的教师比例为40%。在校生5315人,生源以江苏为主,同时面向安徽、山东、河南、河北、山西等省招生,2010年报到新生1544人,毕业生就业率为96%。

2010年,该院被授予2009年度江苏省平安校园，被中国民办学校百强组织委员会、国家民办学校信息网评为2010年中国高校就业示范100强，获省园林式单位、省第十七届运动会体育道德风尚奖；院团委被评为市五四红旗团委，机电工程系、文学与法政系团总支被评为市五四红旗团总支；3位辅导员：王绍川、张春光、刘晋才被评为省2010年度优秀辅导员，五位教师：俞亚芹、林岚、李文科、陈引亮、曹振国获得市级以上表彰。

【与虞山锦江饭店进行校企合作】 3月24日，该院与五星级酒店常熟虞山锦江饭店举行校企合作揭牌仪式，成为常熟虞山锦江饭店酒店管理专业人才培养基地。副院长王慈，院长助理、招生与就业指导处处长王波，虞山锦江饭店副总经理沈燕女士，行政经理单晓武等校企领导出席仪式，仪式由文法系主任顾建新主持。此合作项目是文法系酒店管理专业开发的，是该院首个"订单培养"项目。校企深度合作是学院瞄准特色发展、实现与企业零距离无缝对接、推进品质职教的重要举措。

【董事长邢凯荣获"淮北杰出人物"称号】 4月6日，中共淮北市委、市政府在淮北市体育馆隆重举行淮北市建市50周年庆祝大会，表彰为淮北市发展作出突出贡献的模范人物和先进典型。邢凯在担任淮北市委副书记兼淮北矿务局副局长、主持矿务局工作期间，为淮北市和淮北煤矿建设与发展作出突出贡献。经广泛推荐、公众投票、评委会评审，淮北市委、市政府研究决定授予邢凯"淮北杰出人物"称号。

【教科研工作稳步推进】 年内，学院各项教科研工作稳步推进。对6项教研项目分两次组织结题鉴定，经专家评审，结题4项。5月，经评审，12项申报项目被确定为2010年度院级教科研项目。另有3份教学课件被教育部教育管理信息中心评为高职组优秀奖，10项江苏省高等学校大学生实践创新训练计划获立项。

【学生参加技能大赛获奖】 5月，机电工程系机电一体化技术专业学生团队(30人)参加北京菁华锐航科技有限公司、CAD/CAM与制造业信息化杂志主办的2010年度全国大学生CAD类软件团队技能赛，在全国79所院校参加的二维CAD竞赛中，获得一等奖第九名的优异成绩。6月10日，经济与管理系ERP沙盘代表队获得江苏省"用友杯"第六届全国大学生创业设计暨沙盘模拟经营大赛金奖，并代表江苏晋级全国总决赛，获得优胜奖。

【表彰2010"创新创业九州之星"】 6月15日，学院在文体活动中心召开2010"创新创业九州之星"颁奖大会。大会授予卜兵团、杨晓荣、李正理、胡志华、孙伟、韩宙庭、高遥益、高峰、王月兴、沈赛军等10位校友为2010"创新创业九州之星"称号。《徐州日报》、徐州电视台等多家新闻媒体作了报道。

【举办机动车维修技术人员从业资格培训班】 10月27日～11月1日，该院成功举办徐州市机动车维修技术人员从业资格首期培训班。徐州市交通局、徐州市汽修企业的专家和学院汽车专业教师组成的考核组对40名学员进行培训、考核，考核成绩和资格证书将由交通局下发到各汽修企业及学员手中。

【学院被授予全国民办教育先进集体、董事长邢凯被授予全国民办教育先进工作者】 11月5日，在全国民办教育表彰大会上，该院被教育部中国教师发展基金会授予全国民办教育先进集体称号，董事长邢凯被授予全国民办教育先进工作者称号。《中国教育报》常务副社长、《中国教师报》总编辑刘堂江、教育部中国教师发展基金会秘书长杨春茂分别为学院题词。

【召开第三届董事会第三次会议】 11月13日,九州职业学院召开第三届董事会第三次会议,董事长邢凯主持会议并发表讲话,会议审议并通过《董事会工作报告》、《学院工作报告》、《2009～2010学年财务决算及2010～2011学年财务预算报告》。与会董事和监事对各项报告及《学院"十二五"发展规划(草案)》进行认真讨论和审议,提出意见和建议,并对学院一年来的发展予以充分肯定。

【举行建筑技术实训基地落成典礼】 11月17日,学院在建筑技术实训基地隆重举行建筑技术实训基地落成典礼。董事长邢凯为建筑技术实训基地揭牌,院长刘钰发表讲话。

【徐州高校3V3新生篮球赛在该院举行】 11月20日,2010年徐州高校3V3(三人制篮球赛)新生篮球赛在学院文体活动中心拉开序幕。共青团徐州市委书记王成长出席开幕式。

【邀请杜国城教授到学院做报告】 11月24日,教育部高职高专土建类教学指导委员会秘书长杜国城教授应邀到学院做《浅议土建类高等职业教育的专业建设和课程建设》的报告。土建类专业的师生和有关领导聆听了杜国城教授的报告。

【召开干部任职宣布大会】 12月29日,九州学院召开干部任职宣布大会。根据2010年12月1日董事会执行局会议决定,聘任刘钰为院董事会顾问,朱浩熙、王慈为院董事会副董事长,姜同凯为院长,孙志鸿、冯新平、朱涛为副院长。姜同凯代表新任行政领导班子讲话,朱浩熙代表董事会作题为《同心同德,群策群力,开创九州学院新局面》的讲话。

【完成人事改革工作】 2010年,九州学院完成人事工作改革。改革遵循高等职业教育发展规律和社会主义市场经济规律,坚持以人为本、以教学为中心和勤俭办学的原则,建立健全相关管理制度,制定《待岗人员管理规定(试行)》、《返聘人员管理规定(试行)》、《劳动合同书》、《劳务协议书》、《教职工考核办法》以及《各类人员考核细则》、《收入分配制度改革实施细则(试行)》等人事管理制度,基本实现"能上能下、能进能出、精简机构、精干人员、提高效率"的改革目标。

【做好学院"十二五"发展规划工作】 7月开始,历时半年,学院认真做好改革和"十二五"发展规划制定工作。该院深入学习国家和江苏中长期教育发展规划纲要,紧密结合实际,针对面临的问题和发展形势,认真梳理"十一五"期间的经验和成绩,分析学院"十二五"期间发展面临的机遇与挑战,面向市场、面向社会、突出特色,制定学院"十二五"发展规划。

(撰稿:湛晓蕾　审稿:孙志鸿)

(本编编辑　钱立群)

第五编　县(市)区教育

丰　　县

局　长　孙光华
党委书记　方　侠(女)
党委副书记　孙光华
副局长　谢心鹏　王厚果　李若强
　　李成凯　王　磊
纪委书记　王　鹏
工会主席　李若强

【概况】　2010年,丰县有各级各类学校152所,其中公办高级中学8所、职业学校1所、初级中学26所、定点小学110所、聋哑学校1所,民办中小学6所。全县中小学在校学生142805人,其中高中28011人(含民办4976人)、初中51364人(含民办14728人)、小学63430人(含民办4516人)。特殊教育在校生265人,职业中学在校生5164人,幼儿园在园幼儿31590人。义务教育阶段入学率100%,初中巩固率100%,高中阶段入学率95%,学前3年幼儿入园率92%。全县有教职工12142人,其中专任教师10686人。教师学历合格率高中90%、初中99%、小学100%。

2010年,全县有省三星级以上普通高中6所,省示范初中9所,省实验小学3所,省优质幼儿园18所、市优质幼儿园21所,四星级中等职业学校1所。全年撤并23个农村小学教学点。

【教育现代化创建工作深入开展】　坚持分类指导、分层推进,加快教育现代化创建步伐。5月15日,召开全县推进教育现代化暨基础教育教学工作会议,明确创建目标。9月20日,组织有创建任务的中小学校,在黄楼初中召开2010年教育现代化创建工作推进会,实地观摩华山镇华星小学、梁寨镇黄楼初中的教育现代化建设现场,两所创建工作突出的学校作了经验交流,对创建工作的重点、注意事项等进行详细的解说。2010年全县创建现代化小学36所、初中10所。

【扎实实施校舍安全工程】　7月5日、9月13日,分别召开中小学校舍安全工程协调会和2010年校安工程质量监管工作会议,扎实实施校舍安全工程。会议进一步明确有关部门责任,对做好服务工作、减免有关工程费用等工作作安排。同时,认真做好中小学校舍安全工程信息采集工作,组织抽调有关部门15位专业人员,对155所学校进行校舍场址排查,形成一校一份排查报告。经过公开招标,由江苏省建筑设计研究院对全县校舍逐一进行抗震安全检测鉴定。2010年全县完成校安工程国家3年规划向省8年规划的转变工作。

【做好幼儿园房屋鉴定工作】　县教育局、县住建局联合下发《关于做好2010年度全县幼儿园房屋安全管理工作的紧急通知》,抽调6名专业技术人员,从7月20日开始对全县幼儿园房屋逐一现场检查鉴定,共鉴定公、民办幼儿园151所,检查鉴定房屋817栋,总鉴定面积43828平方米,对这次安全排查鉴定发现的幼儿园危险房屋要求立即整改,至年底已整改结束,及时消除了全县幼儿园房屋安全隐患。

【加大“三乱”治理力度】 县教育局联合公安、城管等部门组成督察组,加大“三乱”治理力度。督察组邀请县电视台参与,在各学校自查自纠的基础上,采取明查和暗访相结合的办法,对乱办班、乱补课、乱收费行为进行集中整治。对查证属实的顶风违纪的在职教师按照上级有关文件规定,给予行政警告处分,并对所在学校进行全县通报批评,有效遏制中小学教师在公共场所大规模办班、补课的不正之风。

【强化教育教学中心地位】 2010年,分别召开小学、初中、高中、学前教育教学工作会议,出台各学段教育教学常规管理制度。组织人员不定期对中小学进行“飞行”检查,采取不打招呼的方式深入学校,通过听课、访谈、现场查看等措施,重点督察校园管理和教师教干备课、上课、听评课等教育教学常规管理措施的落实情况,形成一切围绕教学工作,一切服务教学工作,一切有利教学工作的良好风气,把教育教学中心地位落实到位。

【率先成立心理健康教育中心】 10月,丰县教育局在全市率先成立中小学心理健康教育中心。10月16日,在丰县中等专业学校举行“心育中心”揭牌仪式,制订工作计划、活动方案、工作制度,聘请9名有资质的国家级心理咨询师,成立心育讲师团,在实验小学、欢口初中等学校开展心理健康教育培训。

【素质教育稳步推进】 认真抓好基础文明养成教育、科技教育、绿色环保教育等各类常规德育工作,狠抓校风、学风建设,稳步推进素质教育。创新外国语学校、实验小学、人民路小学、梁寨初级中学、凤城中心校、宋楼中心校等学校以其鲜明的活动特色,极大地丰富校园文化建设成果。庆“六一”活动主题突出,各小学、幼儿园组织开展丰富多彩的活动。深入开展阳光体育运动,做好体育传统项目学校、健康教育促进学校、艺术特色学校创建工作。完善青少年活动中心功能,全面开展与学科课程相衔接的社会实践活动,积极组织和参加各类艺术、体育赛事,促进学生全面发展。

【高中教学工作扎实有效】 成立由局长任组长,基层学校分管业务的校长、教研员、相关股室负责人为成员的丰县高中教学工作领导小组,定期研究高中教学及管理工作。领导小组对各高中教育教学管理、晚自习纪律、教师上岗等情况进行不定期专项视导。视导采取“832”模式,即每人听8节课,分年级召开3个座谈会,进行教师和学生2个方面调查。组织全县高中教师业务能力测试、学科专题讲座、省级网络培训、教务主任听评课培训等活动。通过教学视导,促进高中教学工作,高二学业水平考试达A人数有较大提升,高考本科上线人数稳步增加。

【职成民办教育发展取得新进展】 年内,积极整合职教资源,推进民办教育发展。将第二职业技术教育中心整体并入县职业技术教育中心,县职业技术教育中心创建为四星级中等职业学校。全县省市级社区教育示范乡镇、社区教育中心、农村劳动力转移培训基地等成教基地建设取得成效。民办教育规范发展,逐步形成公办民办教育共同发展的格局。

【师德师风建设有新成效】 采取多种形式加强师德师风建设。师德师风建设突出“三个结合”,即把师德师风建设与创先争优活动相结合,与日常教育工作督导评估相结合,与学校年度考核相结合。通过设立党员示范岗、评选师德标兵、组织学习汪金权先进事迹、“三问教师”主题教育、师德教育报告会等活动,教育引导广大教师努力做一名有目标感、有进取心、有亲和力、有敬业精神的教师。从7月份起,在全县教育系统组织开展了“三问教师”师德大讨论暨师德建设主题教育活动。7月13日,聘请南师大教育专家潘慧芳教授在华山中学举行全县中小学师德教育报告会。10月29日,举行全县教职工“三问教师”师德演讲比赛。12月份举行丰县中小学师德师风建设巡回演讲报告会。

【举行教干公开课展示】 10月15日,教育局在东关小学举行全县小学教学常规管理推进会。教干公开课展示是会议的一大亮点,东关小学校长张智等10名教干分别执教语文、数学、英语、科学等学科公开课,增强教干在教师心目中的地位,拉近教干与教师之间的距离,为引领教师的专业成长起到了助推作用。

【排查隐患落实校园安全措施】 5月,县综治、教育、公安等部门密切配合,认真开展学校安全隐患排查。对校外的潜在危险人员,学生上学、放学集中路段的治安和交通,学校周边的摊点、网吧、食宿点等进行排查;校内,重点查找师生在学习、生活、出行及保安配备、防范设施、监控设施等方面存在的安全隐患以及内部管理漏洞。对涉校涉生矛盾纠纷,逐起疏导化解,逐人教育稳控。建立健全学校保安组织,充实校园保卫力量,配备校园技防物防设施,建立校园值班护校队伍,进行课间及昼夜校园巡查。同时研究制定《丰县校园突发治安事件防范措施》与《丰县校园突发治安事件预防及应急预案》,印发至各学校(幼儿园)贯彻落实。“平安校园”创建取得成效,校园安全环境全面改善。

【大力实施教育惠民工程】 实施教育惠民工程,帮助经济困难学生完成学业。按规定免收农村义务教育阶段寄宿生住宿费,对5777名农村义务教育阶段家庭经济困难学生进行生活补助,争取爱德基金会、北京商会等对40名学生进行社会捐助,对家庭贫困、品学兼优的4160名普通高中学生人均发放1000元助学金,对268名苏北就业大学生进行学费补偿,对中等职业学校农村家庭经济困难学生和涉农专业学生实行免收学费。落实生源地信用助学贷款政策,共受理高校在校生助学贷款及新生助学贷款申请5894份,有5739人成功办理助学贷款,贷款金额达3150多万元。

【畅通信访工作渠道】 8月,在县教育局大门西侧设立专门信访接待室,畅通信访渠道。配强信访接待干部力量,确定日常值班人员,加强到访、信访的接待、登记、引导、分流、调处等工作,进一步疏通了信访工作渠道,方便来访办事群众。

【开展“丰县崛起看教育”活动】 9~11月,全县卓有成效地开展了“丰县崛起看教育”活动。县教育局制订活动方案,下发《关于在全县教育系统开展“丰县崛起看教育”宣传活动的通知》,举办“丰县崛起看教育”知识竞赛、“爱家乡,话崛起”诗歌朗诵会,开展“丰县崛起看教育,我该怎么办”大讨论活动,进一步激发全县教干教师开拓进取、勇往直前、再创佳绩的工作热情,在全县教育系统营造了实施“丰县崛起行动计划”的良好氛围。

【加强反腐倡廉警示教育】 县教育局党委采取系列措施,加强反腐倡廉工作。召开“贯彻落实《党员领导干部廉洁从政若干准则》、切实加强领导干部作风建设”专题民主生活会和全县教育系统反腐倡廉警示教育大会,举行“《廉政准则》伴我行”活动专题文艺演出,组织开展“学《廉政准则》,树行业新风”征文评选活动,积极营造反腐倡廉宣传教育氛围,提高全县教育系统党员干部学习反腐倡廉理论、加强党性修养和作风建设的自觉性,进一步增强勤廉从教意识。

【加强作风建设强化服务意识】 7月份以来,局机关开设机关讲坛,机关工作人员在每周集中学习时间,围绕专题开展一人一讲,使大家学有所获,促进了机关作风建设。局机关在大门东侧专门设立综合服务中心,提供教师招聘、中小学招生等方面的政策咨询服务,方便群众办事。贯彻落实全县县级政府机构改革动员大会精神,加强局机关人员内务管理,对局机关院内环境进行大力整治,提出局机关工作要求:人要精神、物要整洁、说话和气、办事认真,工作中做到:熟悉业务、指导得法、监督到位、服务基层。

【开展基层调研活动】 树立“机关围着基层转,校长围着教师转,教师围着学生转”的意识,认真开展“转作风、下基层、强服务”调研活动。局领导班子成员带领各业务股室人员坚持校校到,将所联系乡镇学校包括定点小学、幼儿园调研一遍,及时了解基层学校的真实情况,发现问题立即指出,并要求学校拿出整改意见,提出整改时限,解决实际问题。中心校管理人员一半时间在学校指导业务,各学校负责人埋头于工作,专注于学校发展。

【广泛征求意见】 6~7月,县教育局邀请人大代表、政协委员、离退休领导、校长等多次召开座谈会,通报教育改革和发展情况,倾听他们的意见和建议,广泛争取社会各界对教育的理解与支持,不断改进教育管理工作,提升教育管理水平。经梳理,共征集包括改进机关工作作风、提高教育教学质量等在内的四个方面58条意见及建议,将每一条意见及建议分解到股室,明确整改负责人,确保责任到人,整改到位。

【开展轮岗交流】 7月,按照干部管理规定及教育工作实际,对局纪委监察室、人事股、督导室等机关中层干部进行轮岗调整,对各股室内部人员调整分工。通过轮岗交流营造选人的氛围,让能干事的有想头,肯干事的有奔头,干成事的能出头,明确用人导向,激发单位人员活力。

【创先争优活动有序开展】 6月,局党委召开领导班子会议,专题研究全县教育系统创先争优工作。成立活动领导小组及其办公室,制定具体实施方案,确定“推进教育事业科学发展,提升教育现代化创建水平”活动主题,在丰县教育网开设“创先争优活动专题”。6月30日,组织召开全县教育系统创先争优动员大会。8月,全县教育系统各级党组织及全体党员通过各种方式作出公开承诺。12月,局班子成员分别对所属各支部及联系点学校进行创先争优活动领导点评工作。

【召开行风监督员座谈会】 12月23日,教育系统行风监督员视察、调研丰县中学、创新外国语学校、示范幼儿园等学校,召开座谈会。与会人员听取孙光华局长工作报告,对教育系统行风建设提出建设性意见。为加强教育行风建设,此前,县教育局聘任21名行风监督员开展教育系统行风督察。

【强化文明养成主题教育活动】 12月,全县教育系统“践行‘三管十不’、强化文明养成”主题教育活动正式启动。12月22日在青少年活动中心举行启动仪式,同时举行“文明交通伴我行”签名活动。活动以“践行‘三管十不’、强化文明养成”主题教育活动为载体,紧抓学生基础文明养成教育,提升广大师生文明素质和社会文明水平。

(撰稿:宋红军　审稿:孙光华)

【丰县中专校获批改革发展示范校】 11月,丰县中等专业学校成功获批国家首批中等职业教育改革发展示范学校,江苏省仅有17所学校获此殊荣。学校狠抓培养模式、教学模式、办学模式、评价模式改革,成功通过农业机械化省级示范专业和电子技术应用省级课改实验点的验收。学校拥有5个省级示范专业,3个紧缺型人才培养基地,是江苏省首批四星级高水平示范性中等职业学校,江苏省首批课程改革实验学校,拥有2个省级课程改革实验点。学校于9月20日申报国家首批中等职业教育改革发展示范学校,以优异的成绩顺利通过。

【丰县中专校农业基地获批省示范基地】 9月,经省教育厅、省财政厅专家评审,丰县中等专业学校现代农业基地被评为2010～2012年江苏省中等职业学校高水平示范基地。丰县中等专业学校高度重视专业建设与地方经济发展、产业结构调整的吻合度,适时调整新增专业。结合全县果树面积较大、食用菌原料充足等有利条件,开设现代农业专业,筹建现代农业基地,基地占地近14公顷,先期投资1000余万元。

(撰稿:晏本志　审稿:谢心鹏)

【丰县中学举办课堂教学交流活动】 4月17日,丰县中学和丰县教育局教研室联合举办了主题为"交流研讨、和谐共赢"的第十届苏鲁豫皖接壤地区大型课堂教学交流活动。活动分为课堂教学、教学评议及专家报告三部分。课堂教学采取"同课异构"和"异课异构"方式,由南京金陵中学知名专家、县内优秀教师及丰县中学骨干教师执教;县内外近20所学校的900多名教师观摩课堂教学活动,并进行评议;针对语文、英语、物理、生物等学科邀请省内特级教师与专家作学术报告,为与会者作指导。

【丰县中学举办青年教师论坛】 1月21日,丰县中学举办首届青年教师教学论坛。论坛以课堂教学为主题,采用提问、讨论、答疑等形式进行。青年教师围绕课堂教学进行了热烈坦诚的交流,共同分享教学的成功经验与思维智慧的结晶,探讨课堂教学实践中遇到的问题及存在的困惑。近两年任教的青年教师参加了本次论坛。

(撰稿:高存根　审稿:张世喜)

【民族中学举办民族文化艺术节】 3月23日,民族中学首届校园民族文化艺术节拉开帷幕。艺术节以"展现民族文化艺术之美,奏响优质特色办学乐章"为主题,历时近2个月,先后开展班歌大赛、才艺选拔赛、民族知识专家讲座、清明祭奠烈士、民族艺术作品展等形式多样、富有教育意义的活动。5月14日,艺术节胜利闭幕。

(撰稿:李仁华　审稿:谢丽光)

【欢口中学开设教师成长专题讲座】 2月23日,欢口中学邀请南京百家教育咨询中心主任马行提到学校举行教师职业生涯与专业发展专题讲座,全体教职工参加。马行提紧紧围绕欢中教师实际,为欢中教师制订职业发展个人规划:找准起点,明确现状;确立自我规划的分步实施策略;找准具体措施,保障规划目标的顺利达成;准备好个人成长档案袋,以备详实记录个人规划前进过程中的点点滴滴。讲座结束后部分教师和马行提互动交流。

(撰稿:孔凡秀　审稿:李景民)

【顺河中学与专家探讨编写导学案】 11月21日,应顺河中学校长徐思华的邀请,江西金太阳教育研究院图书产品部主任、国家

“十一五”重点课题“导学案研究”课题组副秘书长李振民老师到顺河中学与高中一线教师共同探讨高一、高二导学案的编写。顺河中学、华山中学、宋楼中学、欢口中学近200人参加了此次活动。

(撰稿:张化林　审稿:徐思华)

【王沟中学彰显办学特色】 2月,王沟中学在学校“青春·中国大型文艺演出”涉外交流活动中,被世界文化联盟、中国文化部艺术服务中心、中国关心下一代工作委员会授予“全国十佳组织学校”。王沟中学致力于创建现代化教育和艺术教育特色,在营造书香校园、艺术教育等方面进行深入探索。

(撰稿:杨志东 审稿:孙厚琪)

【梁寨中学办学条件不断改善】 年内,梁寨中学办学条件不断改善。8月末,女生宿舍楼启用,10月初,现代化二层餐厅封顶,11月初,老教学楼顺利拆除。学校实施“亮新工程”,教学楼、综合楼、学生宿舍楼所有墙壁翻新处理,粉刷面积达3万余平方米;检查、维修、更换照明设备和教学设备,确保用电安全;更换教师和学生桌椅,给科室、年级组、电脑室配备电脑等,为创建三星级学校做好充分的准备。

(撰稿:李　荀　审稿:刘　飞)

【东渡中学实践活动出新招】 10月开始,东渡中学创新实践活动模式,落实校本课程。学校每周确定20名教师面向全体学生开课,从知识讲座到手工制作,从室内探究到室外活动,提供课题和简单的内容解说。学生不分年级和班级,按照自己的兴趣爱好,自由选择,在指定时间、指定地点参与所选教师组织的实践活动。由于组织程序合理得当,学生兴趣盎然,推进了校本课程的开发和学生社团的创建。

(撰稿:章会领　审稿:孙俊臣)

【范楼初中创“心育”特色】 新学年,范楼初中积极采取措施,加强心理健康教育。学校开设学生心理咨询室,配备专业心理健康教师;利用网络平台引进《智慧思源心理健康》软件,供学生自测、咨询等使用;利用学校网站的《心智热线》、《家长学校》等板块教给学生及家长如何面对青春期;以班级为单位每周填写《学生自我管理手册》,了解动态的心理变化;举办“初一新生,你准备好了吗”、“初二学生,成长的烦恼(少男、少女篇)”、“从容面对六月天,减压助考心理辅导”等心理健康讲座,制作青春期心理健康知识墙和图片画报展。

(撰稿:李炳良　审稿:王传新)

【和集初中举行初中电教联谊活动】 4月20日,和集初中成功举行丰县初中电教联谊活动。活动分为课堂教学和专家报告两部分。学校为活动开设8节电教研讨课,课堂上老师们运用多媒体手段创设生动的教学情境,激发学生的学习兴趣,取得良好的教学效果,受到听课教师的一致好评。课后,参加活动的领导和老师进行研讨交流;市电教馆孙林海老师作《教育信息化环境下教师的成长》专题讲座,陈建平老师对电教研讨课进行精彩点评,大家深受启发。

(撰稿:于光荣　审稿:赵家强)

【华山初中重视网络学习园地建设】 华山初中充分利用网络,加强教师教育理论学习。学校在网站开设了《教师理论学习》、《课题培训》、《技能培训》、《陶行知教育思想》等栏目,为教师的学习、自修提供平台,促进教师学习和掌握现代基础教育理论,提高研究能力和水平,促进课堂教学效益的提高。至年底,教科室已经上传80多篇理论学习文章,点击近3万人次,受到教师的欢迎,收到良好的成效。

(撰稿:尹建林　审稿:蒋　林)

【刘王楼初中积极备迎现代化验收】 年底，刘王楼初中积极备战，迎接教育现代化验收。学校一手抓操场、微机室、多媒体教室等硬件设施建设，一手抓各类日常管理的档案整理工作。在硬件设施上，经过工人师傅的辛勤劳动，新建操场、多媒体教室等都已投入使用；档案材料的整理工作在广大教师的大力支持下业已准备就绪。

（撰稿人：赵地光　审稿：刘道平）

【欢口初中举行毕业生欢送会】 6 月 14 日上午，欢口初中全体师生隆重举行“感恩母校，让梦想启航”初三毕业生欢送会。欢送会上，初三师生代表分别作了毕业寄语和感言，初一、初二学生代表发表了临别赠言，精彩的文艺节目穿插其中。全体师生合唱《二十年后再相会》，把活动推向高潮。会后，校领导与师生一起，分列主干道两旁，与毕业学生依依惜别。

（撰稿：孙冬梅　审稿：尹　军）

【育英初中绿化亮化美化校园】 育英初中重视校园环境建设，强化环境育人功能。学校对校园重新规划和布局，将初三教学楼前花园改造成广场，铺设大理石；校园主干道拓宽硬化，新安装高标准节能路灯；校园绿化在原有冬青、瓜子黄杨等树种的基础上，又投入 28 万元，在花园内扩种了银杏、紫叶李、红叶石蓝、红花棘木、琵琶树等花草苗木。校园内四季常青，多姿多彩，花香袭人。

（撰稿：巩　锋　审稿：刘德俭）

【教育现代化创建工作推进会在黄楼初中召开】 9 月 20 日，全县 2010 年教育现代化创建工作推进会在黄楼初中举行。全体与会人员实地观摩了华山镇华星小学、梁寨镇黄楼初中的教育现代化建设现场。会议提出：提高认识，抓住发展机遇，实实在在提升办学水平，实实在在造福每一个孩子；坚持硬件从实，改善办学条件，积极营造和谐、健康、积极向上的校园文化；坚持规范管理，提升办学水平，提高办学品味；切实加强领导，加快工作进度，确保每一所学校顺利通过教育现代化验收。

（撰稿：侯庆立　审稿：蔡可华）

【金陵初中大力改善办学条件】 至年底，金陵中学校园改造工程全面完成，办学条件得到改善。学校多方筹措资金，加大硬件建设力度，硬化路面 3685 平方米，新建下水道 420 米，粉刷校舍 11796 平方米，新建综合楼 950 平方米和学校操场，改建学校花园景点，美化校园环境，极大地改善了办学条件。

（撰稿：沈传报　审稿：程庆真）

【李寨初中校史馆全面落成】 11 月 15 日，李寨初中校史馆全面落成。学校积极筹措资金，完成校史馆建设工程，以此庆祝学校 50 华诞。校史馆工程从收集、整理资料、实物，到开工建设，历时 11 个月。校史馆总面积 120 平方米，分春华、夏荫、秋实、冬韵四个板块，运用详实的资料和丰富的图片，记录了李寨初中办学 50 年来的风雨历程，展示了学校改革发展的巨大成就。

（撰稿：孙建恩　审稿：张业永）

【马楼初级中学遭暴风雨袭击】 7 月 17 日晚，马楼初级中学遭遇罕见暴风雨袭击。学校传达室、围墙倒塌，不锈钢宣传栏、旗杆、车棚、篮球架等被刮倒刮断，树木折断封堵周边道路。灾后校园一片狼藉，财产损失近百万元。灾害发生后，县教育局局长孙光华、副局长王厚果，常店镇政府镇长王鹏在第一时间赶到学校指导救灾工作。为了确保暑假后正常开学，在有关部门大力支持下，经过努力，8 月 30 前完成了重建工程。

（撰稿：李世玮　审稿：李明文）

【师寨初中开展课题培训活动】 11月18日下午,师寨初中在校阶梯教室举行课题研究培训会。学校2010年徐州市个人课题主持人和准备申报个人课题的教师以及各学科教研组长、年级组长参加了培训。校教科室主任张宗方针对课题研究工作,从如何选题、如何制定课题方案等方面做了专题讲座。

(撰稿:孙朝永　审稿:薛志刚)

【史店初中开展宿舍文化评比活动】 11月15～19日,史店初中举行以"创和谐校园,建美好家园"为主题的宿舍文化评比活动。活动倡导学生自己动手,自己设计,对寝室进行美化和装饰,突出中学生生活主题。每一个寝室被褥、生活用品摆放整齐,室内张贴励志名言、手工制作,给人温馨如家的感觉。

(撰稿:赵　海　审稿:程真启)

【套楼初中积极构建有效课堂】 套楼中学采取多种措施,完善各项教学管理制度,极力打造有效课堂。校领导坚持每周不定期检查备课,实行不打招呼推门听课制度并当面反馈;学校坚持每周开设2～3节公开课、研讨课、示范课、观摩课;每周三下午组织教师业务理论学习、观看优秀课堂教学实录;学期末,学校举办优质课评比、优秀教案评比、教师说课比赛和教学能力测试,促进了有效课堂建设。

(撰稿:袁　伟　审稿:李昌国)

【张五楼初中推行"四步导学"模式】 年内,张五楼初中全力推行"四步导学"教学模式。教学环节分为课前导学、交流展示、拓展提高、检测巩固四块。自主预习配有导学案,设置预习作业;交流展示为学生讨论交流,解决自己在预习中的学习心得和存在的疑难困惑,形式为听、说、读、写等多个方面;拓展提高为师生共同解决学习的重难点,并适当向课外延伸;检测巩固供学生查漏补缺,及时巩固所学知识。学生学习重在预习,老师教学重在导学,发挥学生在学习过程中的自主意识、合作意识、探究意识,充分调动学生学习的积极性、主动性,全面提高课堂教学质量。

(撰稿:单国华　审稿:陈光远)

【赵庄中学青蓝工程落在实处】 12月,赵庄中学青蓝工程结硕果,多位教师在全县优质课评选中获奖。学校将提高教育教学质量,提升教师业务水平,锁定在青蓝工程上,要求青年教师每两周读一篇教育教学理论文章,各自写出心得体会并交流。独自拟定同一课题教案,同课异构,课后听同学反馈,取长补短。12月份举行的全县优质课评比,学校青年教师于磊获一等奖,王振厂、武景云获二等奖。

(撰稿:刘　军　审稿:郭绍利)

【赵庄初中承办县初中英语研讨会】 12月3日,县初中英语教学研讨会在赵庄初中成功举行。全县初中近60位英语骨干教师参加研讨活动,赵森老师开设的公开课精彩纷呈,受到与会领导、老师的一致好评。

(撰稿:毛　进　审稿:齐英民)

【群益中学举行纪念"一二·九"歌咏比赛】 12月9日下午,丰县群益中学在体育馆隆重举行主题为"扬青春斗志,谱时代华章"纪念"一二·九"歌咏比赛。各参赛班级精心准备,积极参与,独特的站位设计、高亢的歌声、磅礴的气势、浓厚的感情将歌咏比赛一次次推向高潮。学校长期坚持爱国主义教育,利用每一次适当的机会,举办各种活动,教育学生树爱国之心,立报国之志,取得良好的效果。歌咏比赛作为学校文化建设的重头大戏,点燃莘莘学子爱国、报国的豪情,展现群益中学师生团结向上的精神风貌。

(撰稿:张忠良　审稿:丁维祥)

【大沙河镇各小学接受社会各界捐助】　6月25日、8月28日、9月28日，原徐州市人大教科文主任张绍俊3次向二坝小学捐赠图书2000余册及电脑、书橱、教师办公桌椅等价值8万余元物品；9月14日，徐州鼎立金属机电有限公司向大沙河中心小学捐赠价值3万元的50套餐桌；9月19日，徐州安利志愿者向破楼小学捐赠价值2万元的教学设备。社会各界的捐资助学极大改善部分农村小学的办学条件，为教育教学质量的提升和教育现代化建设起到了有力推进作用。县教育局局长孙光华、副局长李成凯，镇党委书记王明艳、镇长苗慧等分别参加了捐赠仪式。

【"快乐科学校园行"走进李寨中心小学】　5月14日，由江苏省文明办、省教育厅、省科技厅、省科协等单位主办，《科学大众》杂志社承办的"《科学大众》·快乐科学校园行走进徐州"活动在李寨中心小学隆重举行。全县各中心校校长、业务副校长，部分定点小学校长和科学教师代表参加了活动。全体师生共同参与"大手拉小手"、"魔法时刻"、"奇妙做中学"、"思维拓展训练"、"机器人俱乐部"以及省科协的"科普大篷车"等活动板块。专家们用儿童喜闻乐见的形式拓展科学知识，激发科学兴趣，受到孩子们的热烈欢迎，各个活动场地不时发出欢呼声和鼓掌声。

（撰稿：孙敦宝　审稿：周立轩）

【范楼中心幼儿园接受省优质园验收】　12月13日，省教育评估院专家对范楼中心幼儿园创建省示范幼儿园进行评估验收，将结果上报省教育厅。为迎接验收，范楼中心幼儿园投入90余万元改造、新建硬件设施，大力提高教师保教水平，办园条件得以改善，办园水平明显提升。

（撰稿：刘庆端　审稿：顾中昊）

【常店镇实施校干任免改革】　8月，常店镇中心校利用暑期对全镇6所定点小学校长职位进行公开竞聘。通过一系列测评与考核，6位同志脱颖而出，经报请镇党委政府研究、县教育局批准后全部上岗。随后又对各小学中层教干按编配备、任免。通过调整，教干人数从57名下降到35名，平均年龄下降9岁，学历全部达专科以上水平。

（撰稿：刘以坤　审稿：袁吉春）

【常店成教中心实施阳光工程培训】　4～10月，常店镇成教中心校对常店镇及周边乡镇的农村富余劳动力进行了为期一个月的阳光工程免费培训。培训共分四期，开设计算机、缝纫两个专业，共有320名农村劳动力报名参加学习，其中306人安置就业，就业率超过95%，受到广大干群的一致好评。

（撰稿：张　勇　审稿：袁吉春）

【凤城中心校小学教干全员竞聘】　8月18日，凤城中心校举行全镇小学校长、中层干部竞聘会，近40位教师参加竞聘演讲和答辩。竞聘分为素质考核、民主测评、理论考试、现场演讲答辩四个环节，根据考核、测评、笔试成绩确定答辩人员资格，聘请徐州市区教育专家进行现场打分。经过专家严格打分筛选，确定了5名小学校长，25名中层干部，其中40岁以下25名，大学本科学历23名。为增加竞聘的公正性和透明度，特聘请教育局纪委和开发区督察办联合进行全程监督。

（撰稿：史言华　审稿：杨学艳）

【东关小学学陶师陶有创新】　年初，东关小学践行陶行知教育思想，不断创新形式，收到良好效果。学校注重学陶师陶氛围建设，设计"行知文化墙"，张贴先生的名言、诗歌；建设"行知文化馆"，宣传先生的生平事迹；雕塑先生的半身像，让全校师生学习先生"捧着一颗心来，不带半根草去"的伟大精神。全体师生记陶言、背陶诗、唱陶歌、做“陶子”,身体力行陶行知教育思想,构建充满“爱”的乐园。12月,东关小学被评为首批徐州市陶行知研究会实验学校并挂牌“丰县行知小学”。

(撰稿:李荣敬 审稿:杨学艳)

【县人大代表视察华星小学】 12月3日,部分县人大代表由县教育局局长孙光华陪同到华山镇华星小学视导。代表们视察了整洁优美的校园,了解校内教育教学资源配置情况,观看学生现场橡皮泥、蛋壳画、环保袋等手工制作。学生作品给代表们留下深刻印象。代表们鼓励学生自由想象,大胆创新,勇于实践,并祝愿这所由中国人民解放军捐资共建的希望小学发展得越来越好。

(撰稿:孙玉兰 审稿:李 凯)

【欢口中心校承办县小学常规管理现场会】 11月19日,欢口中心校承办丰县小学常规管理现场会。与会人员分别观摩欢口中心小学大型广播操表演、史庄小学写字教学和苇子园小学的跳绳、踢毽特色活动,听取校长史志兵《真抓实干立潮头,凝心聚力保一流》的主题汇报,教育局局长孙光华要求与会校长们要牢牢把握教育质量这一核心,树立质量为本的教育思想,向管理要质量,做一名幸福的校长。

(撰稿:徐兆东 审稿:史志兵)

【法制报告会在闫楼小学举行】 10月14日上午,由梁寨镇关工委、中心校、派出所、综合治理办公室、交警中队五单位联合举办的“交通、法制及英雄事迹报告会”在闫楼小学举行。会上,报告团通过一个个具体、生动的典型事例告诫学生们一定要遵纪守法,珍爱生命,继承和发扬革命传统,争取在家做一个好孩子,在学校做一个好学生,在社会做一个好少年,真正成为社会主义的接班人。

(撰稿:张世杰 审稿:李树安)

【市家长学校现场会在和集小学召开】 11月18日上午,徐州市教育系统家长学校工作现场会在首羡镇和集小学隆重召开。各县(市)教育局及关工委领导参加活动。与会人员参观首羡镇各小学家长学校工作成果展示牌及和集小学家长学校工作档案,观摩和集小学高、中、低年级的家长学校授课现场,观赏了师生表演的文娱节目。随后召开家长学校工作研讨交流会,首羡镇中心校校长王磊详细汇报首羡镇各校在家长学校工作中的有益探索。徐州市教育局关工委主任张建勋谈了对观摩研讨活动的几点体会,高度评价全县各小学为家长学校工作所做的努力。

【首羡中心校加大新教师培养力度】 12月1日下午,首羡镇中心校副校长巩尊峰一行5人在首羡镇中心小学开展对新上岗教师“推门听课、跟踪培养”活动。本次活动是镇中心校对新教师培养计划中的重要内容,中心校业务组成员认真听评了4位新教师的课,并与授课教师进行深入的交流,对新教师的备课及作业批改进行细致的检查和指导,提出改进意见。

(撰稿:巩尊峰 审稿:王 磊)

【宋楼办好乡镇老年大学】 9月7日,丰县老年大学宋楼分校顺利通过市级老年大学验收。宋楼分校是全市唯一一所乡镇老年大学,镇成教中心校参与学校建设管理,与老年大学领导班子一起充分挖掘现有资源,协调资金,加强硬件设施建设。学校全年投入10余万元资金,添置2间教室的桌凳、讲台、投影仪等教育教学设备,购置健身器械、乐器、电脑、图书、棋牌等器材,改善了办学条件。学校开设书法、保健、电脑、农科等4个专业,共招收学员136人。11月23日,徐州市老年大学协会三届二次理事会议在丰县召开,学校在大会上作了经验交流,受到领导及同行们的一致好评。

(撰稿:郭红梅 审稿:刘金凤)

【师寨中心小学开展手拉手活动】 10月15日，师寨镇中心小学与徐州市风化街中心小学开展手拉手活动。风化街中心小学一行30多名师生到师寨中心小学举行联谊活动，他们为师寨中心小学的学生们带来了书包、文具等学习用品，两校小朋友彼此了解学习、生活情况。两校加强交流互动，促进共同发展。

【师寨中心校公开竞聘教干】 8月6～10日，师寨中心校成功举行教干公开竞聘活动。中心校面向全镇公开招聘4名定点小学校长及4名后备干部。竞聘工作分民主推荐、笔试、面试、考察四个环节进行，让年富力强、真正有能力、有思想的人走上学校领导岗位，为学校管理工作注入新鲜血液。

（撰稿：王　峰　审稿：刘鸿飞）

【“星星点灯”在赵庄中心小学办点】 11月18日，“星星点灯”关爱留守儿童公益计划活动在赵庄中心小学举行。徐州市团市委副书记苗琳、县委副书记罗德清、县教育局党委书记方侠、中英人寿保险有限公司副总裁王伟、二十一世纪经济报道华北区副总经理袁伟斌、中英人寿江苏分公司总经理邵静、徐州市保险行业协会寿险部主任曹祥玲出席活动。赵庄镇镇长孙厚权致欢迎辞。活动仪式由团县委书记刘一主持。县委副书记罗德清讲话，他代表县委县政府向出席本次活动的爱心人士表达深深的谢意，并希望赵庄镇中心小学师生珍惜和把握“星星点灯”办点的大好机遇，充分利用好“爱心小屋”的宝贵资源，发掘孩子们的智慧，让孩子们能够在轻松愉快的环境中健康快乐的成长。领导们还观看了孩子们的精彩演出，参观学校的“爱心小屋”。

（撰稿：张呈辉　审稿：宋在杰）

【实验小学打造诗意校园】 年内，县实验小学确立“建设书香校园，让师生诗意栖居”校园文化建设主题，以“诗意、经典、博学”为主旨，精心打造诗意校园。东教学楼走廊文化以诗意为主旋律，一楼百米“童诗长廊”集中展现师生童诗作品；二楼“诗韵飘香”展牌以赏析著名诗作为主；三楼“诗海拾贝”展牌重在进行童诗创作指导；楼梯间“童诗飞扬”、“诗情画意”以诗配画的形式表现诗意美景；教室墙壁“诗露花雨”采集经典生活哲思，配有体现诗歌意境的画面，流连其间，赏心悦目。

（撰稿：张立群　审稿：李　钊）

【人民路小学承办市级现场推进会】 11月24日，徐州市基础教育信息化公共服务体系教育资源共建共享工作现场推进会在人民路小学召开。活动分为参观县各校制作的CNE资源共建共享图片展、观摩电教展示课、专家座谈三部分。市教育局副局长李运生、原副局长张广焕、市教研室主任何振国、市电教馆馆长周岩、市教研室副主任仲新元、市电教馆副馆长汤永建、县教育局局长孙光华等出席会议，全市各县(市、区)电教馆长、教研室主任及网络技术人员共100余人参加了此次活动。

（撰稿：徐爱勤　审稿：李长周）

【县聋哑学校少先大队部成立】 12月21日，共青团丰县县委在县聋哑学校隆重举行聋哑学校少先大队部成立暨希望工程“无声感动情暖寒冬”捐赠仪式，县政府副县长张斌、教育局局长孙光华、团县委书记刘一、全县各乡镇总辅导员、学生家长代表及全体聋哑学校师生参加了本次活动。团县委副书记陈光主持仪式，团县委学少部董华晶宣读县少工委关于成立丰县聋哑学校少先大队部的批复。活动在高昂的出旗曲中拉开序幕，县少先大队总辅导员仇传剑代表全县少先队组织致贺词，校长刘永君表达对各位领导的热烈欢迎和无限感激。学生、家长代表分别发言，团县委书记刘一讲话。活动举行了捐赠仪式,向每位学生捐赠棉被和棉袄。

(撰稿:刘成礼　审稿:刘永君)

【示范幼儿园创建市绿色学校】 11月12日,市环保局、市教育局组成的专家组一行5人在县教育局副局长李成凯的陪同下,对示范幼儿园创建市级绿色学校工作进行评估验收。验收组在听取了园长石淑萍关于绿色学校创建工作的汇报后,查阅了档案资料,观看了幼儿园创建绿色学校专题片,并实地考察校园环境、办园特色、校园文化、环保教育、社会实践等,验收组对创建活动所取得的环保实效性给予充分肯定。示范幼儿园提出"绿色教育孕育美好心灵"的口号,把培养"环保小卫士、绿色小使者"作为幼儿园的重要任务。

(撰稿:渠春华　审稿:石淑萍)

【机关二幼新园开工建设】 下半年,机关二幼分园——丰县实验幼儿园开工建设。为解决学前教育入托难题,扩大优质教育资源,机关二幼在支农路东、南苑新城南征地1.33公顷,增建分园——丰县实验幼儿园。新园总投资1000万元,能解决近千名孩子的入托问题。主楼正在建设中,预计2011年9月正式投入使用。新园建成后,将成为丰县高起点、高品味、高质量的现代化新型幼儿园。

(撰稿:胡　香　审稿:王绍侠)

【创新外国语小学师生赴京演出】 6月22日,丰县创新外国语学校小学部师生代表在校长蒋显敬的带领下,赴北京参加中国民族管弦乐学会陶笛艺术委员会举办的"中国风"陶笛音乐会。师生的合奏《我和你》、《龙的传人》拉开了音乐会的大幕,接着演奏了一曲《送给妈妈的歌》,赢得与会各界人士的热烈掌声,受到国家教育部领导的交口称赞。此次演出,标志着学校民族乐器艺术特色教育跨上了新的台阶。

(撰稿:丁运田　审稿:蒋显敬)

【广宇中英文学校被评为中国民办教育百强学校】 3月,丰县广宇中英文学校在获得江苏省民办模范学校的基础上,又被评为中国民办教育百强学校。学校不断改善办学条件,加强内部管理,坚持"以德立校、依法治校、科研兴校、质量强校"的办学理念,进入快速发展期。

(撰稿:海　风　审稿:史先波)

丰县2010年各级各类学校基本情况表

表5-1　　单位:个、人

校名	班级数	学生数	毕业生数	招生数	教职工数 计	教职工数 专任教师	学校领导 校长	学校领导 副校长	学校领导 书记	学校领导 副书记
凤城中心校	104	5464	1343	1078	330	310	杨学艳	孙瑞群　史友伟	闫召满	
师寨中心校	93	3582	712	725	341	299	刘鸿飞	王　峰	刘鸿飞	
欢口中心校	149	6956	1215	1484	340	337	史志兵	徐兆东		
常店中心校	64	1895	566	368	264	250	袁吉春	刘以坤		
顺河中心校	65	2726	525	707	174	165	史志福	李正印		
首羡中心校	111	4665	920	884	290	270	王　磊	巩尊峰		
赵庄中心校	85	2966	761	525	266	259	宋在杰	许正丰		

续表5-1-1 单位:个、人

校名	班级数	学生数	毕业生数	招生数	教职工数		学校领导			
					计	专任教师	校长	副校长	书记	副书记
王沟中心校	100	3666	844	731	466	442	于春	徐继彬		
孙楼中心校	53	1656	264	406	217	197	王为权	曹成伟		
宋楼中心校	98	4010	1300	804	327	324	刘金凤	于泳		
大沙河中心校	79	3201	688	588	261	230	周立轩	孙敦宝 李勇		
梁寨中心校	69	2646	749	600	201	187	李树安	李新喜	李树安	
范楼中心校	103	4098	900	1092	257	228	顾中昊	胡广新 刘庆端		
华山中心校	104	3636	809	802	318	313	蒋海明	王贤松		
实验小学	65	4422	1010	557	180	164	李钊	杜中华 齐步辉 徐萍	杜中华	李钊
人民路小学	50	3210	746	550	122	111	李长周	于世臣 张智 李先会 仇传剑(助)	于世臣	李长周 宋红军
创新外国语学校(小学)	64	2525	215	514	188	155	蒋显敬			
广宇中英文学校(小学)	22	845	217	162	54	54	于卫忠			
修远双语学校(小学)	18	681	50	115	42	42	陈卫东			
凤城武术学校(小学)	6	193	15	14	10	10	田得民			
群元双语学校(小学)	8	272	50	75	10	10	胡世发			
丰县业余体校(小学)	3	115	6		6	6	刘秀光			
聋哑学校(小学)	14	204	30	30	35	31	刘永君	韩正涛 周莹(助)	李霞	刘永君 宋继高
张五楼初中	15	617	427	148	83	71	陈光远	常依民 蒋昕华 张成先(助)	渠慎喜	
民族中学(初中)	17	984	454	282	301	248	谢丽光			
师寨初中	23	1478	768	366	105	98	薛志刚	曹传伦 周博(助)	薛志刚	
东渡初中	20	887	401	246	98	77	孙俊臣	赵海峰 司增贺	孙俊臣	
欢口初中	36	2143	961	602	139	122	尹军	孙厚纯 李先召 董立勇 杨德东(助)		
育英初中	44	2886	1256	748	176	143	刘德俭	刘德煌 陈东军 张峰 刘永晨(助)	刘立	
常店初中	17	666	366	150	76	70	李成峰	杨承勇 李勇 王瑞文(助)	孟凡修	

续表 5－1－2　　单位:个、人

校名	班级数	学生数	毕业生数	招生数	教职工数		学校领导			
					计	专任教师	校长	副校长	书记	副书记
马楼初中	24	1017	465	254	107	98	李明文	刘景鹏　史经臣 孙建林		
顺河初中	27	1593	964	372	124	107	张佩林	岳冬泳　徐厚坤 刘　鑫(助)		
首羡初中	26	1538	869	381	103	86	范文华	王伟岭　毕先计(助)	范文华	
和集初中	18	957	507	240	94	83	赵家强	张孝恩　袁志强(助)	赵家强	
赵庄初中	16	915	564	204	80	62	齐英民	赵　国　毛　进(助)	周则立	
赵庄中学	11	595	223	143	67	56	郭绍利(副)	段素勇		郭绍利
单楼初中	25	1308	609	335	115	107	张　兴	齐　峰　齐行业	惠庆光	
王沟初中	24	1413	726	340	112	99	孙厚旗			
孙楼初中	15	583	439	155	90	69		李善国　生新文 李友明	司　彬	
宋楼初中	50	3427	1370	890	198	180	李德学	马　路　周建奎 刘金华		
刘王楼初中	15	807	432	238	83	72	董月廷	方礼斗	董月廷	
李寨初中	32	1679	917	512	128	117	张业永	许汝光　闫明永 岳跃远		张业永
梁寨初中	26	1757	955	451	103	87	付　伟	宋光群　刘召成	付　伟	
黄楼初中	16	998	460	200	59	54	蔡可华	高中文　李福生 王福光(助)	蔡可华	
范楼初中	24	723	488	175	80	69	王传新	黄艳珍　李德华 汪　峰	黄艳珍	
金陵初中	15	931	443	226	60	53	程庆真	陈庆运　邓　凯 丁道勤(助)		
京庄初中	17	916	502	283	64	55	王玉亮	王　振(助)		
华山初中	41	1998	1288	452	184	177	蒋　林	尹洪标　段世勋 郭兆民　屈　峰		
套楼初中	13	690	244	180	59	48	李昌国	王以朋　郭　靖 王以东(助)	李昌国	
史店初中	12	601	246	151	73	69	程真启	赵　海　渠英伟	董宜民	
实验中学	50	2546	1482	486	198	189	王绪东	张永亮　师以波 况世恩　董顺利	张永亮	王绪东
聋哑学校(初中)	5	61					刘永君	韩正涛　周　莹(助)	李　霞	刘永君 宋继高
群益中学(初中)	94	6063	2406	1682	227	220	丁维祥			

续表 5-1-3　　　　单位:个、人

校名	班级数	学生数	毕业生数	招生数	教职工数		学校领导			
					计	专任教师	校长	副校长	书记	副书记
创新外国语学校(初中)	59	3220	972	990	167	167	滕义英			
广宇中英文学校(初中)	54	2931	1027	783	227	215	于卫忠			
修远双语学校(初中)	39	2232	812	748	199	170	陈卫东			
凤城武术学校(初中)	3	164	97	60	21	19	田得民			
群元双语学校(初中)	3	118	48	48	14	10	胡世发			
丰县业余体校(初中)	3	145	66	50	12	10	刘秀光			
民族中学	48	3255	1028	993			谢丽光	孙宗涛　司元山 董正堂　王　平(助)	张　铎	
宋楼中学	47	2845	879	972	205	180	刘向奎	蒋允珠　李含乐 张　松	蒋允珠	李含乐 张世金
梁寨中学	32	1916	643	756	138	116	刘　飞	刘　峰　于牧华	刘　飞	朱效学
华山中学	52	3039	1006	1009	260	235	王居春	袁保平　丁运涛	王居春	
欢口中学	44	2823	835	973	199	161	李景民	刘本俊　师以尚	李景民	
顺河中学	53	3446	980	1218	222	191	徐思华	崔卫兵　常以刚	徐思华	崔卫兵
王沟中学	30	1857	629	465	112	110	孙厚旗	蒋尊祥　李　浩 董厚永	孙厚旗	
丰县中学	78	3854	1523	1281	434	361	张世喜	张际存　江远忠 赵海峰　张立志	张世喜	张际存
群益中学(高中)	28	1840	383	554			丁维祥			
广宇中英文学校(高中)	32	1700	714	582			于卫忠			
修远双语学校(高中)	27	1436	403	556			陈卫东			
职教中心		5164	1342	2296	322	247	谢心鹏	张世全　丁维扶 汤淑清　于吉东 邵明志	谢心鹏	张世全 师以标 王成名
凤城培智学校	2				2	2	张　智			
示范幼儿园	24	1160	486	326	88	48	石淑萍	刘景云(助) 刘秀清(助)	石淑萍	
机关幼儿园	28	1190	404	311	30	27	王绍侠	王颖秋　孙　洁	王绍侠	

（宋红军）

沛　　县

局　长　郑恒良
书　记　朱思瑞
副书记、纪委书记　孙英杰
副书记　王云峰
副局长　李　伟　姚本超
党委委员　许西平　吴修坤　黄文华
党委委员、工会主席　沈怀田

【概况】　2010年,沛县有各级各类学校194所,其中普通高中6所,初中32所,小学113所,特殊教育学校1所,职业高中2所,幼儿园40所。全县中小学在校学生114820人,其中高中21648人,初中38367人,小学54805人。特教学校在校生91人,中等职业学校在校生11905人,幼儿园在园幼儿46684人。义务教育阶段入学率100%,初中巩固率99.8%,高中阶段入学率96%,学前三年幼儿入园率91%。各类学校中,民办中学2所,民办幼儿园7所。全县有教职工11540人,其中专任教师9788人。教师学历合格率高中、初中、小学、幼儿园均为100%。全县有省特级教师7人,省、市名师名校长1人。2010年,全县有省三星级以上普通高中6所,三星级以上中等职业学校2所,义务教育阶段中小学已全部建成教育现代化标准学校。全县40所幼儿园均建成省标准幼儿园,其中有省级优质幼儿园23所,市级优质幼儿园12所,优质率88%,合格园率100%。年内,获江苏省基础教育课程改革先进集体、省关心下一代工作先进集体、省规范教育收费示范县,徐州市未成年人思想道德建设工作先进集体、市教育系统先进基层党组织、市文明单位等荣誉称号。江苏省小学生态课堂与管理现场会、徐州市第二届德育论坛、徐州市未成年人思想道德建设现场会相继在沛县召开。全年投入教育经费近7亿元。

【积极进行教育现代化建设】　年内,沛县创新思路,克服困难,做好省教育现代化建设。3月27日,教育局召开全县学校管理工作会议,贯彻落实省、市教育工作会议精神,部署教育教学管理的各项工作,推动省教育现代化县创建工作。县教育局从督导室、电教馆、教育股等股室抽调6人,对全县中小学教育技术装备的管理、使用情况进行专项检查。5月12日,县召开创建省教育现代化县推进大会,进一步动员全县上下明确目标,强化措施,狠抓落实,要求各镇、各部门、各单位咬定目标,坚定信心,全力推进教育现代化建设。县政府与各单位签订创建工作责任状。9月7日,县召开全县教育现代化镇建设调度会,调度教育现代化镇建设责任状落实情况,督促落实教育现代化镇建设任务。9月19日,召开全县教育系统创建省教育现代化县迎验会议,学习苏南先进的创建经验,进一步认清形势,找准差距,加力加压,强化措施,全力以赴,以创建促发展,以创建促提高。

【新建沛县汉源中学】　9月1日,新建汉源中学完成一期工程,顺利开学。沛县汉源中学坐落在新城区中心地带、韩信路北侧,占地10公顷,建筑面积55950平方米,是一所集小学、初中为一体的九年一贯制公办学校。2009年9月开工,2010年5月竣工,总投资1.4亿元。学校一期工程有综合实验楼、3栋教学楼和1栋艺术楼,运动区有400米标准塑胶跑道、篮球馆,是第六届刘邦文化节的主会场。9月,整合第四中学、湖屯中学、张桥中学、开发区二堡小学、河口小学、新城区韩坝小学6所学校。共有40个教学班,其中小学14个班,初中26个班;教职工146人,其中高级教师16人,具有本科学历的102人。坚持高标准、严要求,力争建成沛县一流、苏北前列、辐射苏鲁豫皖的学校。

【参加江苏省首届教育博览会】　9月16～18日,以“沛县生态教育服务于每位学生的生存发展质量”为主题,沛县教育参加江苏省首届教育博览会。整个展示厅,由前言、生态校园、生态德育、生态课堂、生态研训五部分组成,全面展示近年沛县在教育教学各方面的努力探索和主要成绩。展厅形式新颖,富有生态文化特色;布置典雅,“大汉之源”文化元素强烈,受到参观者的赞赏。江苏卫视记者现场采访沛县教育局局长郑恒良,并予以报道。

【生态教育系列丛书出版发行】　11月,由郑恒良、朱思瑞主编的生态教育系列丛书由南京师范大学出版社出版发行。丛书包括《生态课堂》、《生态校园》、《生态德育》《生态课堂论》、《生态研训》5个分册。《生态课堂》分册主编李伟、吕永立,《生态校园》分册主编李伟、许西平,《生态德育》分册主编沈怀田、李向阳,《生态课堂论》分册主编孙英杰、吕永立,《生态研训》分册主编姚本超、程营真、刘洪才、刁成海。全册定价100元。

【沛县《生态教育》栏目开播】　7月13日,沛县教育局和沛县电视台联办的《生态教育》栏目开播。每周1档,播放3次,周二晚8:10沛县新闻综合频道首播,周三上午12:10复播,周四晚7:00沛县经济生活频道再播。共有《教育天地》、《三名风采》、《生态德育》、《生态课堂》、《生态研训》、《回音壁》等6个子栏目。《教育天地》主要报道一周教育新闻;《三名风采》主要报道全县名师、名校、名学生;《生态德育》、《生态课堂》、《生态研训》主要报道生态德育、生态课堂、生态研训等方面的做法、成绩;《回音壁》主要报道社会尊师重教、教育回报社会、各界建言献策等。截至12月底,共播出25期。

【基础教育课程改革取得新成绩】　3月21日,沛县教育局被省教育厅授予江苏省基础教育课程改革先进集体荣誉称号。年内,沛县教育局组建领导小组,出台《沛县中小学课程改革实施方案》,制定《课程开设计划》、《学分认定办法》、《评价方法》、《校本课程开设计划》、《研究学习方案》等一系列文件。各校认真执行课程计划,结合实际,整合课程资源,开发多种校本课程,形成完整的国家、地方和校本课程体系。积极探索生态课堂教学模式,初步形成以“自主、合作、探究”为主要特征的课堂教学新模式和生动活泼、民主开放、科学高效的生态课堂教学新局面。沛县教育局是徐州市县(市)、区唯一获此殊荣的单位。沛城镇孔庄小学同时荣获江苏省基础教育课程改革先进集体称号。沛城镇中心小学吕永立、盖鸾英,湖西中学张之光、杨屯中心小学董继荣、沛城镇孔庄小学陈艳春被授予江苏省基础教育课程改革先进个人荣誉称号。

【省生态课堂与管理现场会在沛召开】　4月9～10日,由江苏省教育学会教育专业委员会、《学校管理》杂志编辑部主办,沛县教育局协办的江苏省小学“生态课堂与管理”现场研讨会在沛县召开。省中小学教研室副主任董洪亮,省教育学会教育管理专业委员会理事长王铁军、副理事长程振响,市教育局领导李玉良,《学校管理》杂志副主编金薇薇,省教育学会教育管理专业委员会副秘书长王明宾出席开幕式。南京、镇江、南通、淮安、连云港等市教育主管部门负责人、部分中小学校负责人,市各县(市、区)有关负责人,沛县中小学校长、小学教务主任、部分骨干教师约400余人参加研讨会。董洪亮作《课改与教师专业发展》专题报告。沛县作题为《打造生态课堂,构建和谐教育》的经验介绍。与会人员观看沛城镇小学“生态课堂探索与实践”专题录像,现场参观沛城镇孔庄小学的校园文化、班级文化建设,观摩该校语文、数学、英语、科学、品德与社会10节课堂教学,观看教师的备课、作业批改、改革实验过程性材料及沛县各小班化试点学校的展板。现场观摩结束后,与会人员进行研讨互动,徐州市教育局课程改革办公室主任刘勇进行点评,程振响作大会总结。

【教师信息技术考核过万人】 1月17日,全县中小学教师信息技术考核结束,参考人数超过1万人次。县教师学习资源中心去年分4期对全县168名中小学校长、199名电教管理员进行系统的理论和实践操作培训。从2009年7月22日开始对全县中小学教师进行计算机操作考试,利用自主开发的“沛县中小学教师继续教育考核系统”考试平台,随机编排考场、随机抽取试题、机考机判,保证了考试公开、公平、公正、透明。参考人数达10642人次,合格率98%以上。合格教师获得达标证书,认定中小学教师继续教育40学时,记入本人继续教育档案。

【开展城乡教师支教顶岗活动】 9月2日,县教育局创新师资培训方式,开展城乡教师支教顶岗活动。活动启动仪式在局报告厅举行,会上宣读了沛教〔2010〕108号文件《关于城区学校教师到农村支教农村教师到城区顶岗培养促进教育均衡发展的实施意见》,动员和部署全县城乡教师支教锻炼顶岗培养活动,加快推进全县教育的优质发展。支教锻炼、顶岗培养的学校和教师代表分别作了发言。这一轮支教锻炼和顶岗培养的教师共60人。

【开展系列“专家型标兵”评选活动】 9月,全县教育系统评选中小学系列“专家型标兵”,迅速掀起拼搏进取、创先争优的热潮。县教育局下发《关于在全县教育系统深入开展创先争优活动的通知》,在全县中小学教职工中开展评选系列专家型标兵活动。具体包括专家型德育标兵、专家型教学能手、专家型班主任、专家型教科研楷模、专家型教改先锋、专家型教育技术运用高手、学生最喜爱的老师、学校最优秀的干部、社会放心的学校卫士、师生满意的优秀员工10大类。评选严格按照个人申报、学校推荐、组织考核、专家评定等程序进行,共评选375人。

【德育工作影响逐步扩大】 年内,大力开展生态德育,全县德育工作取得较大成绩,在省市产生较大影响。9月21日,召开全县中小学德育工作会议,要求各学校以“新心”德育为抓手,积极开展活动,做强“新心”德育这一品牌,提升沛县师生新形象。开展“新心”德育创新案例评选活动,150篇入选。9人获市优秀班主任,7人获市优秀德育工作者,10人评选为市“学生最喜欢的教师”。徐州市加强未成年人思想道德建设现场会、第二届中小学德育论坛在沛县举行。《中国德育》杂志第六期报道沛县“新心”德育活动图片,《中国德育》杂志第十期报道沛县“新心”德育系列活动开展情况。

【15所学校获素质教育成果奖】 年底,全县15所学校获得素质教育成果奖。正阳小学、湖西中学获省健康促进学校称号。歌风小学、体育中学获省体育工作先进学校称号。在徐州市体育局、市教育局主办,市航模运动协会承办的徐州市青少年科技体育项目竞赛中,局德育办获得优秀组织奖,第五中学、栖山中学、正阳小学分别获得不同项目团体第一名,朱寨中心小学、魏庙中心小学分获团体第二名。湖西中学、五中、歌风小学、敬安中心小学、鹿楼中心小学、杨屯中心小学被评为市艺术特色学校。在市文明办、团市委、市教育局、市科协联合举办的徐州市第二届青少年科技文化艺术节活动中沛县有32人次获奖,沛县教育局获得优秀组织奖。

【徐州高等师范学校沛县分校移交】　10月9日,徐州高等师范学校沛县分校移交沛县管理。徐州市委教工委书记、教育局副局长曹孟军和县委书记冯兴振分别代表徐州市教育局和县委、县政府签订了徐州高等师范学校沛县分校移交管理协议,县教育局等有关8部委办局负责人参加。移交后,沛县全力做好土地、房产、人员等的交接工作,妥善解决好遗留问题,照顾好留在沛县的教职员工家属。

【探讨体育美术教学与高考的新路径】　1月18~19日,局教研室先后在张寨中学、湖西中学召开全县中学体育教学工作会议、全县中学美术教学工作会议,探讨体育美术教学与高考的新路径。各高中分管负责人与高考辅导教师,各初中学校体育、美术教研组长及有专业辅导经验的骨干教师参加会议。各高中围绕"体育高考训练的选材与有效的高考训练计划的制定实施"、"初中体育教学训练与体育高考的有机结合模式"、"美术高考与初中美术课堂教学的衔接"、"美术高考怎样科学选才、有效辅导与规范管理"等课题作了交流,并分别观摩了张寨中学的体育高考训练课和湖西中学高考美术专业辅导。

【做好幼儿园传染病防治工作】　4月26日,召开由全县各幼儿园负责人、保健教师参加的幼儿园手足口病防治培训会议。邀请县疾控中心专家对当前幼儿园防治手足口病及其他春季传染病等相关知识进行了培训。各托幼机构迅速成立传染病防治工作领导小组,制订工作预案,做好传染病管理;加强晨检和午检,重视因病缺勤学生的登记和追查寻访工作;做好对其他教职员工的二级培训,确保教职员工熟练掌握传染病的监测知识和防治措施。

【做好退役士兵培训工作】　2月27日,2010年退役士兵学历技能培训班开学。根据省委、省政府办公厅关于开展退役士兵职业技能工作意见和县委、县政府关于退役士兵技能培训工作的整体部署,2010年退役士兵学历技能培训工作继续由沛县职教中心承办。职教中心开展学历技能培训,开设汽车驾驶、家电维修、数控技术和机械加工等专业,帮助退役士兵增强职业技能,320人参加培训。

【清理整顿无证幼儿园】　9月7日,全县开始清理整顿无证幼儿园。召开工作会议,认真贯彻落实省教育厅等9部门《关于开展无证幼儿园清理整顿工作的通知》(苏教基〔2010〕23号)及市教育局等9部门《关于进一步落实无证幼儿园清理整顿工作的通知》(徐教〔2010〕56号)文件精神。县综治办、公安局、卫生局、建设局、工商局、房管局、物价局、妇联、民政局、教育局等组成县清理整顿无证幼儿园领导小组,下发《关于成立全县清理整顿无证幼儿园工作领导小组的通知》。各相关单位采取有效措施,抓好清理整顿工作。到10月底结束,共清理15所无证幼儿园,下发整改通知书32份,促进了全县幼儿教育事业健康、规范发展。

【扎实开展小学语文高效课堂活动】　3月份开始,局教研室在全县开展小学教学研讨活动,推进"语文高效课堂"。17日,在实验小学举办全县小学"语文高效课堂"教学研讨活动。实验小学教师上了两节研讨课,特级教师、实验小学校长李志建作"开展有效教学,打造高效课堂"的专题讲座。24日,以"开展有效教学,打造高效课堂"为主题,在歌风小学举行全县小学语文教学观摩,歌风小学两位教师上了示范课。4月14日,在正阳小学举办全县小学"语文高效课堂"教学研讨活动,正阳小学两位教师上研讨课,正阳小学副校长张帆作"精心设计,成就高效课堂”的专题讲座。28日,局教研室在树人小学举办第四次小学语文“开展有效教学,提高有效课堂”教研活动,树人小学语文骨干教师上2节示范课,局教研室小学组负责人作专题报告,并对今后的语文教学提出要求。参加这次小学语文高效课堂系列活动的教师共有1100余人次。

【送课下乡提高教师素质】 5月,局教科所在中小学开展“送课下乡”活动,促进教师专业成长。7日,在鸳楼中学举办初中优质课送课下乡暨同课异构生态教学研讨活动,西部10所学校参加活动。刘福新、朱宏飞、徐欢庆等6位县优质课获奖教师及鸳楼中学3位老师,采取同课异构形式,分别上了语文、数学、英语公开课。14日,在胡寨镇小学开展语文、数学、英语学科“送课下乡”活动,县级6位青年骨干教师进行同课异构教学,220多名教师参加活动。

【全县31家单位获平安校园称号】 年内,全县教育系统采取点面结合的形式,按照常规工作全面开展和特殊时段、特殊部位重点检查相结合,深入推进平安创建工作,31家单位获省市县平安校园先进集体称号。县教育局在全县教育系统集中开展“排查调处矛盾纠纷、排查整治治安混乱地区和突出治安问题、排查管控社会高危人群”等三项排查工作。县政府、教育局分别召开中小学幼儿园安全工作会议,加强校园安全管理。至年底,全县11所学校顺利通过省平安校园验收,9所学校通过市平安校园检查验收,5所学校获市依法治校示范校荣誉称号,6所学校获县平安法制建设先进单位称号。

【孤贫资助推进教育公平】 年内,教育系统开展资助孤贫学生活动,进一步促进教育公平。2月1日,举行全县“爱暖孤贫学子”慰问仪式,县四套班子领导为150名孤贫学生发放慰问金、书籍、棉衣等。举行新入学贫困大学生救助仪式,为242名学生发放助学金75万元。为3897名大学生办理2042万元的助学贷款。对家庭经济困难高中学生的申请进行审核,确定3869名资助对象,有近15%的在校生享受助学金,补助范围较去年扩大5%,标准为平均每人每年1000元,一次性发放到学生手中,资助总额387万元。减免791名孤贫学生的学杂费和住宿费,对1376名家庭经济困难学生发放寄宿生生活补助费103万多元。

【校园文学活动成绩突出】 年内,全县校园文学活动蓬勃开展,取得突出成绩。在省教育厅、文化厅举办的第五届少儿艺术节红领巾读书征文活动中,沛县5名学生获奖,其中一等奖1名、二等奖1名、三等奖3名。实验小学张馨月等9名学生在省教育厅、教育电视台举办的“未来杯”奇思妙想作品比赛中分获一、二、三等奖。4月23日,“绿健杯”徐州第二届童话故事“校园故事大王”电视大赛(第十期)在沛县实验小学举行,30位小选手们演绎了精彩的童话故事。在全县中小学开展“我爱我们的节日”征文活动,收到作品600余篇,上报省征文办140篇。参加市经典诵读比赛,实验小学获得二等奖、五中获得一等奖。沛初中学生魏巍在教育厅、省旅游局联合举办的“美好江苏”朗诵比赛中获三等奖。在徐州市青少年文学协会二十一届年会上,五中春雨文学社被评为市十佳文学社,沛初中春草文学社、杨屯中学湖边莲文学社和朱寨中学、张寨中学、三河尖矿校文学社被评为市优秀文学社。

(撰稿:赵后乐　李　沛
审稿:郑恒良　朱思瑞)

【沛中成为硕士教学研究基地】 12月16日,徐州师范大学教育硕士教学研究基地揭牌仪式在沛县中学举行。徐州师范大学教育科学学院院长段作章、城市与环境学院院长沈正平、研究生处处长苗正科等参加了仪式，并就师资培训、课题研究、教育科研等与沛县中学签订了协议。

(撰稿:郭世明　审稿:陈荣海)

【沛县二中被评为省平安校园】 6月，第二中学被江苏省教育厅、省综治办、省公安厅联合表彰为江苏省平安校园。年内，二中把创建平安校园列入学校管理的重要内容，坚持"预防为主，整治结合，重在建设"的原则，强化措施，深入开展平安校园创建活动，学校安全防范和校园内部管理得到进一步加强。

(撰稿:朱　磊　审稿:吴修坤)

【张寨中学改革食堂管理办法】 年内，张寨中学创新思路，探索食堂服务社会化的新路子。学校进一步落实食堂规范化管理，与上海民裕餐饮公司签订承包协议，严格从业人员工作职责，完善学校餐饮卫生管理制度，规范饭菜加工的操作程序，强化食堂卫生监督与管理，确保学校食品卫生安全，杜绝食品安全责任事故，饭菜质量受到师生好评。

(撰稿:戚　辉　审稿:司成立)

【湖西中学环境教育形式多样】 年内，湖西中学课堂渗透、综合实践、社区活动相结合，广泛开展环境教育活动。学校开设教师全员参与的"环境教育进课堂"专题培训会，开展学科渗透环境教育优秀教案评比活动，组织跨学科"走进微山湿地"、"社区环境状况调查"等学生综合实践活动。学校还组织4·22地球日"行动起来吧！让地球充满生机"主题教育活动，班会、征文、演讲、辩论会等形式多样，主题鲜明，学生环保意识明显增强。6月5日，学校组织环境日环保志愿者签名、社区环保知识宣传、公益劳动等系列活动，产生了良好的辐射作用。

(撰稿:吴中敏　审稿:潘加磊)

【歌风中学迎接省三星级验收】 11月22～24日，歌风中学迎接省三星级学校验收。县委、县政府十分重视学校创建工作，县委书记冯兴振、县长李晓雷、县委常委王子华先后到学校检查指导创建工作。江苏省教育评估院6位专家对学校晋升三星级学校验收，用3天时间，查看创建材料、实验室、图书馆、卫生室、宿舍、汉风园，听了9个学科16名教师的公开课，观看升旗仪式、课间操，旁听教师论坛，检查课外活动情况。学校高分通过验收。

(撰稿:张家强　审稿:耿　峰)

【职教中心创建工作结硕果】 年内，职教中心紧紧围绕创建国家级高水平示范校工作，各项工作齐头并进。学校创建第5个省级示范专业——计算机及应用；在徐州市职业学校技能大赛中获中职组第一名，其中13位师生获一等奖，29位师生获二等奖，81位师生获三等奖；成功承办全市建筑专业技能大赛；对口单招本科上线人数全市第一，建筑、财会、旅游3个专业获市总分第一，专科上线率达97.5%，机电、电子、计算机、美术专业专科上线率达100%。6月，学校被中央电大评为国家级示范性基层电大。

(撰稿:朱纯华　审稿:王云峰)

【沛初中创写字特色教育】 年内，沛县初级中学规范写字教育教学，形成特色。学校成立规范字书写教育领导小组，形成规范字教育工作合力，定期开展"书写规范字"专题讲座，每学期举办一次教师"三字"比赛。学校有6名专职写字教师，每周每班开设1节写字课，统一使用校本教材《写字教与学》，统一印制写字教学案。宣传栏内每期都有写字教育的内容，教室内学生作品栏内经常更新钢笔字优秀作品，校报《花蕾周报》经常刊登学生的书法作品，在每学期的家长会上开展学生作业展览，艺术节上举行书法比赛等。

规范字教育已成为学校的特色教育。

(撰稿:刘培峰　审稿:朱信平)

【五中获国际机器人奥赛金牌】 12月13~19日,沛县第五中学在澳大利亚第十二届国际机器人奥林匹克竞赛上再获金牌。来自10多个国家的600多位参赛选手参加了18个项目的角逐,沛县第五中学机器人兴趣小组组队参赛,郭宇晴同学荣获中学组机器人DV项目金牌,于淼同学荣获中学组障碍赛项目特别技术奖,于浩、常敬德老师荣获优秀指导教师奖。

(撰稿:于　浩　审稿:刘裕来)

【体育中学教体结合出成绩】 年内,体育中学坚持教体结合,成效显著。7月26~30日,校长赵米青参加国家体育总局举办的2010年全国各级各类体校校长培训班,在校长论坛上作了以《坚持教体结合,凸显学校办学特色》为题的典型发言。9月8~12日,在江苏常州2010年全国技巧冠军赛系列赛暨青少年技巧锦标赛上,体育中学技巧队作为参赛的唯一一支县级代表队,奋勇拼搏,荣获6枚金牌、6枚银牌,4名运动员获得国家一级运动员称号。

(撰稿:张玉龙　审稿:赵米青)

【张双楼矿校深化课堂教学改革】 年内,张双楼矿校采取多种形式,推进课堂教学改革。学校围绕"有效课堂",实施"讲学稿",切实提升课堂教学有效性。11月,县教研室在张双楼矿校举行九年级语文、九年级物理、七年级地理、小学语文等学科教学研讨会,与会教师130人。张双楼矿校7位教师展示了课堂教学,2位老师作"讲学稿的使用与编写"专题报告。

(撰稿:陈经华　审稿:曹君沛)

【实验小学新建校园文化墙】 11月16日,实验小学新建的校园文化墙竣工。文化墙工程由中国矿业大学设计,于年初筹划,10月初筹措资金10多万元,在原有围墙的基础上改建。文化墙的内外墙上篆刻《三字经》、《弟子规》、《千字文》、《百家姓》及中外名人的读书格言,融知识性、教育性、艺术性于一体,增加了校园的书香气息。

(撰稿:刘念泉　审稿:李志建)

【歌风小学校园环境上品位】 8月,歌风小学加大投入,对校园环境进行整体规划改造,提升办学品位。校门两侧墙壁塑孔子和《论语》、孟子和《道德经》两组浮雕;校内增设四大名著、四大发明浮雕立柱;文化名人的浮雕从孔子、屈原、李白、杜甫到鲁迅,演绎中国文化发展的历程;"书香苑"内孩子们可以汲取精神营养;青铜效果的民族英雄霍去病、林则徐等塑像教育孩子们从小立志,精忠报国;西山文化墙以"德、智、学、教"为主题,以编钟、汉镜、方鼎等浮雕配以名人名言;运动场南侧新心德育墙漫画知趣合一;雕塑群有喻意深远的"托起明天"、温馨亲和的"母子情鹿"、振翅欲飞的仙鹤群、酷像文化饱学之士伯乐的景观巨石、飞奔向前的千里马等。歌风小学校园成为沛县生态文化校园的一张亮丽品牌。

(撰稿:孙玉薇　审稿:樊令君)

【正阳小学举办教师暑期培训班】 7月13日,正阳小学举办培训班,帮助教师提高教学能力。7月13~18日举办为期6天的教师"英特尔"信息技术培训,县教师学习资源中心专家到现场指导。从校长到后勤人员人人积极参加培训,取得很好的成效。

(撰稿:朱雪静　审稿:贾理平)

【特教中心加快推进校园基本建设】 年内,特殊教育中心校加大投入,加快推进校园基本建设。11月,学校操场改造、路面硬化工程完工,共铺设2000多平方米的塑胶跑道和操场,硬化路面1000余平方米。12月底,学校综合楼建成并投入使用,总建筑面积2081平方米。在上海举办的联合国教科文中国ESD实验项目高层论坛上,学校被授予该项目实验学校,标志着学校在可持续发展研究上跃升一个新层次。

(撰稿:张承福 审稿:张长军)

【进修学校培训工作成绩显著】 年内,县教师进修学校组织培训校干、教师万余人次。开展全员教育技术培训考核、骨干教师英特尔未来教育培训、网络安全管理培训等,提升教师信息素养,全年共培训考核1865人。组织特级教师、教学能手、研训员开展"送培到镇"专题讲座、研讨活动,全年共有5500余人参加培训。抓好常规培训,组织1500余人的新教师岗前培训、校干岗位培训、各学科骨干教师培训等。与华东师范大学网络教育学院联合办学,进行本专科学历教育培训,首次招生130人;继续与徐师大联合办学,在读学员400人。11~12月,邀请省市专家为全县67名教科室主任、300余名小学校干进行生态教育培训。依托中国教师研修网、国家教育行政学院网、省教师教育网大力开展远程培训,组织近600名中小学校长、骨干班主任、学科教师参加远程学习,组织管理工作受到教育部、省市有关部门表彰,沛县教育局被授予国家级远程培训"优秀项目团队",袁龙强老师被"知行中国"项目办聘为江苏省特聘导师,被市培训中心聘为省远程培训徐州市特聘导师。有30余人次分别获得国家级、省级优秀管理辅导教师、优秀学员的荣誉称号。

(撰稿:袁龙强 审稿:程营箴)

【杨屯中学教育管理再上新台阶】 年内,杨屯中学广泛开展安全教育,教育管理再上新台阶。学校注重学生身心健康发展,狠抓管理,被江苏省教育厅、省综治办、省公安厅授予江苏省平安校园荣誉称号,被徐州市关工委评为徐州市教育系统关心下一代工作先进集体,被中共沛县县委、沛县人民政府评为平安法治建设先进集体。

(撰稿:王德强 审稿:张学省)

【郝寨中学艺术教育取得新成绩】 年内,郝寨中学继被评为徐州市体育传统项目学校及市级群众体育工作先进集体之后,在探索艺术教育之路上又迈出成功的一步。学校坚持为艺术教育开绿灯,提供6间体育、音乐及美术专用活动教室,优先为师生开展各项艺体教研活动拨出经费,学校音、体、美教师在县级以上竞赛中屡屡获奖,李心炎老师一年中在国家级刊物发表3篇美术教研论文。李心炎、侯宪文、张海涛三位教师被吸纳为徐州市书法协会会员。

(撰稿:刘洪伟 审稿:王 静)

【三中举行第九届艺术节】 5月中旬,沛县第三中学举行第九届校园文化艺术节。艺术节历时7天,主题是:宣传传播汉文化,弘扬中华民族传统文化。学校利用橱窗、展板宣传汉文化的起源及悠久历史;组织观看民俗表演、刘邦文化节开幕式;举办"我也来讲汉文化"故事大赛,激发学生为家乡作贡献的热情。

(撰稿:齐俊秀 审稿:王书勤)

【胡寨中学获广播操比赛一等奖】 12月8日,胡寨中学在全县中学生广播操比赛中荣获一等奖。同学们和着优美的旋律,用整齐、规范的动作演绎着青春活力。经过沛县中小学生广播操比赛检查团综合评比,胡寨中学拔得头筹。

(撰稿:郭 博 审稿:李延富)

【湖西农场中学生态研训出成果】 年内,湖西农场中学积极开展生态研训,成果显著。学校定期开设教科研培训讲座,特邀县教科所专家作《一线教师如何搞教科研》和《关于农村教师专业发展的思考》的专题报告。全体教师增强教科研意识,提高教科研能力。全年有25人次获评县优质课,有5位教师参评市优质课;40余篇论文、案例在省、市、县级评选中获奖,14篇论文发表于国家、省级报刊杂志,其中核心学术期刊发表2篇;22项市级个人课题进入结题阶段。

(撰稿:徐世明　审稿:郝大千)

【魏庙中学大力改善办学条件】 年内,魏庙中学加大投资,大力改善办学条件。9月1日,由省政府投资180万元兴建的新宿舍楼投入使用,可满足1000多名学生住宿。自筹资金60万元,改造学校道路和地面,新建、绿化东西主干道,硬化教学楼前全部地面,10月20日全面完工。建设成教中心校,建筑面积达2600多平方米,电教室、图书室、阅览室等一应俱全,10月25日通过验收。

(撰稿:徐启航　审稿:王梦舟)

【五段中学国旗台文化长廊竣工】 11月,五段中学集中建设的国旗台和文化长廊两处校园景观设施先后竣工。国旗台正对学校大门,工程于10月10日开工,11月18日竣工,投资2.8万元。11月26日学校文化长廊工程竣工并向师生开放,墙高2.5米、长40米,展示了世界文明史、中国文明史和古今中外名人介绍等内容,营造了良好的校园文化氛围。

(撰稿:刘克文　审稿:李延存)

【张庄中学举行“五师”教育讲座】 5月22日,张庄中学组织全校教职工,举行“五师”教育促师德讲座。“五师”即铸师魂、育师德、树师表、正师风、练师能,从教师职业理想、育人观念、爱生情感、职业规范、人格修养、文化素养等方面进行教育,全面提升师德建设水平。

(撰稿:刘家林　审稿:胡廷彬)

【敬安中学积极改善办学条件】 年内,敬安中学积极筹措资金,改善办学条件。学校投入数10万元改建操场及篮球、排球场地,整理校内绿地、花园,整修主干道。积极协调县财政资金225万元,筹建一幢2511平米综合楼,已完成前期规划、审批、招投标手续,年底已完成基础施工,预计2011年5月交付使用。

(撰稿:宗秀行　审稿:张衍华)

【栖山中学承办精致管理现场会】 6月2日,全县中小学幼儿园精致管理现场会在栖山中学召开。栖山中学深入实施《江苏省中小学管理规范》,以深入开展“新·心”德育为主线,以市“十一五”规划课题“实施目标分组教学促进师生良性互动”研究为依托,以校本课程研发为突破口,规范教育教学管理,促进教育内涵发展。全县学校的校(园)长、分管教育教学的副校长等300余人通过察看现场、查阅资料、听取讲解与汇报,对学校管理工作给予充分肯定。

(撰稿:韩大中　审稿:常　海)

【王店中学让世博知识走进课堂】 上海世博会前夕,王店中学掀起“迎世博,看世界”的热潮,让世博知识走进课堂。学校让学生了解世博有关知识,宣传世博会主题、理念以及“科技、绿色、环保、低碳”的特点,通过“世博”这一平台,学生感受到祖国经济的繁荣和综合国力的强大,增强民族自豪感。

(撰稿:张洪杰　审稿:沈宪明)

【朱寨中学获家庭教育实验基地称号】 5月11日,在大连中国家庭教育知识传播激励计划表彰论坛上,朱寨中学荣获家庭教育指导实验基地称号。论坛由中国教育学会家庭教育专业委员会和中华全国新闻工作者协会新闻发展中心联合主办,12名传播家庭教育的专家、学者、新闻工作者、校长和家长畅谈了家庭教育的先进经验。朱寨中学积极参与家庭教育活动,被中国教育学会家庭教育专业委员会授予家庭教育指导实验基地称号,校长王书振荣获"中华人民共和国成立60周年中国家庭教育知识传播激励计划卓越人物奖"。

（撰稿:陈祖庆　审稿:王书振）

【闫集中学食宿综合楼通过验收】 12月2日,闫集中学留守学生食宿综合楼顺利通过检查验收。学校重视留守儿童工作,师生帮扶结对,在学习、生活等方面对留守学生给予特别的关爱,使学校成为留守学生的"爱心家园",江苏教育电视台《支点》栏目曾专门采访报道。综合楼主体3层、局部4层,建筑面积1600多平方米。由县设计院、建设局、质监站、地质勘查、监理公司、教育局等部门联合实地查看,检查验收,给予较高评价。

（撰稿:孔凡永　审稿:陈振杰）

【朱王庄中学推进精品课工程】 年内,朱王庄中学走研训一体的校本培训路子,积极实施推进精品课工程。年初,校长室、教务处、培训部制定计划,积极开展磨课、同课异教等活动,发现问题,提炼成课题进行探究。根据学校实际,一般老师先从上一般课向上好课推进,然后由上好课向上精品课推进。通过听课、评课、研课,相互促进、共同提高,一大批老师在县"双成杯"、"创新杯"优质课评选中获奖。

（撰稿:姚　颢　审稿:刘方舟）

【龙固中心小学接受《江苏法制报》采访】 12月16日,《江苏法制报》记者3人到龙固镇中心小学,专题采访法制安全教育工作。记者们听取中心小学校长章古峰的介绍,深入学生进行详细了解。12月31日,《江苏法制报》在显著位置刊登了《把法制安全教育融入日常教育工作》专题报道。

（撰稿:孙厚彦　审稿:章古峰）

【沛城镇中心小学推进教育现代化】 9月15日,沛城镇中心小学召开教育现代化创建暨精致管理工作会议,大力推进教育现代化工程。会议规划部署2010～2011年度第一学期工作中心,强调做好做强7项工作:切实做好教育现代化学校创建工作;搞好"创先争优"活动;实施"轻负高质"工程;推进生态课堂教学改革;深化教师培训改革;提高幼儿保教水平;深化平安校园建设。

（撰稿:杨淑云　审稿:吕永立）

【胡寨中心幼儿园举办开放日活动】 4月23日,胡寨镇中心幼儿园举办家长开放日,200位幼儿家长参加活动。学校对活动进行细致安排,在工作汇报中把孩子们在班级的状态一一展示给家长。各班还开展观摩课、亲子游戏等系列活动,让家长了解孩子在幼儿园的生活和学习,增进教师和家长之间的情感交流。

（撰稿:孟　丽　审稿:吴继立）

【魏庙镇中心小学扎实推进重点工程】 年内,魏庙镇中心小学加大教育现代化投入,扎实推进重点工程建设。学校完成了中心小学教师家属院的拆迁,投入100余万元东扩中心小学操场,预投入420余万元新建中心小学3200平方米的四层教学楼,投入146万元新建房村小学1178平方米教学楼,投入124万元新建曾楼小学996平方米教学楼,投入129万元新建张洼小学1050平方米教学楼,顺利完成招投标工作。

（撰稿:孙　凯　审稿:孟庆刚）

【五段镇校园文化异彩纷呈】 11月12日,五段中心小学对全镇各小学校园文化建设进行全面检查验收。年初以来,中心小学以创建教育现代化强县为契机,在全镇各小学积极开展校园环境治理和校园文化建设,投资210万元拆除危房2000平方米,新建校舍

1903 平方米。全镇 5 所定点学校和一个教学点校园文化建设异彩纷呈:五段中心小学礼仪教育特色鲜明,三段小学书香浓厚,姜庄小学花香四溢,大四段小学彰显微山湖文化特色,许口小学二十四节气文化教育让人过目难忘,俞庄教学点诗歌教育成一大亮点。

(撰稿:刘学安　审稿:吕振宇)

【中央电视台报道张庄剪纸教学】 5 月 20 日,中央电视台《走遍中国》栏目专程采访、报道张庄中心小学剪纸教学。为弘扬民间艺术,推进素质教育,学校大力推行剪纸艺术进课堂,建立书法剪纸工作室,晁友廷老师利用每天下午的活动课及星期天对学生进行辅导。建造艺术长廊,全年展出作品 600 余幅。学校 3 ~6 年级的学生都学会了折纸、剪纸。中央电视台的报道扩大了学校剪纸教学的影响。

(撰稿:吴宝杰　审稿:童吉文)

【张寨中心小学精心打造书香校园】 年内,张寨镇各小学精心打造书香校园。6 月 1 日,学校召开“打造书香校园”教师动员大会。6 月 7 日,又召开“打造书香校园”学生动员大会,宣读经典诵读领导小组名单、打造书香校园活动实施方案。各班制定本班的活动计划,学校发给语文老师“诵读记录”,发给学生“考级卡”。9 月下旬,张寨中心小学进行第一次考级测试,成绩记录在“考级卡”上并逐月测试。

(撰稿:张开政　审稿:鹿海先)

【敬安中心小学书画课程全面开花】 12 月 10 日,县教育局为敬安镇中心小学举行徐州市艺术特色学校、江苏省规范字书写学校授牌仪式。敬安中心小学致力于营造书画特色氛围,取得显著效果。学校利用第二课堂,发掘书画教育潜力,实施“一日一节书画校本课、一周一次书画作品展、一班一个书画展示台”三个一工程,为学生搭建学习、创作和展示书画的平台。通过创建“走廊文化、过道文化、橱窗文化、墙壁文化、班级文化”五大文化,让学生人人参与,感受书画文化的魅力。

(撰稿:赵　静　审稿:王　玫)

【河口小学古诗考级】 年初,河口小学启动“诗韵书香”古诗考级活动。学校制定考级方案,要求全体学生参加,实行古诗考级证书制度,丰富学生的学校生活,形成良好的文化氛围。

(撰稿:秦存磊　审稿:张家驷)

【鹿楼中心小学成功注册校园网站】 年内,鹿楼中心小学成功注册学校网站。网站以“求实奋进、开拓创新”的校训为主体,开辟了《教师风采》、《教务管理》、《教育科研》、《体育艺术天地》、《师生作品》、《教师培训》、《信息技术》、《教师博客》等专栏,内容丰富,形式新颖,为教师们相互交流、相互促进提供了专业平台。

(撰稿:潘君梅　审稿:邵　华)

【汉城国际学校完成软硬件建设】 年内,沛县汉城国际学校一手抓软件建设,一手抓硬件建设,现代化水平迈上更高层次。学校投资 15 万元,购置图书 25000 册;投资 10 万元,新设电子实验室、化学演示室;投资 10 万元,建成现代化信息管理总控室。12 月 11 日,教学综合楼、教工宿舍楼开工。教学综合楼建筑面积 3000 平方米;宿舍楼建筑面积 16104 平方米,总投资 2000 余万元。

(撰稿:季传民　审稿:葛志坚)

沛县2010年各级各类学校基本情况表

表5-2　　　　单位:个、人

校名	班级数	学生数	毕业生数	招生数	教职工数		学校领导			
					计	专任教师	校长	副校长	书记	副书记
沛县中学	97	4832	2753	1368	468	404	陈荣海	李令军　王夫占 孟庆雷　纪认振 卜令春	陈荣海	
沛县二中	66	3856	1428	1080	306	241	吴修坤	郁光友　刘常虹	吴修坤	
张寨中学	52	2902	1070	872	203	114	司成立	周少杰　董恒哲	司成立	周少杰
湖西中学	48	2750	1108	839	239	164	潘家磊	李合江　姜新凌	潘家磊	
职教中心	76	4600	2150	2340	396	267	王云峰	朱广照　席风路 闫洪卫　邢学思 郝心君	王云峰	
保安学校	32	1642	526	591	126	117	黄文华	袁兴泰　李亮华	黄文华	
歌风中学	38	2040	800	600	136	114	耿　峰	史钟祥　张守权	耿　峰	
沛县初级中学	60	3960	2097	1172	257	196	朱信平	张　栋　吴昌玺 闫云侠	甄在会	
沛县五中	66	4580	1497	1234	238	228	刘裕来	魏垂芳　闫召信		
体育中学	33	1982	320	389	138	116	赵米青	冯德慧　时圣才 张振华	冯德慧	赵米青
成教中心校					14	13	白树超			
实验小学	50	3144	529	516	166	134	李志建	姚　恺　高　岭	李志建	
歌风小学	51	3356	600	580	182	166	樊令君	吴德灵　周素萍 殷惠萍　蔡承强	樊令君	周素萍 吴德灵
正阳小学	40	2451	363	568	112	96	贾理平	张　帆　张　勇	贾理平	
树人小学	14	772	123	170	45	39	吴明位	朱伟丽	吴明位	
特殊教育中心	14	91			59	26	张长军	张成福　王　敏		
教师进修学校					48	30	程营箴	刘广文　赵后金		袁龙强
张双楼矿校	28	1181	136	352	115	106	曹君沛	袁　品　周脉栋 赵连义		
三河尖矿校	25	987	156	145	84	80	吕敬军	徐　勇　郑秀强	徐运夫	
汉源中学	40	1796	403	660	146	129		朱新宜		李厚孚 (主持)
龙固中学	32	1154	588	335	188	156	杨怀平	祝泗福　张　锋 孙念斌	杨怀平	
杨屯中学	39	1969	767	492	155	147		张学省　吕高军 周广泉		
大屯中学	24	960	320	310	132	120	孙成可	郭良军　时效成	孙成可	

续表 5－2－1　　单位:个、人

校　　名	班级数	学生数	毕业生数	招生数	教职工数		学　校　领　导			
					计	专任教师	校　长	副校长	书　记	副书记
郝寨中学	28	1053	649	203	199	184	王　静	许光东　李红卫 李　强　边道燕 马　慧　朱天颂	王　静	
沛县三中	48	3323	1881	726	231	208	王书勤	张涵严　郑枫叶	王书勤	张涵严
湖屯中学	6	279	82	102	22	19		王良孚　刘　峰		
鹿湾中学	8	201	97	52	76	55	李沛华	李俊沛	李沛华	
湖农中学	8	330	206	53	63	42	郝大干	沈兆全	郝大干	
胡寨中学	24	1013	366	398	113	94	李延富	傅立民　王顺刚 赵家峰　郭　博		
魏庙中学	20	978	227	240	120	105	王梦舟	陈庆亮	王梦舟	
五段中学	30	1242	703	272	145	126	李延存	王福勤　姜广亮	李延存	
张庄中学	30	1306	532	395	108	96	胡廷彬	朱兴军　刘家林	胡廷彬	刘家林
崔寨中学	18	1238	448	287	86	67	赵后义			
张寨镇中学	24	1174	508	316	118	110	张基辉	张洪钦	张基辉	张洪钦
唐楼中学	24	1486	630	386	102	90	姬广民		姬广民	
敬安中学	30	1026	354	267	165	130	张衍华	宗秀行　李祥勇 肖　磊	张衍华	宗秀行
河口中学	18	653	244	165	74	66	韩　健	郝敬德　汪允双	韩　健	
孟庄中学	14	656	280	190	75	56		张庆国　张保举 姬生宪		
栖山中学	21	1026	432	245	94	73	常　海	刘西华　孟　永 高立勇	常　海	
王店中学	14	530	260	160	71	46	沈宪明	杨满华	沈宪明	杨满华
鹿楼中学	14	528	220	150	82	61	陈剑峰	刘丽敏　张　伟	陈剑峰	魏　宏
鸳楼中学	24	1205	470	280	92	70	吴登先	陈宪记	吴登先	
朱寨中学	18	654	180	170	96	80	王书振	李印章　徐思行 王家忍	王书振	
闫集中学	18	720	512	161	99	95	陈振杰	闫　雪		
安国中学	24	1180	385	376	88	85	张正先	刘运来　崔玉雷 李若信	刘运来	
朱王庄中学	14	651	198	220	68	52	刘方舟	霍久洋　赵祥民		
龙固镇中心小学	76	2909	520	511	277	257	章古峰			

续表 5－2－2　　　　　　　　　　　　　　　　　　　　**单位:个、人**

校　　名	班级数	学生数	毕业生数	招生数	教职工数		学校领导			
					计	专任教师	校　长	副校长	书　记	副书记
杨屯镇中心小学	60	1691	416	393	233	222	康良亚			
大屯镇中心小学	107	2645	436	674	441	386	张永军			
城镇中心小学	136	4928	795	1203	616	498	吕永立			
胡寨镇中心小学	74	2120	452	539	229	210	吴继立			
魏庙镇中心小学	46	2058	406	566	203	192	孟庆刚			
五段镇中心小学	56	1815	533	309	173	173	吕振宇			
张庄镇中心小学	109	3764	649	1075	397	382	童吉文			
张寨镇中心小学	117	3700	900	1000	392	320	鹿海先			
敬安镇中心小学	79	2902	435	669	199	191	王　玫			
河口镇中心小学	86	2818	533	699	240	203	张家驷			
栖山镇中心小学	10	2450	450	707	284	260	刘瑞锋			
鹿楼镇中心小学	95	3300	504	799	338	316	邵　华			
朱寨镇中心小学	67	2980	590	1200	303	300	张　锋			
安国镇中心小学	103	3778	580	1146	315	305	秦淑国			
开发区中心小学	12	285	89		55	51	郑恒金			
新华中学(民办)	44	2510	360	410	140	128	郝心祥	程松箴　司群山　魏建华	郝心祥	程松箴
汉城国际学校(民办)	66	3300	1100	1550	278	194	葛志坚	张红辉　刘　钢　吴宪民	陈殿泉	季传民
开元中学(民办)	19	950	309	324	64	54	张子健	赵建国	赵广庆	张丙飞

(李　沛)

睢 宁 县

局　　长　梁龙卫
党委书记　杨　军
党委副书记　刘培云　卢建设
　　袁春梅(女)
副 局 长　陈令军　张绍宇　戴新历
　　朱　君　付月莉(女)
纪委书记　袁春梅(女)
武装部长　陈　兵
工会主席　王丙昌
局长助理　仝德锋

【概况】　2010年,睢宁县有各级各类学校260所,其中中学46所(初中32所,高中4所,完中8所,九年一贯制学校2所),小学141所,特教学校1所,中等职业学校4所,幼儿园68所。全县中小学在校学生161320人,其中高中28873人,初中60586人,小学71861人。特教学校在校生720人,中等职业学校在校生6760人,幼儿园在园幼儿27006人。义务教育阶段入学率100%,初中巩固率99%,高中阶段入学率94%,学前三年幼儿入园率92.3%。各类学校中,民办中小学13所,民办幼儿园43所。全县有教职工13653人,其中专任教师12356人。教师学历合格率高中95.06%、初中95.93%、小学100%、幼儿园87.65%。全县有省特级教师15人(其中退休6人,现任9人),人民教育家后备人才培养对象1人。

2010年,全县有省三星级以上普通高中4所,省示范初中7所,省实验小学3所,省、市优质幼儿园28所,国家重点职业技术学校1所,省特殊教育现代化示范学校1所。年内,先后获得江苏省教育收费示范县、省语言文字评估工作达标县、市基础教育课程改革先进县等荣誉称号。全年投入教育经费52853万元。

【教育改革深入推进】　3月,试行校长组合制,赋予校长中层教干组合权。8月底至9月中旬,全面推行校长聘任制和组合制。5名原任校长落聘,落聘率10%;61所公办中小学校原有教干813人,精简为717人;183名原任教干转为普通教师,76名普通教师走上教干岗位,教干平均年龄39岁,比组合前降低了3岁,本科学历和高级职称所占比例大幅提高。改革在全省乃至全国开教育去行政化的先河,被《新华日报》称之为“睢宁式教改”,《人民日报》等全国30多家媒体纷纷予以报道或转载,安徽宁国市、江苏东台市等地60余家单位到睢宁考察学习。

【教育教学质量再上新台阶】　2010年,睢宁教育教学质量再上新台阶。全县高考上线人数稳居全市第三位;中考学生平均分高居全市第一,实现历史性突破。

【师资水平不断提升】　年内,睢宁县师资结构进一步优化。5名教师被评选为省第11批特级教师,评选数量居全市第一。面向社会招聘224名新教师,连续5年,全县共招聘新教师1500余名,有效缓解教师结构性缺编的矛盾,师资结构得到进一步优化。

【校舍安全工程取得新进展】　全年共投入资金6044万元,改建危房97578平方米,改造项目199个,其中楼房14栋,学校硬件建设得到有效保障。

【办学行为更加规范】　2010年,全县进一步规范办学行为。规范招生,严查有偿招生行为;完善收费制度,规范收费行为。暑期解散补课学生400余人,清退办班收费12000余元,兑现了全省“五最”教育收费公开承诺。7月,省教育厅等7部门命名睢宁县为江苏省规范教育收费示范县。

【实行校务公开打造阳光教育】 学校设置公示栏或橱窗,对学校管理政策、财务、人事、职评、评先评优、绩效工资等师生和民众关心、反映强烈的热点问题,及时进行客观、全面公开。增强管理透明度,强化制约监督机制,沟通民意,方便于民、服务于民,提高管理效能,促进学校制度建设和决策的科学化、民主化,打造阳光教育,形成风清气正的良好氛围。

【学校管理水平明显提升】 按照"精细、精心、精致、精品"八字要求,深入开展"规范管理重落实"专项活动。活动历时半年多,县教育局先后组织两次全面检查,及时通报检查情况,排出名次,并对居末位学校启动问责,掀起了"抓管理、抓规范、抓落实"的高潮,构建学校规范管理长效机制。

【服务社会职能明显增强】 暑期和寒假期间,城区22所学校全部对社会开放,方便城区市民和学生假期锻炼和休闲,进一步发挥教育服务社会、服务百姓职能,展示教育良好形象,得到各级领导的充分肯定和人民群众的高度赞扬。

【特色教育结出硕果】 6幅儿童画作品进入全国"两会",并在《人民日报》上刊发,4幅儿童画作品在上海世博会中国馆展出。由少体校输送的睢宁籍自行车运动员任成远在广州亚运会夺冠。

【关注民生服务群众】 认真处理群众来信、来电、来访,关注民生,服务群众。切实畅通电话、网络等各种举报、咨询媒介,对来电、来访、网络帖子、手机短信、领导批示信件等,做到件件有回复,事事有落实。全年,共办理短信回复383条,回复网帖316条。县教育局连续3年获县办理媒体反映事项先进单位称号,被评为运用网络舆情最佳单位。

【平安校园促进学生全面发展】 年内,全县平安校园建设取得新进展。加强学校安全设施硬件配套,改造学校警务室,安装110联网报警系统,配足配齐安保器械。举行应急疏散演练活动,组织"开学第一课"和"放假前一课"主题教育活动,积极筹措资金200万元,组织编写《诚信廉洁教育读本》,免费发放给全县中小学生。全县3年无校园安全事故,连续2年被县委、县政府授予信访稳控先进单位称号。

(撰稿:袁　苏　审稿:张申栋)

【睢中南校钦峰被评为市拔尖人才】 2010年,睢宁中学南校教师钦锋被评为徐州市第五批中青年骨干教师拔尖人才。钦锋积极进行新课改研究,多篇专业论文在省、市及核心刊物发表;主持研究省级教育科研课题"说明文的语篇模式教学与高中学生英语阅读的关系",取得阶段性成果。

【睢中南校奥赛成绩取得新突破】 睢宁中学南校2010年全国奥赛成绩取得历史性突破。学校以中学生全国奥林匹克学科竞赛为切入点,开发学生个性潜能。在2010年中学生全国数学、物理、化学、生物奥林匹克竞赛中,喜获6个一等奖,25个二等奖,28个三等奖。

(撰稿:王　峰　审稿:李本松)

【睢中北校师资建设出硕果】 睢宁中学北校注重教师队伍建设,名师不断涌现。高西栋、李宏志2位教师被评为"江苏省第十一批特级教师",袁保金被评为"江苏省人民教育家培养对象"。全校有特级教师3人。

(撰稿:倪其珍　审稿:沙兴新)

【田家炳中学实施"校内视导"】 年内,田家炳中学实施"校内视导",打造高效课堂。学校将"校内视导"分为5个教学视导组、1个德育视导组和1个安全纪律视导组,每周通过随机抽签确定1~2个班级,视导组进驻班级进行全天视导活动。通过听课、看班会及课内外活动、查作业批改及备课笔记等,形成第一手资料,对班级教育教学进行评价、反馈和指导。活动有效推进学校高效课堂建设。

(撰稿:朱　挺　审稿:王　磊)

【市长张敬华到李集中学考察】 4月7日,徐州市市长张敬华在县委书记王天琦、县长王军的陪同下,到李集中学考察。考察期间,张敬华对学校发展提出殷切期望。在张敬华关心支持下,学校体育馆于9月15日开工建设。

(撰稿:彭思武　审稿:姚献章)

【王集中学教科研工作亮点突出】 学校承担6个"十一五"国家级重点课题子课题研究,取得阶段性成果。"语文学习策略"研究顺利结题,10余篇论文被中国教育学会等国家级科研单位评为一等奖,7篇论文在国家级核心期刊发表。

(撰稿:刘道俊　审稿:李言军)

【魏集中学开展迎元旦艺术月活动】 12月1~31日,魏集中学举办校园文化艺术月活动。高中部、初中部分别举行教职工篮球赛、粉笔字大赛、乒乓球大赛、学生拔河比赛、朗诵比赛、校园十佳歌手大赛、读书活动大赛等,全校师生在快乐、和谐的气氛中迎接2011年的到来。

(撰稿:王耀东　审稿:卓培芳)

【凌城中学精细化管理出成效】 凌城中学在教学领域积极实施精细化管理,效果显著。学校推行学科教学案一体化和二次备课;组织学科教学骨干上示范课、青年教师上观摩课,打造高效课堂;推行学生错题集制度。学校教学秩序得到强化,教学常规落到实处,教育质量稳步提高。

(撰稿:王　建　审稿:张甫宗)

【古邳中学多元并举提升办学水平】 古邳中学把2010~2011学年度定为"办学质量提升年",多措并举提升办学品位。学校以创省三星级普通高中为契机,以"有效教学"实验为主线,以人文校园美化建设和教学质量督导检查为载体,大力推行艺体特色教育,全面实施素质教育,扎实推进有效教学与学情调研,量化绩能考核,提高办学水平。

(撰稿:刘西安　审稿:刘　明)

【睢宁中专校两大专业通过省级验收】 6月3日,睢宁县中等专业学校申报的2个专业通过省级示范专业验收。省示范专业评审专家组对学校申报的电工电子省级示范专业和计算机技术应用省级课改实验点进行实地验收,通过学校汇报、查看现场、入班听课、专家访谈等,专家组认为完全符合省级标准,以高分通过。学校已拥有3个省级示范专业。

【睢宁中专校通过省四星级学校验收】 10月24~27日,省教育厅组织专家组对学校创建省四星级中等职业学校工作进行实地评估验收,获得高分通过。11月30日,学校和县财政局、教育局共同参加了省厅组织的现场答辩并顺利通过。

(撰稿:刘　辉　审稿:张东亚)

【睢宁职业高中打造"双师型"教师队伍】 睢宁职业高中积极采取措施,打造双师型教师队伍,提升学校办学水平。学校坚持"请进来,送出去",校本培训与校外培训相结合,两年来,经过近20次培训学习,教师专业素质大大提高,"双师型"教师比例已达标。

(撰稿:张　娟　审稿:周　海)

【县第二中学开展首届爱生月活动】 3月1日,睢宁县第二中学启动"关爱每个学生,建立文明和谐的师生关系"主题爱生月活动。全校教师发起爱生倡议:关爱每一个学生,微笑对待每一个学生,倾听每一个学生的声音。在教师中开展“三个一”系列活动:“真情献学困”帮扶一名学困生;“我与学生心连心”,每位教师给学生写一段鼓励性话语;与家长沟通交流一次。

(撰稿:林　旭　审稿:魏　勇)

【南门中学举办校园文化艺术节】　10月22~24日,南门中学隆重举行第八届校园文化艺术节。艺术节以“我听见时光的声音”为主题,由5大板块组成,即聆听时光声音——大合唱比赛;演绎斑斓青春——文艺演出;舞动青春旋律——广播操比赛;铸就辉煌篇章——秋季田径运动会;编绘靓丽风景——书画展览。内容丰富、形式多样的艺术节活动展示了学生们朝气蓬勃的精神风貌。

【南门中学开展读书活动】　9月,南门中学以“点燃读书激情、打造书香校园”为主题,开展系列读书活动。学校制定“书香校园”活动方案,向各班印发推荐阅读书目,教室建立图书成长角,学校阅览室定期向师生开放,开展课外阅读测评活动,鼓励师生一天一读,一周一记,一月一得,一年一评,引导师生在读书中体味人生,感悟生命,逐步养成爱读书、读好书的习惯。

(撰稿:李　莹　审稿:邱嘉良)

【城南中学开展学生自我展示活动】　4月30日,城南中学举办“相信自己,我能行”学生自我展示活动。学校组织的各类活动由学生自主选择,人人参与。舞蹈、声乐、诗朗诵、书法、绘画、跳绳、踢毽子、武术、象棋、小发明、小制作等,形式多样,内容丰富,充分展现当代中学生的个性特长,促进学生综合素质提高。

(撰稿:孙亚明　审稿:薛成军)

【高作初中实施生本教育改革实验】　10月起,高作初级中学实施生本教育改革实验。学校组织全体教师参加生本培训学习;观看生本课堂视频。教干深入一线,共同备课、说课、评课,研讨教改中出现的问题并及时解决。积极推行学生自主管理,为学生搭建自主管理平台。组织学生通过演讲竞聘学生会成员;由学生会研究制定学生生活、卫生、纪律等规范和检查评分标准,组织班干进行常规检查评比。学生自我管理意识增强,学校常规管理再上台阶。

(撰稿:仝　彬　审稿:张云飞)

【沙集二中儿童画创作成效显著】　沙集二中走特色办学之路,儿童画创作成效显著。学校建立儿童画教学工作室,设立儿童画展览画廊,成立儿童画创作兴趣小组,投入资金,组织师生外出写生,定期举办儿童画作品展。年内,有20多幅儿童画作品荣获国家或国际大奖。

(撰稿:李中强　审稿:杨彦旭)

【凌南中学开展青年教师说课比赛】　12月,凌南中学在全校青年教师中开展说课比赛。比赛分初赛和决赛两个阶段进行:初赛由本校教师做评委,选取前7名进入决赛;决赛邀请县教育局教研室老师担任评委,评出一、二、三等奖。比赛展示了青年教师的风采,也为青年教师业务成长搭建了平台。

(撰稿:朱　辉　审稿:孙　平)

【邱集中学探索有效课堂教学模式】　邱集中学经过探索和实践,形成“一问、二案、三主、四备、五步教学模式”。一问即课堂以问题为主线,课本知识问题化贯穿课堂始终;二案即教师上课用教案,学生学习用学案;三主即以学生为主体,教师为主导,训练为主线;四备即个人初备、形成个案,集体研讨、形成初案,完善整理、形成定案,教后反思、形成补案;五步即自主学习、合作探究、展示交流、拓展提高、反馈矫正。在探索过程中,学校教师在省级以上刊物发表论文16篇。

(撰稿:卢清莲　审稿:甄方圆)

【邱集二中德育工作形式多样】 邱集第二中学多种形式开展德育工作,收到良好效果。学校每周安排一个活动,将心理健康知识、安全防范知知识等纳入常规教育;定期召开主题班会公开课,组织班主任听课、评课;定期对学生进行法制教育,引导学生遵纪守法。

(时侠利)

【王林中学获省平安校园称号】 12月,王林中学顺利通过江苏省平安校园评估验收。学校多措并举,加强校园安全工作。学校实施门卫、教干、班主任值班、治安巡查制度;每月召开1次安全教育主题班会,举办安全知识竞赛;聘请法制副校长,加强学生法制教育;成立心理咨询室,对问题学生开展心理疏导;开展安全疏散演练,提高师生避险逃生技能;对校舍及其设施定期进行隐患排查,及时整改;加大投入,安装监控系统和灭火设施。

(撰稿:刘维胜　审稿:刘荣章)

【官山中学提升教师内涵结硕果】 官山中学提出"提升教师内涵,打造高效课堂"教学策略。1月,25位教师个人课题通过市级立项,学校集体课题"有效性作业研究"被定为市级课题。6月,2名教师获县级教学能手称号,4名教师获县优质课一等奖,教师撰写的98篇论文在省、市、县获奖。

(撰稿:张之江　审稿:梁建华)

【黄圩中学加强过程考核】 10月14日,黄圩中学召开教代会,表决通过《黄圩中学教育教学过程考核条例》和《黄圩中学教职工绩效考核(考勤)补充规定》。学校引入竞争机制,落实岗位目标责任制,实行严明奖惩措施,抓实精细管理,为全面提高教育教学质量提供有力保障。

(撰稿:许良飞　审稿:张广威)

【李集初中推行学生自主管理】 10月11日,李集初中举行首届学生会干部就职仪式。学生会设主席1名,另设学习部、纪律部等7个下属机构。就职仪式上,新当选学生会干部作简短就职演说,并出台《学生会工作条例》和《学生会管理处罚条例》。

(撰稿:李　奎　审稿:徐　寒)

【桃园中学提升班主任管理水平】 桃园中学注重班主任队伍建设,提升班主任管理水平。学校利用多渠道开设班主任工作讲座、召开座谈会、组织参观学习。年内,3人被评为市县优秀班主任。7月,在县"班主任看家大比拼"活动中,3人获二等奖,6人获三等奖。

(撰稿:周广席　审稿:王德军)

【朱集中学校园文化节有声有色】 11月22日,朱集中学隆重举行首届校园文化节启动仪式暨"告别陋习签字仪式"。活动以"展现青春风采,绽放文化魅力"为主题,举行书画作品展、英语演讲比赛、手抄报评比展示,开展师生篮球、乒乓球、象棋比赛及校园十佳歌手、十佳演员评比等。师生积极参与,营造出浓厚的校园文化氛围。

(撰稿:牛　强　审稿:袁　辉)

【王集二中在改革中实现发展】 王集二中是睢宁县首批实行"校长聘任制、组合制"的11所试点学校之一。学校坚持抓教学"五认真"检查力度,不断提高教育质量,加强基础设施建设,不断改善办学条件。年内,学校实现教学区与生活区分离,筹建标准化实验室、微机室和多媒体教室,综合形象与办学实力大幅提升。

(撰稿:张胜利　审稿:刘忠华)

【苏塘中学获市陶研会实验学校称号】 11月16日,在全市陶研会实验学校命名大会上,苏塘中学被命名首批实验学校。学校传承"捧着一颗心来,不带半根草去"的精神,引导学生学习陶行知名言、警句,6名教师在市陶研会组织的论文评比中分获一、二等奖。

(撰稿:周　升　审稿:李　明)

【岚山中学强化交通安全教育】 10月14日,岚山中学邀请民警为师生作交通安全宣传教育报告会。报告会以"关爱生命、文明出行"为主要内容,结合案例进行讲析。随后,民警分组深入教室发放交通安全宣传资料,并进行面对面讲授,师生的交通安全意识、文明意识进一步提高。

(撰稿:洪本光　审稿:杜斌成)

【高集中学写字教学成效显著】 高集中学抓写字教学,促学生素质提高。学校把写字教学作为教学工作重点之一,采取请进来、走出去等方式对教师进行培训;定期举办作业展览、书法比赛等系列活动,评选写字标兵,表彰写字能手,训练学生的写字能力;全员参与,全科参与,齐抓共管,形成浓厚的写字教学氛围,学生养成良好写字习惯,整体书写水平明显提升。

(撰稿:魏义武　审稿:夏春浩)

【双沟二中教育教学质量创佳绩】 9月,双沟二中荣获县教育教学质量一等奖。学校外塑形象,内抓质量,着力提升教师专业化水平,强化教学过程管理,调动教师"教"和学生"学"的积极性和主动性,教育教学质量逐年提升。

(撰稿:张道席　审稿:吕玉栋)

【双沟二中被评为市依法治校示范校】 2月,双沟二中被评为徐州市依法治校示范校。学校重视学生法制教育,做到有计划、有教材、有教员、有阵地、有活动。积极推行校务公开,做到经常化、制度化。

(撰稿:张道席　审稿:吕玉栋)

【姚集中学积极打造平安校园】 2010年,姚集中学以创建平安校园为目标,打造文明、安全、舒适的校园环境。学校将安全责任逐条细化,分解落实到人,逐级签订责任状,积极开展安全隐患专项排查整治:消防安全专项检查、校舍安全专项检查、校园周边环境治理等活动,切实做到排查工作不留真空,隐患消除不留漏洞。学校荣获江苏省平安校园称号。

(撰稿:戴建设　审稿:闫　刚)

【下邳中学开展文明礼貌月活动】 3月,下邳中学开展以"说文明话,行文明举,做文明人,展下邳中学风采"为主题的系列教育活动。通过升旗仪式、千人签名活动、校园广播、黑板报评比、召开主题班会、演讲比赛、实践教育活动等形式,扎实开展文明礼貌教育。重点抓好"五个一":每班每天在黑板上写1句文明礼貌用语;举办1次主题班会;传唱1首文明礼貌歌曲;出1期以文明礼貌为主题的宣传刊;每天曝光1次不文明言行。活动提高了师生自身素质,推动良好校风、班风、学风的形成。

(撰稿:程德江　审稿:宋之元)

【梁集中学着力培养青年教师】 梁集中学积极创造条件,"架梯子、树目标",培养青年教师成长。学校安排学科教研以青年教师为主体,以提高课堂教学效益为主线,帮助青年教师做好专业发展规划。组织青年教师参加省、市级培训达50余人次,开展青年教师"比武"活动。全年青年教师在省、市发表或获奖论文70多篇。

(撰稿:张玉武　审稿:袁　江)

【庆安中学获省健康促进学校铜牌】 2010年,庆安中学被评为江苏省健康促进学校铜牌学校。学校把开展阳光体育活动作为实施素质教育的突破口,将学生课外体育活动纳入教育计划,广泛开展学生体育集体项目竞赛:冬季中长跑比赛,拔河比赛,跳绳比赛,踢毽子比赛等。

(撰稿:陈帮强　审稿:王万青)

【龙集中学获省基教课改先进集体】 2010年,龙集中学荣获江苏省基础教育课改先进集体称号。学校积极推进基础教育课程改革,努力提高教学质量。两次成功举办县级课改现场会,多次接待兄弟学校来校交流课改经验。

(撰稿:刘西平　审稿:胡正文)

【睢城实小通过省三星级验收】 4月28日,省市专家组对睢城实验小学创建江苏省三星级实验小学进行评估验收。专家组对办学条件、常规管理、师资建设、教育科研、办学成果等方面全面考核,认为学校符合省三星级实验小学标准,5月正式授予学校江苏省三星级实验小学称号。

(撰稿:魏本峰　审稿:王跃全)

【高作镇中心小学抓管理树新风】 9月29日,高作镇中心小学在八里小学召开"规范管理重落实"现场会。学校领导多次带队深入基层学校随机摄像检查,结合现场评价,进行科学量分,推进常规管理科学化、规范化,促进教学质量的提高。在全县"青年教师岗位大练兵"活动中,学校4名教师获一等奖,王瑾老师获"数学学科标兵"称号,学校荣获优秀组织奖。

(撰稿:曹　砺　审稿:戴　辉)

【沙集镇中心小学务本求实抓质量】 沙集镇中心小学树立科学的质量观,多措并举抓质量。学校制定4年办学目标,实行目标管理,向目标要质量;规范常规管理,严格落实"五严"、"十条禁令",向规范管理要质量;构建高效课堂,与专家互动,质疑解惑,向课堂要质量;打造骨干教师队伍,向师资建设要质量;以活动为载体,开展向"不文明行为告别"、"三分钟才艺展示"等主题活动,向提升基本素质要质量。

(撰稿:田礼明　审稿:王　浩)

【凌城镇中心小学规范管理重落实】 9月1日以来,凌城镇中心小学认真落实各项管理措施,促进学校管理上水平。学校相继召开校园建设现场会、教育教学常规管理现场会、小学生日记现场会、习惯养成现场会、构建和谐校园现场会等,解决管理中存在的问题,优化教学要素,推进学校各项管理上水平。

(撰稿:刘　刚　审稿:王建华)

【邱集镇中心小学内涵管理见成效】 邱集镇中心小学注重内涵管理,提升办学水平。学校开展常规管理"校校行、校校评"活动,推行班级文化建设,开展"红旗班级"评比活动;加强德育管理,营造育人氛围,在全镇开展学习《弟子规》活动;立足打造高效课堂,推行"小组合作探究学习"教学模式。各项工作初显成效。

(撰稿:朱友章　审稿:宋元善)

【李集镇中心小学开发校本教材】 3月1日,李集镇中心小学开发的3套校本教材《古诗文诵读》、《李集地方志》、《睢宁儿童画》在全镇推广使用。学校注重校本教材研发,成立校本教材编写小组,广泛搜集资料,精心校对编写。教材主题鲜明,脉络清晰,内容丰富,图文并茂,贴近生活,具有很强的可读性、趣味性和教育性。

(撰稿:王　鸿　审稿:王万平)

【桃园镇中心小学开展教师岗位大练兵】 桃园镇中心小学大力开展教师岗位大练兵活动。全镇98位中青年教师经过精心准备,积极报名参加比赛。活动分教学设计、说课、上课3个阶段。经激烈角逐,朱坤、鲍秀芹、窦述敏等6位教师分别获得语文、数学和英语3个学科"学科标兵"。

(撰稿:袁　杰　审稿:王以胜)

【岚山中心小学举办师生诵读比赛】 9月27日,岚山镇中心小学举办"与美文同行"诵读比赛活动。比赛按教师组和学生组分别进行,参赛师生每人自选一篇古诗和一篇美文诵读。诵读比赛活动已连续举办4届,极大地调动师生对美文诵读的兴趣,提高师生的诵读能力。

(撰稿:邢　灿　审稿:姜献辉)

【双沟镇中心幼儿园教师省优质课获奖】 11月6~7日,江苏省2010年幼儿教师优质课评选活动在徐州举行,双沟镇中心幼儿园教师谢颖执教的《筷子总动员》、蒋丽娜执教的《小狗抬轿》,在96名参赛教师中脱颖而出,分获江苏省优质课评比一、二等奖。

(撰稿:李秋菊　审稿:郭　猛)

【双沟镇中心小学通过市实小验收】 5月25日,双沟小学顺利通过市级实验小学验收。学校以创建为契机,投资70余万元,改善办学条件,添置微机、图书、多媒体等教学设备。围绕"传承国学文化,奠基幸福人生"主题,采取"看"、"读"、"抄"、"讲"、"赛"等多种途径,开展丰富多彩的国学教育活动,受到市专家组的高度赞誉。

(撰稿:武　勇　审稿:郭　猛)

【姚集镇中心小学打造高效课堂】 2月起,姚集镇中心小学全面落实"导学练"课堂教学模式,打造高效课堂。学校把优化学习方式、改进教学方式作为课改重点研究,使目标导向、任务驱动、自主学习、合作探究、展示导学、检测反思等课堂环节操作性更强,初步探索出解决农村小学课堂"高耗低效"基本途径。

(撰稿:邵　磊　审稿:彭跃健)

【古邳镇中心小学"相约名师,聚焦课堂"】 5月8日,古邳镇中心小学邀请无锡市学科带头人马亮和李红侠到校开展"相约名师 聚焦课堂"教学研讨活动。两位老师给全镇教师带来2节精彩的示范课,并作"提高课堂教学有效性"专题讲座。研讨活动对全镇教师构建高效课堂起到很好的示范和引领作用。

(撰稿:陈　峰　审稿:夏云飞)

【浦棠小学打造围棋教学特色】 年初,浦棠小学确定把围棋教学作为办学特色。学生通过一年的学习实践,初步了解围棋入门知识和常用术语,掌握基本对杀技巧和基本战术。特色教学彰显学生个性,培养学生特长。

(撰稿:朱子阳　审稿:曹言彬)

【魏集镇中心小学书法教育显特色】 魏集镇中心小学充分发挥省硬笔书法教育基地作用,将书法教育与德育工作有机结合,让学生端端正正写字,培养认真做事的习惯,促进学生个性品质形成。

(撰稿:刘培凤　审稿:曹言彬)

【梁集镇中心小学积极打造平安校园】 12月,梁集镇中心小学被授予省平安校园称号。学校积极开展每日一分钟安全教育提醒活动、每周一次安全行为反思活动,定期举行安全应急疏散演练。加强疾病防控,消除校园安全隐患,杜绝各类事故的发生。

(撰稿:朱　刚　审稿:夏同成)

【刘圩小学儿童画再创辉煌】 年内,刘圩小学推荐143幅儿童画参加国际、国家级大赛,至11月底,79幅儿童画获得奖牌、奖状,其中12幅在日本国际儿童画比赛中获银、铜、派通奖,67幅获国家级一、二、三等奖和优秀奖。学校被教育部艺术教育委员会评为儿童画创作优秀组织单位,吴超华、庄宁荣获优秀辅导教师一等奖。

(撰稿:吴超华　审稿:夏同成)

【庆安镇中心小学制订青年教师成长计划】 庆安镇中心小学加强对青年教师培养,为青年教师制订3年成长规划。学校从学历进修、课题研究、论文发表、理论学习、名师评选等方面提出发展目标,每年将完成情况纳入管理考核,为40岁以下青年教师建立电子档案。此项活动,激发青年教师工作学习热情,促进教师队伍整体素质提升。

(撰稿:朱　宝　审稿:赵玉凯)

【实验小学建立党员示范岗】 实验小学创立党员管理工作示范岗、班主任工作示范岗、教学工作示范岗、服务工作示范岗。学校在党员中开展读一本好书、做一份承诺、带一个集体、上一堂好课、结一个对子、献一份爱心"六个一"活动,为党员搭建各种平台,做到"重要岗位有党员,主要骨干是党员,关键时刻见党员"。

(撰稿:张珠飞　邵　梅　审稿:仝德锋)

【县第二小学拓展课外活动空间】 县第二小学创新思路,拓展学生课外活动空间。学校开设书法、儿童画、舞蹈、英语兴趣小组,各活动项目打破年级界限,学生可凭兴趣爱好,自主选择。此举大大激发了学生的学习积极性和创造性,成为学校教育一大特色。

(撰稿:周　雨　审稿:仝　斌)

【城西小学推进党员创先争优】 城西小学在党员中推行"四个一"、"四专题",开展争先创优活动。"四个一"即上好一节研究课,献出一个金点子,写好一篇教学反思,做好一次家访活动。"四专题"即党性教育活动,岗位奉献活动,服务群众活动,教学示范活动。此举受到群众普遍好评。

(撰稿:戴　炜　审稿:郑宇尘)

【职工子弟小学开展青年教干培训】 县职工子弟小学开展青年教干培训活动。培训内容涵盖师德师风、教干岗位职责、领导行为艺术等内容,通过上党课、新老教干交流、研讨互动等形式进行。培训活动使新老教干教学相长,共同提高。

(撰稿:梁金虎　审稿:卢修凤)

【职工子弟小学举办数学活动周】 12月17日,县职工子弟小学举办第五届"我爱数学"数学周活动。数学活动周的主要活动有优秀数学日记展览、"我爱数学"知识竞赛、数学阅读作品展览、学生口算比赛、讲数学故事比赛、数学手抄报展览、数学擂台赛、数学操作能力比赛等。系列活动使孩子们感受到数学的魅力,增强了学好数学的信心。

(撰稿:梁金虎　审稿:卢修凤)

【特教中心精心打造专业队伍】 年内,县特级中心为教师量身制定成长规划。学校从课堂教学改革到优质课评比,从校本教材研究到特殊学生培优补差等方面为教师提出明确目标和具体工作要求,制订严格的考核办法,精心打造教师队伍。校内形成你追我赶、积极向上的工作氛围。

(撰稿:鲁　明　审稿:王思军)

【县机关幼儿园优化办园条件】 年内,县机关幼儿园加大投入力度,打造优质校园环境。学校铺设大型、绘有图案的塑胶活动场地,添置17套教学多媒体设备,并对园内所有活动室重新设计装修,添装高位全磁墙裙,置换充满童趣的遮光帘,更换全套的橡木桌椅,每间活动室一个主色调。为幼儿营造更加舒适的生活、学习环境。

(撰稿:王 慧 审稿:周淑玲)

【少体校学子亚运、省运夺冠】 1月18日,由少体校输送的运动员任成远在广州亚运会女子山地车越野赛中,以领先第二名6分32秒的骄人成绩,夺得冠军。此外,学校培养输送的运动员胥秋子在省第十七届运动会上荣获女子组5000米及1500米两项冠军。

(撰稿:王道乐 审稿:祁秀敏)

【新世纪中学实行年级分部负责制】 新世纪中学针对班级多、班额多等特点,实行年级分部管理制度。全校共设3个年级处9个分部。年级主任协同各分部主任共同管理各年级,收到良好效果。

(撰稿:张 旋 审稿:李 杰)

【树人初中开展"弘扬民族精神月"活动】 9月13日~10月16日,树人初中开展第七届"弘扬和培育民族精神月"系列活动。学校每天播放1首红色歌曲;活动期间组织1次全校性征文比赛,举行名人名言背诵比赛、书法比赛和自强不息故事演讲比赛,开展"拉练长征"活动,活跃校园文化生活,培养学生"百折不挠,自强不息"的品质。

(苏学斯)

【菁华学校创省三星级高中】 11月21日,菁华学校接受江苏省教育评估院三星级高中现场评估验收,评估组给予较高评价。菁华学校全年投资2000余万元,用于改善办学条件。

(撰稿:陈存厚 审稿:顾开胜)

睢宁县2010年各级各类学校基本情况表

表5-3

单位:个、人

校名	班级数	学生数	毕业生数	招生数	教职工数		学校领导			
					计	专任教师	校长	副校长	书记	副书记
睢宁中学南校	73	3700	1982	1100	402	330	李本松	卓士学 郭同芳 宋志超	李本松	
睢宁中学北校	70	3880	1152	1180	284	261	沙兴新	袁保金 刘 斌	沙兴新	
田家炳中学	36	2018	728	864	187	168	王 磊	朱 挺 王大鹏 魏 辉	王 磊	
李集中学	48	2870	940	960	243	223	姚现章	王凤席 王献章 田 胜	姚现章	
王集中学	48	2873	1016	993	262	236	李言军	梁 凯	李言军	
魏集中学	26	1050	323	410	138	110	卓培芳	曹广忠 李全军	卓培芳	
双沟中学	37	1689	550	572	150	118	宗 靖	岑 伟 王 伟	宗 靖	
凌城中学	44	2600	653	445	152	145	张甫宗	李正坤	张甫宗	
古邳中学	30	1771	646	527	113	96	刘 明	沈 鹏 陈 超	刘 明	
睢宁县中专校	75	3570	930	1200	375	195	张东亚	袁庆群 许 波 朱贵华 周明东	张东亚	
职业高级中学	12	580	360	380	78	58	周 海	张 娟 王 永 徐 瑞	周 海	

续表 5－3－1　　单位:个、人

校　名	班级数	学生数	毕业生数	招生数	教职工数		学校领导			
					计	专任教师	校　长	副校长	书　记	副书记
县第二中学	60	3763	1362	1188	220	175	魏　勇	丁　梅　杜叔良 杜海峰	魏　勇	
南门中学	30	1753	772	411	140	133	邱嘉良	沈　刚　李　莹 陈际深	邱嘉良	
城西中学	18	828	435	210	124	97	张　举	孙存广　王永明 黄朝阳	张　举	
城南中学	4	90	27	28	41	33	薛成军	陈绵吉　蔡裕刚 付　曙	薛成军	
高作初中	20	833	315	215	138	116	张云飞	沙兴武　白　杨 陈仪楼	张云飞	
沙集中学	22	1020	365	310	96	78	杨步玲	王庆科　李　宁	朱　静	
沙集二中	6	235	132	32	35	20	杨彦旭	陈代宁	杨彦旭	
凌南中学	9	475	216	186	38	35	孙　平	朱　辉　吴荣永	孙　平	
凌北中学	21	1532	462	398	92	72	徐　平	蒋　磊　王建如 徐　刚	徐　平	
邱集中学	18	920	320	252	87	60	甄方园	贾汉坤　邹　达	甄方园	
邱集二中	6	420	140	135	42	38	时侠利	项元彬	时侠利	
王林中学	29	1623	465	386	136	116	刘荣章	刘维胜　徐　亮 刘赛一	刘荣章	
王林二中	1	25	52		16	15	刘　永			
官山中学	27	1383	486	381	127	109	梁建华	彭成科　宋　健	梁建华	
黄圩中学	12	635	304	146	53	39	张广威	黄振球　席　玮	张广威	
李集二中	30	2265	725	629	114	111	徐　寒	陈仪东　李化举	徐　寒	
桃园中学	24	1065	338	347	110	90	王德军	路　长　周光席	王德军	
朱集中学	24	1206	450	371	107	102	袁　辉	薛成强　周保元 王如梅	袁　辉	
王集二中	34	2123	739	742	138	129	刘忠华	张胜利　杨树旺 徐齐辉　韩　永	刘忠华	
苏塘中学	24	1238	516	325	71	67	李　明	赵荣军　吴修建 徐　永	李　明	
岚山中学	15	823	274	268	52	44	杜斌成	崔　强	杜斌成	
岚山二中	3	109	48	21	20	13	何海波		何海波	
高集中学	24	1058	348	334	108	96	夏春浩	李　川　梁龙浩	夏春浩	
双沟二中	15	617	238	121	71	62	吕玉栋	董　金　张道席	吕玉栋	
官路中学	2	58	30	26	16	11	宗　靖	胥保卫		

续表 5－3－2 单位:个、人

校名	班级数	学生数	毕业生数	招生数	教职工数		学校领导			
					计	专任教师	校长	副校长	书记	副书记
姚集中学	30	1500	596	405	108	89	闫　刚	林崇胜　宋利国	闫　刚	
张圩中学	14	682	355	168	48	36	伏志文		伏志文	
张圩二中	3	203	91	33	22	16	沈尖兵		沈尖兵	
下邳中学	18	865	261	238	78	60	宋之元	杜　莹　程德江	宋之元	
浦棠中学	24	1468	482	412	74	67	李　磊	宋　卓　韩　旭	李　磊	
梁集中学	24	912	453	270	120	102	袁　江	陆　博　邢守孝 张　伟	袁　江	
刘圩中学	13	761	298	196	81	56	娄先锋	袁　曦　刘　楠	娄先锋	
庆安中学	28	1300	501	400	117	96	王万青	许　铮　陈帮强 赵　琪	王万青	
龙集中学	10	298	136	58	61	39	胡正文	刘西平	胡正文	
刘果中学	3	48	21	11	8	4	王延军			
苏果中学	2	47	0	2	9	8	张　君		张　君	
睢城镇中心小学	176	7061	1464	1183	686	643	王跃全	崔茂盛　何　飞 王　勤　葛树华 许光彩	王跃全	
高作镇中心小学	63	2337	566	403	279	278	戴　辉	曹　砺　朱恒强 朱锋良　李　伟 刘少军	戴　辉	
沙集镇中心小学	58	2541	617	393	225	224	王　浩	田礼明　王　波 杨国强　杨　柳	王　浩	
凌城镇中心小学	78	4058	983	583	218	217	王建华	吴耀端　滕广超 李　明　李　勇 王　超　刘　刚	王建华	
邱集镇中心小学	97	4003	1017	635	389	389	宋元善	陈茂金　朱友章 张　凯　胡　云 薛龙生　周发志	宋元善	
官山镇中心小学	78	2838	852	521	320	268	付　华	王　岩　张　军 高　健　朱　岩 杜春艳	付　华	
李集镇中心小学	57	2418	627	466	199	199	王万平	赵善学　岳　喜 蔡永之	王万平	
桃园镇中心小学	102	3792	960	729	252	260	王以胜	袁　杰　张合齐 殷庆席　刘益臻 赵春席	王以胜	

续表 5－3－3　　单位:个、人

校名	班级数	学生数	毕业生数	招生数	教职工数		学校领导			
					计	专任教师	校长	副校长	书记	副书记
王集镇中心小学	101	3658	879	763	333	326	徐守卫	李传敏 王范彩 田东 刘磊 田晓琼	徐守卫	
岚山中心小学	96	3461	769	642	288	288	姜献辉	邢灿 余宗平 荣刚 肖辉	姜献辉	
双沟镇中心小学	66	3123	396	561	237	237	郭猛	房庆飞 白广平 王超 王春	郭猛	
姚集镇中心小学	100	3511	326	841	303	287	彭跃健	邵磊 王行远 姜海波 王敦民 冯勇	彭跃健	
古邳镇中心小学	84	3468	639	659	251	245	夏云飞	李本成 陈峰 沈士哲 刘晓东 蔡光耀 徐建	夏云飞	
魏集镇中心小学	86	2738	506	490	277	274	周本思	陈新景 魏朝阳 刘培峰 邱小光	周本思	
梁集镇中心小学	95	3009	716	592	349	349	夏同成	王冬梅 韦荣强 李增年 许瑞丰 曹艳常 梁浩升	夏同成	
庆安镇中心小学	85	2400	641	469	339	338	赵玉凯	朱宝 邢雷 赵侠 周前 彭耀权 武松	赵玉凯	
实验小学	95	5990	1132	950	319	299	仝德锋	杜义超 朱友爱 李伟 苏军	仝德锋	
县第二小学	27	1855	353	292	84	82	仝斌	沈威 卓秋波 彭军	仝斌	
城西小学	30	1932	420	300	97	93	郑宇尘	戴炜 晏祥海 孙晓 史桂香	郑宇尘	
职工子弟小学	21	1365	287	215	72	68	卢修凤	梁金虎 胡居胜 许平	卢修凤	
特教中心	15	236	26	40	64	40	王思军	鲁明 王芳 朱雪峰	王思军	
机关幼儿园	15	670	256	130	44	32	周淑玲	丁军 王慧	周淑玲	
少体校	6	223	98	106	30	26	祁秀敏	陈永	祁秀敏	
睢宁县新世纪中学	99	6108	1708	2200	289	265	李杰	严孝田	侯永	
文华中学	72	3956	1548	1280	232	192	张明华			
宁海外国语学校	93	6083	2040	1732	300	254	孟根荣	朱振宾	李长青	
树人初中	44	2710	719	818	140	116	苏学斯	彭德权	王绪建	

续表 5－3－4　　单位:个、人

校名	班级数	学生数	毕业生数	招生数	教职工数 计	教职工数 专任教师	校长	副校长	书记	副书记
树人高中	39	2122	420	651	113	91	廉　飞	鲍书成　蔡同宇	鲍书成	
菁华学校	90	5091	1558	1617	306	260	顾开胜	袁邦新	魏礼斌	
睢中附属中学	74	4412	936	1082	244	198	王万军		王万军	
戚姬中学	11	605	192	116	42	28	王万亮	仝　飞	王万亮	
北方中学	23	1164	359	270	66	56	石启忠	朱　成	石启忠	
兴浦中学	9	455	215	105	25	20	许静群	李全军	许静群	
敬一中学	20	1260	490	460	70	56	尤逢群			
亚东电脑	34	1478	805	783	118	50	谢　玄		杨　志	
星天科技	15	638	0	163	47	33	宋以常		宋以常	

（袁　苏）

邳　州　市

局　　长　鲁瑞冬
党委书记　张延青
副局长　徐武汉　李景川　于　浚　孙　伟
纪检委书记　王翠香(女)
党委委员、招办主任　周建文
党委委员、工会主席　张俊中
党委委员　冯仰会　王希部

【概况】　2010年,邳州市有各级各类学校243所,其中小学158所,初中35所,高中11所,职业学校2所,特教学校1所,中心幼儿园36所。全市有教职工17679人,其中专任教师15519人。中小学在校学生209745人,其中高中32459人,初中58587人,小学118699人。幼儿园在园幼儿55725人,特教中心在校生198人,职业学校在校生7976人。义务教育阶段入学率100%,残疾儿童入学率98%。初中巩固率100%,高中阶段入学率98%,学前三年幼儿入园率97.2%。教师学历合格率高中、初中、小学、幼儿园均100%。全市有省特级教师21人,市名师名校长15人,市青年名师20人,市学科带头人40人,市青年骨干教师65人。

2010年,全市拥有省三星级以上普通高中8所,省示范初中7所,省实验小学7所,省优质幼儿园25所,省、市模范学校121所,省、国家重点职业技术学校2所,省特殊教育现代化示范学校1所。全年撤并学校1所。年内,获江苏省幼儿教育先进示范县、江苏省语言文字先进单位、江苏省规范收费示范县等荣誉称号。

【高考中考再创佳绩】　全市本科上线3227人,一本占有率、本科上线率均有较大幅度提升。

【民办学校改制顺利实施】　6月,完成运河初级中学和明德实验学校规范办学改制工作。两校改制后,社会各界反映良好,教干教师的工作积极性更高,教育教学质量得到提升。

【中招实行网上录取改革圆满成功】 7月上旬,邳州市中招首次实行网上报名录取改革。教育局投资30余万元购置相关设备,派出人员学习操作技术,做好政策宣传等各项准备工作。7月5~6日,42所学校同时进行网上报名录取,仅用2天时间就顺利完成中招工作,中招秩序进一步规范,群众满意度普遍提高。

【举行城区小学学区划分听证及电脑派位】 8月5日、14日,教育局先后成功举行城北区学区划分情况听证会及电脑派位招生。按照“保证基本学区、扩大优质学校覆盖”的思路,教育局改造提升了运平路小学、福州路小学,配强教干、配优教师,科学制定施教区划分方案,较好解决了城北区居民对优质教育的需求。

【全面落实各项助学政策】 扎实做好国家、省各项助学政策的落实工作。全面免除义务教育阶段中小学生学杂费、免费发放教科书;对4214名寄宿生每人每年发放750元生活补助;按在校生10%的比例,对全市4600名高中家庭贫困学生,每人发放1000元助学资金;向2所职中6000名一、二年级在校生每人提供1500元资助;向500名新入学的贫困大学生和2009年已资助过的大一、大二学生实施资助,共发放救助金180余万元。

【创先争优活动全面启动】 6月11日,邳州市召开教育系统创先争优活动动员大会。会上,教育局确立“科学发展创先争优,办好人民满意教育”主题,紧紧围绕“优化队伍建设,党员能力素质有新提升;优化办学水平,教育基础建设有新提升;优化办学质量,教育教学水平有新提升;优化作风建设,效能建设有新提升;优化平安校园创建,校园安全保障水平有新提升”的争创目标,扎实开展创先争优活动。

【开展“两抓两树”集中整顿活动】 7月中旬~8月中旬,按照邳州市委、市政府的工作部署,教育局利用一个月的时间,在全市教育系统集中开展“两抓两树”整顿活动。“两抓两树”即抓党风、抓政风,树正气、树形象。通过宣传发动、查摆问题、问题整改、完善制度4个阶段的活动开展,大力弘扬水杉精神,抓班子带队伍、抓校风带教风、抓教风促学风,进一步优化全系统干部职工服务意识、大局意识、发展意识。

【省优质园创建成效显著】 2010年,邳州市坚持多途径、多形式发展幼儿教育,加大对幼儿教育发展的重视和管理力度,制定发展规划,引领学前教育科学发展。年内,创建省优质园6所,全市拥有省优质园25所,省优质园占有率达64%,在年初召开的全省教育工作会议上,荣获江苏省幼儿教育先进县称号。

【扎实开展“规范管理校校行”活动】 12月上旬,教育局在全市中小学组织开展“规范管理校校行”活动。由局教育科牵头,抽调100多名业务骨干,分成小学、初中、高中3个组,深入学校、级组和班级听评课、查作业、查档案。全市各级各类学校面貌和师生精神状态焕然一新,教育教学秩序正常,管理规范化程度进一步提高。

【规范农村义务教育管理体制】 12月18日,市教育局召开规范农村义务教育管理体制动员大会。会议要求,认真做好规范体制工作,撤销中心校,明确中心小学的教育法人主体地位。这是邳州市按教育规律办事、促进教育科学发展的一项重大举措。

【邳州市两名教师赴疆支教】 12月22日,官湖高级中学郭兴林、邳州一中于春红2名教师赴新疆奎屯市支教。于春红是徐州市支教教师中唯一的一位女教师。这次支教为期一年,是邳州市首次派出教师赴疆支教。

【扎实开展教育教学主题月活动】 9月份以来,全市深入开展教育教学主题活动,积极实施质量提升工程。9月份举办高中教学质量管理现场会,10月份开展初中进位争先推进会,11月份组织小学提质增色创建特色学校观摩活动,12月份深入开展"规范管理校校行"检查评估,一个全面提升教育教学质量的良好局面正在形成。

【举办全市教职工乒乓球赛】 12月16日,教育局、教育工会在青少年活动中心举行教育系统2010年教职工乒乓球比赛。参加比赛的19个代表队是经基层5个分会分片预赛产生的。经过激烈角逐,赵墩中心小学、运河中心小学等单位获得前六名。

【市政协视察教育工作】 12月13日,市政协主席李继忠,副主席李克年、贾宜强、叶敏、沈莉及部分市政协委员视察邳州市教育工作。局长鲁瑞冬、党委书记张延青等陪同。视察组实地调研了新城幼儿园、明德实验小学、明德实验中学、运平路小学等校,听取鲁瑞冬的工作汇报,对全市教育工作给予充分肯定。

【幼儿教师在徐州市技能比赛中获奖】 10月下旬,邳州市组队参加徐州市幼儿教师专业技能比赛。参赛选手精心准备,认真参赛,市机关幼儿园刘静获全能比赛二等奖,运师附属幼儿园顾薛等10余人分获舞蹈、美术等单项奖。市教育局获优秀组织奖。

【举办中小学生田径运动会】 11月6~7日,邳州市2010年中小学生田径运动会在运河中学北校区体育场隆重举行。副市长张祥荣到会讲话,局长鲁瑞冬致开幕词,局领导于浚、孙伟、王希部等参加开幕式。共有84支代表队、900余名运动员参加高中、初中和小学三个组的比赛。

【教育局举办名校长管理工作报告会】 10月22日,名校长学校管理工作报告会在局会议室举行。"长三角最具影响力"校长庞荣瑞应邀就执行力与创造力的辩证关系做了深入浅出地阐述。全市中小学校长300人参加报告会。

【张敬华慰问燕子埠中学教师】 9月10日,徐州市委副书记、市长张敬华等领导冒雨赴燕子埠中学走访慰问,看望默默奉献在教学一线的教师和教育工作者,调查了解农村教育现状。邳州市市委书记冯其谱,市委副书记、代市长王强陪同。张敬华一行深入办公室、操场和部分教师宿舍,详细了解学校办学、建设和教师生活情况,张敬华向长期工作在基层一线的教育工作者表示节日的祝贺,感谢他们为教育事业所作的贡献。

【省教育厅领导检查指导教育工作】 7月20日,省教育厅副厅长胡金波、调研员陆志平到邳州市检查指导教育工作。徐州市教育局局长强国及邳州市领导冯其谱、王强等陪同活动。胡金波一行先后实地考察运河中学东校区、实验小学、明珠幼儿园和明德实验小学、明德实验中学,胡金波充分肯定各校在教育教学上所取得的成绩,同时就下一步发展提出指导意见。

(撰稿:沈庆保　李　浩　审稿:张延青)

【车辐山中学积极创建省平安校园】 2010年,车辐山中学积极开展省平安校园创建工作,取得显著成效。学校高度重视安全工作,从增强师生安全意识,强化学校安全管理入手,全面落实安全管理工作责任,确保安全工作层层把关、层层落实。同时,进一步落实措施,扎实做好学校及周边治安综合治理工作,努力营造一个教育有方、管理有序、防控有力、安全稳定的平安校园。

(撰稿:张　超　审稿:宋　翔)

【岔河中学启用新校区】 3月31日,岔河中学搬迁到新校区,掀开了学校发展史上新的一页。上午8时,24个班的学生沿着预定路线,排着整齐的方阵,浩浩荡荡向镇新区进发,10点迁入新校区并正式上课。新校区校园景色优美,环境宜人,校园网络全覆盖,班班拥有多媒体教学设备,活动场地宽敞,实验器材齐全,为学生的健康快乐成长创造了良好的条件。

(撰稿:何　庆　审稿:郭泾宗)

【陈楼中学着力打造精品课堂】 年内,陈楼中学认真实施"导—学—展—练"的教学模式,全面提高教育教学质量。学校教师深入反思教学行为,积极探索高效课堂的教学途径。各备课组通过集体备课编写导学提纲,由骨干教师说课并运用多媒体进行示范教学,课后在教研组会上点评,着力打造精品课堂。教师们相互切磋,畅所欲言,学生兴趣昂然,分组合作,收到明显效果。

(撰稿:杜护启　审稿:张元鹏)

【岱山中学有效教学见成效】 年内,岱山中学致力有效课堂的探索,取得明显效果。学校引导教师把教学过程的重心前移,充分挖掘网络教学资源,占有大量信息,强化集体备课的有效度;同时利用导学提纲引导学生自主学习,收到良好的效果,教学质量高居农村中学榜首。学校先后被确定为徐州市课改实验基地和徐州市有效教学实验学校。

(撰稿:陈　曦　审稿:李敬迎)

【官湖初中开展教师读书活动】 9月16日,官湖初中启动教师专业阅读活动。学校筹集资金2万元订购教师专业书籍,全校200余名教师参加活动。活动要求教师做到"四个一",即:每天读书一小时,每周撰写一篇读书笔记,每月研读一本专业书籍,每学期撰写一篇高质量教学论文。读书活动正成为学校促进教师专业成长的有效途径。

(撰稿:华旭光　审稿:刘　志)

【红旗中学强化"两课一评"】 红旗中学依托"两课一评"教研活动,提升教师的业务素质和理论修养。学校确定每周二、三、四3天下午为活动时间,备课组进行集体备课,确立教法和学法,分级组分学科每次由2位教师开设同一节课,课后点评。在实践过程中不断完善和丰富"两课一评"的做法,教师们积极参与课堂教学中教师语言的使用、环节的衔接、训练题的设计等专题研究,体现了校本教研的可持续发展态势。

(撰稿:刘新宇　审稿:吴玉强)

【加口中学教师获市数学优质课一等奖】 10月,按照市教研室关于邳州市中小学优质课评选通知要求,加口中学3名教师踊跃参与,积极备战。经过笔试,王登飞、白明尧入围,经过说课环节,王登飞以全市第2名成绩进入上课阶段。最后王登飞以275分的成绩获邳州市第二届优质课大赛初中组数学学科一等奖。

(撰稿:魏　辉　审稿:郝志刚)

【连防中学举行"感恩之心"演讲比赛】 12月1日,连防中学开展以"感恩之心"为主题的演讲比赛活动。全校16个班级的16名学生上台参加比赛。比赛气氛温馨、热烈、感人,参赛学生情感真挚、声音激昂,他们的演讲在全体学生中产生共鸣。通过激烈的角逐,李明慧、马可等5名选手分别获得演讲比赛特等奖、一等奖。

(撰稿:袁增华　审稿:汪玉学)

【王强到陆井中学检查安全工作】 5月17日下午，邳州市委副书记、代市长王强和副市长张祥荣冒着绵绵细雨，在教育局局长鲁瑞冬的陪同下，到位处偏远、条件落后的陆井中学检查危房及安全工作。王强一行走进办公室，与教师亲切交谈，询问生活及住房情况，对广大教师在艰苦的环境中坚守岗位、任劳任怨的精神表示赞扬和敬佩。在检查教室、学生宿舍安全情况时，表示要增强对该校危房的改造力度。全校教师职工倍受鼓舞，表示将尽心尽力做好工作。

（撰稿：魏哲茹　审稿：魏贤东）

【四户中学教师培训成效显著】 四户中学采取组织教师外出学习、聘请专家到学校开设讲座、校内教师相互交流研讨等多种渠道加强教师培训。学校要求外出培训的教师回校后填写反馈表，上一节示范课，实现“一人培训，大家受益，资源共享”的目的，培训成效显著。学校教学质量得到大幅提升，受到教育局的表彰。年底，在全市优质课评比中，5名教师获奖。

（撰稿：赵宜球　审稿：季延奎）

【滩上中学安全工作成绩显著】 滩上中学多措并举抓校园安全，成绩显著。学校推行校园安全“一岗双责”制，层层签订安全管理目标责任状，建立教干、教师和学生联合值日的工作机制，设立警务室，配备专职安保人员，安装校园视频监控系统，开展符合中学生特点的安全教育活动，取得显著成效。2010年受到徐州市公安局嘉奖。

（撰稿：刘加松　审稿：高遵海）

【王杰中学开展主题团会活动】 6月20日，王杰中学以班级为单位开展“低碳节能，从我做起”主题团会。各团支部紧紧围绕这一主题，自编自排形式多样的节目，开展环保知识抢答等丰富多彩的活动，学生在活动中增长环保知识，提高环保意识，养成环保习惯。

（撰稿：井广喜　审稿：丁继亮）

【议堂中学承办高效课堂教学研讨会】 12月23～24日，邳州市初中高效课堂数学、体育教学研讨会在议堂中学举行。全市9所学校的11名教师开设高效课堂教学公开课。课后，执教教师介绍尝试构建高效课堂教学模式的具体做法和体会。教研室专家就进一步激活课堂教学研讨氛围，探讨高效课堂教学模式，展示“导学”研究成果，交流课堂教学经验，互通教学资源，推动课改深入发展提出具体要求。

（撰稿：陆　磊　审稿：刘　炜）

【邹庄中学举办校园开放周活动】 9月20～24日，邹庄中学开展校园开放周活动，欢迎来自社会、家庭对教育的参与和监督。学校请家长走进学校，通过观看专题片、展板，参加座谈会等形式，了解教育、宣传教育、支持教育、指导教育，形成家校共建、促进教育科学发展的良好局面。

（撰稿：房　永　审稿：石　风）

【实验小学“儿童快乐家园”授牌】 11月16日，实验小学隆重举行“儿童快乐家园”授牌仪式。授牌仪式上，徐州市妇联及邳州市委、市政府领导先后讲话，对学校“儿童快乐家园”凸显“关心孩子需求，尊重孩子人格、赏识孩子进步”这一主题，展现辛勤园丁、爱心妈妈、志愿者的劳动成果，予以高度评价。参加活动的企业家们对留守、流动儿童进行爱心捐助。仪式结束，参观学校心理咨询室、动漫设计室、书画室等20多个专用活动室，观看孩子们表演古筝、舞蹈、小合唱等节目。

（撰稿：张长岭　审稿：陈立芳）

【燕子埠镇小学以特色教育促发展】 燕子埠镇中心小学根据教育实际和学生发展水

平,将指导学生办手抄报确立为学校的特色办学内容。学校研究制定学生手抄报的发展目标和实施方案,采取各种形式进行宣传发动,由班主任根据学生特长组成若干个手抄报小组,设计专题教案进行指导。经过全体师生的共同努力,手抄报质量不断提高,学生的知识得以充实,绘画技能和搜集处理信息的能力普遍增强。

(撰稿:梁会师　审稿:刘士忠)

【官湖镇中心小学承办市教学展示活动】 12月10日,邳州市数学特级教师教学展示活动在官湖镇中心小学举行,全市近300名教师参加活动。活动中,特级教师借班上示范课,并作题为《教师专业化成长》和《小学数学情境教学的研究与实践》的学术报告。特级教师教学展示活动对教师的专业发展起到促进作用。

(撰稿:刘廷合　审稿:翟李春)

【议堂镇中心园家园互动效果好】 2010年,议堂镇中心幼儿园积极开展“家园互动”活动,进一步促进幼儿健康成长。该园坚持每月开展一次“家长半日开放”,每学期开展一次“亲子大会”等活动。通过“家园互动”,增加家庭与幼儿园的联系及父母与孩子的亲情沟通,收到很好的社会效果。

(撰稿:高海玲　审稿:卢占明)

【炮车镇中心小学评比师德标兵】 教师节前夕,炮车镇中心小学在全镇各小学(幼儿园)开展师德标兵评选活动。经民主推荐和评审小组审核,全镇评选出8名师德标兵,9月9日,中心小学对获奖者进行表彰奖励。师德标兵评选活动的开展,激发了全体教师的工作热情,对于推动新形势下的师德建设起到很大的促进作用。

(撰稿:张　宁　审稿:马夫胜)

【宿羊山镇中心小学环境教育见成效】 宿羊山镇中心小学开设环保课程,以手抄报为平台,坚持开展环境教育。学校的环保课程紧紧围绕“保护人类环境,营造绿色家园”主题,激发学生的学习兴趣,陶冶学生的道德情操,提高学生的综合素养。宿羊山中心小学已成为“中国可持续发展教育(ESD)项目”实验学校,申报的国家级课题“农村小学的可持续发展教育”被批准立项。

(撰稿:季先胜　审稿:张作礼)

【四户镇中心小学举行演讲比赛】 10月12日,四户镇中心小学在学校报告厅举行“祖国在我心中”学生演讲比赛。为庆祝新中国成立61周年,歌颂伟大祖国辉煌成就,增强学生的爱国热情,镇中心小学组织了这次活动。经各小学精心组织,层层选拔,共有17名选手进入决赛,孟鑫玉等10名小选手分获一、二、三等奖,冯丹丹等10名教师获优秀辅导奖。

(撰稿:聂绪伯　审稿:周中余)

【八义集镇车站小学写字教学有特色】 11月25日,车站小学成功承办邳州市小学写字教学观摩现场会。学校秉承“继承传统文化,打造书香校园”的办学理念,扎实开展写字特色教学,安排专兼职书法教师,在一、二年级开设硬笔书法指导课,在三至六年级开设软笔书法指导课,并编写写字校本教材,定期开展写字教学评比活动。全体学生的写字水平显著提高,有86名学生参加书法等级考试。

(撰稿:郭保平　审稿:王成武)

【润才小学扎实开展礼仪教育】 11月,润才实验小学结合学校实际,以学生文明礼仪习惯的养成教育为重点,深入开展“抓规范创特色”活动。学校坚持榜样示范,规范师生言行;利用集体教育,促使人人文明。自主开发礼仪读本作为校本课程,上好文明礼仪课,组织开展形式多样的“展五姿”活动，既丰富了课余生活，又展示了学生才艺，逐步形成学校育人氛围浓、教育教学质量持续提升的喜人局面，得到社会和家长们认可。

（撰稿：张长林　审稿：卢召利）

【八义集高中强化学校安全管理】　年内，八义集高中采取宣传教育和排查整改相结合的方式，积极构筑安全防范网络，取得显著成效。各班坚持每周围绕一个主题对学生进行安全教育，努力营造“人人讲安全，处处讲安全，时时讲安全，事事讲安全”的安全氛围。班级安全员负责每天的安全常规检查，班主任负责每周的安全管理自查，安保处每月对学校整体安全进行拉网式排查，对检查出的安全问题，责任到人，限期整改。

（撰稿：王　猛　审稿：周玉龙）

【车辐中专接受省四星级评估验收】　10月27～30日，车辐中专接受省四星级中等职业学校评估验收。专家组听取了校长林凯军的专题汇报，实地察看实训场所、校园环境，深入班级听课，并组织召开各类座谈会，查阅档案资料。在随后召开的通报会上，专家组对学校所取得的成绩给予充分肯定。

（撰稿：袁成峰　审稿：林凯军）

【占城许集小学徐州市级课题结题】　6月12日，许集小学举行“十一五”徐州市立项课题“新童谣与小学生语文素养提高的研究”现场结题活动。结题活动分为3个板块，即新童谣汇报展演、新童谣汇报课、观看专题研究片，专家现场论证、指导。参加现场结题活动的有市、县两级教研专家及来自临近乡镇的教师，活动得到一致好评。

（撰稿：王　超　审稿：曹　伟）

【戴圩中心小学推进校安工程】　6月29日，戴圩镇王场小学在刚刚拆除的校舍原址，举行危房改造工程奠基仪式，拉开了全镇加快实施校舍安全工程的帷幕。王场小学改建工程由徐工集团援建，工程共投入50余万元，拆除危房480平方米，新建全框架结构平房18间、校门及传达室，并在校内修建一条水泥主干道。工程于8月26日结束，已投入使用。

（撰稿：吴汉阳　审稿：吴德亚）

【戴庄镇中心小学特色建设见成效】　2010年，戴庄中心小学以“一校一特色，校校不同面”为目标，积极引导各小学创建特色学校、品牌学校。经过精心打造，中心小学突出书法、体育特色，倚西小学继续保持绿色环保教育传统，李圩小学营造学陶师陶氛围，戴西小学外出取经，引进《弟子规》教育。

（撰稿：宋　超　审稿：刘　成）

【邢楼中心小学开展阳光体艺活动】　9月，邢楼中心小学启动“阳光体艺2＋1”特色活动，着力培养学生的才艺情趣，为学生终生发展奠定基础。学校组织开展长拳、太极拳、笛子、二胡、葫芦丝、国画、剪纸等多项艺体活动，帮助学生树立“健康第一”、“终身体育”的思想，促进学生综合素质的提高。

（撰稿：崔弘谅　审稿：陈玉堂）

【邹庄镇中心小学诗文诵读显成效】　12月2日，徐州市人大副主任徐崇先、市教育局副局长葛宝堂一行，在邳州市副市长张祥荣陪同下，深入邹庄中心小学检查指导“诗词进校园”工作。学校的6大校园文化景点、班级文化，以及诵诗、唱诗、舞诗、演诗等节目给领导们留下深刻的印象。徐崇先对学校“诗词进校园”工作给予充分肯定。

（撰写：邱孝周　审稿：胡　伟）

【王杰小学举行纪念王杰系列活动】　4月2日，王杰小学举行纪念王杰牺牲45周年暨军校共建协议签字仪式。参加活动的有王杰烈士的妹妹王爱军及部队和地方的各级领导。会上,邳州市委宣传部部长顾勇、王杰部队中校成德坤、市王杰精神研究会会长李彦清先后讲话,学校少先队员敬献红领巾并选派代表发言,驻徐部队王杰班向贫困学生进行捐助,校长和驻徐王杰连指导员在军校共建协议上签字。

(撰稿:张宏远　审稿:魏建超)

【邳州二中举行青年教师赛课活动】 下半年,邳州市第二中学组织开展青年教师赛课活动,全校近百名教师参加。所有参赛教师都能熟练运用现代教学技术和方法,积极尝试学校倡导的"问题教学法",其中辛红梅、林玉伟、景祥山等20位老师脱颖而出,取得优秀成绩。这次赛课为青年教师搭建了成长的平台,有力促进了青年教师专业化水平提高。

(撰稿:王　浩　审稿:王永先)

【明德实验中学强化管理促质量】 2010年,明德实验中学对高三年级实施科学严谨的立体管理措施,积极构建"三线一体"的管理体系。第一条线是完善家长会、师生联席会制度,关注学生的思想动态,激发学生学习积极性;第二条线是建立阶段性成绩分析和问题诊断制度,适时召开各层次学生座谈会,发现问题,及时解决;第三条线是细化培优补弱措施,分科明确弱科学生名单,责任到人,制定并实施严格细致的奖惩措施。

(撰稿:孔　健　审稿:沙正礼)

【邳州一中探讨构建高效课堂】 10月29日,邳州市高三一轮复习研讨会在邳州一中召开。全市高三一线的1648名教师,汇聚一堂,共听课28节,召开座谈会和研讨会12场,对如何构建高效课堂进行深入探讨,形成共识。学校在课堂教学中,注重优化教学目标、教学内容、教学过程、教学方法、教学手段、作业设置和课堂环境的做法,得到了与会同行的一致认可。

(撰稿:陈　辉　审稿:陈　雷)

【新城中学创新管理见成效】 新城中学坚持改革创新,本着"严格、精细、科学、实效"的原则,努力追求教育教学的高质量,取得明显成效。学校大力推行教学合一的高效课堂教学模式,实施"四步导学"模式,向课堂45分钟要质量。2010高考再创新高。一本和二本上线率、2B匹配率均居全市前茅。

(撰稿:申福成　审稿:李新勇)

【邳州四中塑胶操场投入使用】 12月4日,邳州四中1.1万平方米塑胶操场顺利通过中国行业教育学会体育专业委员会验收组验收,正式投入使用。学校在资金短缺的情况下,克服困难,积极筹措资金,完成塑胶操场建设,提升学校办学层次,为三星级学校创建打下坚实的基础。

(撰稿:孙　伟　审稿:荐保平)

【邳州中专通过徐州市教学检查】 11月中旬,邳州市中等专业学校接受徐州市教育局组织的教学常规检查,在徐州市职业学校同类检查和视导中名列前茅。这次检查包括看现场、查阅资料、听课、问卷调查等。学校领导高度重视,精心组织,严格对照标准进行自查自纠,整理相关材料近200盒,600余卷,向专家组开设公开课10余节,专家组对学校严格贯彻《江苏省职业学校管理规范》非常满意。

(撰稿:周海燕　审稿:何树槐)

【官湖高中加强教育教学管理】 2010年,官湖高中大力加强教育教学管理,取得较大成效。学校利用教研组会议、备课组会议等形式,组织教师学习讨论,强化教师的理论学习与培训,使“有效课堂教学”理念深入人心。同时要求教师积极报名参加继续教育学习,更新知识结构,以适应课程的发展需要。全校教师安心教学,潜心教研,学校被评为徐州市教学先进单位。

(撰稿:葛效富 审稿:黄继勇)

【宿羊山高中新老两校顺利合并】 9月1日,宿羊山高级中学实现新、老两校合并,教育资源得到进一步整合。学校以新老两校合并为契机,充分发挥整体优势,通过内部挖潜、营造氛围、资源整合、抓实常规等措施,着力健全各项管理制度,管理更加规范,教育教学质量稳步提高,学校迎来了新一轮跨越式发展的良机。

(撰稿:张满仓 审稿:魏 健)

【铁富高中通过省园林式单位验收】 10月,铁富高中围绕争创省级园林式单位,对校园环境进行全方位整治。学校精心设计绿化规划图,校园绿化面积达标,绿化品种齐全,台账资料规范,校长亲自抓,师生共参与。在11月中旬的验收过程中,学校得到省市验收组专家的高度评价,获得江苏省园林式单位荣誉称号。

(撰稿:袁恩道 审稿:郭允田)

【土山高中素质教育初见成效】 2010年,土山高中坚持走多元化育人的道路,以各种主题活动为载体,积极构建素质教育的育人体系。学校举行联欢会、田径运动会、法制教育讲座、心理健康教育讲座,组织学生走出校门服务于社会,融入大自然,开展综合实践活动等,使丰富多彩的琴、棋、书、画知识教育与特长爱好培养活动紧密结合,为学生“文化+特长”全面素质的提高铺就一条理想的成功之路。

(撰稿:娄海林 审稿:王 韧)

【邳州电大创新思路谋发展】 2010年,邳州市广播电视大学紧紧围绕解放思想谋发展,求实创新,实现了规模发展与内涵发展的双跨越。学校不断探索科学发展的新思路、新途径,强化招生管理,全年招生人数突破500人,在校生总数达1800人。学校荣获徐州市电大系统教育教学先进集体,被东北财经大学授予合作办学先进单位。

(撰稿:何付彦 审稿:赵洪甫)

【市特教中心举行揭牌仪式】 5月16日,市特教中心举行庆祝第20个全国助残日暨邳州市特教中心揭牌仪式。省教育厅基教处副调研员徐泰来和市委常委石启红等应邀揭牌。市特教中心的前身是邳州市聋哑学校,建校20年来,围绕“特”字下功夫,以增强学生体质、陶冶学生情操、培养学生自信为目标,创新管理,狠抓教学,逐步形成鲜明的办学特色。仪式上,部分单位的负责人及企业家现场捐款捐物,庆祝第20个全国助残日。

(撰稿:刘 忠 审稿:李 薇)

【运师附小创新管理打造有效课堂】 运师附小以全面提高教学有效性为目标,创新管理形式,努力打造有效课堂。学校抓有效备课,教师深入钻研教材,把精力从课后花在学生身上转移到课前花在自己身上。课堂教学突出学生的主体地位,突出创新精神和实践能力的培养。提倡教师运用激励性语言和符号,注重指导和引领,对重点学生面批面改、有针对性讲评、订正。把辅导引入课堂,实行分层教学,因材辅导,提高课堂教学质量。

(撰稿:高夫亮 审稿:刘立新)

【英华实小举办家校联谊活动】 11月19日,英华实验小学组织开展家校联谊活动。900多名家长观看了师生广播操汇报表演和校园“彩虹”广播站播出的一期精彩节目。校长孙卫胜介绍学校发展情况,班主任与家长进行面对面交流。家校联谊活动，增进学校与家庭间的沟通和了解，达到预期目的。

（撰稿：李修昂　审稿：孙卫胜）

【运平路小学努力打造特色教育】 下半年，运平路小学着力打造3项特色教育，推进素质教育深入开展。学校将英语学科作为重要课程，自一年级开设英语课，潜心营造英语交际氛围；抓好古诗文教学，编印《古诗文诵读》校本教材，定期举行古诗文诵读比赛、诗歌朗读比赛、诗配画比赛等活动；各年级每周开设1节书法课，组建书法特长班和书法兴趣小组，使爱好书法艺术的学生每天都能得到练习和指导。

（撰稿：王晓力　审稿：杜互东）

【福州路小学打造“英文情境剧”特色】 暑期后，福州路小学积极组织学生分组表演经典英文情境剧，自编自创英文童话剧，积极打造特色教育品牌。学校通过开展英文情境剧表演等活动，使三至六年级的每位学生都能熟练地表演2个以上英文情境剧，切实提高学生的英语口语水平、表演能力，全面发展学生的综合素质。

（撰稿：翟运胜　审稿：韩召龙）

【机关幼儿园开展“四个一”活动】 “三八节”前夕，机关幼儿园组织开展献给妈妈“四个一”活动。为表达对母亲特别的祝福、特别的爱，幼儿园动员孩子们送给妈妈一句祝福的话、一个温情的拥抱、一张温馨的卡片，并亲自为妈妈洗一次脚，让孩子们体会到母亲的辛苦，母爱的伟大。

（庄　静）

【新城幼儿园庆圣诞迎新年】 12月24日，新城幼儿园的学生家长们到园参加“庆圣诞迎新年”活动。活动内容丰富多彩，各班表演自编自排的舞蹈、童话剧、时装秀等节目，学校安排亲子游戏和家长座谈会。家长们对孩子的进步感到惊喜，称赞幼儿园办得好，感叹老师们工作的辛苦。这次活动架起家园联系的桥梁，促进幼儿园的发展。

（撰稿：李长梅　审稿：李　侠）

【邳州实验园举办幼儿韵律操比赛】 11月10日，邳州实验幼儿园举行以“我运动、我健康”为主题的幼儿韵律操比赛。比赛分成大班、中班、小班三个学龄段进行，全体幼儿及教师参加比赛。在欢乐、富有动感的音乐声中，小朋友们分别表演了《世界真美好》、《下雨了》等幼儿韵律操，动作整齐到位，队形变化多样，赛出了水平，赛出了风采。

（撰稿：索培连　审稿：韦飞艳）

【东方学校不断强化教学工作】 东方学校坚持高效教学，狠抓高考补习工作，取得突出成绩。学校通过选派教师参加业务培训、组织师徒结对子等方式，积极实施教师素质提高工程；通过实施分层教学，扩展学生的发展空间，提升学生的整体成绩。2010年东方学校本科上线人数再创历史新高。

（撰稿：姚夫永　审稿：闫怀林）

【现代化教育助新河中学腾飞】 新学期伊始，新河中学积极探索大容量、高效率的高效课堂教学模式。学校要求所有教师要学会使用多媒体，会制作简单的课件；备课一律使用电子稿；上课必须使用课件或多媒体辅助设施、现代化教育手段。课堂效率明显提高，教师的业务能力和学生成绩有明显进步。

（撰稿：庄　鑫　审稿：张　胜）

【八路中学注重师德建设】 八路中学师德建设注重“三爱”、“三全”、“三让”，有力促进了学校教育教学工作的开展。“三爱”即热爱教育、热爱学校、热爱学生，“三全”即全面贯彻党的教育方针、全面实施素质教育、全面提高教育教学质量,“三让”即让社会满意、让家长放心、让学生成才。

（撰稿:张海峰　审稿:丁其驹）

【新集中学教学质量逐年提升】　年内,新集中学全面实施素质教育,教学质量逐年提升。学校大力推行新课改,逐步形成“先学后教、讲练结合、师生互动、自主合作”的教学模式,让学生成为学习的主人,把学校办成学生快乐、教师舒心、家长满意、社会认可的好学校。学校连续6年被邳州市教育局评为教学工作和教育管理先进单位,2010年中考再创佳绩,赢得社会的广泛赞誉。

（撰稿:赵冠伟　审稿:周之树）

【薛集中学开展课堂教学研讨活动】　10月20日,薛集中学与支教学校安宜中学就如何开展小班化课堂教学举行研讨活动。安宜中学教师郭义兵、龚秀龙等分别上示范课、研讨课,并对学校如何开展小班化课堂教学研究提出指导性意见。此次活动,学校在小班化教学方面的研究有了新的突破。

（撰稿:娄军华　审稿:王绪林）

【碾庄中学弘扬水杉精神成绩显著】　碾庄中学大力弘扬实干挺拔、昂扬向上、心无旁骛、团结协作的水杉精神,在教育教学工作中取得突出成绩。学校先后获得全国初中作文指导工作先进校、江苏省实施教育现代化工程示范初中、江苏省和谐校园、邳州市教学管理工作先进单位、邳州市教学工作先进单位等荣誉称号;教育教学综合管理考核连续多年位居全市同类学校前列。

（撰稿:李　森　审稿:刘立新）

【戴庄中学“留守班”让孩子备感家的温暖】　1月29日,江苏教育电视台“和谐校园全省行”对戴庄中学设立“留守班”的成功做法进行了专题跟踪采访报道。学校针对留守学生普遍存在的家教薄弱、亲情缺失等突出问题,加强与留守学生家长的沟通,共同为他们营造一个和谐的环境和氛围,让他们在校园里享受到更多的关爱和温暖。学校设立的“留守班”班风正、学风浓,备受市关工委、人保局、教育局、妇女联合会关注。

（撰稿:吴鹤林　审稿:韩永玲）

【港上中学通过省绿色学校评估验收】　11月,徐州市环保局、徐州市教育局组织的专家评审团对港上中学创建江苏省绿色学校工作进行评估验收。专家组通过听汇报、现场察看、查阅档案资料等方式,对照24项考核指标当场打分,宣布港上中学高分通过评估验收,成为江苏省第十批绿色学校。

（撰稿:刘清国　审稿:张希营）

【赵墩中学携手徐州五中共建高效课堂】　12月2日,赵墩中学与徐州市第五中学共同开展以“打造高效课堂,促进友好交往”为主题的“同课异构”教学研讨活动。赵墩中学教师热情高涨,全员参与。研讨活动对于提高学校课堂教学效果、促进两校友好交流起到重要作用。

（撰稿:赵　亮　审稿:郭维军）

【土山初中开展“每师一课”活动】　学年初,土山初中精心组织“每师一课”活动。全校65位教师每人上一节公开课,学校对获奖教师颁发荣誉证书并给予物质奖励,把结果作为年终考核的参考依据。“每师一课”活动的开展,在校内掀起课堂教研之风,丰富学校的教学活动。

（撰稿:车振军　审稿:杨贵祥）

【镇北小学举行“图书跳蚤市场”】　10月27日,镇北小学在学校操场举行“图书跳蚤市场”活动。活动准备阶段,学生们拿出积攒的零用钱,从家里带来准备流通的图书杂志。

活动当天,同学们早早地布置起自己的摊位,贴起一张张海报,把书摆上桌子,亮出随书赠送的小礼品。实惠的价格、称心的书刊、真诚的交流,既培养了学生珍惜书刊、节约资源的好习惯,也锻炼了他们的社会实践能力。

(撰稿:李　峰　审稿:高红岩)

【港上小学校园文化建设亮点纷呈】 港上中心小学加大校园文化建设力度,做好环境育人大文章。中心小学建成2000平方米的“诗苑”,镌刻古诗文近百首;建成2000平方米的学生劳动实践场所,内有盆景园、鱼塘等;建成120米图文并茂的成语故事文化墙。十房小学建成56米的文化长廊,镌刻古诗70余首、英语短语80余条。至年底,全镇6所小学文化建设亮点纷呈,既达到环境育人的目标,又为学校的特色建设奠定丰厚的基础。

(赵　丰)

【岔河镇中心小学扎实开展特色创建】 岔河镇中心小学扎实开展写字特色学校创建,积极探索汉字书写教学与育人相结合的特色教育。学校积极营造浓厚的习字氛围,校园内悬挂书法作品及名言,通过校园和班级板报布置、师生作品展览、书法竞赛、主题班会等多种途径,搭建写字教育的平台,培养学生良好的学习习惯,增强热爱祖国语言文字的情感,充分认识学习和继承书法艺术的重要意义。

(撰稿:邹尧文　审稿:程寒然)

【铁富镇连防小学举行冬季三项赛】 12月22日,铁富镇连防小学举行以长跑、跳绳、踢毽子为主的冬季三项赛。全校208名男、女选手参赛,有86名选手分获年级男女单项第一、二名,6个班级获年级组优胜奖。“冬季三项赛”的开展,磨练学生意志,增强学生体质,提高团结协作的意识及班级凝聚力。

(鹿丙奇)

【新河镇中心小学开展特色教育活动】 11月17日,新河镇中心小学举办特色教育观摩活动。全镇各小学的教干教师到学校操场参观特色教育展板,观看学生的古诗文朗诵现场表演,大家对学校深入推进素质教育所取得的成绩给予充分肯定。这是新河镇中心小学近年古诗文诵读和写字教学特色教育成果的一次集中展示。

(撰稿:陈　平　审稿:赵成军)

【土山镇中心小学扎实推进素质教育】 2010年,土山镇中心小学抓住“实”字,凸现“效”字,扎实推进素质教育。学校坚持以教研为突破口,联系课堂教学实际及课改的发展动态,采用“请上来,送下去”的方式,让全镇每位教师参与到教研之中,教研成果提高了课堂效益,调动了学生学习积极性。学校大力实施“阳光工程”,开展丰富多彩的体育和文娱活动,保证学生在校的活动时间,陶冶学生的情操,促进学生的和谐全面发展。

(撰稿:陈　涛　审稿:朱　旭)

【八路镇实验小学唱响红色教育主旋律】 八路实验小学依托“小萝卜头”这一珍贵的德育资源,开展“踏着‘小萝卜头’足迹前进”系列主题教育活动。学校通过组织读书、观看红色影视剧、听故事演讲等多种形式,让学生常温红色经典,走近英雄、感悟英烈的精神和品质。学“小萝卜头”精神,做“小萝卜头”式的好少年已成为八路实小每个学生的自觉行动。学生们走出校园,走向社区,创建“小萝卜头”文明街道、文明社区、文明集体,受到了社会各界的一致好评。

(撰稿:蒋学锋　审稿:赵武之)

【车辐山镇山南小学开展经典诵读】 车辐山镇山南小学重视对中华传统文化的传承和教育,形成了“开展经典诵读,构建书香校园”的办学特色。学校坚持让教师给学生做诵读经典的榜样,组织开展多种形式的诵读活动。班级有读书角,校内开设读书园地,在全校师生中营造出浓郁的读书氛围,让学生在记忆的黄金时段获得优秀民族文化熏陶和积累,积极打造书香园地。

(撰稿:王光远 审稿:刘念强)

【碾庄镇中心小学启动常规管理擂台赛】 11月10日,碾庄镇中心小学班级常规管理擂台赛正式启动。启动仪式上,4个班主任擂主分别介绍了情况,多名班主任登台发言表态,目标瞄向班主任擂台赛的月冠军、学期冠军、年度冠军。这是学校强化班级常态化管理工作的一项新举措。举行班级管理擂台赛,促进班主任班级管理理念的提升,从而带动其他各项工作的常态化管理。

(撰稿:龚 平 审稿:耿 聃)

【赵墩镇中心小学启动智慧课堂研究】 赵墩镇中心小学围绕推进素质教育主旋律,积极开展智慧课堂研究活动。智慧课堂目标直指教师轻轻松松地教、学生快快乐乐地学、素质扎扎实实地提高,强调课堂的主体性、情趣性、创新性。至年底,智慧课堂研究已在全镇全面开花,各校通过集体备课、课堂观摩、个案汇报、活动展示、网络交流、教研沙龙等形式展开研究,做到层层传递,全员参与。

(撰稿:曹传沛 审稿:崔传松)

【邳城泇口中心小学加快建设步伐】 秋季开学,在邳城镇中心小学的大力支持下,泇口中心小学进一步加大投资,加快学校建设步伐。学校投资30余万元,粉刷教学楼,硬化主次干道、场地,新建凉亭、假山、花坛,栽植苗木花草,新建200米煤渣跑道,使学校面貌得到改观。学校"三区"分明、布局合理,整洁美观,呈现出一片欣欣向荣的景象。

(撰稿:刘中辉 审稿:杲绍俊)

【新桥中学开展《弟子规》教育】 9月15日至12月15日,新桥中学在全校开展《弟子规》学习活动。学校把《弟子规》作为德育教育的读本,组织学生诵读;同时,挖掘徐州市源远流长的文化资源,以鲜活的身边人物和厚重的家乡故事作为德育教育素材,开展一系列活动。

(撰稿:张德成 审稿:陈立新)

【邢楼中学开展文明养成教育】 9月20日~11月24日,邢楼中学在全校开展"告别生活陋习、争做文明使者"文明养成专题教育活动。活动历时两个月,分认识生活中的陋习、寻找身边的陋习、告别生活中的陋习3个阶段。活动提高了学生文明素养,养成良好的生活习惯。

(撰稿:海 龙 审稿:辛恭民)

【徐楼中学积极推进阳光体育工程】 10月8日,徐楼中学"阳光体育活动月"正式启动。学校号召全体师生走向操场、走进大自然、走到阳光下,积极锻炼,强健体魄。在"活动月"中,学校分别举行广播操、拔河、跳绳、踢毽子、羽毛球、乒乓球等比赛,充分展示徐楼中学师生积极向上、健康阳光的精神风貌。

(撰稿:徐夫乾 审稿:王新建)

【宿羊山初中抓特异体质学生安全工作】 9月开始,宿羊山初级中学切实抓特异体质学生安全工作。学校将特异体质学生进行专项摸底排查,登记建档,安排专人监督,关注他们的日常学习和身体状况,并与家长签定责任状,以确保出现意外时能及时给予救治,保障学生的生命安全和学校环境的和谐稳定。

(撰稿:潘 锋 审稿:韩昭著)

邳州市2010年市直学校及乡镇中学教育基本情况表

表5－4　　　　单位:个、人

校名	班级数	学生数	毕业生数	招生数	教职工数 计	教职工数 专任教师	学校领导 校长	学校领导 副校长	学校领导 书记	学校领导 副书记
江苏省运河中学	219	14008	5997	6624	929	775	户振球	杨景洪　杨公伟	户振球	
第二中学	74	4569	1632	1350	412	302	王永先	贾传贵　许贯中	王永先	
第四中学	62	2975	1182	640	322	292	荐保平	赵邦友　胡　颢	张广力	
新城中学	51	3077	905	11011	198	198	李新永	王　辉	李新永	
明德实验中学	111	6546	2412	1879	547	498	沙正礼	张士超　李　永	沙正礼	韩　超
邳州中专电大教师进修学校	114	6655	2775	1720	281	252	何树怀	赵洪甫　顾冠峰 周海燕 曹运浩　陈　磊	何树怀	
运师附小	63	4720	668	775	192	171	刘立新（代理）	苑晓坤	王友义	
实验小学	57	4976	858	820	193	155	陈立芳		王　琳	
运平路小学	14	686	36	474	67	46	杜互东	朱旭光　庄文猛 刘小永	高洪岩	
英华实验小学	17	817	88	206	47		孙卫胜	郁增修	孙卫胜	
福州路小学	14	720	92	210	60	51	韩召龙	翟运胜		
明德小学	43	2500	32		140	136	王保春			
特教中心	14	148	10	25	46	32	李　薇	周　辉　刘桂侠 庄　雷	周辉	
机关幼儿园	13	600	220		52	42	庄　静			
明珠幼儿园	128	770	240		70	53	温传英	顾绍艳		
新城幼儿园	9	400	102	100	38	27	李　侠	李长梅　薛　慧	李　侠	
邳州实验幼儿园	16	489		240	62	36	韦飞燕	张群利		
车辐中专	55	3123	1247	875	297	272	林凯军	梁化友	刘成国	
宿羊山高中	53	4196	1560	902	293	232	魏　健	刘传超	谢高峰	
官湖高中	48	2800	1020	750	336	259	黄继勇	刘春雷	黄继勇	
铁富高中	36	2009	1100	610	236	185	郭允田	孙刚善	郭允田	
八义集高中	45	2395	1211	565	180	155	周玉龙	李　辉	刘广军	
土山高中	18	800	200	300	115	93	王　韧	刘同乐	王　韧	
邳州一中	95	5860	2600	1830	586	546	陈　雷	王大全　王道峰	刘海林	
邳城中学	18	866	256	420	174	133	李　涛	董中胜	李　涛	董中胜
八路中学	20	1260	318	181	140	96	丁其驹	闫怀轩　魏　诚	丁其驹	
红旗中学	34	1807	660	484	150	109	吴玉强	刘　林　吕道志 刘新宇	吴玉强	
铁富中学	36	1664	516	449	162	143	王继然	王继强	王继然	

续表 5－4－1　　　　单位:个、人

校名	班级数	学生数	毕业生数	招生数	教职工数		学校领导			
					计	专任教师	校长	副校长	书记	副书记
港上中学	19	1180	331	365	128	115	张希营	曹恩华　杨柏柱 冯之凯	张希营	
邢楼中学	22	1695	524	605	98	86	辛恭民	王国华	辛恭民	
碾庄中学	36	2237	800	771	119	98	刘立新	李　森　韩夫先 曹西亮	刘立新	
王杰中学	12	574	140	143	71	55	丁继亮	潘修郊　井广喜	丁继亮	
陈楼中学	16	1160	458	389	168	122	张元鹏	尹振华　陆秀峰	张元鹏	
官湖初中	36	2128	706	692	203	181	刘　志	汤方继　冯遵慧 马　跃	刘　志	
白埠中学	18	738	177	221	103	82	张希敬		张希敬	
洳口中学	10	263	97	74	44	35	郝志刚		郝志刚	
赵墩中学	16	760	378	186	148	108	郭维军	薛　韬　赵　亮	郭维军	
滩上中学	18	1086	306	289	93	77	高遵海	刘家松	高遵海	
岱山中学	18	903	282	281	76	61	李敬迎	陈桂章　李修文	李敬迎	
宿羊山初中	24	1385	595		129	95	韩昭著	谢　飞　刘同泰	韩昭著	
徐楼中学	20	1168	378	380	86	65	王新建	周士军	王新建	
八义集初中	17	781	486	183	122	120	王　建	周保化	王　建	
新桥中学	16	768	256	180	75	65	陈立新		陈立新	
议堂中学	25	990	464	315	131	117	刘　炜	陆　磊	刘　炜	
土山初中	10	550	168	123	93	77	杨桂林	王文学　车振军	杨桂祥	
薛集中学	12	556	230	90	81	56	王绪林	王　瑾		
占城中学	17	836	291	185	90	81	陈景辉	马全超　赵　华	陈景辉	
陆井中学	7	283	98	64	30	22	魏贤东		魏贤东	
新河中学	20	1275	410	456	98	78	张　胜	袁大鹏　杨宜敢 董　坤	张　胜	
新集中学	16	816	354	247	70	59	周之树	张益忠	周之树	
连防初中	22	922	396	359	79	23	汪玉学	韩红波　马　玉	汪玉学	
邹庄中学	18	896	396	372	79	23	石　峰	朱洪平　胡争科	石　峰	
岔河中学	24	1109	396	359	114	107	郭泾宗		郭泾宗	
四户中学	26	1255	396	390	100	23	季延奎	王玉生　陈士永	季延奎	
戴庄中学	28	1302	396	398	96	84	韩永玲		韩永玲	
车辐山中学	26	1736	396	557	118	100	宋　翔	衡思全	宋　翔	
燕子埠中学	18	918	386	238	88	68	周迎生	刘秀峰	周迎生	

邳州市2010年乡镇小学、幼儿教育基本情况表

表5-5　　　　　　　　　　　　　　　　　　单位:个、人

单位	小学					幼教	教职工数		学校、园领导				
	学校数	班级数	学生数	毕业生数	招生数	学生数	计	专任教师	中心小学校长	中心小学教科室主任	中心小学常务副校长	中心园园长	支部书记
运河中心小学	11	1347	8547	1305	1542	991	564	537	高洪岩	王克强	吕　杰	闫继玲	杨景刚
八路中心小学	5	44	2021	265	308	685	164	155	赵武之	蒋学锋	韩召亚	韩　琳	赵武之
徐塘中心小学	3	48	1787	367	470	698	143		卢召利	时兴太 张长林	鲁瑞举	朱　玲	卢召利
港上中心小学	6	87	3492	440	866	1521	218	176	赵　丰	冯现东	冯　超	胡月梅	赵　丰
八义集中心小学	8	102	4699	601	917	1925	325	315	王成武	翟新伟	陈　飞	姜　磊	王成武
四户中心小学	5	65	3156	392	705	842	180	156	周忠余	李　佩	徐平礼	白　姣	周忠余
张楼中心小学	3	24	1183	172	295	562	108	92	魏建超	彭松林	郭凤祥	田海燕	
炮车中心小学	5	74	2929	384	637	335	235		马夫胜	刘尧才	陆树洲	李　梅	马夫胜
陈楼中心小学	6	75	3713	345	1092	1778	264	248	于慎华	汤继启	尚修明	于秀兰	于慎华
官湖中心小学	10	132	8146	804	1975	632	433	410	翟李春	李　刚	陈学建 周凤民	张艳梅 蒋庆梅	翟李春
戴圩中心小学	5	47	2773	363	656	1314	189	170	吴德亚	吴汉阳	戴建科	董　绘	吴德亚
邳城中心小学	8	112	5483	724	1234	2265	260	260	杲绍俊	万振友 石荣国	闫自永 刘中辉	陈　颖 刘中华	杲绍俊
赵墩中心小学	11	118	5074	726	1311	2856	446	416	崔传松	曹传沛 窦　凯	曹耀平 张　华	蒋桂叶 张　玲	崔传松 曹传沛
碾庄镇中心小学	11	148	6655	1037	1184	3741	352	331	耿　聃	耿　焱 刘遵喜	李喜臣	李　莉	姚君彦
宿羊山中心小学	9	99	5338	772	1206	566	266	265	张作礼	侯宜伟	季延东	梁三龙 张　凤	张作礼
议堂中心小学	4	56	2514	353	472	652	238	204	卢占明	庄思省	周之自	高海玲	卢占明
土山中心小学	5	64	2375	351	494	459	240	231	朱　旭	朱恩东	陈　涛	黄　颖	朱　旭
占城中心小学	4	55	2102	348	428	1091	211	183	曹　伟	王　超	沈东凡 张迎春	李昌松	曹　伟
新河中心小学	10	77	3483	632	636	1980	234	220	赵成军	罗怀玉	程　立	程明芳	赵成军
铁富中心小学	12	142	6688	724	1490	3188	331	305	鹿丙奇	郑继华 石小让	章　欣 冯仰才	冯　君 包志梅	鹿丙奇
邹庄中心小学	9	78	4381	524	678	654	209	191	胡　伟	柳　明 张可辉	高　飞	赵雪梅	胡　伟
岔河中心小学	4	52	2675	415	604	234	178	172	程寒然	谭　凯	杜学吉	戴伊平	程寒然
戴庄中心小学	5	64	3424	345	909	1213	149	138	刘　成	宋　超	曹　冬	辛芝梅	刘　成
车辐山中心小学	6	66	3754	587	623	1442	170	159	刘念强	王光远	曹传民	陈　琳	刘念强
邢楼中心小学	5	82	4393	623	1056	1165	234	225	尹春雷	林化圣	陈玉堂	孙守彦	尹春雷
燕子埠中心小学	5	40	2131	204	390	636	138	129	刘士忠	王会久	李奎彦	张　平	刘士忠

(沈庆保)

新　沂　市

局长、党委书记　柳　松
副局长　赵　敏(女)　徐　洪　刘　亮
张以米　陈长兵
纪委书记　刘体猛
工会主席　郭九明

【概况】　2010年,新沂市有各级各类学校、教学点268所,其中中学38所,(初中25所,高中5所,完中5所,九年一贯制学校3所),小学96所,教学点19所,特教学校1所,中等职业学校2所,幼儿园112所。全市中小学在校学生100989人,其中高中18157人,初中29091人,小学53741人。特教学校在校生320人,中等职业学校在校生6440人,幼儿园在园幼儿41605人。义务教育阶段入学率100%,初中三年巩固率99%,高中阶段入学率95%,学前三年幼儿入园率93.8%。各类学校中,民办中学3所,民办幼儿园87所。全市有教职工9520人,其中专任教师7589人。教师学历合格率高中93.7%、初中98.7%、小学100%、幼儿园100%。全市有省特级教师3人,省名校长1人。2010年,全市有省三星级以上普通高中3所,省示范初中13所,省实验小学13所,省、市优质幼儿园8所,省、市模范学校8所,省、国家重点职业技术学校1所,省特殊教育现代化示范学校1所。全年撤并学校1所。年内,荣获省中小学优秀法制教育课件大赛优秀组织奖、徐州市未成年人思想道德建设工作先进集体、徐州市内保集体三等功、全国最佳社团报特等奖、省现代化教育技术应用先进单位、徐州市幼儿教师专业技能比赛优秀组织奖、徐州市幼儿绘画大赛优秀组织奖、徐州市工会工作先进单位、徐州市"让教育充满爱"优秀组织单位等荣誉称号。

【强化师资队伍培训】　2010年,新沂市教育局加大教师队伍培训力度,不断提高教师队伍综合素质。积极推荐教师参加出国培训、中小学省级和徐州市级培训等,其中,推荐出国培训8名、国培计划2名、中小学省级培训267名、"引智"培训60名、教育部"知行中国"班主任网络培训267名、徐州市中小学校长远程提高培训107名。通过培训,开阔教师视野,给新沂教育注入新的活力。

(撰稿:张永生　审稿:赵　敏)

【开展小学附属幼儿园评估活动】　4～6月,新沂市通过自查、申报、现场评估、整改等评估方式对全市小学附属幼儿园(班)进行评估。4月各园自查,5月申报并审查申报材料,6月两组评估组对全市96所小学附属幼儿园(班)现场评估,评估依据《新沂市小学附属幼儿园(班)评估细则》。通过3个月的评估验收,全市96所小学附属幼儿园(班)中有63所一次性通过,28所需要整改,5所弃权。此次活动进一步规范幼儿园办园行为,促进全市学前教育事业健康发展。

(撰稿:徐丽娜　审稿:张以米)

【大力推进标准化学校建设】　从9月开始,新沂市教育局大力推进义务教育阶段学校教育现代化工程。全市筛选46所学校作为2010年申报徐州市标准化学校验收的第一批学校。教育局先后召开动员会、推进会和调研会,对该项工作进行逐一落实。市政府拨给启动资金800万元,教育局和各学校筹集500万元。12月,完成教师、学生用机和多媒体的招标工作(其中教师用机2122台,学生用机1091台,多媒体98台),为迎接教育现代化学校验收工作奠定坚实基础。

(撰稿:朱继俭　审稿:刘　亮)

【强化五风教育、创建五型校园】　10月26日,新沂市教育系统"强化五风教育、创建五型校园”主题活动动员大会召开。“五风”即“转作风、振校风、正师风、优学风、树新风”,“五型”即“平安型、和谐型、文明型、生态型、品牌型”。会议主要任务是统一全市教育工作者的认识,确立新沂教育发展新方向,建设教育新风尚,打造教育新品牌,凝聚教育力量,提升教育教学质量。全市各中小学校长及分管校长、幼儿园园长、局直单位负责人及局机关人员,计350余人参加会议。局长柳松在会上讲话,副局长刘亮主持会议。第一中学、唐店中学、新安小学作表态发言。

(撰稿:姚　蒙　审稿:刘　亮)

【市中小学德育论坛在新沂举行】 12月24日,由徐州市教育局主办,新沂市教育局承办的徐州市第四届中小学德育论坛在钟吾中学举行。徐州市教育局局长强国出席论坛并讲话,新沂市领导郑彦芳致欢迎辞,新沂市教育局局长柳松作《打造‘两制’特色,促成心灵成长》专题发言。徐州市各县(市、区)教育(文教体)局分管副局长、德育办主任,各直属学校分管副校长、德育主任计200余人参加论坛。新沂市教育系统推行“学生成长导师制”、“学生成长伙伴制”的做法得到徐州市教育局的充分肯定,“强化五风教育,创建五型校园”主题活动取得阶段性成果。

(撰稿:宋春民　审稿:赵　敏)

【青少年科普系列活动获佳绩】 2010年,在徐州市科协主办的全市第五届青少年科普系列活动中,新沂市中小学生获得优异成绩。4人次分获“科技小制作”评比一、二、三等奖;4人次分获“科普小论文”评比一、二等奖;12人次分获“科幻绘画”评比一、二、三等奖。总体成绩居徐州市各县(市、区)前列。钟吾中学、新安镇中心小学被徐州市科学技术协会命名为“市科普特色学校”。

(撰稿:张统伦　审稿:张以米)

【《快乐礼仪》面向全国发行】 3月9日,由新沂市委组织部、宣传部、教育局、关工委、黑埠中学文艺中心等联合北京嘉润天合文化传媒有限公司,历时3年精心编撰拍摄而成的电视剧《快乐礼仪》,由中央电化教育馆、电化教育电子音像出版社面向全国发行。《快乐礼仪》以教育部《中小学生守则》、《小学生日常行为规范(修订)》和《中学生日常行为规范(修订)》为蓝本,以中小学生为主体,以学校、家庭、社会为背景,以礼仪教育为中心,依据青少年儿童身心发展规律,运用情景剧与动漫相结合的表现手法,深刻诠释中华礼仪文化,精彩呈现古今礼仪规范,让青少年快快乐乐学礼仪,潜移默化讲礼仪。《快乐礼仪》弥补了国内礼仪教育音像产品领域匮乏的现状。

(撰稿:蔡之连　审稿:张以米)

【利用网络构建学习研究新平台】 5月,新沂市教育局建立“县域理想教育实践研究论坛”,打造网络学习交流平台。论坛设立《文化校园》、《理想课堂》、《学校管理》等9个栏目,教师们利用这个平台将研究思想成果进行交流展示,互相启发,共同提高。至年底,全市450多个个人课题在论坛安家,同一个话题因不同的校园、不同的个性解读而呈现出不同的认识与理解,极大地丰富了每一个课题的内涵,从而呈现出百花齐放、百家争鸣的教科研局面。

(撰稿:张统伦　审稿:张以米)

【省督导团到新沂督导】 12月13~15日,在市教育局副局长李运生、市教育督导团办公室主任姚杰、市教育技术装备站站长陈戈陪同下,省教育技术装备工作督导团对新沂市教育技术装备工作进行督导。新沂市领导郑彦芳及教育局局长柳松等参加活动,副局长刘亮作汇报。新沂市委、市政府多方面筹集资金,加大投入力度,努力完善学校硬件设施，构建教育现代化平台。通过“四配套工程”、“标准化学校”建设等系列创建活动，全市各校基本达到江苏省中小学办学标准。

（撰稿：陆保明　审稿：张以米）

【积极开展“三问教师”大讨论活动】 6～9月，新沂市教育局在全市教职工中广泛开展“三问教师”大讨论活动。“三问教师”，即一问传道授业，我会什么；二问关爱学生，我做什么；三问为人师表，我凭什么。各单位组织广大教师深入开展师德大讨论活动，采取辩析讨论、问题研讨、主题演讲等多种形式推动活动深入开展，在全市掀起师德师风建设高潮，激发全体教师敬业爱岗的积极性、创造性。

（撰稿：刘凤兵　审稿：郭九明）

【教育系统法制教育再结硕果】 11月，在徐州市教育法制工作会议上，新沂市第六中学等5所学校被授予“徐州市法制示范校”荣誉称号；在省中小学优秀法制教育课件大赛中，新安镇城关小学葛晓朵等3位老师设计的法制教育课件获省三等奖；钟吾中学王新才等13位老师设计的法制教育课件分获徐州市一、二、三等奖；市教育局获优秀组织奖。市教育局十分重视未成年人的法制教育工作，坚持依法治教和以德治教相结合，有力地促进了教育改革和发展。

（撰稿：时红梅　审稿：刘体猛）

【召开学校后勤服务与管理改革现场会】 12月2日，全市学校后勤服务与管理改革现场会在市高流初级中学召开。全市各中小学校长、局直各单位负责人参加会议。与会者参观了高流初级中学校园超市、学生食堂和教育现代化装备配置情况。高流初级中学、新店中学、高流小学、合沟中学、钟吾中学就学校后勤管理与服务综合改革工作，作典型经验介绍。

（撰稿：粟玉宝　审稿：徐　洪）

【毽球代表队获全国三项冠军】 9月25～29日，2010年全国时尚体育健身大赛毽球比赛在山东省胶南市举行。新沂市第三中学代表队代表江苏省参加了全部5个项目的比赛，取得了女团冠军、女双冠军、男双冠军和混双亚军、男团季军的喜人成绩，同时被大赛组委会授予“体育道德风尚奖”。

（撰稿：王会雷　审稿：张以米）

【钟吾中学校园文化建设新突破】 钟吾中学按照“继承、发展、创新”的整体思路，做强环境育人大文章。学校精心筹划中心大道、校园小品建设、文化长廊和班级文化的设计。“班级名片”已成为班级文化的一道亮丽风景；怡园小品建设正在施工；以“学校简介、辉煌历程、名师风采、快乐生活、运动天地、科普之窗、民族记忆、钟吾文化”和“一山一湖一古镇”为主题的文化长廊全面完成，为学生提供丰盛的文化大餐。

（撰稿：吴绍虎　审稿：许先宝）

【进修学校举办园长高级研修班】 9～12月，教师进修学校举办全市民办幼儿园园长高级研修班。研修分为学术报告和教育见习两部分。学术报告由北京、连云港等地幼教研究专家和新沂部分幼儿园园长主讲；教育见习在新沂市妇联幼儿园和新沂市北沟镇第二幼儿园进行，全市70名民办幼儿园园长参加研修。

（撰稿：关浩峰　审稿：晏景松）

【罗志军视察新沂市职教中心】 3月19日，在副省长徐鸣、徐州市委书记曹新平、新沂市委书记陈德荣的陪同下，省长罗志军视察新沂市职教中心服装制作车间和机械加工实习车间培训现场。在视察过程中，罗省长兴致勃勃地同正在实习的师生交流，详细了解学生的学习、生活、技能培训和就业安排等情况，对新沂市职教中心“紧贴实际办学校，适应市场上项目”的做法,给予充分肯定。

(撰稿:时东山　审稿:徐洪熙)

【一中开展“三喜爱”主题活动】 9月,新沂市第一中学组织开展“创学生喜爱的课堂,做学生喜爱的老师,办学生喜爱的学校”主题活动。学校成立专门组织机构,广泛调动教师工作积极性,坚持做到六个“优化”和四个“强化”,即优化干部作风建设,优化教风建设,优化学风建设,优化集体备课,优化课堂结构,优化学生作业布置与批改;强化教学“五认真”管理,强化对教学质量的监控和矫正,强化学生学习任务的管理,强化学生个性指导与跟踪管理。“三喜爱”活动是学校实现“提高质量,创建四星,创成品牌”奋斗目标的一项重要举措。

(撰稿:韦　永　审稿:郭振京)

【二中举办“春之声”艺术节活动】 11～12月,新沂市第二中学举办一年一度的“春之声”艺术节系列活动。“寓教于乐、以德促教、寓德育于多彩活动中”是二中办学的一大特色。学校由德育处、团委牵头,组织开展演讲比赛、辩论比赛、手抄报比赛、校园歌手比赛、校园主持人大赛,以及书画比赛、网页制作大赛、元旦汇演等多项活动。活动让不同层次的学生都有施展才能的空间,做到“学有所成、学有所用”。

(撰稿:田保民　审稿:刘汉超)

【三中毽球队在国家级赛事中获奖】 暑假,新沂三中毽球队获得全国中学生毽球锦标赛总分第二名。比赛于8月1～6日在内蒙古呼和浩特市举行,来自全国的38支代表队参赛。比赛共设7个项目,第三中学毽球队参加了所有项目的比赛,荣获总分第二名,并获得团体成绩2个项目的亚军和“体育道德风尚奖”。

(撰稿:鲍尝君　审稿:王启乐)

【四中召开“五风五型”建设推进会】 10月29日,新沂四中召开创建“五风五型”校园推进会。学校领导班子经过研究提出班子先进示范、党员教师典型示范、优秀学生典型引路战略,大力表彰先进典型,激励全校师生,形成共识,携手并进,促进校风、教风、学风建设。

(撰稿:石启胜　审稿:王秀梅)

【五中大力推进教育现代化】 年内,新沂五中以创建现代化学校为契机,加大投资力度,提高办学水平。学校对围墙、教学楼、操场等进行全面维修,添置图书、仪器,使学校的教学基础设施更加齐备,办学条件大为改善。班级、校园标语更新,学校文化建设大为改观。学校面貌的改变激发全体师生的热情,形成“学校为我争光辉,我为学校作奉献”的校园氛围。通过创建活动,学校办学水平实现了历史性的跨越。

(撰稿:刘　勋　审稿:仲维生)

【六中举办高效课堂研讨会】 10月28日,新沂六中成功举办“小班化高效课堂”教育教学研讨交流会。研讨会上,江苏省教师培训中心副主任高翔及市、县教育局的业务领导进行现场指导,对学校的小班化教育教学模式进行深刻的剖析和探讨,对“五环四步”教学模式、“小组建设与管理”及“导学案设计”进行科学修正,使学校小班化教育教学模式更科学、更高效、更易操作。

(撰稿:王鲁波　审稿:闫　刚)

【八中依法治校显成效】 12月,新沂第八中学被评为徐州市依法治校示范校。学校坚持依法治校,将普法教育与常规教育相结合,法制教育与道德教育相结合,依法治学与创新教育相结合,成效显著。通过举行“文明与法”、“文明与言行”、“法律在我身边”等主题教育观摩课、推进课和示范课系列教育活动,学生思想道德素质和守法观念明显提高,形成师生举止文明,言行规范合法,各项工作井然有序的局面。

(撰稿:李夫春　审稿:韩裕)

【十中创新德育模式】　新沂市第十中学积极探索德育新模式,以丰富多彩的活动为载体,遵循广泛性、参与性、活动性、示范性等原则开展思想品德教育。学校建设校园文化墙,营造和谐氛围;开设影视教育课,提升文明素养;诵读《弟子规》,感悟人文经典;开展"道德观察"活动,培养明辨是非的能力。长期的文化积淀使学校成为师生和谐、环境高雅的文明校园,促进学校教学质量和精神文明建设取得双丰收。

(撰稿:刘继光　审稿:周普让)

【实验学校举办首届军训活动】　10月15~20日,实验学校七、八年级近500名学生参加了学校举办的首届军训活动。市双拥办王主任、驻新73075部队黄政委、教育局德育办主任宋春民、新南村罗书记及部分学生家长出席军训成果汇演暨总结表彰大会。军训工作受到与会领导、家长的好评。

(撰稿:谭长存　审稿:任建玲)

【八一实验学校塑胶运动场竣工】　9月18日,八一实验学校300米塑胶运动场及其附属工程顺利竣工。此项工程于2月22日完成招投标工作,3月28日奠基开工。工程由新沂市人民政府投入220万元,铺设300米塑胶运动场、3800平方米人造草坪足球场、6片篮球场(其中两个硅PU场地)、1800平方米主干道以及大门改造等附属工程。新沂市委书记陈德荣以及规划、设计、财政、教育、监理等领导及专家,多次亲临学校现场调度,并召开工程推进现场会,保证工程有序实施,顺利竣工。

(撰稿:扈向礼　审稿:房树仲)

【高级中学新食堂投入使用】　9月2日,新沂市高级中学新食堂投入使用。新食堂建设工程通过专家验收后,学校面向社会公开招标食堂承包人。通过竞标,3个具有较好条件的承包户中标并开始运营。新食堂分为上下两层,建筑面积接近3000平方米,大方气派,装修一新;配套设施齐全,环境优雅,能容纳2000多人同时就餐。新食堂的建成和使用,为师生提供良好的用餐条件,为申报三星级学校工作打下了良好基础。

(撰稿:袁　辉　审稿:薄品安)

【棋盘中学德育生活化】　9月,棋盘中学践行德育即生活的理念,将德育生活化。学校开展了"生日一封信"教育活动,即将全校学生的生日统计在电脑中,在学生生日当天,由所任学科教师给他写一封信,进行心灵的沟通,密切师生的情意;开展"一周一活动",每周以年级组为单位组织开展集体性文体活动,使学生在放松身心同时锻炼意志品质,增强团队合作精神;开展评选"两周一星",每两周对在班级各方面表现突出进步的学生进行"评星",及时发现学生的闪光点。

(撰稿:周守远　审稿:张雪峰)

【王楼中学新课程改革成果喜人】　王楼中学在高一年级着力推行课堂教学改革。学校实行"小班化"管理,班额控制在35人以下,并根据学生基础按照"同组异质,异组同质"的原则分成若干个学习小组,相向而坐以便于讨论、交流;所有学科使用导学案教学,实施"5+30+10"教学模式,即:课前5分钟学生交流,30分钟学生展示教师点拨,10分钟学生预习教师个别指导。教学方式的转变产生明显的教学效果,高一年级成绩整体进入全市第4名。

(撰稿:李　政　审稿:桂　彬)

【瓦窑中学承办徐州市陶研现场会】 12月3日,徐州市陶研会“弘扬行知精神,营造育人环境”现场会在瓦窑中学隆重召开。市陶研会、新沂市教育局及各会员单位领导、专家参加会议。校长滕清在会上介绍学校在“学陶师陶”方面的做法。瓦窑中学投资50余万元建成学陶师陶主题公园、“大师陶行知——伟大的一生”宣传栏、学陶师陶专栏和园西文化墙,营造浓厚的学陶氛围。会上,市陶研会领导充分肯定了瓦窑中学在学陶师陶方面取得的成绩,号召各会员单位认真学习,进一步弘扬陶行知教育思想,更加深入地进行课程改革。

(撰稿:马贤坤　审稿:滕　清)

【高流中学王汗重、李明芳作品获奖】 暑期,高流中学高一年级学生王汗重摄影作品《与花同行》荣获全省中小学生“美好江苏”素质展示系列活动DV摄影组一等奖,高二年级李明芬同学点绘作品《新沂窑湾古镇》荣获绘画组二等奖。此项活动由省教育厅、省旅游局主办。活动期间,高流中学学生根据自己生活及旅游活动中的所见、所闻、所感,通过绘画、摄影、DV、演讲等方式,重点展示新沂市美好的风土人情、建设成就,抒发自己热爱家乡、建设家乡的真实情感,宣传并推介家乡——新沂市丰富独特旅游资源。

(撰稿:李平军　审稿:何振华)

【唐店中学推行学生成长导师制】 唐店中学加强特殊群体学生教育,推行学生成长导师制。学校把留守学生、贫困生、孤儿、单亲生等学生组织起来,形成一个定期活动的集体——鸿志团队。学校践行扶贫先扶志、扶弱先扶志、扶人先扶志理念,推行鸿志团队学生成长导师制,帮助他们明辨是非、疏导心理、矫正行为,使其顺利度过“危险期”、“困惑期”。学生成长导师制使鸿志团队学生形成了不耻家贫、回报学校、回报社会的良好品质。鸿志团队以“六个最”即语言最文明、待人最礼貌、纪律最严明、意志最坚强、生活最俭朴、学习最刻苦成为学校的楷模。学校因此被评为徐州市留守儿童示范指导站、国家级示范家长学校。鸿志团队已成为唐店中学的一张美丽名片。

(撰稿:朱　斌　审稿:王兆友)

【邵店中学加强校园文化建设】 邵店中学重视加强校园文化建设。学校添置刻有校训“天道酬勤,厚德载物”的景观石,在显著位置悬挂《弟子规》学习警句,教室和走廊里装饰着“班级名片”、“班级誓言”等标语,彰显学校和谐顺畅、博学儒雅的人文气息;元旦文艺汇演、各类兴趣小组活动等丰富多彩的校园生活,为学生展示才华提供广阔平台。

(撰稿:王明文　审稿:吕恩伯)

【时集中学实施年级组负责制】 9月1日起,时集中学实施年级组负责制。学校新的领导班子到任后,根据学校实际情况,实行管理重心下移、权力责任下放、责权利相结合的管理机制改革,实施年级组负责制。明确各年级组工作目标、年级组长及分管领导的责任与权利,并将学校所有领导分配到各年级组中协助工作。学校对年级组工作实行捆绑考核,成绩共享,责任共担。

(撰稿:万　里　审稿:陈学军)

【高塘中学开展班主任竞聘上岗】 8月27~29日,高塘中学成功开展班主任竞聘上岗活动。竞聘工作坚持德才兼备、注重实绩、公平、公开、公正的原则,由教师个人自主报名,校委会汇总审查,交由全体教师民主测评后进行竞职演讲,最后由评聘工作小组综合审议、讨论决定聘用人员名单。通过竞聘上岗,充分调动班主任的工作积极性,进一步提高班级管理效能,推动学校教育教学的健康发展。

(撰稿:韩从学　审稿:邹以标)

【合沟中学以创建打造品牌学校】 2010年,合沟中学抓住机遇,以创建促发展,打造品牌学校。学校先后申报江苏省平安校园、徐州市依法治校示范校、新沂市防震减灾示范校和江苏省标准化初中,积极创造条件,加大管理力度,推动各项工作上台阶,上水平。截至12月初,各项创建均通过验收,受到了检查组的一致好评。创建工作有力促进了学校教育教学工作的开展,为打造品牌学校奠定坚实的基础。

(撰稿:陈都亚　审稿:周士堡)

【小湖中学"四优先"关爱留守学生】 小湖中学对留守学生真情关爱,做到"四优先":安全上优先监护、学习上优先辅导、生活上优先照顾、活动上优先安排。学校认真调查研究,摸清留守儿童的底数,建立留守学生档案和联系卡。调查摸底做到"五清楚":即基本信息、性格特征、兴趣爱好、健康状况、父母及监护人联系方式清楚。

(撰稿:张　立　审稿:张长新)

【踢球山中学家长会丰富多彩】 11月29日,踢球山中学召开主题为"携手教育,让生命谱写人生乐章"家长会。全校200多位家长应邀走进校园,参观校园文化建设,了解学校教育教学的现状。学校设置校长接待室和咨询台,解答教育教学中的热点问题。邀请家长走进办公室,浏览老师的备课和学生的作业,同班主任和任课教师协商解决家庭教育中的问题;邀请家长走进课堂,掌握子女的课堂表现。家长之间还互相交流经验,部分家长真诚地向学校提出合理化建议。

(撰稿:范　永　审稿:周士航)

【阿湖中学多渠道文化育人】 阿湖中学重视校园文化建设,借助多层次的校园文化全方位育人,收到明显效果。学校加强校园环境建设,创建有特色的班级文化,利用墙字、画廊、标语等形式,将道德提升、性情养育和生活提示结合在一起,对学生实施立体的教育引领,实现校园的绿化、亮化、美化。投入1万余元资金,添置图书,鼓励教师向学生推荐优秀图书,定期将学生带进图书室、阅览室进行集中阅读,扎实开展师生共读活动,提高学生文化素养。

(撰稿:冷学宝　审稿:何立柱)

【黑埠中学安全管理显特色】 黑埠中学采取多种措施,实行精细化特色管理,狠抓安全教育。学校编制《黑埠中学班级安全工作手册》,其基本内容包括班级基本情况、学期安全工作计划、月度安全工作主题、管制刀具排查记录、紧急疏散演练记录等。在使用时注重安全工作的实效性,突出安全工作的计划性,强化安全工作的教育性,凸显了安全工作的人本特色。学校还开展形式多样的教育活动,采用技防与人防相结合,保证校园无安全隐患,形成较完善的学校安全管理网络。

(撰稿:王夫阳　审稿:吴成勇)

【草桥中学成教成果显著】 8月24日,草桥中学成教中心"新农民技能学历双提升培训班"成立。培训班学制3年,开设养殖、市场营销、植物保护、农机、农艺、插花等专业,采取"半工半读,工学交替"的教学形式。培训班为提高农村劳动力素质,优化农村产业结构,改善农村劳动力状况,提振农村经济效益,加快新农村建设步伐作出重要贡献。至年底,近200名农民参加培训。

(撰稿:张满居　审稿:高印行)

【窑湾中学创新有效教学研究】 窑湾中学创新学生学习与管理模式,以学习小组建设引领有效教学研究,收到明显效果。学校依据学生性别、性格、品德、成绩4大平衡原则,将每班划分为若干学习小组,组内统一编号,打破统一座向,明确组员分工,在教学和管理中突出小组合作,让班级充满共享的气息。师生结对,每位任课教师承包1~2个学习小组,平时随机辅导,每周五下午第三节课集体辅导,教师走到学生中间,对学生进行思想、生活、学习等全面辅导。在小组评价上,综合常规管理和学习积分,每周一小结,每月一表彰。

(撰稿:张维坤　审稿:高行军)

【芦墩中学实施分组教学模式】 9月1日,芦墩中学实施分组教学模式,取得显著效果。学校根据学生的学习基础情况,将班级每个学生的各科成绩进行排查后均衡分组,每个小组的所有成员都是组长同时又都是组员,每个成员都有自己的责任和职责。要求同组成员之间相互帮助,相互学习,开展互比,共同提高。通过短短一学期的教学实践,学生的成绩都有了明显的提升。

(撰稿:赵　跃　审稿:晁太祥)

【新店中学以小组合作促进学习】 新学期伊始,新店中学依据班级学生各自的学习特点,进行合理调配划分合作学习小组,开展学习互助活动,引导学习小组共同进步,以促进全校教育教学质量的提高。学校制定详细的评估细则,对各小组的学习情况进行动态评估,及时表彰学习进步的小组和组员,帮助学习困难生树立起自信。一个学期以来,各班级学习合作小组建设逐步完备,合作学习效果也较为明显,不少学习困难生在小组成员的帮助下找回自信,学习成绩有了较大进步。

(撰稿:佟士平　审稿:沈中良)

【城岗中学开展高效课堂达标活动】 10月18日,城岗中学启动高效课堂达标课活动。活动分为三阶段:第一阶段,由学校名优、骨干教师开设高效课堂示范课;第二阶段,全体任课教师每人上一节高效课堂达标课;第三阶段,高效课堂不达标的教师开设高效课堂过关课。每周五下午,学校分教研组开展评课活动,对本周上课老师的课堂教学进行细致剖析,特别是对课堂中存在的问题进行研讨,提出改进建议,提高课堂教学效率。

(撰稿:王新响　审稿:陆其浩)

【马陵山中学丰富素质教育内容】 马陵山中学加强对各项活动的管理,促进学生素质的提高。学校开设美术、音乐、文学欣赏、体育、奥赛等10多个兴趣小组,成立"陵韵"文学社,学生根据自己的兴趣、爱好参加相应的小组活动,学校安排有专长的教师辅导,使每位学生都能找到自己的位置,发现自己的闪光点,促进学生学习积极性和整体素质的提高。

(撰稿:盛培海　审稿:侍孝敬)

【港头中学举行"迈入青春门"仪式】 5月17日,港头中学团总支举行"迈入青春门,走好成人路"主题系列活动之一——"迈入青春之门"仪式。仪式由校团总支书记高志超主持,通过朗诵《少年中国说》、团员代表发表《青春畅想》、校领导作《青春致辞》、心育老师作《青春导航》、学生集体发出《青春誓言》和签名等活动,使学生认识到成人的必然性、成人与成才的关系和意义,帮助学生做好成人的思想准备,以健康的心态、正确的人生观念去选择成人之路。

(撰稿:孙继领　审稿:周树飞)

【棋盘初中举行感恩演讲比赛】 12月22日,棋盘初级中学举行感恩演讲比赛。参赛的19名选手经过各班严格挑选,准备充分,他们有的从细微处着手,有的从平凡中升华,有的在至爱处感悟,精彩的演讲深深打动人的心灵,博得师生们阵阵掌声。感恩教育让广大青少年学生懂得了感恩无价,为构建和谐校园、和谐社会作出积极贡献。

(撰稿:孙　凯　审稿:李月武)

【启明中学安全管理卓有成效】 启明中学实施“4321”管理模式,校园安全管理卓有成效。学校安全管理做到4个深入:深入班级、深入宿舍、深入食堂、深入学生思想。学校治安情况实行3个沟通:管理教师、学生、家长相互沟通。管理人员实行2个跟进:课余时间,值班教干跟进操场、跟到大门,值班教师跟进宿舍、跟进食堂。1个汇报:各年级组每天将治安情况向校长室作书面汇报。

(撰稿:纪振忠 审稿:邹其坤)

【神山外国语学校推行德育新举措】 神山外国语学校坚持德育为首、立德树人的教育理念,把“掌握规范,学会负责”的八字方针作为德育教育的主线。“掌握规范”包括:对己讲仪表、对人讲礼貌、学习讲勤奋、社会讲公德、亲人讲孝道5个方面;“学会负责”包括:对自己负责、对亲人负责、对集体负责、对环境负责、对生命负责5种责任心。全校师生在日常生活和学习中牢记这八字方针,营造平安、和谐、文明、进取的校园。

(撰稿:陈胜标 审稿:周 飞)

【新安小学开展教师专业阅读活动】 年内,新安小学扎实开展“教师专业阅读”系列活动。学校建立教师专业阅读制度,提出教师每天专业阅读时间不少于30分钟,精读学校推荐的书籍。每周进行1次读书心得交流,每月写2篇读书笔记。学校设立专项资金用于教师专业阅读和外出学习、考察。专业阅读活动,开阔教师的视野,提高教师的专业素质,教育教学水平显著提高。

(撰稿:戴栋双 审稿:孙先锋)

【新华小学举行大型演出活动】 5月28日,新华小学“小百灵”艺术团综艺大赛颁奖仪式暨“卫岗杯”庆六一演出在学校操场举行。全校师生和部分学生家长,教育局、徐州卫岗集团、兄弟学校的负责人观看演出。综艺演出旨在丰富生动和谐的校园生活,检验“小百灵”少儿艺术团的活动成果,为学生营造一个可以自由成长的空间。

(撰稿:郭广辉 审稿:孙国庆)

【春华小学举行读书写作报告会】 9月28日,著名儿童文学作家晓玲叮当一行10人应邀到春华小学,参加学校的读书写作报告会。手舞鲜花的孩子们用最隆重的仪式迎接晓玲叮当的到来。晓玲叮当讲座的主题为《写作让我如此“卷心菜”》,她讲到了自己快乐的童年、轻松的小学时代、忙碌的大学生活,重点向大家介绍了自己的写作经验,即多读书丰富自己的想象力。最后,晓玲叮当送给同学们一句最温馨的鼓励语:“只要心中有梦想,就能成功。”临别挥毫为春华小学题词:春华硕果,秋实芬芳。

(撰稿:夏 斌 审稿:关浩亮)

【特教中心德育工作显特色】 特教中心以创建徐州市平安校园为契机,开展精致化管理,精品化服务,排除各种安全隐患。德育处定期聘请法制副校长开设法制教育讲座,举行突发事件实地演练以及各类竞赛,让学生牢固树立防范意识;课余时间学校将学生注意力转移到刺绣、串珠等手工技能训练上来,平安和谐的校园文化氛围逐步形成;以心理健康教育为突破口,用访谈、竞赛、言行引导等方式进行“礼仪少年”评比活动。特色德育工作为学生发展创造了条件,为校园的安全、和谐提供了保证。

(撰稿:高媛媛 审稿:李士超)

【城西小学发挥“家校通”作用】 新安镇城西小学拓宽学校德育工作途径,充分利用“家校通”这一家校沟通的平台,做好学校、家庭、社会三结合教育。学校组织教师搜集教育专家的教育格言、成功家庭教育的经验等,发给家长,使家长了解家庭教育在教育孩子中的作用及做法,传递当前课程改革的新信息,克服家教过程中的焦虑心理,正视孩子的优缺点,尊重孩子的个性特长。“家校通”的利用收到较好的效果,受到了家长的称赞。

(撰稿:李　江　审稿:魏占斌)

【棋盘小学被授予行知研究实验学校】 3月12日,江苏省陶行知研究会实验学校工作会议在南京召开,棋盘中心小学被授予江苏省陶行知研究实验学校。棋盘中心小学认真践行陶行知“智育注重自学”思想,努力通过有效课堂教学研究,培养学生自主探究能力。会议上,棋盘小学《陶花盛开,桃李芬芳》的学陶经验介绍,引起全省陶研实验学校的广泛关注。

(撰稿:王建举　审稿:乔汉泉)

【港头小学举行师生共读经典活动】 10月22日,学校师生共读经典暨第六届读书节活动拉开帷幕。学校重视开展师生读书活动,每天安排全体师生诵读半小时经典美文,共同享受读书的乐趣。读书节让整个校园弥漫着浓浓的书香,丰富多彩的读书活动更是让孩子们大显身手,一展读书带来的无限精彩。

(撰稿:袁海波　审稿:孙明超)

【合沟中心小学加强校刊建设】 5月,合沟小学校刊《青青河畔》创刊。学校一直注重校园文化建设,努力打造特色品牌。《青青河畔》创刊后,工作严谨细致,组稿、编辑、出刊一丝不苟,学校认真把握校刊的整体质量,力求办成有一定知名度、美誉度和社会影响力的优秀校刊。年内,校刊先后出版3期,发表师生作品200余篇。在第五届全国中小学校刊评比中荣获校刊类一等奖。

(撰稿:刘兆宝　审稿:孙圣先)

【瓦窑中心小学加强养成教育】 9月以来,瓦窑镇中心小学以“我与文明礼仪交朋友”为主题,开展系列活动,对学生进行文明礼仪养成教育。学校以宣传栏、黑板报为载体,宣传“您好、谢谢”等礼貌用语及各种文明礼仪常识,强化学生对文明礼仪的认识;利用国旗下讲话、早操集会,结合贴近学生生活实际的事例,对学生进行养成教育。各班紧紧围绕“我与文明礼仪交朋友”这一主题,开展形式多样的主题班会活动。活动的开展营造了人人讲文明的浓郁氛围,促进了校风、学风建设。

(撰稿:吕宣杰　审稿:吕成华)

【窑湾中心小学承办综合实践活动现场会】 3月21日,新沂市综合实践活动现场会在窑湾镇中心小学召开,参加现场会的领导、小学数学教研员及综合实践学科骨干教师共80余人。窑湾镇中心小学依托驻地江苏省历史文化名镇的地域文化特点,积极开展综合实践活动,初步形成“我的家乡——窑湾”、“古镇的保护性开发活动”、“家乡的土特产”等一系列具有浓郁地方特色的学校综合实践活动体系,引领学生走进自然,融入社会,促使他们在活动中快乐成长。

(撰稿:李先锐　审稿:胡松年)

【唐店中心小学开展集体备课活动】 春季新学期开始,唐店镇中心小学开展全镇教师集体备课活动。镇中心小学遵循“独立思考、集体研讨、资源共享、切合实际”的原则,以年级为单位,语文、数学分别成立6个镇级集体备课组,全镇科任老师全员参与,统一组织镇级集体备课活动。集体备课活动充分发挥骨干教师的引领示范作用,促进教师课堂教学水平大面积提高。12月,6位教师参加新沂市优质课评比,3人获一等奖,3人获二等奖。

(撰稿:叶连忠　审稿:房树旭)

【邵店小学成立教科研骨干班】 邵店小学把握教师专业发展,组织一部分积极要求进步的骨干教师成立教科研骨干班。学校着力从“创、看、读、研、思、写”6字诀引领教师专业发展,看:“走出去,请进来”,通过亲身经历及所看所闻转变观念,开阔视野。读:深入研读教育专业书籍,厚积薄发。研:定期举行研讨沙龙活动,通过交流、碰撞,互相取长补短,实现资源共享。思:及时总结反思,及时在校园网站个人博客上发表。写:每人配发一本专业阅读笔记,记录自己读书的心路历程;把自身积累的鲜活的教育教学经验总结撰写成教科研论文。

(撰稿:叶书权　审稿:徐士宝)

【时集小学抓实抓细新教师培养】　新学年,时集中心校积极采取措施,抓实抓细9名新增教师的培养工作。学校召开新教师座谈会,在思想上引导他们明确人生目标、端正工作态度;业务上,组织新教师赴徐州市观摩示范课,每人配发专业阅读书籍及读书笔记,督促他们加强学习,提高教育教学水平。学校给每名新教师选派一名导师,签订师徒结对目标责任协议书,明确导师传、帮、带的职责,促进共同提高。

(撰稿:高　岩　审稿:尹　刚)

【北沟镇第二幼儿园新园落成】　10月19日,北沟镇第二幼儿园新园举行落成剪彩仪式。新沂市委市政府、无锡新沂工作园区、新沂教育局、北沟镇的相关领导应邀参加剪彩。新园由市政府、锡沂工业园区共同投资400余万元兴建,占地0.5公顷,建筑面积3180平方米。园内设有科探室、音体室、阅览室、晨检室等配套教辅用房,每班配有洗盥一体的活动室120平方米,室内配有空调、多媒体电视、钢琴等现代化设备,配有可满足500名幼儿餐点的现代化配餐房。院内有草地、坡地、沙地、戏水池、种植角、饲养角、大型玩具区、400平方米的软质塑胶场地等。

(撰稿:李荣宜　审稿:刘朝明)

【书画家萧宽莅临程徐小学指导】　12月18日,高流镇程徐小学新建的教学楼里,孩子们正挥毫泼墨,与到校访问、指导的著名书画家萧宽教授进行交流。学校以写字教学为突破口,大力推行写字教学研究和实验,取得一定的成效。学校安排孩子们与萧教授一起现场写字绘画,萧教授现场点评,充分肯定学校的教学成果和孩子们的书画水平,鼓励学生再接再厉,努力提高书画艺术素养。萧宽教授欣然为程徐小学题辞:程徐小学爱无涯。

(撰稿:胡道山　审稿:孙敬酋)

【高流中心小学校刊获国家一等奖】　12月11日,在四川省成都市举办的第五届全国中小学校报刊评选活动中,高流镇中心小学校办刊物《换着花样写日记》被中国教育学会评为最佳校刊一等奖,学校常务副校长张学武在评奖会上作校刊创办经验交流发言,受到与会同行的好评。高流镇中心小学是一所省实验小学,学校以日记教学为特色,以创办日记为主题的校刊为载体,积极指导师生写学习日记、生活日记、观察日记、工作日记等,开展日记实验研究,有多项省级、国家级实验课题。

(撰稿:胡道山　审稿:孙敬酋)

【马陵山中心小学承办市级现场会】　11月19日,新沂市文明委及新沂市教育局在马陵山镇中心小学召开新沂市未成年人活动站建设推进现场会。徐州市文明委领导及新沂市委常委宣传部长张长征、新沂市教育局副局长赵敏和各镇分管领导参加会议。与会人员参观了马陵山镇中心小学的未成年人活动站,听取学校汇报,观看未成年人教育成果展示。学校的未成年人活动站建设为全市树立了榜样,对未成年人的思想道德建设起到了积极的推进作用。

(撰稿:李先军　审稿:杨中山)

【市课改现场会在黑埠中心小学举行】 10月29日,新沂市课改现场会在黑埠中心小学成功举行。黑埠中心小学被徐州市授予课堂教学改革实验定点学校后,学校课改采取了强力推进、强行入轨、强制执行的“三强”硬性措施和先部分、先模仿、先定型的“三先”有效策略,学校领导率先试行,教师积极参与,“活动化”课堂教学模式实验扎实开展。

(撰稿:张晓东 审稿:王其华)

【郑沟小学综合实践活动显特色】 新店镇郑沟小学充分利用校内0.8公顷学农基地及1个标准温室大棚,把花卉苗圃种植作为校本课程开发和研究,凸显特色。学校建立班级综合实践活动制度,学生在班主任和兼职劳动教师的指导下,边学习边实践。通过经济植物和观赏植物的种植、管理小卡片知识竞赛、花卉苗木修剪管理竞赛等各种学习实践活动,全面提高学生的劳动技能和劳动兴趣,逐步形成绿色经济校园办学特色。学校先后被评为徐州市绿化达标单位、徐州市勤工俭学示范学校、全国普教系统勤工俭学先进单位。

(撰稿:佟士龙 审稿:孙守玉)

【机关幼儿园乔迁新址】 8月7日,新沂市机关幼儿园喜迁大桥西路新址。为配合新沂市城中引河景观带建设步伐,机关幼儿园积极行动,从富民路校园搬迁到大桥西路新址。新园2009年10月开工建设,2010年7月竣工,占地0.7公顷,建筑面积5894平方米,总投资1000万元,可容纳24个教学班,700余名幼儿。

(撰稿:张 为 审稿:王雪梅)

新沂市2010年各级各类学校基本情况表

表5-6 单位:个、人

校名	班级数	学生数	毕业生数	招生数	教职工数		学校领导			
					计	专任教师	校长	副校长	书记	副书记
钟吾中学	78	4835	1280	1261	248	225	许先宝	葛明永 汪允苍 陈晓慧 陈晓东	许先宝	
教师进修校	14	896	473	656	52	33	晏景松	张标 赵立龙	陆晔	
职教中心	57	2654	415	906	199	171	徐洪熙	陈长兵 王宝红 张同军 陈德昌	徐洪熙	
第一中学	76	4100	1380	1175	345	320	郭振京	丁金华 党建久 蔡墩传	郭振京	
第二中学	44	2532	813	608	168	132	刘汉超	刘先涛 苑彩刚	刘汉超	苑彩刚
第三中学	60	3001	1000	1000	285	230	王启乐	郝珠山 陆化江 李学勇	蔡洪涛	
第四中学	44	1722	791	450	221	168	王秀梅	王启飞 高行照 徐艳秋 江美萍	王秀梅	王启飞
第五中学	24	910	321	217	143	102	仲维生	段彩安 何大超	仲维生	张恒梅
第六中学	22	664	311	146	161	120	闫刚	孙浩 马敬义 阮祥德	闫刚	
第八中学	14	662	292	178	121	98	韩裕	赵庆雷 李新谱 张磊	韩裕	

续表5-6-1　　　　　　单位:个、人

校名	班级数	学生数	毕业生数	招生数	教职工数		学校领导			
					计	专任教师	校长	副校长	书记	副书记
第十中学	26	1050	403	248	142	120	周普让	王建民　戴风暴 纪传舒	周普让	
实验学校	37	1764	298	220	115	115	任建玲	蔡智慧　张　迪 谷成华	孙守江	
八一学校	21	959	149	138	127	108	房树仲	扈向礼　田传银	房树仲	
高级中学	60	3120	1230	1000	265	243	薄品安	熊学群　杨顺成 姚　松	熊学群	薄品安
棋盘中学(高中)	24	740	236	180	114	95	张雪峰		张雪峰	
王楼中学	31	1037	495	279	187	180		桂　彬 (主持工作)		王明刚
瓦窑中学(高中)	35	1572	623	450	173	129	滕　清	黄绍谦　季景华 陆裕祥　王　珂	滕　清	季景华
瓦窑中学(初中)	15	652	265	175	56	42				
高流中学(高中)	24	866	356	342	111	101	何振华	徐延华　徐　惠	何振华	
高流中学(初中)	27	1043	407	363	156	118	徐言军	王建斌　张建彬 张春鹏	徐言军	
唐店中学	32	1378	638	370	163	136	王兆友	张广州　高行平	王兆友	
邵店中学	18	863	351	252	89	83	吕恩伯	曹银虎　陈大坡 冷　风　陈玉莲	吕恩伯	
时集中学	25	800	377	217	120	98	陈学军	曹　军　万　里 高捍东	陈学军	
高塘中学	19	825	280	216	103	86	邹以标	韩从学　吴　晨 李增报	邹以标	
合沟中学	30	1218	457	420	129	108	周士堡	高云合	周士堡	
小湖中学	12	489	184	118	58	49	张长新	张　立　戈　威	张长新	
踢球中学	9	339	135	90	51	46	周士航	马广学　郝茂翠	周士航	
阿湖中学	13	560	245	165	82	62	何立柱	于建业　尹加金	何立柱	
黑埠中学	10	300	180	110	70	50	吴成勇	薛　松	吴成勇	薛　松
草桥中学	14	563	193	168	124	89	高印行	郇绍义　巩绪坤	高印行	郇绍义
窑湾中学	16	750	285	201	76	65	高行军	韩光金　刘全明 张洪亮	高行军	
堰头中学	15	514	256	108	86	72	舒光惠	王荣波　单明亮		
卢墩中学	6	140	68	36	25	21	晁太祥		晁太祥	
新店中学	18	745	336	194	98	72	沈中良	黄　梅　王　朋	沈中良	
城岗中学	12	456	160	131	54	48	陆其浩	李锋云　夏仲军	陆其浩	

续表 5-6-2 单位:个、人

校名	班级数	学生数	毕业生数	招生数	教职工数		学校领导			
					计	专任教师	校长	副校长	书记	副书记
马陵山中学	38	1620	689	436	202	180	侍孝敬	王勇 张军站 陈晓柱	侍孝敬	
港头中学	19	675	392	145	143	102	周树飞	杨印强 王远树 张继	周树飞	
棋盘中学(初中)	19	798	320	236	96	74	李月武	孙先高 王光翠 胡小宁	李月武	
启明中学	52	2533	908	800	186	139	邹其坤	纪振忠 朱登	邹其坤	李良善
东方中学	32	1634	650	290	121	99	刘林	徐剑	刘晓东	
神山外国语学校	41	1712	468	412	159	103	孙兆亮	张慕中 庄川东 徐小振	孙兆亮	
新安小学	58	3688	544	718	142	136	孙先锋	陈耀武 赵寿诚 任云婷 叶守迎 李新红 杨采涓	孙先锋	陈耀武
新华小学	49	2820	528	522	140	138	孙国庆	王勇 魏蒙 张培华 陈国宪	孙国庆	
春华小学	36	1821	247	544	109	101	关浩亮	杨北辰 卢海兵 池春华 周辉	关浩亮	杨北辰
特教中心	24	248	20	16	76	55	李士超	高志强 陆启军 徐春喜	李士超	
新安中心小学	139	4645	967	1026	522	454	王军	魏占斌	王军	
棋盘中心小学	97	3200	577	763	281	279	乔汉泉		乔汉泉	
港头中心小学	59	2026	192	678	157	145	孙明超	孔令平	孙明超	戴栋全
合沟中心小学	73	3026	508	657	173	165	孙圣先	聂新和		
瓦窑中心小学	41	1508	203	376	140	140	吕成华	吕宣杰	吕成华	
窑湾中心小学	65	2474	521	451	219	183	胡松年	张亮	胡松年	
唐店中心小学	66	2127	339	621	203	188	房树旭	马恒亮	房树旭	
邵店中心小学	53	1881	267	375	150	150	徐士宝	叶书权	徐士宝	
时集中心小学	80	2695	389	861	225	216	尹刚	高维迎	尹刚	高洪苏
北沟中心小学	83	3161	368	843	238	182	刘朝明	陈士余	刘朝明	
高流中心小学	75	2649	47	775	175	162	孙敬酋	张学武	孙敬酋	徐开健
双塘中心小学	42	1841	188	550	128	121	臧其科	李树振	臧其科	王振猛
马陵山中心小学	60	2460	249	585	196	190	杨中山	苏良进	杨中山	

续表 5－6－3　　　　单位:个、人

校　　名	班级数	学生数	毕业生数	招生数	教职工数		学校领导			
					计	专任教师	校　长	副校长	书　记	副书记
阿湖中心小学	70	2803	391	866	212	202	王其华	张晓东	王其华	
新店小湖中心小学	53	2150	360	560	184	177	孙守玉	孟建国	孙守玉	
草桥周嘴中心小学	76	2472	389	554	239	239	吴　潜	王长远	吴　潜	
机关幼儿园	19	720	282	340	78	60	王雪梅	张　为　王　凯	王雪梅	
新安镇幼儿园	24	846	360	535	36	40	赵　燕	王　坤　孙春梅		
港头幼儿园	20	1180	692	1000	48	40	赵　霞			
棋盘中心园	6	332	62	120	9	9	沈焓莉			
瓦窑中心园	4	160	140	100	12	8	魏红艳			
新店中心园	11	385	198	250	30	22	张　玲			
邵店中心园	7	300	100	100	22	22	李洪萍			
时集中心园	6	202	40	150	17	14	华　丽			
北沟幼儿园	16	540	155	310	31	19	董书兰	张同青		
高流幼儿园	7	310	130	230	18	11	鲍俊玲	叶　婷		
双塘幼儿园	7	320	70	220	21	19	蔡振江	孙文化		
唐店中心园	4	168	80	112	9	8	方淑玲			
马陵山中心园	18	856	306	360	14	13	周　红			
草桥中心园	6	272	91	56	4	2	桑　磊	林培红		
窑湾中心园	6	254	125	254	5	4	许先凤			
合沟中心园	4	220	180	160	4	3	刘爱珍			

(张　玲)

铜　山　区

局　长　王慕启
书　记　王慕启(～11月)
　　　　吴　亮(11月～)
副局长　王宪臣　李　涛　徐善之
　　　　张凤华　孙　震
副书记　徐文婷(女)(10月～)
副局长　卜宪峰(10月～)
　　　　蔡冬梅(女)(10月～)
纪委书记　吴化侠(女)
工会主席　孙晓红(女)
主任科员　李汉平(11月～)
副主任科员　王习亚　鲍成彩
　　　　李玉新(11月～)

【概况】 2010年,铜山区有各级各类学校193所,其中,普通高中6所、中职校2所、初中31所、九年一贯制学校2所、小学116所、幼儿园36所。3～6岁在园幼儿53293人,入园率达92.4%;义务教育阶段在校生89615人,小学入学率、巩固率均达100%,初中巩固率达99.4%;高中阶段在校生32124人,高中阶段入学率为95.8%。全区有省三星级以上普通高中6所,其中省四星级学校2所;省、国家级中等职业学校2所,其中省四星级学校1所;省优质幼儿园25所。全区共有教职工11713人,其中专任教师9122人。小学教师专科及以上学历83.2%,初中教师本科及以上学历75.7%,高中教师研究生学历5.8%,中职专任专业教师中"双师型"教师55.1%。全区有省特级教师11人,市名师名校长10人。2010年,顺利接受省教育现代化建设水平评估验收,先后荣获国家阳光体育先进县、江苏省幼儿教育先进县等荣誉称号,并被省政府确定为江苏省义务教育优质均衡改革发展实验区。

【接受省教育现代化建设水平验收】 12月20～22日,江苏省教育现代化建设水平评估专家组对铜山创建现代化工作进行评估。专家组通过查阅资料、听创建汇报、自评说明汇报、集中考察、分组考察、召开座谈会、个别访谈等形式,现场察看46所中小学(幼儿园),访谈教师、学生、家长、社会人士等116人,抽查档案资料等。专家组组长李世恺通报现场考察意见,对铜山所做工作给予充分肯定与高度评价。专家组一致认为,区委区政府高度重视,创建工作起步早,基础扎实,城乡呈现均衡发展态势,教育信息化提升较快,师资队伍素质整体提高,教育教学管理科学到位,办学水平较高,教学质量得到社会肯定。铜山是全市第一家接受省教育现代化建设水平评估验收的县(市、区)。

【承办省学生阳光体育运动推进会】 10月26～27日,省教育厅在铜山召开江苏省学生阳光体育运动推进会。副省长曹卫星出席会议并讲话。教育部体卫艺司副司长廖文科、省教育厅厅长沈健、省体育局副局长杨国庆、团省委副书记沈海斌、市长张敬华分别讲话。省教育厅副厅长胡金波主持会议。与会代表分别参观郑集中学、棠张中学、大许中学、郑集实小、新区实小、大彭实小等13所学校的中小学生阳光体育运动展示现场,给予高度评价。5月,铜山被教育部表彰为"全国阳光体育先进县"。

【幼儿教育优质资源实现新突破】 5月和12月,茅村、单集、徐庄、房村、郭集、春晖和宜家等7所幼儿园分别接受省优质幼儿园验收。全区省优质幼儿园已增加到25所。年底,铜山被评为江苏省幼儿教育先进县(市、区)。

【义务教育优质均衡发展】 年内,全区义务教育阶段中小学全部通过徐州市办学条件标准化验收,达到省标准化建设要求。确立

“以生为本、德育为先、素质领先、全面发展”的办学理念,深化素质教育,实施学校规范化管理和减负增效提质工程,教育教学质量显著提高,初步建起教育思想先进、管理水平较高、办学质量优良的义务教育体系,被省政府确定为江苏省义务教育优质均衡改革发展实验区。

【高中阶段教学质量新突破】 年内,郑集中学、茅村中学、大许中学顺利通过省教育厅星级学校复审。2月,张集职中被省教育厅认定为江苏省四星级中等职业学校、江苏省高水平示范性中等职业学校。5月,经省教育厅批准张集职业高中与铜山职教中心分别更名为江苏省张集中等职业学校和铜山中等职业学校。12月,铜山中等职业学校顺利完成迁校工作。2010年高考再创辉煌,全区文化本科上线2821人(含飞行员),二本以上实际录取3066人,比2009年高考上线人数超出475人,增幅达20.2%,增长率居全市第一。167名职中学生参加单招考试,本专科上线155人,上线率为92.8%,连续10多年位居全市首位。在江苏省职业技能大赛中,张集中等职业学校获得一金一银二铜的好成绩,经勃同学代表江苏省参加全国技能大赛,夺得钳工组银牌,取得在国家技能大赛中的新突破。

【加大投入提升教育现代化水平】 坚持“硬件优质、软件优良、管理优化、使用优效”原则,不断加大教育设施设备建设投入力度,以教育设施设备建设标准化引领教育现代化。全区共投入5405.3万元用于图书、实验室、教育信息化设备添置和基础设施建设。至年底,中小学有科学实验室184间,物理实验室124间,化学实验室97间,生物实验室103间,音乐、美术、体育专用教室分别为264间、235间、217间,仪器完好率达98%以上,演示实验和分组实验开出率达100%;图书馆(室)、阅览室总面积达4.21万平方米,图书386.9万册。各直管学校、镇中心中学和中心小学均建有网络管理中心。中小学计算机网络教室达367间,计算机资料及工作室(包括软件制作)169间,多媒体教室1189间,计算机设备完好率达100%。网络环境下教育管理系统和教学辅助系统逐步完善,全区共有学生机15607台,生机比为7.45:1;教师用计算机6804台,多媒体教学设备1317套,师机比为1.33:1。校园广播系统171套,光纤连通学校比例为100%。各级各类学校信息化设备基本达到省二类或一类标准,在省现代化验收中得到专家组的好评。

【实施校舍安全工程】 加快中小学校舍安全工程建设,提升办学条件标准化水平。全区全年安排2.16亿元设立校舍安全工程专项经费,新建校舍14.5万平方米,年底已基本完工。对全区的校舍安全工程实行“六个统一”:即统一规划、统一打包立项、统一办理手续、统一设计、统一招投标、统一资金管理。校园安全监控系统齐备,配置被动红外探头733个,视频监控探头1116个,CK红外报警器144个,77所学校配备CK一键报警按钮,各项防火、防潮、防腐、防尘、防盗等安全措施落到实处。

【大力资助贫困学生】 义务教育阶段家庭经济困难寄宿生生活补助标准按照省财政厅、省教育厅文件要求,全年共发放补助经费343.8万元。发放普通高中政府助学金576万元,全区中小学累计资助总额926.8万元。

【区划调整扩大办学规模】 9月底,徐州市区划调整,铜山撤县建区,撤并九里区分流至泉山、云龙、鼓楼、铜山等区,原九里区的杨屯中学、武屯小学、杨西小学归属铜山,设立拾屯中心校。

(撰稿:佟广艳　审稿:蔡冬梅)

【郑中女篮获十七届省运会首金】 11月26日,江苏省第十七届运动会篮球女子乙组比赛经过8天鏖战在常州市圆满落幕,郑集中学女篮以全胜战绩获得冠军。这枚金牌是省十七届运动会首枚金牌。郑集中学被徐州市人力资源和社会保障局、徐州市体育局、徐州市教育局联合授予江苏省第十七届运动会徐州市突出贡献奖。

(撰稿:宗 勇 审稿:陈玉金)

【郑集中学、铜山中学获课改试验先进集体】 郑集中学、铜山中学因语文课堂教学改革成绩突出,被省中小学教研室授予江苏省高中语文课程教材改革试验工作先进集体称号。两校认真贯彻、落实新课改精神,努力更新教学观念,深入研读新教材,深化课堂教学改革,努力探求适合本校特色的语文课堂教学模式。积极开展学科课外活动,定期举办学科讲座,全面提升师生文学素养,先后多人次获得市县高中课堂教学优质课比赛一、二等奖,在各级作文大赛中,两校学生均取得优异成绩。

(撰稿:宗 勇 郝 勇
审稿:陈玉金 王运东)

【棠张中学晋级省四星级普通高中】 2月,棠张中学成功晋级为江苏省四星级普通高中。学校本着"以评促建、以评促管、以评促发展"的原则,以四星创建为契机,对照标准,循序渐进地加强校园基础建设,稳步提升办学品位,不断深化办学内涵,凸显办学特色。学校的四星创建工作得到区委区政府的高度重视,是区政府十大民生工程之一。省评估院专家组认为,棠张中学领导班子精干有力,校园文化丰富,办学特色鲜明,办学成绩突出。

(撰稿:吴 明 审稿:薛振利)

【茅村中学运动场完成改建】 10月20日,茅村中学运动场改建工程竣工。运动场由煤渣跑道改建成6道塑胶跑道,另外铺设塑胶排球场地2片,羽毛球场地1片,综合器械区1片,共斥资100余万元,历时2个月。10月底,第55届校田径运动会在新改建运动场顺利举行。

(撰稿:张邦瑞 审稿:王廷权)

【夹河中学信息化教育有特色】 3月,夹河中学高三学生戚明航设计的电脑程序"明航影音播放器"被推荐参加省中小学生电脑制作活动,荣获程序设计类三等奖,成为本次活动中唯一获得该类奖项的徐州籍学生。学校不仅重视信息教育技术在教学中的应用,而且大力加强对学生的信息教育技术普及教育,在教学中关注学生兴趣,注重合理引导,保障学生个性全面发展,形成自己的特色。

【夹河中学自主建设新网站】 10月28日,夹河中学新版网站正式对外开通。新网站域名为 http://new.jsjhzx.com/jhzx,建立在学校校内服务器上,完全由学校教师利用免费开源代码自主改造开发,未请网络公司,未聘电脑专家,保证了网站建设和维护的最低成本。新网站不断完善页面设计和栏目设置,获得师生与社会好评,开通仅两个月访问量已近10万人次。

(撰稿:郭云宾 审稿:丁再远)

【铜山中学国家级课题通过验收】 5月28日,由国家总课题组江苏省试验区负责人、中国伦理学会德育专业委员会全国高中研究部主任许允先生为组长的课题专家组应邀到铜山中学,对倪月凡老师主持的国家级课题"普通高中学生适应性指导的个案研究"进行结题验收。该课题是全国教育科学"十一五"规划课题"和谐德育研究与实验"子课题,主要针对部分有心理问题学生进行跟踪分析和疏导,有针对性解决学生的心理障碍。

课题研究持续3年,有15位老师参与研究,搜集大批资料,做了大量工作。专家组对课题过程材料进行认真检查,认为课题意义明确,内容充实,研究方法得当,成果明显,有效促进学生的健康成长。

(撰稿:李盛典　审稿:王运东)

【铜山区职教中心乔迁新校区】 12月18~25日,铜山区职业教育中心整体搬入新校区。新校区位于景色秀丽的泉山风景区,紧临中国矿业大学南湖校区,占地7公顷,总投资1.5亿元。铜山区职教中心创建于1988年,原坐落于铜山新区运河路北侧,由于占地面积较小,校舍陈旧,严重制约学校发展,区委、区政府年初决定异地新建。经过科学规划、精心设计,新校区于3月29日隆重奠基,千余名建筑工人经8个月的日夜苦干,至12月1日新校一期工程胜利竣工。

(撰稿:胡后峰　审稿:闫怀春)

【教师进修学校配合职教中心搬迁】 自9月起,进修学校配合区职教中心,做好住宿楼和教学楼的粉刷和装修改造工作,为区职教中心幼教部二、三年级500多名学生的顺利搬迁做好准备。12月26日,幼教部顺利搬迁到进修学校校园,第一天的教学和生活秩序井然、起步良好。

(撰稿:单万云　审稿:李　健)

【张集中专被认定为省四星级学校】 2月9日,江苏省教育厅下发苏教职〔2010〕7号文件,批准铜山张集职业高级中学通过四星级中等职业学校评估,同时认定为江苏省高水平示范性中等职业学校。4月27日,省教育厅下发〔2010〕18号文件,学校更名为"江苏省张集中等专业学校"。

【张集中专获全国德育工作先进集体】 6月27日,在全国中等职业学校德育工作表彰会上,张集中等专业学校被评为全国德育工作先进集体。学校不断深化"育人为本、德育为先"的办学理念,积极探索新时期德育工作的新途径、新方法,努力营造全员育人的德育氛围,推动校风、教风、学风的良性建设,使全校师生特别是学生的思想道德素养和文明素养有了显著提高。

(撰稿:李为勋　审稿:吴　尚)

【何桥中学创建绿色校园】 何桥中学积极倡导"没有垃圾,只有放错地方的资源"的环保理念,开展绿色校园创建活动。对垃圾处置实施精细化管理,学校把垃圾袋分发到各班,各班把垃圾分类投放,集中到指定地点。每周集中把分类整理的垃圾送到垃圾回收站。有效减少环境污染,培养学生的环保思想,各班每周还有10~20元的收入。垃圾回收的收入用于班级活动、周济困难同学,活跃了班级生活。

(撰稿:何　忠　审稿:李　强)

【郑集中心中学打造校园"读书吧"】 11月8日,郑集镇中心中学在图书楼精心打造校园"读书吧"对全校开放。"读书吧"内布置典雅,书香浓郁,一楼为学生集中阅览区,二楼左侧为师生电子阅览区,右侧分为教师集中阅览、休闲阅览、交流讨论3个区域。"读书吧"配备专职管理员,每日定时开放,满足师生阅读、学习的需要。

(撰稿:韩方芹　审稿:宋成伟)

【柳新中心中学"积极心态训练"结硕果】 2月,柳新中心中学将校本课程《快乐成功学》普及到每个班级,通过开发学生的积极心态,增加学生的成功体验。在《快乐成功学》的引导下,学校积极推广"差异教学法",使每个同学在不同层面上都能获得成功。学校一直坚持以学生的全面发展为本,开展各种艺术、体育、创新实践等素质教育活动,为学生发展提供平台。学校创办柳絮文学社，文学社刊物《柳絮》定期出版，为学生发展提供了平台。

（撰稿：李　静　审稿：杨　枫）

【大彭镇中心中学“同课异构”研讨课】 11月22日，大彭镇中心中学举办“同课异构”美术研讨课。学校邀请徐州市美术教研员李亚伯等到校指导美术教学工作，全市60多位美术骨干教师参加活动。教研员结合外地先进经验对学校美术课堂教学、美术兴趣组、美术绘画展等教学活动提出科学性的指导意见。

（撰稿：刘　争　审稿：刘宏亚）

【汉王中学提升创建教育现代化水平】 年内，汉王中学加大投入，不断提升教育现代化创建水平。学校投入90万元美化校园环境，新建学校大门，平整运动场地，栽植各类花木3000多株；铺设高标准柏油干道400米，新建汉韵文化广场、大型喷泉景观及文化景观墙。投入10多万元购置教师办公桌椅100套，学生桌椅200套，配置学生电脑45台，添置图书5000册。组织老师到杜郎口、潍坊五中等名校学习先进经验，创建新的教学模式，获得江苏省课改先进单位称号。

（撰稿：李德军　审稿：周振生）

【张集中心中学获省平安校园称号】 4月21日，张集中心中学受到江苏省教育厅、综治办、公安厅表彰，喜获江苏省平安校园荣誉称号。学校高度重视校园安全工作，精心实施校安工程，从实际出发，制定创建方案，落实创建措施，强化宣传教育，周密组织实施，动员全体师生齐创共建，经省级考核验收专家组认定，学校被授予江苏省平安校园称号。

（撰稿：贺广军　审稿：王永锋）

【房村中学注重教师专业化成长】 11月17日，房村镇中心中学邀请铜山区教科所所长王勇对全体教师进行教师专业化培训。王勇以“拨亮心中那盏灯”为主题，从学会规划自己的人生、端正学习态度、树立长期艰苦奋斗的思想、善于克服前进中的困难等方面进行阐述，并结合自己的实际，与教师进行互动交流。全校154位专业教师参加培训，并且进行热烈的讨论。

（撰稿：宋友振　审稿：张启喜）

【伊庄镇中心中学举行趣味运动会】 12月1日，伊庄镇中心中学举行趣味运动会。比赛分年级举行，内容包括春种秋收、踩气球、心心相印、袋鼠跳接力、托乒乓球接力、赶猪、脚夹球跳接力、夹乒乓球、滚雪球、单脚火车跑及拔河比赛。其间穿插教职工过河接力、自行车慢骑及踩气球等活动，比赛高潮迭起，调动了师生参加体育健身的极大热情。

（撰稿：张海军　审稿：张兆行）

【大许中心中学展示阳光体育成果】 10月26日下午，大许镇中心中学1200余名师生，向江苏省阳光体育运动推进会代表展示大课间学生阳光体育活动场面。大课间活动的铃声一响，同学们活跃于排球、篮球、羽毛球、乒乓球、跳绳、踢毽子、分列跑等体育运动中，展示了广播操和特色操，受到与会代表的高度称赞。学校阳光体育已形成一整套行之有效的管理制度，领跑学生的全面成长，成为铜山东部体育教育的一面旗帜。年内，学校先后获得区广播操、眼睛保健操、特色操一等奖，被评为阳光体育先进单位。

（撰稿：邵　峰　审稿：薛宇仁）

【徐庄中学打造“风采校园”】 从9月开始，徐庄中学多措并举，着力打造“风采校园”。学校每月出版《徐中校报》，培养学生的写作能力；每月填写家校联系卡，记下学生的成长经历,帮助家长了解学生取得的点滴进步;设立“心语”信箱,发挥心理咨询室的作用,创造条件让学生倾诉心里话;开展丰富多彩的文体活动,活跃校园生活,彰显学生个性;鼓励学生写周记,养成了勤于思考的习惯。

(撰稿:吴永春 审稿:刘 强)

【茅村镇中心中学实行教师竞聘上岗】 8月28日,茅村镇中心中学在新学年实行教师竞聘上岗。近年来,由于生源减少和流失,造成教师超编,出现“人多课少”局面。为解决这一矛盾,调动教师工作积极性,学校决定实行课任教师竞聘上岗。学校成立竞聘工作领导小组,出台竞聘方案;教师按学历、专业和资历“三达标”的要求进行申报;竞聘工作领导小组向全校公布岗位设置和申报结果;经个人述职、民主测评和领导小组考核,量化积分,确定103人担任各科教学工作。落选教师由学校根据需要,分别安排在其他教辅岗位。

(撰稿:张廷春 审稿:王吉龙)

【柳泉中心中学开展“读写30分”活动】 从9月1日起,柳泉镇中心中学在全校范围开展“读写30分”活动。学校教务处牵头,以班级为单位,语文教师主持,班主任协助,全体学生参加,每天用特定的30分钟时间,读一篇诗词,摘抄一段精典美文,写一篇感悟,书写一张硬笔书法。教务处根据各年级特点选定不同阅读篇目印发给学生,要求学生将摘抄、感悟写在读写笔记上。各班每月评出阅读之星、书法之星,由学校颁发证书并展出其笔记和书法作品。活动开展有效提高学生的阅读能力和写作水平。

(撰稿:张林涛 审稿:赵阶辉)

【利国中心中学开展多媒体教学展示】 从12月1日起,利国镇中心中学开展为期两周的多媒体教学展示活动。学校将9个多媒体教室全天开放,由骨干教师上示范课,然后结对帮扶,人人过关。活动结束后,学校评出20节优秀课,30个优秀课件。

(撰稿:李 勇 审稿:吴 畏)

【郭集中学创建阅读特色教育】 郭集中学语文组大胆创新,解放思想,以人的发展为语文教学的出发点,大力开展语文阅读特色教学。学校领导高度重视,多次召开协调会,统一思想,在舆论上、人力上、资金上予以大力支持。语文组将读书、读社会、读人生定为教学目标,以唐诗宋词考级制、阅读笔记、国学大舞台为导学方式,通过专题讲座、多媒体放映、网络搜索、阅读大擂台等多种形式落实特色教学。

(撰稿:孟庆龙 审稿:滕道忠)

【吴桥中学开展“三管十不”活动】 从3月份起,吴桥中学结合徐州市政府实施市民文明素质提升工程的要求,在全体学生中广泛开展“三管十不”活动。具体内容为:管住自己的嘴,不说脏话粗话,不大声喧哗,不在教学区内吃零食;管住自己的手,不乱扔垃圾,不损坏公物,不乱涂乱画;管住自己的脚,不翻越校墙,不践踏花草,不追逐踢踩,不乱窜别班教室。为确保活动有效开展,学校制作宣传横幅和大型喷塑宣传牌悬挂在校园醒目位置;成立学生纠察队,强化检查评比;设立曝光台,每天公布违纪人员名单;定期召开专题会议,进行小结评比;同时要求全体教职工为学生做榜样。

(撰稿:张 康 审稿:詹怀盈)

【毛庄中学组织学生赴社区慰问】 6月6日,毛庄中学组织部分学生赴社区开展慰问活动,受到社会好评。学校政教处、团总支和红十字会联合组织部分学生赴时楼社区,他们走进时楼敬老院,给爷爷奶奶们献上好看的舞蹈,好听的歌曲,为老人送去最真挚的祝福和700余元慰问品。慰问活动让老人们高兴无比,给他们的晚年带来快乐。

(撰稿:马　艳　审稿:刘　峰)

【杨屯中学获省课改先进集体】 3月19日,经省教育厅专家组评审,杨屯中学荣获省基础教育课程改革先进集体。学校坚持以生为本、课改兴校的办学理念,以导学案为抓手,以课堂教学改革为中心,坚持做好教学五认真,正确处理减负和全面提高教育教学质量之间的关系,引导教师参与课改、研究课改,不断为教师的专业成长搭建平台,课改稳步推进,学生综合素质和学校教学质量不断提高。

(撰稿:李伦勇　审稿:周计文)

【新区实验小学举行阅读教学研讨会】 12月1日,新区实验小学举行阅读教学研讨会,邀请5名特级教师到校上阅读示范课、评课,开设阅读教学讲座。开设名师论坛,针对文本解读进行高层次、高水平的剖析,使语文教师对文本的解读及如何将自己的解读转化为课堂教学有了更清醒的认识。同时,学校名师工作室揭牌。

【新区实验小学星语文学社成立】 11月7日,新区实小星语文学社举行隆重的揭牌及开班仪式。星语文学社社员为三至六年级在"星语"习作大赛中获得一等奖的学生。"星语文学社"每周定期举行活动和习作辅导,优秀习作在学校网站、学校的宣传栏及红领巾广播站展出,成立一月余,学生在市级及以上报刊上发表习作50余篇。

(撰稿:刘建民　审稿:李　兵)

【何桥庄里寨小学成立书法兴趣小组】 3月,庄里寨小学成立了"艺轩"书法兴趣小组。小组成员为三至六年级热爱书法的学生,每天下午利用活动课时间开展活动。指导老师精心辅导,学员认真练习。经过一段时间的刻苦训练,已经初见成效。在镇举办的书法比赛和区第四届科技文化艺术节书法比赛中,李威、段大伟等学员获得一等奖。

(撰稿:金士铎　审稿:王绍永)

【马坡中心小学张景获"雨花奖"一等奖】 1月9日,马坡中心小学六年级学生张景在由江苏教育出版社、《全国优秀作文选》编辑部主办的第十二届"雨花奖"全国中小学生作文大赛中荣获小学组一等奖,应邀到南京参加颁奖典礼。"全国中小学生最喜爱的当代作家"余秋雨、肖复兴、赵丽宏、秦文君、黄蓓佳、梁晓声等参加颁奖典礼,并与从全国各地赶来的"全国十佳文学少年"和获奖学生代表进行精彩的互动交流。

【马坡中心小学举办环保儿童画比赛】 11月24日,马坡镇中心小学举办以"低碳行动,绿色地球"为内容的环保儿童画比赛。比赛活动的学生奖品由真彩文具公司徐州分公司赞助。孩子们以环保为创意,从不同层面、不同角度,描绘了他们眼中的多彩世界,表达孩子们内心感触,在充分展示艺术才能的同时,也增强孩子们环保意识,积极倡导全社会共同行动起来,努力做到保护环境从我做起,珍惜资源从我开始。

(撰稿:袁廷顺　审稿:赵玉朋)

【郑集实小在省阳光体育推进会上展示成果】 10月26日,江苏省阳光体育推进会代表观摩了郑集实验小学2000名师生的现场展示活动。学校先后展示了校园集体舞、篮球操以及丰富多彩的大课间活动等,展现学校开展学生阳光体育运动的丰硕成果,赢得领导、观众的阵阵掌声。

【郑集实小举办关爱留守儿童讲座】 3月23日下午,郑集实小举办以"用爱心来接力"

为主题的关爱留守儿童心理健康教育讲座。心理辅导教师充分利用网络资源,整合关于留守儿童的图片、文字、视频等资料,用精美的影音课件、绘声绘色进行留守儿童心理健康教育。

(撰稿:赵　刚　审稿:韩　烨)

【柳新实小组织留守儿童参观矿大】　11月21日上午,柳新实小的60多名留守学生在老师的带领下到中国矿业大学南湖校区参观,矿大机电学院组织30多名大学生参与关爱活动。孩子们从矿大博物馆到图书馆,从镜湖景区到宿舍楼,感受到浓浓的学习氛围、多元的文化气息、丰富多彩的大学生活,开扩了眼界,对大学校园表达深切的向往。留守儿童明确了学习目标,增加学习热情,树立人生理想。这次活动也体现了大学生对留守学生的关爱之情。

(撰稿:毛　振　审稿:王修刚)

【柳新镇马楼小学打造校园文化特色】　6月,马楼小学投资2万余元建成60余平方米的屏风式文化墙,注重打造儒家文化校园特色。文化墙前言部分介绍儒家文化的形成、发展、影响以及代表人物、经典论著等,另分8个版块诠释儒家文化的精髓:仁爱、学习、礼、志向、惜时、诚信、孝、儒之说,每个版块分别设有经典名言、成长导航、智慧点击、人生风向标等。教学楼走廊等显著位置悬挂名人画像、名人名言,浓厚的文化氛围,潜移默化地熏陶着学生,处处洋溢着育人气息。

(撰稿:段世才　审稿:王修刚)

【大彭实验小学举办读书节】　9～12月,大彭实验小学开展"书香流韵"读书活动。活动以"让读书成为习惯"为主题,教师中开展好书推荐、读书博客评比、读书沙龙交流,打造一支喜欢学习、具有较强科研能力的高素质教师队伍。学生中开展美文诵读、好书共读擂台赛、读书征文比赛,引导学生博览群书,培养学生爱读书、读好书的良好习惯。12月,以"读书博览会"的形式展评读书节成果。活动营造了积极、浓厚的校园读书氛围,促进师生共同成长。

【大彭实小阳光体育结硕果】　10月26日,在省阳光体育现场会上,大彭实验小学精彩的武术特色表演赢得了与会领导的高度赞扬。大彭实验小学武术操被誉为"大江南北第一少儿武术操",曾在《中国学校体育》、《体育教学》、《人民日报》、《新华日报》、《中国少年报》等报刊杂志上进行报道。英国媒体、中央电视台、省电视台多次到校录制武术专题节目。年内,借着阳光体育的东风,学校改进原有的武术操、组合套路、刀术,增加了军旅拳。

(撰稿:沙　丹　审稿:马礼民)

【大彭程庄小学开展"图书漂流"活动】　3月,程庄小学向师生发起读书倡议书,开展"图书漂流"活动。学校出台"书香充溢校园,阅读点亮人生"为主题的师生共读方案,部署各年级阅读计划,鼓励学生"与书为友,以读书为伴",开展"图书漂流"活动。各班精心挑选书籍,制作海报,向借阅人推荐,深入推进"阅读之星"、"书香班级"评比活动。活动扎实有效,为学生终身发展、培养学生良好的阅读和写作习惯奠定厚实的人文素养底色。

(撰稿:胡　贺　审稿:马礼民)

【大彭雁群小学成立"七彩雁"艺术团】　3月,大彭镇雁群小学成立"七彩雁"艺术团,汇集舞蹈、器乐、声乐、话剧表演等兴趣小组。艺术团兴趣小组每周定期组织活动,采取集中训练与个体训练相结合的形式,确保训练强度和训练效果。自编话剧《转变》获省中小学校园心理剧优秀剧目评选三等奖,刘心宇、周思妤同学分别获区独唱独奏比赛一、二等奖,自创舞蹈《拥抱春天》获区中小学科技文化艺术节比赛一等奖,6 篇社团学生的艺术习作发表于省级报刊上。

(撰稿:李　娜　审稿:马礼民)

【汉王中心小学设立“休闲读书吧”】 12 月 14 日,汉王镇中心小学的“休闲读书吧”成立。“书吧”内舒缓的轻音乐,颜色形状各异的沙发、藤椅、彩垫给师生提供舒适的阅读场所。通过读书,教师们知识更加充实,并将热爱读书的风气传给孩子,孩子们喜欢读书的劲头足了,又反过来影响教师,教学相长,同时也把这种精神传给了家长。

(撰稿:李雪玲　审稿:曹玉辉)

【汉王西沿小学纪念“世界地球日”】 4 月 21 日下午,在“4·22 世界地球日”即将到来之际,汉王镇西沿小学环境小记者师生一行 40 余人,到西沿村马庄矿塌陷地综合治理区,参加汉王镇“绿色之家”纪念活动。参加活动的有镇团委、妇联、环卫、卫生院、小学中心校等部门和企业单位代表。会上,学校小记者徐谦金代表与会的学生环保团体宣读保护地球誓词:让青山常在,让绿水长流;行动起来,做保护地球的小主人! 全场报以热烈的掌声。汉王镇西沿小学十分重视环保教育,经常利用“世界地球日”、“世界湿地日”、“世界环境日”等环保节日开展教育活动。

(撰稿:朱先伟　审稿:曹玉辉)

【三堡新何村平安希望小学教学楼落成】 3 月 26 日,周庄小学院内举行平安希望小学教学楼落成典礼。上午 9 时整,副区长何长征宣布典礼仪式开始。前来庆贺的有团省委希望办主任张志方、团市委书记王成长及社会各界人士、企业负责人和全校师生计 600 余人。三堡镇新何村平安希望小学教学楼是由平安公司捐款 30 万元、铜山区政府配套资金 100 万元兴建而成的。教学楼建筑面积为 1500 平方米,外形设计美观,功能齐全,极大地改善了师生的工作学习条件,为进一步提高教育教学质量奠定了物质基础。

(撰稿:吴　明　审稿:张万清)

【张集阎窝小学完成校舍改造】 8 月,阎窝小学启动校舍改造工程。在区政府、区教育局、镇中心校及阎窝村委会的大力支持下,投资 115 万元,新建校舍 1250 平方米,改造操场 2300 平方米,硬化道路 1260 平方米,改造校墙 40 米,新植观赏树 58 株,学校面貌焕然一新。李继军厂长个人赞助 6 万元,为学校这一公益事业作出了贡献。

(撰稿:李成民　审稿:刘吉永)

【魏集幼儿园聘请校外安全监督员】 6 月 1 日,魏集幼儿园聘请一批校外安全监督员。他们有来自企事业单位的领导,有关心幼教事业的社会知名人士,有教育、卫生医疗机构的专家。安全监督员定期对园内的环境、校舍、设备、食品以及园外周边环境进行排查,杜绝安全隐患,为幼儿安全提供保障。

(撰稿:董春侠　审稿:刘吉永)

【张集店东小学成立“阳光百草园”】 4 月,张集镇店东小学成立“阳光百草园”科学兴趣小组。科学老师带领兴趣小组的学生,定期开展各项活动,通过观察、比较、探讨完成一个又一个实验。学生利用节假日走进大自然,观察昆虫、天气、环境,自己制作标本,记录每天的天气情况。三年级闫新宁、六年级张云会制作的昆虫标本在全校展出,五年级的范璐璐获得优秀小气象员称号,六年级刘芮彤的文章《珍惜我们共同的家》在“保护环境,人人有责”征文比赛中获得一等奖。

(撰稿:杨　莹　审稿:刘吉永)

【房村中心小学推行“阅读考级工程”】 自9月份,房村镇中心小学推行阅读考级工程,推动学生读书活动。学校将低中高三个学段分别设置阅读一级星、二级星、三级星、特级星,并规定相应星级的读书本数、背古诗量数、日记及美文篇数。10月份,阅读考级工程正式启动,学校设立“考级评审委员会”,首次对103名申报阅读智慧星的学生进行考评,有42名同学荣获阅读一级星,35名同学荣获阅读智慧二级星,12名同学荣获阅读三级星,9名同学荣获阅读特级星。至12月初,有89名学生在各级各类报刊上发表文章或征文获奖,学生读书参与率达100%。

(撰稿:刘正权　审稿:朱殿波)

【郭集小学组建尊老敬老服务队】 9月,房村镇郭集小学组建尊老敬老服务队。队员有教师、学生共60名。服务队分成6个服务小组,利用课余时间、双休日、节假日,深入孤老家庭、敬老院开展爱心服务活动。帮助老人打扫卫生、整理床铺、为老人洗衣服、修指甲,陪老人聊天。师生们尊老敬老举动赢得村民普遍赞誉。

(撰稿:杜长喜　审稿:朱殿波)

【房村镇新庄小学建立“留守学生之家”】 3月20日,新庄小学建立“留守学生之家”。留守学生之家设有心理辅导室和学习互助组。学校的40名留守学生在每天中午和下午放学后到“留守学生之家”活动,一起作业,一起交流,有的同学找心理咨询师和值日老师帮助解决遇到的困难或烦恼。“家”的温暖,化解了留守学生心中的“冰结”,脸上又流露出自信快乐的笑容。

(撰稿:孙　徽　审稿:朱殿波)

【伊庄实验小学教学开放日活动】 4月8日,伊庄实验小学成功举办教学开放日活动,大许、徐庄、单集、吕梁4个乡镇兄弟学校的220余名领导和教师热情参与。教学开放日向同行们展示了课堂教学、大课间活动和素质教育的成果。课堂教学和谐高效,成果展示异彩纷呈,大课间活动将广播操、特色操和集体舞串联在一起,受到同行们的好评。

(撰稿:吴　婷　审稿:王　建)

【黄集小学学生街头义写春联】 2月9~11日,单集镇黄集小学书法组30多名学生,走上街头义写春联,以特殊的方式为村民送上新年祝福。书写现场上,“小书法家”个个挥毫泼墨,引来众多村民驻足欣赏,个个争先索要。学校自创建徐州市书法艺术教育特色学校以来,教育成果丰硕,先后有100多人次在省、市获奖,为村民义写春联的做法已坚持3年,深受当地群众好评。

(撰稿:陈章虎　审稿:孙希厚)

【贺庄小学为留守儿童寻求帮扶对子】 5月1日,单集镇贺庄小学60余名留守儿童与60余位爷爷奶奶在泉山公园举行结对帮扶仪式。贺庄小学有60余名留守儿童,由于长期缺失亲情,缺少心理关怀,一些留守儿童出现内心封闭、情感冷漠、行为孤僻等特征。市红十字会和学校先后联系了60余位有爱心的爷爷奶奶与他们结成帮扶对子。这些爷爷奶奶通过打电话、通信或到校、到家中看望等形式与留守儿童进行交流,让他们感受到亲情的温暖。

(撰稿:樊孔亮　审稿:孙希厚)

【太山小学升级为市实验小学】 2月,大许镇太山小学通过市级实验小学专家组验收,升级为市级实验小学。学校地处323省道南侧,交通便利,风景优美。教师队伍平均年龄37岁,师资力量雄厚,其中本科以上学历人员达到43%;学校已建成现代化校园,拥有各类专用教室共计13间,配套设施设备齐全。

(撰稿:李为峰　审稿:潘孝同)

【徐庄镇小学强化师资队伍建设】 9月以来,徐庄镇小学围绕“正师风、强师能、铸师魂”主题,开展“十心立德”专题教育活动。“十心立德”即以忠心、良心、热心、爱心、雄心、虚心为前提,以同心、耐心、公心、恒心为关键,加强师德建设。通过开展培训,领悟内涵,召开专题讨论会,提出“重塑师魂”的口号,大力弘扬为人师表、和谐文明、诚实守信和甘愿奉献意识,增强教职工爱岗敬业、无私奉献的主动性和创造性。

(撰稿:徐　晓　审稿:吕少伟)

【茅村实验小学吹响阳光体育号角】 茅村实验小学以阳光体育活动为突破口,构建体育校本课程,丰富学校的办学内涵。让每个学生走进操场,走进大自然,走到阳光下,形成人人参与,个个争先,生机勃勃的活动场面。年内,学校创编的“鼓舞神州”彩旗操在中央体育频道和江苏教育频道播出。学校的广播操、搏击操、校园集体舞、眼睛保健操参加区比赛均获一等奖。排球比赛荣获徐州市小学女子组第一名。

(撰稿:李道云　审稿:庞广栋)

【柳泉镇实验小学举行感恩教育报告会】 12月2日,柳泉实验小学举行大型感恩励志教育演讲报告会。报告会邀请全国著名的感恩教育专家张秀云教授主讲。张秀云教授用鲜活的事例、真挚的语言、丰富的情感和生动的演讲形式逐渐敲开学生的心扉,借助音乐氛围的渲染,引领同学们回想过去,反思现在,唤醒感恩的天性。张教授广征博引、声情并茂的演讲激发了学生、家长、教师的感恩之情。

(撰稿:周忠辉　审稿:籛　强)

【后象小学举办校园文化艺术节】 4月,后象小学举行“动感四月、我心飞扬”校园文化艺术节文艺汇演。演出以班级为单位,活动中歌声飞扬,舞姿翩翩,演出了心理剧、课本剧、相声小品等丰富多彩的文艺节目,在活动形式、活动主题等方面突出了学生的自主性,突出班级特色,具有一定的教育意义。

(撰稿:刘　会　审稿:籛　强)

【利国实小诵《弟子规》扬民族精神】 9月起,利国实验小学在全校师生中掀起了诵读《弟子规》的热潮。全体学生充分利用早晨、课间、放学后时间,积极练习,文不离口。学校《弟子规》大理石刻经典古训长廊前经常围满专心诵读的学生,使人感受到浓烈的读书求学氛围。10月,学校以班级为单位开展诵读展示活动,形式独特而新颖。低年级融入了表演元素,充满了童趣;高年级则表现出深厚的诵读功底。《弟子规》诵读活动,使校园充满了文化魅力。

(撰稿:韩翠侠　审稿:徐景峰)

【铜山区实验幼儿园举行爱心义卖】 4月9日下午,铜山实验幼儿园总部以及奎山分部同时举办主题为“与爱同行,从我做起”大型赈灾义卖活动。幼儿园小朋友、家长和众多热心人热情参与,孩子们把平时自己最喜爱的玩具、图书等物品拿到现场义卖,共筹集善款4644.8元,通过铜山红十字会把善款送到灾区小朋友手中。幼儿园荣获江苏省和谐校园称号。

(撰稿:王　玲　审稿:张　莉)

铜山区2010年各级各类学校基本情况表

表5-7 单位:个、人

校名	班级数	学生数	毕业生数	招生数	教职工数 计	教职工数 专任教师	学校领导 校长	学校领导 副校长	学校领导 书记	学校领导 副书记
郑集中学	86	5469	1877	1490	445	392	陈玉金	何勇 孙兆安 陈宝学 武长宽 王永强	陈玉金	
棠张中学	60	3077	1055	1006	270	232	吴亮(~11月) 薛振利(11月~)	侯庆宇 邢长军 吴巍	吴亮(~11月) 薛振利(11月~)	
大许中学	57	3102	1200	1058	245	224	陈善星	窦万灵 周广密 张忠坡 王广帅	陈善星	
茅村中学	34	1799	1038	606	203	161	姚焕成(~10月) 王廷权(主持)	杨绪新 潘友刚 闫怀平 支乾松	王廷权	
夹河中学	42	1907	637	630	198	164	丁再远	王先廷 端祥福 李中福	丁再远	
铜山中学	60	3227	1240	1080	306	230	王运东	李志良 时效锋 耿广建	王运东(~10月) 姚焕成(10月~)	
张集中等职业学校	123	6734	2652	3969	285	185	吴尚	张黎明 杨作林 韩琳琳 姚桂东	吴尚	孟庆国
铜山中等职业学校	86	4161	1268	1668	279	202	闫怀春	滕道明 时淑敏 孟振中 丁向阳	滕道明	
进修学校					48	32	李健	石大军 赵保东	孟宪刚	
铜山镇中心中学	76	3860	1297	1287	301	255	孙景启	张继军 李宝山 陈刚 经志芹	孙景启	
何桥中心中学	23	1150	420	320	134	106	李强	刘春亮 曹磊	李强	杨传林
马坡中心中学	32	1120	668	211	170	121	李炳叅	魏先泰 赵阶峰 秦允常	李炳叅	
黄集中心中学	34	1523	785	263	189	131	黄玉岷	杜文超 孟祥虎	黄玉岷	
郑集中心中学	60	2674	995	653	234	196	宋成伟	韩方芹 周生文 张明国 王全成	宋成伟	张明国
柳新中心中学	59	2242	1173	501	349	290	杨枫	雍世武 单增义 闫文生 张茂永 江庆柱 周建 何龙	杨枫	雍世武
刘集中心中学	49	1475	698	340	263	224	高翔	李洪春	高翔	张敬平

续表 5－7－1 单位:个、人

校名	班级数	学生数	毕业生数	招生数	教职工数		学校领导			
					计	专任教师	校长	副校长	书记	副书记
大彭中心中学	43	1118	954	266	280	233	刘宏亚	王启东 李任兴 王永强 陈昌龙 冯如远 刘太良	刘宏亚	王启东
汉王中心中学	24	786	444	169	144	93	周振生	周桂生 秦 峰 朱培领	周振生	费玉华
三堡中心中学	24	1168	418	350	122	100	李 磊	杨 凯 周 强 周为标 王玉柱	李 磊	
棠张中心中学	32	1482	575	421	186	113	陈灿计	张春恩 薛 艳 沙英俊 沙丙华 申 冬 陈思远	陈灿计	
张集中心中学	34	1322	566	320	176	122	王永锋	董列民 朱 军 刘正果 赵广伟	王永锋	董列民
房村中心中学	37	986	512	223	194	154	张启喜	唐 健 薛宇刚 殷召敏 张启新	张启喜	
伊庄中心中学	18	602	409	162	102	81	张兆行	张海军 权太东	张兆行	张海军
单集中心中学	19	734	193	200	113	83	刘 明	单昌安 孟昭亚 宋开泉	刘 明	潘 峰
大许中心中学	32	1218	606	308	183	137	薛宇仁	刘学章 张立冉 张 飞	薛宇仁	沈振祥 马文元
徐庄中心中学	18	701	252	191	116	72	刘 强	王吉荣 刘思建 王青春	刘 强	徐凤仙
茅村中心中学	23	637	768	164	221	140	王吉龙	张廷春 张 坤	王吉龙	
柳泉中心中学	33	1115	553	272	151	128	赵阶辉	张林涛 武善勇 王 巍	赵阶辉	王来进
利国中心中学	30	1458	882	314	194	135	吴 畏	李 勇 杨 军 姚少伟	吴 畏	
沿湖学校	20	772	42	103	76	60	王庆平	张海朋 王崇昌	王庆平	
吕梁学校	13	469	55	82	52	37	王 岭	杨恩朋 李传斌	王 岭	李传斌
魏集中学	12	336	222	93	79	45	张明义	姚焕普 肖长举	张明义	
郭集中学	18	729	391	159	89	63	滕道忠	王会顶 窦玉剑 张海军	滕道忠	
吴桥中学	12	362	130	84	68	46	詹怀盈	周继强	詹怀盈	
太山中学	20	811	216	181	97	73	刘永明	李培永 张文超 谢广亮	刘永明	谢广亮
毛庄中学	13	428	209	120	99	70	刘 峰	王 崇 张玉峰	刘 峰	张荣伟
拾屯中心校杨屯中学	10	194	132	53	61	57	周计文	李伦勇		

续表 5－7－2　　　单位:个、人

校　名	班级数	学生数	毕业生数	招生数	教职工数		学校领导			
					计	专任教师	校长	副校长	书记	副书记
铜山镇小学中心校	103	5275	820	1018	335	305	李　兵		胡传俊	
何桥小学中心校	58	2069	362	361	156	132	王绍永		朱效清	王克亮
马坡小学中心校	56	1662	305	339	188	125	赵玉朋		赵玉朋	
黄集小学中心校	66	1903	402	320	213	206	汪明玉	李　琴	汪明玉	
郑集小学中心校	73	2646	532	531	220	155	韩　烨		韩　烨	
柳新小学中心校	76	3225	476	655	250	216	王修刚	王修刚		陈　磊
刘集小学中心校	75	2503	386	538	252	228	崔伟堂		崔伟堂	
大彭小学中心校	62	2231	309	492	216	193	马礼民		马礼民	
汉王小学中心校	50	1572	222	333	156	150	曹玉辉		曹玉辉	
三堡小学中心校	43	1725	346	322	156	125	张万清		张万清	
棠张小学中心校	64	2455	454	419	206	166	鹿炳锋		鹿炳锋	
张集小学中心校	99	3100	512	680	301	251	刘吉永		刘吉永	闫化升
房村小学中心校	88	2748	421	604	235	218	朱殿波		朱殿波	
伊庄小学中心校	32	1297	205	319	109	97	王　建		王　建	
单集小学中心校	73	2651	371	677	191	183	孙希厚		孙希厚	
大许小学中心校	92	3453	542	818	237	227	潘孝同		潘孝同	
徐庄小学中心校	76	3354	344	830	193	178	吕少伟			
茅村小学中心校	69	2747	415	584	255	207	庞广栋		庞广栋	
柳泉小学中心校	49	2280	407	494	178	146	镂　强	镂　强		
利国小学中心校	68	2779	475	598	249	220	徐景峰		徐景峰	
实验幼儿园	16	523	180	200	79	32	张　莉	焦　杰	张　莉	
拾屯中心校武屯小学	7	178	30	59	27	26	夏春振	赵双伟	孙从良	
拾屯中心校杨西小学	8	245	30	68	35	26	李玉良	王美菊	李　刚	

（佟广艳）

贾　汪　区

局长、党委书记　姚焕永
副局长、党委副书记　丁淑萍(女)
党委副书记、纪委书记　刘金山
副局长　张　松　吴书涛　鹿守合　单海峰
主任科员　耿德田
工会主席　师厚宏
副主任科员　朱　涛　朱　平　刘继华

【概况】　2010年,贾汪区有各级各类学校114所,其中中学19所(初中16所,高中3所),小学55所,特教学校1所,中等职业学校2所,幼儿园37所。全区中小学在校学生50419人,其中高中6817人,初中16324人,小学27278人。特教学校在校生69人,中等职业学校在校生5898人,幼儿园在园幼儿10975人。义务教育阶段入学率100%,小学巩固率99.4%,初中巩固率99.37%,高中阶段入学率96.09%,学前三年幼儿入园率97%。各类学校中,民办初中1所,民办幼儿园7所。全区有教职工4714人,其中专任教师4224人。教师学历合格率高中95%、初中98%、小学99%、幼儿园100%。全区有省特级教师2人,省市名师2人、名校长1人,学科带头人4人、青年骨干教师2人。

2010年,全区有省三星级以上普通高中3所,省示范初中6所,省实验小学6所,省优质幼儿园13所、市优质幼儿园15所,省、市模范学校、和谐校园29所,省重点职业技术学校1所。全年撤并学校7所,新增学校3所。年内,获市教育年鉴工作先进集体、市妇女儿童工作"实事奖"先进集体、"党员提案制"被评为市10个机关党建制度创新成果奖、区非税收入征管工作先进单位、区安全生产达标单位、区纪检监察信息和宣传报道工作先进单位等荣誉称号。

【探索校安工程合作建设模式】　贾汪区将校安工程列入2010年政府为民办实事项目和重点督察事项。年内,全区计划拆除不符合抗震要求校舍54702平方米,安排新建校舍面积54702平方米,加固面积4524平方米,投资额6825万元。区政府积极探索合作建设模式,与徐州九鼎建设集团、江苏中盛集团等采取"0-4-3-3"的付款方式洽谈,并签订了合作协议,原计划开工面积54702平方米,通过这种方式,实际开工增加到77908平方米,已建成43000平方米。

【推进区域教育现代化进程】　年内,贾汪区千方百计加大资金投入,积极创建市标准化学校和省优质幼儿园,加快区域教育现代化创建进程。撤并鹿楼中学、瓦房中学、瓦房小学、王集小学等7所中小学校。12月2~3日,市标准化学校验收专家一行18人,分成5个小组,对实验中学、团结小学等33所学校进行评估验收。12月15~17日,青山泉第二幼儿园、塔山第二幼儿园、贾汪镇新艺幼儿园顺利接受省优质幼儿园验收组的达标评估。

【476万打造平安校园工程】　年内,贾汪区投入476万元校园安保专项经费,着力打造平安校园工程。307名专职保安由区公安分局培训后上岗,给予专职保安按人均2000元标准统一配备防护器械和统一着装。为城区所有学校、农村教学点以上学校的校园门口、食堂、宿舍等重要场所安装与公安部门联网的视频监控和CK报警等技术防范设施。

【规范民办幼儿园办学行为】　自5月份起,贾汪区对民办幼儿园采取清理、规范、引导等措施,促进全区幼教事业健康和谐发展。区教育局联合区综治办、公安分局、文化局、卫生局等在全区范围内开展清理无证幼儿园专项行动,共清理、取缔存在安全隐患的无证幼儿园28所,分流幼儿1928名,消除了黑园、黑车带来的安全隐患。出台《贾汪区教育局关于民办幼儿园申请办证的审批意见》,严格审批程序,新认定民办园1所。

【多举措提升教育教学质量】 年内,贾汪区教育局围绕有效教学,多措并举努力提升教育教学质量。教育局积极开展调研与指导,召开有效课堂教学研讨会,组织中小学的“教(导)学案”评优课,分别在英才中学和实验小学召开全区中、小学课堂教学改革推进会。加强教育教学质量监控,对中小学部分年级的部分学科进行抽测,基础教育质量稳步上升。加强高三专题视导及薄弱学科专项视导工作,2010年高考再创佳绩,各类本科上线553人。

【82所学校开展中层竞聘】 8月20～28日,贾汪区82所学校中层管理岗位开展公开竞聘。区教育局根据各校规模,明确学校内设机构和岗位职数,1027名教职工参加竞聘,通过制定方案、公布信息、组织报名、演讲答辩、民主测评、综合考评、研究审定、任前公示、上报审批、审查备案等环节,201名原中层干部落聘,64名普通教职工进入中层领导岗位。全区减少学校内设机构151个,削减中层干部258人,中层干部平均年龄年轻3岁。

【举行师资队伍建设校长论坛】 12月4日,区教育局举行师资队伍建设校长论坛。全区各教育中心校、局直管各学校校长参加会议并就各自采取的新举措和当前面临的困惑进行交流。局长姚焕永强调要认真做好师资队伍建设规划,利用好现有师资,提升教师整体素质。年内,全区共组织7位教师出国培训、赴港考察,321人参加省、市级培训,90人参加学科脱产培训;对355名幼儿教师进行全员培训;区级校长、一线骨干教师培训528人、网络培训300人。

【市领导观摩运河小学特色活动】 11月3日,徐州市人大副主任、市总工会主席、市诗词协会会长徐崇先,市总工会副主席刘洪印,贾汪区委组织部长吕宣瑞等莅临运河小学观摩指导“古诗文经典诵读进课堂”活动。徐崇先一行观摩学生的古诗特色操展示,逐班观看活动成果汇报演出,听取开展活动的情况汇报。年内,全区74所中小学校全部确立特色目标,其中,紫庄中学、大吴中心校等10余所学校的创建工作成效显著,赵庄小学的武术、新新小学的科技特色通过省、市级验收,新新小学被评为省级科普教育特色学校,区青少年活动中心、区青少年素质实践基地被评为市级科普教育基地。

【深入推进廉洁文化进校园】 10月9日,贾汪区举行了《廉洁伴我成长》校本教材进校园启动仪式暨教育系统“廉洁风清满目春”演讲比赛活动。区委常委、区纪委书记李健,教育局党委书记、局长姚焕永及局领导班子成员参加活动。此前,教育局党委会同区纪委等多次召开廉政文化进校园研讨会,确立实施廉洁教育课程化思路,教育局组织专门力量编写《廉洁伴我成长》校本教材。活动首先由英才中学校长李振营致辞,李健、姚焕永共同按动了启动球并分别讲话;向全区中小学赠送了《廉洁伴我成长》校本教材。启动仪式结束后,与会人员观摩廉洁教育示范课并观看“廉洁风清满目春”演讲比赛。

【144名贫困学生喜领助学金】 8月27日,贾汪区举办第3次慈善助学金发放仪式,全区144名贫困家庭学生领到慈善助学金。副区长孙清理出席发放仪式。此次慈善助学金发放是贾汪区连续开展慈善助学活动的第3年,慈善救助的对象主要为全区2010年高考录取的城乡低保家庭子女或因病因残致贫的

特困家庭子女。助学活动共筹集资金45.9万元,救助人员144名,救助金额根据家庭困难情况分别为5000元、4000元和3000元3个标准。

【贾汪区艺术教育成果显著】 12月初,贾汪区在历时4个多月的徐州市第二届青少年科技文化艺术节取得优异成绩。由贾汪区青少年活动中心选送的(三大类:舞蹈、器乐、声乐)22个节目在以"舞动新徐州、激情献世博"为主题的青少年才艺表演大赛中,全部获奖,特别是舞蹈和声乐,包揽了幼儿、小学和中学组的第一名;贾汪区青少年活动中心获得优秀组织奖。

(撰稿:李　龙　审稿:姚焕永)

【市体育高考研讨会在七中举行】 12月2日,徐州市体育高考研讨会在徐州七中举行。研讨会内容包括:观看广播操、观摩公开课、座谈研讨。徐州七中副校长常林详细介绍学校抓高三体考的经验、2011届高三学情以及备考策略。下午,与会者观看七中广播操,观摩公开课,均给予好评。市、区教育局领导、教研员、各兄弟学校体育老师等200余人参加了研讨会。

(撰稿:张　翼　审稿:朱　靖)

【贾汪中学组建"巾帼护旗队"】 暑假,贾汪中学决定从新入校的高一年级中选拔一批素质优秀的女生组成国旗班。这是贾汪中学组建的首批以女生为主体的国旗班——"巾帼护旗队"。8月中旬,来自高一各班推荐的候选旗手们开始了为期3天的紧张集训和淘汰赛。训练包括齐步走、形体姿势、步伐、升降旗程序等。学校特邀马山部队一位多次担任过国旗班训练的班长担当教官。"巾帼护旗队"规范的动作,矫健的身姿成为校园一道亮丽的风景线。

(撰稿:孙　敏　审稿:魏哲奎)

【建平中学举办"成长心连心"活动】 12月5日,由建平中学和徐州晟恩TA1"心连心筹委会"共同承办的"成长心连心"大型体验式公益活动,在建平中学演播大厅举行。活动为期一天,区教育局局长姚焕永致欢迎词,300多名家长、学生、教师和志愿者参与完成了"耳语交流"、"亲子沟通"、"梦想描绘"、"理想宣言"、"蓝丝带故事"等环节。部分活动剪影在贾汪电视台、徐州电视台播出,并在《都市晨报》上整版刊载。

(撰稿:聂传浩　审稿:程　颢)

【贾汪中专荣获省德育先进集体】 11月,贾汪中专被江苏省教育厅、人力资源和社会保障厅联合表彰为江苏省中等职业学校德育工作先进集体。贾汪中专始终认真贯彻中共中央、国务院《关于进一步加强和改进未成年人思想道德建设的若干意见》和全国中等职业学校德育工作会议精神,坚持"育人为本、德育为先"的教育思想,积极探索新形势下中职学校德育工作的新途径和新方法,德育工作不断迈上新台阶。年内,学校还被评为省园林式单位、省平安校园。

(撰稿:王化起　审稿:郭夫忠)

【英才中学承办"生态德育"研讨会】 6月14~15日,全国德育重点课题——"生态体验式德育"研讨会在英才中学举行。中央教科所学校教育研究部主任、博士生导师刘惊铎教授,中央教科所德育研究中心研究员姚亚萍教授,区人民政府副区长孙清理,区教育局局长姚焕永、副局长单海峰、教育科全体人员,全区中小学校长及英才中学校干、教师参加了研讨活动。研讨活动遵循"理论——体验——理论——提升"的认知规律,举行《让我们荣辱与共》等大型体验活动。

(撰稿:杜富民　审稿:李振营)

【实验中学召开“孝洒人间”表彰会】 11月30日,实验中学召开“孝洒人间”主题月活动总结表彰会。“孝洒人间”活动把孝德教育渗透到平时教学中,引导学生学会感恩、尊敬长辈、体谅父母、关心他人、关注社会。主题月期间,开展了主题班会、有奖征文,制作专题板报、手抄报、孝心卡等系列活动,增强学生孝敬父母、尊老爱老的意识。全校共收到征文241篇、手抄报237份、孝心卡151个。学校表彰了主题月活动较好的班级和个人。

(撰稿:赵西友　张先锋　审稿:李明海)

【青山泉中学推进课改显实效】 年内,青山泉中学积极推进“导学与合作”课堂教学模式,成效显著。学校采取“走出去,请进来”等多种方式开展课改推进活动,规范教师教学行为,完善课改制度,加强集体备课,通过举办示范课、研究课、评优课、汇报课、教师论坛等,形成了以“导学案”为切入点,以“查、学、导、展、练、评”为模式,以“阳光伙伴合作学习”为形式的课堂教学特色。3月,学校被省教育厅授予基础教育课程改革先进集体。

(撰稿:张芝祥　审稿:盛在华)

【尧舜中学着力构建高效课堂】 年内,尧舜中学在研究学习先进教学模式的基础上,构建了“三动五步”教学模式,进一步提升课堂教学效率。“三动”即“生动、主动、互动”,“五步”是“引导、探究、合作、展示、自评”。新教学模式以学生的发展为本,学生在课堂可以尽情说、评、写、听、演、唱、舞,愉快学习,主动发展。

(撰稿:王安元　审稿:辛书华)

【大吴中学承办全市课改现场会】 9月29日,徐州市中小学课堂教学改革现场会在大吴中学召开。徐州市教育局、市教研室领导李玉良、何振国、李进强、仲新元、刘勇、程廷伟,区教育局领导姚焕永、丁淑萍、单海峰,及全市75所课改试点校200多名校干、教师参加活动。大吴中学18名教师开设示范课,秦敬元校长作“六自三交流”教学模式经验介绍。市教育局领导对全市课改工作进行回顾和分析,并对今后的课改工作提出新要求。

(撰稿:王兆飞　审稿:秦敬元)

【求知中学举办校园开放日】 3月27日,求知中学开展“同一个希望·同一个梦想”为主题的校园开放日活动。400多位家长走进校园,进入课堂听课,与老师共同探讨孩子的发展,查看孩子作业,交流教子经验。不少家长对学校管理、教师教育教学、学校建设等工作提出意见和建议,并开展“评教、评班、评校”活动。

(撰稿:蒋兴凡　审稿:吴　瑞)

【团市委领导到紫庄中学指导工作】 10月27日,团市委副书记苗琳在团区委书记吴琼、区教育局副局长单海峰等陪同下到紫庄中学指导“一团一品”工作,并看望部分留守儿童。苗琳一行先后参观学校留守儿童活动中心、共青团团室,观看留守儿童专题片。苗琳号召共青团员和社会青年积极行动起来,关爱留守儿童,为构建和谐社会作出应有贡献。并为20名品学兼优、家庭贫困的留守学生发放棉衣,合影留念。

(撰稿:刘慎田　审稿:张帮迎)

【塔山中学与无锡名校开展交流合作】 10月28日,塔山中学校长杨杰领带领20余名骨干教师,赴无锡名校——江南中学开展教育教学友好交流与合作活动。教师们观摩学习江南中学的校园建设、课堂环节设置、教学案设计应用及学生自主、合作、探究、体验学习方式的培养等内容。江南中学对塔山中学今后发展前景、办学理念、科研水平、师资队伍建设等提出合理化建议,与塔山中学签订了定期培训学科骨干教师的协议书。

(撰稿:张荣启　审稿:吴新平)

【耿集中学“教师”变“导师”】 年内,耿集中学完成了“教师”到“导师”的蜕变。学校坚持“以学生为本”的教学理念,按照“双向选择”的原则,组织班主任、任课教师和生活指导老师担任学生的“成长导师”,全方位关注学生发展。每位导师结对5~10名学生,坚持每周至少与学生谈心一次,每月至少与家长联系一次,每月集中一次交流讨论,对重点学生、重点事件进行集体会诊。

(撰稿:段云海　审稿:宋克学)

【汴塘中心中学启动“青年文明号”创建活动】 11月22日,汴塘中心中学启动“青年文明号”创建暨教师读书活动。20多名青年教师积极参与,阚影等5位不同学科的青年教师代表分别作了读书报告。学校团委书记高良宣布创建“青年文明号”活动启动,校长冯尊林用“茁壮成长、崭露头角、脱颖而出”表达了学校对青年教师的肯定和期望,建议教师在读书中把教育理论与专业领域相结合、育人与育己相结合、读书与写作相结合,推动“青年文明号”创建活动深入开展。

(撰稿:王兴龙　审稿:冯尊林)

【汴塘中学王维维省优质课获奖】 11月,汴塘中学教师王维维获2010年度江苏省初中语文优质课一等奖。经区、市级层层选拔,王维维老师作为徐州市的选手,参加了11月20~21日在张家港举行的省初中语文优质课大赛。凭着扎实的基本功,全面的语文素养和鲜明的教学风格,她最终获省一等奖。

(撰稿:屈海兰　审稿:王致廷)

【新集中学优秀课堂笔记展评】 12月初,新集中学举行优秀课堂笔记展评活动。为进一步加强学风建设,提高学生的课堂听课效率,新集中学开展优秀课堂笔记、纠错笔记比赛、展评系列活动。经过班级初评、学校复评等环节,共评出优秀课堂笔记30本,纠错笔记20本,优秀笔记在校内展示。

(撰稿:徐立民　审稿:高本安)

【南庄中学加强学校图书馆建设】 10月,南庄中学加强学校图书馆建设,力争创建地区一流图书馆。学校投资30余万元,新购置1万册图书,以满足学校教育科研及学生的阅读需求;加强软件管理,培训图书管理员,发放图书借阅卡,实现图书的管理与借阅自动化;新建1间阅览室。通过开展“书香校园”、评选“阅读之星”等活动,使图书馆充分发挥育人和润染校园功能。

(撰稿:拾景勇　审稿:李　刚)

【江庄中学特色科研出成果】 年内,江庄中学大力推进以“贴近实际、实用有效”为原则的教育科研活动,取得显著成果。学校结合教师、学生、教育教学实际,组织教师以学科组、年级组为单位深入分析研讨,明确教育科研的出发点和目标,扎实开展读书、研讨和校本培训活动,积极组织教师参加省、市级教育科研培训。先后有20余篇论文在省市级刊物发表或获奖,10个市级课题结题。

(撰稿:于忠远　审稿:李克杰)

【团结小学图书馆获国家级荣誉】 年初,团结小学图书馆申报并参加国家级先进集体的评选,5月,荣获“全国中小学图书馆先进集体”称号。作为学校的文献信息中心,团结小学图书馆采用全天候、全开架、借阅一体服务的方式,师生的图书借阅量逐年攀升,成为教师开展教研活动的首选场所和学生进行课外学习的最好基地。

(撰稿:经莹莹　审稿:薛玉祥)

【青山泉二幼以创建促发展】 青山泉教育中心校以创建省优质幼儿园为契机,不断加大镇第二幼儿园的教育投入,促其快速发展。青山泉镇第二幼儿园为撤并后教学点改建而成的公办独立幼儿园。先后投入40余万元改建、新建校舍,绿化、美化、硬化校园,添置大型玩具、图书、儿童床、空调、厨具等设施设备。年底,幼儿园接受了省优质园的评估验收。

(撰稿:周生亮　审稿:韩圣芳)

【大吴中心小学做大做强篮球特色】 年内,大吴中心小学继续把篮球教学作为学校特色项目,努力做大做强。学校秉承"以特色求发展"的办学理念,把"发扬篮球特色,倡导篮球精神,传承篮球文明"作为篮球特色教学的宗旨,从基础抓起,加强篮球训练,培养篮球好苗子。9月,改编"少儿篮球操";11月,完成篮球校本教材的编写工作;12月,创建篮球文化广场。

(撰稿:王彩侠　审稿:詹　辉)

【紫庄中心校开展读书沙龙活动】 年内,紫庄教育中心校大力开展教师读书沙龙活动。活动以引领教师专业成长为着眼点,本着自愿参与和定期活动的原则,采取平时自主阅读与定时集中交流的方式,统一阅读内容与要求,按照年初制定的活动方案一一落实。读书沙龙交流有专题、有主讲。教师的读书沙龙带动了学校的"书香班级"读书活动的开展。

(撰稿:王保玲　审稿:赵世远)

【塔山葛湖小学传承剪纸艺术】 年内,塔山镇葛湖小学开展"传承剪纸艺术,开发特色教育"为主题的特色教育活动。学校制定剪纸特色教育实施方案,9月20日,召开动员大会,拉开剪纸特色教育的帷幕。学校将特色教育和校本课程相结合,每周二开展教研活动,组织教师编写校本教材。每个月邀请民俗馆的老师到校辅导,举行一次"小巧手·金剪刀"大型剪纸比赛活动,学校为此建立了展示走廊,并定期更换。

(撰稿:马书峰　审稿:张新国)

【耿集中心校师生共读经典】 耿集教育中心校深入开展"师生阅读经典,打造书香校园"活动。师生们积极诵读唐诗、宋词、名人名作等优秀的课外读物,踊跃办手抄报,做读书卡片,写读书心得。学校出现了人人读书,人人受益,人人快乐,书香浓郁的新气象,促进师生们改变教与学的方法,密切了师生关系。

(撰稿:赵士胜　审稿:宋正喜)

【区领导教师节慰问高庄小学教师】 9月9日上午,贾汪区委、区政府领导到高庄小学,亲切慰问优秀贫困教师。区委书记丁维和、副区长孙清理、教育局长姚焕永等领导走访了解困难教师的家庭、工作和生活状况,并发放了慰问金。丁维和仔细询问学校办学情况,肯定学校成绩,希望学校加强对教师的关怀。区领导的慰问温暖了高庄小学教师的心。

(撰稿:阚春英　审稿:李敬志)

【贾汪镇中心小学承办市级美术教研活动】 12月21日,徐州市教研室在贾汪镇中心小学举办全市美术学科同课异构教学研讨活动。活动以"美丽的盘子"为课题,中心小学王甲强等3位教师分别执教。徐州市教研室李亚伯,徐州国画院一级画师、书法家杨正伟,区教育局领导听课指导。杨正伟先生为学校题词:山川乡国情,肯定学校乡土美术教育特色成果。听课教师还赴鹿楼万亩石榴园采风写生。来自全市200多位美术教师参加了活动。

(撰稿:陈开创　审稿:王　琪)

【江庄中心校扎实推进教育现代化建设】 江庄教育中心校把创建教育现代化学校与各项工作相结合,合理规划,分步实施,扎实推进。年初,镇中心小学、大路小学申报验收市标准化学校,中心校强化创建达标意识,倒排进度序时，先后投资20余万元，添置图书2000册、更换办公桌椅78套、装饰16间专用教室、重新粉刷校园墙体。12月3日，两校接受市标准化学校评估验收。

（撰稿：郭士龙　审稿：吴继中）

【实验小学承办区小学课改推进会】　12月16日，区教育局在实验小学召开贾汪区小学课堂教学改革推进会。会议第一阶段，由市教研室教研员、市区小学骨干教师组成的名师团队和贾汪区小学骨干教师团队开展4个学科的“同课异构”课堂教学活动，300余名教师观摩了12节课，并进行交流；第二阶段，局领导就推进课堂教学改革提出指导性意见。市教研室副主任仲新元到会指导。

（撰稿：王　涛　审稿：褚召东）

【特教中心努力改善办学条件】　11月，贾汪区特殊教育中心学校以创建市标准化学校为契机，努力改善办学条件。学校投资近6万元，新铺设约500平方米的彩色地砖，完善地面排水系统，为舞蹈房、工艺室、家政室、图书室和阅览室铺设复合地板，新购置6台联想电脑，新添30套课桌椅等。

（撰稿：张红心　审稿：张林松）

贾汪区2010年各级各类学校基本情况表

表5－8　　单位：个、人

校　名	班级数	学生数	毕业生数	招生数	教职工数		学校领导			
					计	专任教师	校　长	副校长	书　记	副书记
徐州七中	42	2240	909	759	208	161	朱　靖	常　林　贾传喜　李文星	朱　靖	
贾汪中学	50	2939	1186	938	251	220	魏哲奎	周永健　张士文　宋学飞	魏哲奎	
建平中学	34	1638	596	563	168	142		程　颢(主持工作)　宋兆杰　时振琢		程　颢
贾汪中专	76	4433	1931	1360	262	225	郭夫忠	王玉华　盛　君　薛　波	郭夫忠	王法中
江北技校	23	1465	479	571	51	38	张言动	鹿　云	王彤珊	
英才中学	43	2782	1044	827	150	142	李振营	肖桂林　张轶峰　吕春侠　王胜永	肖桂林	李振营
实验中学	34	1436	786	551	156	117	李明海	杨洪涛　张会林	李明海	
青山泉中学	24	1220	701	307	153	106	盛在华	时超齐　张芝祥　孙更生　胡　辉	盛在华	
尧舜中学	18	1021	487	297	80	77	辛书华	陈公京　赵增顺	陈公京	
大吴中学	27	1157	464	396	170	118	秦敬元	丁广东　王龙海　李照明	秦敬元	李照明
求知中学	18	792	311	242	83	76	吴　瑞	魏德民　吴　明	张先荣	
紫庄中学	24	1078	454	268	89	77	张帮迎	朱士记　高立学	张帮迎	
贾庄中学	17	930	309	259	67	59	鹿守奎	马　涛　王广启	鹿守奎	

续表5－8－1　　单位:个、人

校名	班级数	学生数	毕业生数	招生数	教职工数		学校领导			
					计	专任教师	校长	副校长	书记	副书记
塔山中学	17	678	301	210	76	65	杨杰领	王峰　胡明华　耿庆银	杨杰领	
耿集中学	30	1367	708	338	111	98	宋克学	刘汉忠　叶兴卫　李杰　聂庆平	聂庆平	宋克学
汴塘中心中学	18	840	400	190	77	67	冯尊林	高长志　周浩	彭清坤	
汴塘中学	14	566	274	138	46	43	王致廷	陈体新　肖磊	王致廷	
新集中学	20	622	408	212	50	47	高本安	徐立民　高春国　鹿华伟	高本安	
南庄中学	12	447	143	102	47	40	李刚	鹿丙义　刘兴刚　朱开斌	鹿丙义	
陶圣中学	10	526	166	209	46	36	姚建	薛梅	薛梅	
江庄中学	21	862	416	204	81	70	李克杰	田枚　林茂飞	田枚	
城区中心校	128	5035	1285	936	347	338	薛玉祥	曹荣	薛玉祥	
青山泉中心校	100	3904	1087	624	264	251	韩圣芳	苏明忠	韩圣芳	杨玉慧
大吴中心校	144	5118	1042	1038	471	439	朱平		朱平	
紫庄中心校	140	4816	1310	877	271	261	赵士远	乔德国	赵士远	
塔山中心校	78	3169	692	527	128	122	张新国	王永　朱信智	张新国	
耿集中心校	79	3482	680	663	182	178	宋正喜	赵士胜　孙茂永	宋正喜	
汴塘中心校	97	3561	997	600	181	171	李敬志	刘飞	李敬志	
贾汪镇中心校	138	4843	1066	899	278	269	张腾	吕世宝　陈福海	张腾	
江庄中心校	60	2531	593	442	162	142	吴继中	祖茂仁	吴继中	
贾汪实验小学	33	1794	292	312	86	84	褚召东	刘长永　魏垂建　赵辉	褚召东	吴庆祝
特教中心	6	69	0	9	19	19	张林松	高春民	高春民	张林松

(李　龙)

云 龙 区

局长、党委副书记 赵民强
党委书记、督导室主任 王 艳(女)
副局长 刘振义 葛友刚 丁建华(女)
闫井会 李刚强
纪委书记 孙 震
工会主席 陈 勇

【概况】 2010年,云龙区有中小学20所,其中初级中学3所,九年一贯制学校1所,小学15所,特殊教育学校1所。全区中小学在校学生23089人,其中中学1645人,小学21384人,特殊教育学生60人。幼儿园20所,其中民办9所,幼儿园在园幼儿8201人。义务教育阶段入学率100%,初中毕业生升学率为98.48%。全区教职工1693人,其中专任教师1490人。教师学历合格率初中100%,小学100%。全区有特级教师4人,全国优秀教师3人,省优秀教育工作者5人,市名校长7人,市名师5人,学科带头人5人,青年名师12人,青年学科带头人5人,青年优秀骨干教师9人。

2010年,全区有省实验小学8所,省模范学校2所、市模范学校13所,省特殊教育现代化示范学校1所。新建绿地小学和青年路小学新城区分校,均于2010年秋季开始招生。年内,获江苏省教育现代化建设先进区、江苏省规范教育收费示范区、江苏省全面实施素质教育先进区、江苏省学生阳光体育运动先进县(区)、江苏省义务教育均衡发展先进区等荣誉称号。全年投入教育经费24184万元。

【教育经费“三增长一提高”】 2010年,云龙区财政经常性收入32510万元,比2009年的28400万元增长14.47%,区财政拨付教育经费24184万元,占区财政经常性收入的74.3%,比2009年的18675万元增长29.49%。预算内生均公用经费初中、小学分别为742.63元和511.53元,均超过省规定标准。

【实施重点工程】 年内,加强重点工程的实施,完成多项工程建设。在新城区人才家园小区新建青年路小学分校,在绿地世纪城新建绿地小学,新建新城实验学校教学楼,扩建解放路小学教学楼;加固校舍6栋,面积1.05万平方米。

【实施“强干”工程】 创新选人用人机制,激发干部队伍活力。暑期,局党委通过“双推、三评、一考”选聘13位机关科室正职干部、10位副职干部。全局10所学校相继进行中层干部竞聘,60人通过竞聘走上学校中层领导岗位。

【全力构建师资队伍人才高地】 年内,云龙区采取“走出去、请进来”形式,深入实施“四大工程”,构建师资队伍。培养省市名特优教师43人,区级教学能手300余人,形成一支与区域教育现代化需要相适应的高素质教师队伍。

【加大教学指导与服务力度】 9月,组织召开全区基础教育教学工作会议。会议传达全省基础教育教学工作会议精神,两所学校进行课堂教学及素质教育成果展示,对各校课改经验进行汇总交流,评选表彰一批基础教育教学工作先进集体和先进个人。

【大力提升教育教学装备水平】 2010年,云龙区大力提升教育教学装备水平。全局生机比达到8.58:1,师机比达到1.09:1,配备多媒体投影仪226台,大屏幕液晶电视246台,多媒体教室472间,授课教室总数与多媒体系统配置比达到1.14∶1。投入40余万元,完成局演播室建设。

【幼儿教育优质资源实现新突破】 年内,在全市率先制定并实施《云龙区创建“江苏省优质园”奖励办法》。全年省优质园建设投入120余万元。至年底,全区有江苏省优质园7所,省示范性实验幼儿园6所,省优质园比例达到65.0%。

【社区教育满足群众学习需求】 2010年,区文教体局全年培训从业人员8.32万人,从业人员年培训率为59.18%。全区8个办事处均建成市级社区教育培训中心,72个居委会成立市民学校,社区教育三级网络基本形成,社区教育覆盖率100%。

【文化活动丰富多彩】 年内,区第十二届社区文化艺术节共举办活动8场,两千余人参与。“舞动汉风,与世博同行”健身风采展示暨云龙区第十二届社区文化艺术节·老年人体育节活动在汉文化景区启动。“动感彭城放歌户部山”大家唱群众歌会暨2010年“文明伴我行”系列活动在户部山东坡广场举办。

【阳光体育促进学生全面发展】 年内,全区各校深入实施阳光体育运动,确保学生每天锻炼一小时。云龙区被省教育厅授予江苏省学生阳光体育运动先进县(区)称号,文教体局被市政府授予江苏省第十七届运动会徐州市先进集体,两所学校被市政府授予江苏省第十七届运动会徐州市突出贡献单位。

【人防、技防、物防措施到位】 云龙区校园人防、技防、物防措施到位,确保校园安全。2010年,区文教体局成立全市第一支区级专职校园保安队伍;投入159万元,35个校区104名校园保安全部到位,统一配备防护设备;投入13.6万元,在各中小学警务室安装与公安110联动的CK“一键通”报警系统34个,在所有学校大门口增添红外视频监控探头68个;投入近20万元,为17所学校安装校园周界报警系统,16所学校警务室增设视频监控终端。

【《管理规范》落到实处】 2010年,认真贯彻落实《江苏省中小学管理规范》,严格执行省“五严规定”、市“十条禁令”要求,以扎实的管理行动体现管理工作的精、严、细、实、恒。全区分4组40人次对学校进行督察巡视,促进学校端正办学思想,贯彻教育方针,推进素质教育。

（撰稿:宋　梅　审稿:赵民强）

【二十九中教学改革初见成效】 2010年,第二十九中学深入实施课堂教学改革,抓实教学管理,初见成效。学校确立以“优化课堂,提高课效”为主题的课堂教学研究目标,积极推进以教学导学案为主的教研活动。对作业的设计和批改要求做到“四精”,即精选、精讲、精练、精批;“五必”,即有发必收、有收必改、有改必评、有差必补、有错必纠,形成教师深钻教材,改进教学,取长补短,互相学习的良好局面。

（撰稿:马红梅　审稿:葛友刚）

【三十中开展弘扬民族精神月活动】 年内,三十中扎实开展“弘扬民族精神月”系列活动。学校将《弟子规》、《论语》等传统经典上传到校园网,组织同学们上网诵读,并通过国旗下讲话、主题板报、经典古诗文诵读比赛等形式,帮助学生了解民族传统文化,弘扬民族精神。

（撰稿:方　强　审稿:裴宗银）

【潘塘中学推行“自主”德育模式】 年内,潘塘中学以中华传统美德教育为平台,以德育活动为载体,建立师生自我教育体系。经过实践,学校探索出以“管理自治—活动自主—行为自律—精神自强”为基本内涵的“自主德育”模式,发挥学生自我教育的潜能,激发和提高他们的责任心和使命感,实现学生自我认识、自我教育、自我发展、自我提高。

(撰稿:贾祥梅　审稿:孟宪文)

【青年路小学举办国家级课题科研活动】 11 月 2 ~3 日,青年路小学举办“兼容并蓄,和而不同”国家级课题暨苏鲁豫皖接壤地区实验小学大型教育科研活动,共同推进区域教育的均衡发展。来自 4 省接壤地区兄弟学校 200 余位同仁观摩听课,与会老师深切感受到“同课异构”中很多有关“同”的要求下凸现出的多元各“异”的教学魅力。

【青年路小学王杰小学联合开展学习汪金权活动】 9 月,青年路小学和王杰小学党支部联合开展“学习汪金权,奉献爱心”主题实践活动。学校号召党团员教师交一份特殊党费、团费,帮助汪金权老师孝敬母亲、照顾妻小。要求老师们以汪金权为榜样,关爱学生、以人为本,恪尽职守、无私奉献,刻苦钻研、勇于创新,争做家长满意、学生喜爱的好老师。

(撰稿:张忠艳　审稿:李刚强)

【公园巷小学举办百年校庆】 12 月 18 日,公园巷小学举办百年校庆庆典活动。活动期间,市、区领导参观了这所具有浓郁文化气息的百年名校,为教学楼前象征着学校继往开来的“上善若水”景观石揭幕。各级领导、社会各界人士、各届校友、家长和学生代表及全体老师共同观看浓缩学校百年风雨历程的专题片,欣赏学校小白杨艺术团的精彩演出。

【公园巷小学获全国艺术教育先进单位】 11 月 23 日,公园巷小学被评为全国艺术教育先进单位。学校以小白杨艺术团为龙头,全面开展艺术教育活动,小白杨艺术团已发展成为一个拥有 300 多名团员,声乐、军乐、曲艺、舞蹈、书画艺术门类齐全的大型学校艺术团体,多名艺术团员在国内外大型声乐、合唱、乐器、舞蹈比赛中获奖。

(撰稿:于冬梅　审稿:郭爱英)

【徐师一附小接待新西兰代表团】 3 月 12 日,新西兰市长代表团在徐考察徐师一附小的特色教育,并观摩学校的英语活动课。代表团饶有兴趣地参观了学校每班的特色兴趣活动和师生民乐团的演出。学生们展示了书法、剪纸、绘画、民乐,精湛的技艺受到客人们交口称赞。

(撰稿:叶　斌　审稿:曹　璟)

【徐师一附小获市文明礼仪大赛冠军】 年内,徐师一附小代表队在“徐矿杯”第二届徐州市文明礼仪大赛中,经过初赛、预赛、决赛层层筛选,获得校园组冠军。学校参赛节目有学生说唱、小交警队列、军校小学员军体拳表演,展示多姿多彩、富有特色的校园生活和实践活动场景,彰显学生积极向上的文明风采和充满活力的精神风貌。

(撰稿:张雅东　审稿:曹　璟)

【解放路小学承办市平安校园现场会】 12 月 7 日,徐州市平安校园创建工作现场会在解放路小学召开。市平安校园创建活动领导小组各成员单位代表等近百人参加会议。代表观看了学生防震、防火和自护自救演练,观摩云龙区校园保安队列操练和预防校园暴力伤害演习,参观全区各校平安校园创建成果展板。活动受到与会代表和专家的高度赞扬。

【解放路小学被命名为“红军小学”】 6 月 5 日,解放路小学举行“中国工农红军淮海战役红军小学”授旗仪式。全国人大外事委员会主任李肇星、中国外交官联谊会副会长秦小梅、江苏省人大外事委员会主任陆素洁、中国关心下一代工作委员会教育发展中心秘书长方强及市领导张敬华、刘忠达与学校师生参加活动。李肇星亲手将写有“淮海战役红军小学”的校旗交到少先队员的手中，并为“淮海战役红军小学”题词。

（撰稿：张　琨　审稿：冯子瑛）

【民富园小学被评为省书法特色学校】 12月15日，江苏省书法教育委员会专家组对民富园小学进行省书法艺术特色学校验收。专家们对民富园小学书法文化积淀深厚，师生综合素质较高，特别是多年来坚持书法教学，促进学生全面和谐发展取得一定成就给予充分肯定。专家组为学校颁发江苏省书法艺术特色学校铜牌。

（撰稿：乔　磊　审稿：陈桂云）

【黄山中心小学开展送课下乡活动】 12月10日，黄山中心小学选派王芳芳、冯莉、吴继銮3位教师前往丰县梁寨新集小学开展“送课”活动。课后，3位送课老师面向新集小学教师，畅谈教案设计、备课预想，并针对课堂教学提出合理化建议；新集小学的老师结合平时教学向3位老师咨询了教学策略、学生培养等问题。

（撰稿：陈书强　审稿：曹淑敏）

【云兴小学获恩欧希特等奖】 7月22日，在第八届全国中小学信息技术创新与实践活动（NOC）决赛中，云兴小学教师付瑜、卢湘、陈红娟组成的数学网络教研团，获得由国家科技部颁发的“全国NOC教育信息化发明创新奖”即大赛最高奖项（恩欧希特等奖）。学校同时赴赛的英语团队、语文团队分别荣获一等奖和二等奖。这是继2009年网络教研团队荣获第七届NOC一等奖后的再次突破。

（撰稿：刘　婷　审稿：钱　薇）

【和平桥小学获安全与健康教育校园】 11月，和平桥中心小学被教育部、卫生部联合评为校园安全与健康教育校园，邢传备校长被评为校园安全先进个人。学校高度重视校园安全工作，召开安全工作会议，举办健康安全知识讲座，组织消防避险疏散演练，教授健康安全自护自救知识，举办健康安全知识手抄报等。系列活动提高了广大师生的健康安全意识和自护自救能力，打造健康安全的校园。

（撰稿：吴玉红　审稿：邢传备）

【津浦西路小学足球队喜报频传】 年内，津浦西路小学足球队贡献突出，喜报频传。向省少年队输送7名队员，向市少年队输送5名队员；足球队在全国第二十五届“新春杯”、全国校园足球夏令营、全国“泰达杯”少儿足球赛中均获得第一名的佳绩。2010年学校被评为江苏省足球后备人才重点学校，获江苏省第十七届运动会（青少年部）徐州市突出贡献奖。

（撰稿：杨　坤　审稿：陈园园）

【王杰小学“学双百　争三好”】 8月，江苏省关工委组织全省“学双百 争三好”主题教育活动观摩现场会在王杰小学举行。校长陈红艳作“学习王杰精神 培育时代新人”的学双百专题汇报，与会领导观看了王杰班班长与王杰小学“小王杰班”同学“学双百”的现场交流活动，参观王杰小学极具特色的德育文化廊。王杰小学深入挖掘德育资源，丰富学校文化内涵的务实做法，给嘉宾留下深刻印象。

（撰稿：权继平　审稿：陈红艳）

【汉桥小学开展“诗词文化进校园”活动】 年内，汉桥小学在全校范围内开展“诗词文化进校园”活动。学校创立诗社，出版《汉韵诗风》报，编写校本教材，分低、中、高年级背诵古诗文。通过让学生读诗、背诗、赏诗、作诗，拓宽学生视野，净化学生心灵，陶冶学生情操,提高学生文化和道德修养,弘扬民族传统文化。

(撰稿:吕　岩　审稿:王保健)

【潘塘中心小学抓好孝心教育】　潘塘中心小学在开展“五心”主题教育活动时,重点抓好孝心教育。学校以培养学生的孝心为突破口,培养学生博大的爱,完善学生品格。学校重视利用传统的仁孝故事和现实生活的孝心事迹,对学生进行教育,利用传统节日开展“我为妈妈洗洗脚”、“我为爷爷唱支歌”等活动,鼓励学生向自己的长辈献爱心。学校还进行“孝心好少年”、“尊敬长辈小标兵”等评选活动,以榜样的力量激励全体同学,收到显著效果。

(撰稿:吴　萍　审稿:杨　波)

【两山口小学开展创先争优活动】　两山口小学党支部以“八个一”为载体,积极组织党员开展创先争优活动。“八个一”即阅读一本好书、撰写一篇论文、上好一节示范课、深入一个教研组、参与一个课题研究、带好一个班级、联系一名非党员、帮扶一名学生。活动充分发挥党员干部的模范带头作用,全面提高党员干部的理论水平、业务能力和人文素养,为构建和谐校园、和谐支部,办好人民满意的教育添砖加瓦。

(撰稿:任　玲　审稿:康进才)

【塘坊小学科研兴校结硕果】　9月中旬,塘坊小学荣获区教科研工作先进集体光荣称号。学校把工作重心放在抓有效课堂教学、抓提高教育科研水平上,研教结合,以研促教。2010年1个大课题、18个小课题立项,课题研究率超过60%。小课题推动大教育,塘坊小学的教师们从实践、反思、研究再到实践,教学质量大幅提高,连续在全区小学文化素质调研中成绩均名列前茅。

(撰稿:李　鹏　审稿:范学东)

【新城实验学校法治文化进校园】　11月10日,新城实验学校“法治文化进校园”活动启动仪式在3个校区全面启动。学校把法制教育渗透在各学科教学中,同时辅以晨会课和班会课、校园网、主题班会、综合活动课等多种形式,增强广大师生的法制观念和学法、知法、守法、用法的自觉性,做到学校依法办事、教师依法执教、学生以法律己。

(撰稿:魏　明　审稿:潘　伟)

【云龙培智学校实施“三二一”培养工程】　10月30日,南京特师的10名学生在云龙培智学校实习圆满结束。在2个月的实习中,学校党支部、教导处与工会一起制定了“三二一”实习生培养工程,“三”是指三种素养:生活素养、教学素养和师德素养;“二”是指两种能力:合作能力和自我展示能力;“一”是指一种习惯。“三二一”培养工程受到实习生及用人单位的支持与肯定。。

(撰稿:盛淑琴　审稿:宋孝玲)

【云实幼教师全国电子白板课获大奖】　3月底,在第三届全国中小学新媒体新技术教学应用研讨会暨基于交互式电子白板学科教学观摩活动视频课例评选活动中,云龙区教育实验幼儿园王璐老师喜获二等奖。现代化的教学手段增加了学生动手操作的机会。

(撰稿:蒋　蕾　审稿:王凤云)

【喻继高工笔画教学基地在区幼儿园揭牌】　12月22日,当代著名工笔画大师喻继高工笔画教学基地在云龙区幼儿园揭牌。徐州市总工会党组成员、徐州市教育工会主席王建民,徐州市妇联常委、儿童部部长王宗彩,喻继高大师的妹妹、工笔画画家喻继华女士参加了揭牌仪式。

(撰稿:赵麒麟　审稿:靖如春)

云龙区2010年各级各类学校基本情况表

表5－9　　单位:个、人

校名	班级数	学生数	毕业生数	招生数	教职工数		学校领导			
					计	专任教师	校长	副校长	书记	副书记
第二十九中学	14	399	151	125	99	81	葛友刚	杜红雷　孔令明	葛友刚	杜红雷
第三十中学	8	240	130	66	50	34	裴宗银	陈士刚　方　强	裴宗银	
潘塘中学	23	684	447	196	124	102	孟宪文	曹开忠　韩启明 魏天兵	孟宪文	
徐州市新城实验学校	24	658	218	79	101	80	潘　伟	曹　锋　石　杰 曹玉林	潘　伟	靖广清
青年路小学	50	2230	329	510	130	128	李刚强	朱晓梅　翟立群 王济红　申晓辉 王光辉	李刚强	朱晓梅
公园巷小学	48	2415	402	370	118	116	郭爱英	黄沛涵	郭爱英	黄沛涵
徐师一附小	43	1934	302	271	102	99	曹　璟	叶　斌　张雅东	曹　璟	
解放路中心小学	53	2645	544	417	141	139	冯子瑛	高　勇　王　茜 程　午	冯子瑛	
民富园小学	43	2298	282	515	101	98	陈桂云	付云川　李正山	刘孝广	陈桂云
黄山中心小学	61	2628	425	439	157	148	曹淑敏	王永秋　董昌民 谢鸿如　李大法 黄　利　杨国霞 陈　建　王效珍 张继红	曹淑敏	陈书强
云兴小学	46	2062	281	393	92	87	钱　薇	刘　婷　吴　敏 辛跃武	王凤琴	
和平桥中心小学	12	500	103	91	48	37	邢传备	唐红莲　张春华	邢传备	
津浦西路小学	13	487	108	63	39	35	陈园园	曹陆浦　邓正兰	郭秋兰	
汉桥小学	16	723	161	121	42	41	王保健	时书侠　王　锦	王保健	
王杰小学	24	1045	136	147	59	56	陈红艳	刘淑艳　孙孝惠	陈红艳	
潘塘中心小学	43	1595	211	257	124	118	杨　波	陈思明　王建忠 王新光　段学良 刘红梅　李永君	杨　波	陈思明
两山口小学	6	112	25	16	21	20	康进才	曹秀茹	康进才	
塘坊小学	12	375	36	75	37	34	李　鹏	张朝廷	范学东	
云龙培智学校	6	60			17	15	宋孝玲		宋孝玲	
教育实验幼儿园	8	251	75	60	32	22	王凤云	谢晓静	王凤云	
云龙区幼儿园	7	200	46	60	28	18	靖汝春	周　泓		
教师进修学校					4	3	张银娣		张银娣	

（宋　梅）

鼓　楼　区

局长、党委副书记　李乐东
党委书记　王秀婷(女)
督导室主任、党委副书记　刘尊立
党委副书记、纪委书记　李　文
副局长　乔亚南　权运太　刘永光
工会主席　张　文(女)

【概况】　2010年,鼓楼区有各级各类学校47所,其中中学3所(初中2所,完中1所),九年一贯制学校2所,小学17所,特教学校1所,幼儿园23所。全区中小学在校学生22448人,其中高中1473人,初中3156人,小学17819人。特教学校在校生136人,幼儿园在园幼儿7636人。义务教育阶段入学率100%,初中巩固率100%,学前三年幼儿入园率100%。各类学校中,民办幼儿园17所。全区有教职工1806人,其中专任教师1760人。教师学历合格率高中100%、初中78.5%、小学100%、幼儿园100%。全区有省特级教师6人,省、市名师名校长7人。

2010年,全区有三星级以上高中1所,省示范初中1所,省实验小学8所,省、市优质幼儿园12所,市模范学校3所,省特殊教育现代化示范学校1所。全年撤并学校3所,新建学校2所。年内,接受省教育现代化建设水平评估现场考察,获得全国中小学图书馆先进集体、省文明行业、省群众体育工作先进集体等荣誉称号。全年投入教育经费1.6亿元。

【开展创先争优活动】　自7月始,鼓楼区文教体局在党员中开展创先争优活动。活动以创建"五个好"先进基层党组织、争当"五带头"优秀党员为主要内容,各校党组织巩固扩大学习实践科学发展观活动成果,围绕教育现代化创建、校园安全、队伍建设、教育教学质量等开展创先争优活动,激发了广大教职工工作积极性、主动性。

【"三个一百"活动丰富职工文化生活】　年内,组织开展"三个一百"活动,丰富教职工文化生活。教职工全员参与"百篇美文"、"百名我最喜爱的教师"、"百名最美笑容"的评选及教师健身操舞比赛,在活动中展示自身风采,激发队伍工作激情。

【参加省首届教育博览会】　9月16~18日,鼓楼区文教体局参加了江苏省首届教育博览会。展览以"奋进中的鼓楼教育"为主题,从臻美的校园环境、臻善的教学设施、臻备的强大后盾、斐然的教育质量、鲜明的办学特色、名师引领下的教师队伍、我们的孩子我们的未来7大版块全面展示鼓楼教育风采。

【学校建设步伐加快】　2010年,鼓楼区学校建设取得较快发展。新建民主实验学校、生态园配套小学学校2所;扩建民主路小学、大马路小学、八里中心小学的教学楼;改造二十六中学、二十四中学、实验幼儿园、朱庄幼儿园、阎窝小学学校校园;完成运动场地塑化学校11所。二十四中学教师宿舍楼及安居工程三、四期配套学校正积极办理报建手续。

【学前教育初步实现规范优质发展】　2010年,学前教育走上规范优质发展轨道。制定出台《鼓楼区民办幼儿园清理规范工作实施意见》,开展民办幼儿园清理、规范、整治工作,取缔不合格幼儿园9所。坚持以"公办带民办"推动省优质幼儿园创建,建成省优质幼儿园3所,全区省优质幼儿园达12所,占幼儿园总数的67%。

【加强校园安全】　年内,校园安全建设得到进一步强化。在继续建全完善各项管理制度,落实安全管理“一岗双责”的基础上,全年投入184万余元,按照标准配备专职保安人员,装备各类监控系统、报警系统。开展大规模校园周边环境整治3次,各校均配备法治副校长,经常性开展各种应急演练,校园安全得到有效保障。

【接收原九里区4所学校】 11月初,原九里区4所学校顺利移交鼓楼区。遵循“摸清家底、无缝对接、确保平稳”的原则,经过人事档案审核、校产核查、明晰债权债务等前期工作,原九里区九里中学、苏山中学、九里区实验学校、九里山实验学校顺利移交鼓楼区。

【接受省教育现代化现场考察评估】 12月9~11日,省教育现代化建设评估专家组一行9人,对鼓楼区教育现代化建设进行为期3天评估考察。评估专家组听取创建工作汇报,集中考察区教育城域网网管中心、特殊教育学校、星源小学、兴东实验学校、科技小学,又分组现场抽查实验幼儿园等26所学校、幼儿园、社区教育中心,并通过现场访谈、召开各类座谈会等,对鼓楼区教育现代化创建工作进行了全面考察评估。

【教科研成果汇编成集】 12月,《英华满天》丛书——鼓楼教育科研成果汇编成册。从书分《中小学(园)教师论文选》、《中小学(园)教学设计选》、《中小学(园)办学的理念与实践》3册,30余万字,全面展示了鼓楼教育科研改革成果。

【基本实现教育信息化】 2010年,鼓楼区基本实现教育信息化。全年投入近500万元,添置计算机510台,多媒体设备225套,电子白板142块,生机比达8.8∶1、师机比达1.8∶1,授课教室和多媒体教室比为1∶1,区教育网络中心建成并投入使用。教育信息化技术广泛运用,鼓楼“好课件吧”成为百度排名全国第一的专业课件网站。年内,2所学校被评为省级现代教育技术实验学校,鼓楼区文教体局被评为徐州市“校校通”先进集体。

【教师队伍素质得到再提升】 2010年,教师队伍建设取得新进步。一年来,新培养特级教师1人,市拔尖人才1人。开展第5批青蓝工程、第4批名师名校长工程评选,50人被评为区级名师名校长、学科带头人、青年骨干教师。11名教师申报中学高一级职称,1090人获得教师资格认定,11名教师支教,招聘新教师20名。

(撰稿:曹　健　审稿:张　文)

【九里中学承办市中小学德育论坛】 5月18日,市第三届中小学德育论坛在九里中学隆重举行,全市200余人参加论坛。与会人员观摩九里中学“感恩教育”主题班会,进行德育新模式探讨。主题班会上教师精彩的情景导入、学生充满感恩情怀的个性化表演受到与会者的好评。学校开展“学会感恩,奉献社会”系列活动,利用多种形式渗透感恩教育,德育工作取得较好成果。

(撰稿:徐朝友　张德峰　审稿:王福海)

【二十四中完成校园改造工程】 下半年,徐州市第二十四中学对校园进行全面改造。以教育现代化建设为契机,学校铺设了柏油路面、建成操场看台、塑胶跑道、硅PU篮球场、排球场、乒乓球场,围绕“诚信”教育品牌建设了诚信文化广场。各教室配备投影仪、电子白板、教学计算机,教育城域网达到班班通,办学条件有了质的飞跃。

(撰稿:王彦飞　审稿:姜夕伟)

【二十六中办学条件全面提升】 2010年,徐州市第二十六中学以创建教育现代化为契机,办学条件实现大跨越。学校通过多方筹集资金,改建塑胶跑道、运动场、篮球场、学校食堂,新建学校南大门,增添树阵广场、文化长廊、地廊、四角亭、浮雕墙等新景点;按照标准装备了各功能教室,安装全方位校园监控报警系统。校园面貌焕然一新,育人环境显著优化。

【二十六中全方位提高教师发展能力】 徐州市第二十六中学采取多项措施促进教师成长性发展。围绕高效课堂、有效教学工程,积极促进教师以“导学稿”教学形式实施课堂教学改革,提高课堂效率。坚持科研兴师、科研兴校策略,引领教师走名师之路。至年底,学校拥有高级职称教师43人,省特级教师2人,市级以上名师、优秀教师、学科带头人、教学能手、骨干教师占30%。

(撰稿:刘　启　审稿:权运太)

【三十八中开设积极心态训练课】 上半年以来,徐州市第三十八中学开发《青少年积极心态训练手册——快乐成功学》校本课程,引导学生以积极心态面对生活学习。学校聘请心理教育专家,成立“积极心态训练”科研课题研发小组,每周开设一节心态训练课,同时把积极心态训练与学校的励志文化建设相互融合,穿插在课前、班会等空当时间,教育激发学生自我完善、自我教育、自我成长的积极性和主动性。

(撰稿:彭素芹　审稿:黄维桢)

【九里山实验学校举办诵读活动】 12月,九里山实验学校开展以“诗韵飘香”为主题的古诗文诵读活动。各年级学生在诗歌诵读中引入音乐、舞蹈等艺术元素,或放声吟诵、或齐声合唱、或载歌载舞,尽情释放着热情,尽情展示自主创编、形式多样的古诗文诵读节目。孩子们在诗韵飘香中尽享诵读带来的快乐,体验被经典浸润的人生。

(撰稿:拾景玉　审稿:孙从旭)

【民主路小学开设游泳必修课】 民主路小学以游泳为突破口,提出“我游我健康”的口号,面向全体学生开设游泳必修课。每年5月、6月、9月、10月份,学校对课程进行合理调整,四年级全体学生分批到市水上运动中心进行为期两周的游泳技能训练。通过分层指导,普及和提高并行,进行专业指导培训,有98%的学生掌握游泳技能。学校先后为省、市输送大批优秀游泳后备人才。10月,在江苏省第十七届运动会上,学校输送的游泳队员取得3枚金牌、6枚银牌、4枚铜牌的优异成绩。

(撰稿:陈　芳　审稿:赵智红)

【民主路小学开展英语研究性学习】 年内,民主路小学继续深入开展英语研究性学习活动。围绕“英语——打开通向世界大门的钥匙”理念,学校聘请的两位外籍教师引导学生从兴趣入手,开展外国传统节日、人情风俗、饮食习惯、礼仪素养等主题活动,指导学生借助多种手段查阅资料、收集信息、互动交流,组织学生进行英语手抄报展览、讲英语故事观摩赛、“快乐英语歌谣”大比拼、英语说唱等多种形式的活动。学生们在轻松愉快的氛围中感受到学习英语、应用英语、体验英语的快乐。

(撰稿:蔡安军　审稿:赵智红)

【鼓楼小学举办教学改革推进会】 11月,鼓楼小学举行课堂教学改革推进会活动。学校围绕“智慧教育”办学理念,构建智慧教育下的“主体课堂”,60%的教师面向全区的200余名教职工做了“主体课堂”教学展示,部分学科教师还与到会的专家、校长就“主体课堂”的实践与感悟进行研讨交流。

(撰稿:杜亚萍　审稿:周　娅)

【鼓楼小学关爱军人子女】 鼓楼小学认真开展“做军人子女成长导师制”主题教育活

动。学校对军人子女成长给予高度重视和关怀,选派业务精、水平高、责任心强的教师担任军人子女的校园家长和成长导师,对有困难的军人子女学生指定老师进行专人辅导,确保每一位军人子女得到了切实的关爱。

(撰稿:王　芬　审稿:周　娅)

【大马路小学经典诵读被央视录制】　9月26日,大马路小学编排的诵读节目"经典伴我成长"在户部山彭城书院录制。由市委宣传部牵头,中央电视台相关节目录制组进行录制,为制作徐州宣传片进行前期筹备。大马路小学一向注重对中华传统文化的传承和教育,以开展经典诵读活动为载体,构建书香校园,逐步形成特色,经典诵读已成为学校素质教育的名片。

【大马路小学编制《生命化教育指导手册》】　10月,大马路小学编制成《生命化教育指导手册》。《手册》共分为生命化的教育理想、生命化的校园文化、生命化的课堂教学、生命化的德育探索、生命化的艺术教育、生命化的读书生活、生命化的教师队伍、生命化的管理模式8个篇章,详细记载学校实施生命化教育的轨迹,介绍具体的操作方法,让老师们有了实施蓝本。《生命化教育指导手册》的编制进一步推动学校内涵发展。

(撰稿:张春燕　审稿:刘文琪)

【中山外国语学校围棋彰显特色】　10月23日,中山外国语学校举办首届"中山围棋小明星"围棋赛。以班级为单位组织20个代表队,近百名小棋手参加角逐。11月,在第四届全国中小学围棋比赛中,学校获得团体二等奖、总分第三名的好成绩。围棋活动给学生们带来的快乐,成为学校发展的特色。

(撰稿:陈雯颖　审稿:曹红梅)

【中国女子乒乓球队参观星源小学】　5月14日下午,到徐参加乒乓球世锦赛热身赛的中国女子乒乓球队到徐州市星源小学参观指导。中国女子乒乓球队一行兴致勃勃地参观校园环境,到学校乒乓馆看望正在训练的乒乓球队小队员,国球精英们还上阵对小队员们进行手把手指导。

(撰稿:高乃国　审稿:张　艳)

【星源小学打造"引领——探究"式课堂】　星源小学积极探索有效教学,构建"引领——探究"式课堂教学模式。学校始终把促进教师的观念转变,提高教师的教学能力,实现教师专业成长放在首位,聘请北京师范大学、徐州师范大学教授专家对"引领——探究"式教学进行理论解读和专业指导,让教师明确课改的内涵,把握课改思路,在课堂教学中努力践行"引领——探究"式教学,使课堂教学充满生机和活力。

(撰稿:张亚松　审稿:张　艳)

【玉潭实验学校构建高效课堂】　2010年,玉潭实验学校多管齐下构建高效课堂。学校认真落实集体备课、课堂研讨、课后反思等教研活动,指导教师通过集体备课、拟定导学案,培养学生预习、交流、探究、迁移等方面的能力;开展"以导促学"、"同课异构"等活动,推进课堂教学改革;聘请特级教师为教学顾问,开设讲座、指导教学;与民主路小学结成联谊学校,促进教师业务水平提升。

(撰稿:李玉梅　审稿:李令军)

【东华小学推出系列"德育早餐"】　新学年,东华小学少先队推出文明养成教育系列"德育早餐"。学校以文明有序、健康成长为主题,以歌舞、相声、快板、课本剧等多种形式,在周一的升旗仪式上为全校师生送上"德育早餐",其中诗朗诵《文明礼貌,改变你我》、相声《礼貌用语就是好》及《行为规范三字歌》等让学生在笑声中明白礼貌用语的重要性,提醒队员如何规范自己的行为。通过一系列“德育早餐”,学校少先队员的行为习惯发生明显好转。。

(撰稿:陈福萍　审稿:韩传民)

【兴北小学“阳光体育”结硕果】　兴北小学持之以恒开展阳光体育活动,硕果累累。学校根据少年儿童的身心发育特点,遵循高年级以技能为主,低年级以游戏为主的原则,将踩高跷、推铁环、抽陀螺、击腰鼓、跳皮筋、斗鸡等民族体育及民间游戏融入到大课间活动,形成班班有活动内容、人人掌握活动技能的“一班一品,一人一技”的阳光体育活动特色。在第十八届徐州市运动会上,学校以阳光体育活动为主题的大型表演获得好评。

(撰稿:唐忠阳　审稿:韩　永)

【煤港路小学构建信息化校园】　2010年,煤港路小学积极筹措资金,打造信息化校园。学校在因特网、局域网、校园网“三网合一”的基础上,建成了连接教室、办公室、专用教室的主干校园网,每个教室均配备多媒体教学系统,添置教学管理辅助系统和广播系统。

(撰稿:刘　敏　审稿:李芙蓉)

【下淀小学国学教育多姿多彩】　下淀小学以国学教育为办学特色,坚持走“内涵发展,文化引领”之路。学校开发建设“中华传统经典诵读”校本课程,组织专人编写校本教材《中华传统经典诵读(古籍篇)》,每周安排一节国学课程。建成《论语》竹简雕塑、《论语》文化墙、国学长廊、二十四孝“感恩墙”、“心怡”书吧等,营造浓厚的国学氛围。组织开展各种以传统经典诵读为主要内容的国学教育活动,提升师生的国学素养。

(撰稿:边晓婷　审稿:郑　虹)

【王场小学信息化水平不断提升】　王场小学采取多项措施,提高教师现代化教育技术运用能力。学校多次开展电教技术培训,定期对教师的计算机技术掌握情况进行考核,结合培训开展多媒体课件制作比赛。规定教师每学期采用现代教育技术上课的课时不得少于总课时数50%,优质课评选必须运用多媒体教学手段。年内,4位教师利用多媒体课件执教的比赛课分获省、市级一等奖。学校建立的“好课件吧”网站已成为国内知名教育网站。

(撰稿:张　东　审稿:于冬梅)

【祥和小学建成“菁菁农艺园”】　新学年,祥和小学利用校园空地建成“菁菁农艺园”。学校将后院空地重新翻土,并按照班级划分为十九块“农田”。在老师的指导下,学生们在“农田”播下蔬菜种子,并组建护绿小组,定期浇水、施肥、除草,设立了宣传栏,对蔬菜的生长周期、营养价值等知识进行宣传,学生根据自己的种植实践,撰写实践报告和科普小论文等。

(撰稿:张　倩　审稿:赵芳侠)

【八里中心小学创家长满意学校】　八里中心小学加强行风建设,争创家长满意学校。学校从规范收费、规范办学、师德建设3方面入手,严令禁止不规范办学行为,进一步加强家长与学校的沟通,向社会公开学校、区文教体局的举报电话及邮箱,努力把八里小学办成家长放心、社会满意的学校。

(撰稿:石　岩　审稿:辛　浩)

【科技小学举办“世界环境日”宣传周活动】

6月5日“世界环境日”期间,科技小学开展世界环境保护宣传周活动。学校发出“保护环境,绿化校园,从我做起”的倡议,通过学校网站、宣传栏、广播、墙报等进行宣传,开展“从身边小事做起,从我做起,做环保使者”活动,全体师生坚持做到不随地吐痰,不乱扔垃圾,节约纸张,节约水电等,以实际行动落实环境保护措施。

【科技小学航模比赛展风采】 12月10日,在市体育局、科技局、教育局等单位主办的2010年徐州市青少年科技体育项目竞赛中,科技小学航模队取得好成绩。通过激烈角逐,科技小学夺得火箭助推滑翔机、伞降火箭模型和橡筋动力飞机3个单项团体第一名,29名队员获个人单项奖。

(撰稿:宋　娜　审稿:刘起化)

【兴东实验学校开展多元智能研究】 兴东实验学校以多元智能研究课题指导教学工作,不断提升教学水平。学校组建了8大智能开发中心,积极探索智能开发与课程的整合,设计了“教学设计九宫格”、“多元智能发展导学案”,内容包括学科课程标准、整册教材的编写意图与特点、各年龄段学生认知心理、多元智能发展要求等,使教师能够更好地把握教材,从根本上满足学生多元智能发展需求,有力地促进整体办学水平不断提升。

(撰稿:车炼红　审稿:黄宏珍)

【八里小学闫窝分校开展环境教育】 10月,阎窝分校开展以“人与环境,和谐发展”为主题的系列环境教育活动。学校通过国旗下讲话、主题班队会、手抄报、绘画、征文等不同形式学习宣传环保知识,增强学生环保意识。开展“伸伸手、弯弯腰”校园垃圾拾拣活动,设立红领巾环保监督岗,校园内外乱扔果皮纸屑的现象明显减少,越来越多的学生主动关注校园内外的环境整洁,营造一个洁净、美丽、平安、和谐的校园。

(撰稿:于清涛　审稿:赵继平)

【民主实验学校“与主持人零距离”】 4月上旬,民主实验学校徐州市广播电视报小记者站成立,并开展“我与电视台主持人零距离”活动。徐州电视台著名主持人走进校园,与小学生们面对面、零距离互动,主持人通过讲述各自的成长经历和主持生涯,激励同学们从小树立远大的理想,把理想的实现付诸行动。学生们在欣赏他们生动演讲和精彩表演的同时,感受到电视主持人光彩、神秘的形象后面所播撒的汗水,增加了对主持工作的了解与热爱。

(撰稿:曹园园　审稿:张志刚)

【鼓楼生态园小学开展绿色校园活动】 9月,鼓楼生态园小学组织开展绿色校园活动。学校以各中队为单位,围绕“珍爱环境,美化校园,健康成长”活动主题,开展“环保小卫士”、“我们美丽的校园”、“环境与健康”板报评比等。活动增强了学生们保护环境、关注健康的意识。

(李　伟)

【牌楼培智学校开展助残日活动】 5月12日,牌楼培智学校举办迎接第二十个全国助残日活动。市慈善总会、市红十字会、市残联、市总工会的领导、大中专院校青年志愿者和社会各界关心慈善事业人士,观看培智学校学生的劳动技能、香烫画等活动表演,并为同学们送来慰问金及慰问品。

(撰稿:吴振宇　审稿:周明侠)

【实验幼儿园举办首届“换物节”】 6月,实验幼儿园举办首届“以物换物”活动节。活动节的口号是“你的闲置,我的需要”,幼儿把自己闲置不玩的玩具拿到幼儿园和别的小朋友进行交换,既可处理自己多余的玩具,又可获得一些感兴趣的玩具,给孩子们提供一个交流的平台。活动节选出了“精灵宝贝”、“创意宝贝”,通过交换活动培养幼儿树立物质循环利用的环保意识,提高社会交往能力。

(撰稿:孔　苒　审稿:郭　婷)

【朱庄幼儿园举办家长观摩活动】 10月,朱庄幼儿园面对家长开放以培养幼儿劳动、生活技能为主题的半日观摩活动。400多位家长参与,感受孩子们在幼儿园的生活情况,深入了解孩子在幼儿园的行为表现。同时也感触到幼儿教师工作的不易,感悟“生活处处是教育”的教育真谛。别开生面、富有意义的半日观摩活动,受到家长的赞誉。

(撰稿:刘 静 审稿:李玉侠)

【下淀幼儿园提升办园质量】 2010年,下淀幼儿园一手抓办园条件改善,一手抓师资队伍建设,办园质量取得显著进步。通过铺设软质操场,添置大型玩具、幼儿教育教学器材,学校场地更安全舒适,幼儿活动呈现多样化。大、中、小班教研组以分层分级的教研模式把主题活动与环境创设有效结合,通过备课说课、案例分析等,提升教师的教科研水平。

(撰稿:车远侠 审稿:张保卫)

【素质教育实践基地开发拓片制作课】 3月,鼓楼区素质教育基地开发拓片制作课。基地教师通过讲解,让学生们充分认识拓片制作是再现古老历史、传承中华文化的重要途径之一,是中国文化特殊的载体。学生亲手实践操作,掌握了制作拓片的上水、铺纸、捶纸、上墨4个基本环节,并自己动手制作拓片,感受中华传统文化的魅力。

(撰稿:余 勇 审稿:蒋福长)

鼓楼区2010年各级各类学校基本情况表

表5-10 单位:个、人

校名	班级数	学生数	毕业生数	招生数	教职工数		学校领导			
					计	专任教师	校长	副校长	书记	副书记
二十四中	17	552	217	148	68	75	姜夕伟	孙成军 师忠雷		
二十六中	24	815	269	281	144	133	权运太	相裕周 李东		周伟
民主路小学	50	2339	323	442	130	129	赵智红	梁玉华 李萍 裴雪	张学营	
鼓楼小学	51	2370	444	494	131	131	周娅	高丽华 杜亚平 王兆梅	王树群	
大马路小学	46	2185	252	384	113	113	刘文琪	吴蕾 孙敏 蒋杰	孙荣平	
中山外语学校	24	1184	174	200	76	76	曹红梅	王霞 查晓红 唐媛	杨晓红	
星源小学	30	1205	244	243	79	79	张艳	张亚松	秦强	
兴北小学	16	651	126	72	48	46	韩勇	缪士菊 张宗彦	王天芝	
下淀小学	14	565	116	89	38	37	郑虹	王继荣 翟广平	刘红艳	
王场小学	15	635	81	93	36	36	于冬梅	汪桂荣 于桂斌	王素美	
祥和小学	19	852	90	148	43	43	赵芳侠	王曼丽	马家纯	
东华小学	13	572	45	74	35	35	韩传民	周伟	柴凤	
煤港路小学	12	464	73	78	35	35	李芙蓉	刘敏 黄春娟	朱冰娟	

续表 5－10－1　　　　单位:个、人

校名	班级数	学生数	毕业生数	招生数	教职工数 计	教职工数 专任教师	学校领导 校长	学校领导 副校长	学校领导 书记	学校领导 副书记
八里中心小学(含阎窝分校)	22	806	97	122	56	56	辛浩 赵继平	夏雪梅　许永慧	刘金伟 吴蒙蒙	
鼓楼生态园小学	6	182	22	42	16	16	李伟	陈锦营		
民主实验学校	6	187	29	42	18	18	张志刚		肖素萍	
科技小学	17	748	101	140	45	45	刘启化	周淑美	葛孝云	
兴东实验学校	20	734	101	140	44	40	黄宏珍	车炼红	陈艳	
牌楼培智学校	9	136	8	14	26	26	周明侠	张延珍　李敬瑾	林春丽	
实验幼儿园	9	443	127	120	19	19	郭婷	孔冉		
朱庄幼儿园	9	380	116	138	16	16	李玉侠	刘静		
下淀幼儿园	6	200	51	77	12	12	张保卫	周桂芝		
九里中学	57	2404	820	648	285	263	王福海	闫振华　黄俊 刘其	李海港	
三十八中学	15	484	224	144	123	117	黄维桢	王秀敏　惠正义	王大明	
九里山实验学校	14	374	42	88	74	70	孙从旭	戚丽丽	杜文建	
玉潭实验学校	27	981	96	207	96	94	李令军	徐真　刘冰 杨曙光		

(曹　健)

泉　山　区

局长、党委副书记　王　建
党委书记　石运昌
教育督导室主任　孙荣胜
教育督导室副主任　杨友明
党委副书记、纪委书记　张广建
副局长　冯　勇　王慧娟　程晓燕
教育工会主席　王慧娟
监察室主任　张　军

【概况】　9月底,徐州市区划调整,原九里区撤消,部分学校划归泉山区文教体局管理,至年底,泉山区有各级各类学校31所,其中初中1所,九年一贯制学校2所,小学23所,幼儿园4所,特教学校1所。全区中小学生24317人,其中初中738人,小学生23579人。特教学校在校生84人,幼儿园在园幼儿12716人。义务教育阶段入学率100%,学前三年幼儿入园率99.5%。全区有教职工1851人,其中专任教师1831人。教师学历合格率,小学100%,幼儿园100%。全区有省特级教师3人,省市名师、名校长28人,民办幼儿园29所,民办特教学校1所。2010年,全区有省实验小学8所,省市优质幼儿园24所,市模范学校7所。全年投入教育经费1.83亿元。　　(傅惠文　李世明)

【认真做好区划学校移交工作】　9月,泉山区文教体局认真做好区划学校移交工作。原九里区8所学校移交泉山区管理,其中小学5所、初中1所、九年一贯制学校2所,移交在职教师616人,退休教师251人,计867人。移交人员档案审查、工资标准核准工作按要求及时完成,学校接管工作妥善顺利,教师思想稳定,学校秩序正常。

【写字教学提高书法考级成绩】 11月20日,局组织星光双语实验小学等8所小学2906名学生参加江苏省2010年书法水平等级证书考试,取得优异的成绩,得到市教育局领导的赞扬。为贯彻教育部《基础教育课程改革纲要(试行)》和市教育局《关于进一步加强中小学写字教学的意见》精神,把加强写字教学作为传承祖国优秀文化、丰富学生文化底蕴、培养学生文化素养的重要实践,各校选任专、兼职写字教师,精心安排课程,加强课外训练,学生汉字书写能力、审美水平不断提高。

【评选“学生最喜爱的教师”】 6~9月,在全区小学、幼儿园开展“学生最喜爱的教师”评选活动。经学校初评、区文教体局选拔、市教育局评审,星光双语小学苏璇、求是小学王继国、奎园小学童静3位教师被评为徐州市“学生最喜爱的教师”。

【聚焦课堂实践,打造有效课堂】 “聚焦课堂实践,打造有效课堂”是2010年泉山区推进教育高位均衡发展、加强师资队伍建设、培养名师的重要举措。年内,局教研室围绕这一主题开展多种教科研活动。5月,局教研室开展语文、数学、英语、科学、品德与社会、综合实践等学科的高效课堂评比活动,52名教师参赛;10月,开展语文、数学、英语、美术和音乐六学科的“同课异构”教学研究,创造多样化教学风格,促进教师专业化进程;11~12月,组织开展教科研现场会“校校行”活动,各学校根据申报的科研课题,以课题汇报、课堂教学、活动展示、点评研讨等形式,进行现场观摩。活动结出硕果,区教研室教研员朱晓红老师、光荣巷小学郑昕老师在全国课堂教学大赛中荣获特等奖,风化街小学李敏老师在江苏省课堂教学(录像课)评比中荣获一等奖。

【加强幼儿园安全检查和评比】 5月,举行全区幼儿园园长专项卫生保健培训班,同时进行全区幼儿园安全检查。各幼儿园均加强了校园安全、饮食安全和卫生保健工作。6月,对全区省优质幼儿园进行规范办园检查,1所幼儿园通过省优质幼儿园验收,2所幼儿园接受省优质幼儿园现场评估,3所幼儿园通过市优质园验收。

【组织幼儿教师大练基本功】 年内,积极组织幼儿教师大练基本功,参加各项比赛活动。2名教师获市基本功大赛一等奖,1名教师获省评优课一等奖,3名教师获市评优课一等奖。局教育科获市基本功大赛优秀组织奖及市建构游戏大赛、绘画大赛优秀组织奖。

【开展办学水平发展性督导评估】 年初,区政府督导室依据局制定的《泉山区小学办学水平发展性督导评估方案》,组织由区文教体局各科室共同参与的督导评估组,对区属各校开展办学水平发展性督导评估。9月,在求是小学召开发展性督导评估工作现场会。市政府教育督导团调研组对区发展性督导评估工作和创新督导评估方法、优化评估效果的探索,给予很高评价。

【成立教育工作督导考核领导小组】 9月,区政府办公室下发文件,成立教育工作督导考核领导小组。领导小组由区政府常务副区长高山任组长,政府办公室、区委组织部和区文教体局负责人任副组长,区政府教育督导室及区财政局、人事局、审计局、文教体局、地税分局相关负责人为成员，设立办公室，由区政府教育督导室主任兼办公室主任。

【全力做好教师招聘和职称评审】　8月，泉山区面对全市公开招聘小学教师。新教师招聘工作自始至终坚持“公正、公平、公开”的原则，区文教体局向社会公布招聘信息，经过公开报名、资格审查、笔试、面试、课堂教学等过程，招聘19名本专科学历以上的新教师，招聘工作受到社会好评。同时，积极开展教师职称评审工作，3人获得中高职称，73人获得小高职称，2人被评为江苏省特级教师。

【积极创建体育特色学校】　2010年，文教体局重视体育特色学校、体育传统项目学校的建设。上半年，段庄二小、光荣巷小学、少华街小学被评为省级体育传统项目学校，求是小学、奎山小学、湖北路小学、黄河小学、星光双语小学被评为市级体育传统项目学校，段庄二小、奎山小学申报江苏省体育特色学校。

【成功举办第十届教育艺术节】　3～5月，泉山区文教体局举行第十届教育艺术节。艺术节以“阳光下成长”为主题，分别开展师生合唱大赛、校园剧或课本剧大赛、特色操展示、少儿书画大赛、师生群舞大赛、教师艺术论文大赛等九项活动，全区24个单位近2万名师生参加。区文教体局聘请市广电新局、市文化馆、徐州高等师范学校、市教研室领导和专家当评委现场点评。第十届教育艺术节涌现出一批高质量文艺节目和一批有潜力的艺术新苗，充分展示泉山区艺术教育的丰硕成果，推动校园文化建设。

【多种形式组织教师培训】　年内，以多种形式组织教师培训。2月4日，泉山区校长国家级网络培训班在求是小学举行开班典礼暨网络注册仪式，经过近一年认真学习，31名校长全部合格。推荐10名校长参加市校长提高班培训，顺利结业。6月，组织50名班主任教师参加国家级培训，开展专题化、模块式的针对性培训，全部合格。10月，在光荣巷小学举行全区英语教师口语培训，提高口语运用能力。推荐33名少先队辅导员、数学、语文、英语教师和特教教师参加省级培训。

【创建模范职工之家】　局教育工会以点带面开展模范职工之家创建工作。年初，下发“达标创优”活动的通知，组织开展优秀提案评选和教代会工作经验交流材料汇编；坚持党政工联系制度，从制度和政策层面保障教职工的合法权益。4月，召开泉山区第七届教职工趣味运动会，部署“诗词进校园”活动，工会工作又上新台阶。姚庄小学参加徐州市模范职工之家评选，湖滨中心小学、光荣巷小学参加江苏省模范职工之家评选，市教育工会已通过对以上3所学校的检查验收。

【加强学校安全工作部署与检查】　局加强各学校、幼儿园的安全工作。5月，各单位保安、防护器械全部配备到位，完成触动式报警器安装，对学校现有技防设施升级改造，增设探头、存储硬盘，保证校门口纳入监控范围，存储时间达标；组织各校长、园长参加2010年校园安全管理国家远程专题培训。12月，各校接受市区综治安全、法治工作考核。求是小学荣获国家级消防安全示范校称号，少华街小学、光荣巷小学荣获省平安校园称号，西苑一小、星光双语实验小学、教工幼儿园获市优秀平安校园称号。

【扶困助学关心弱势群体】　局关工委关注农民工子女、孤残儿童、城乡贫困家庭子女以及学习、心理上存在困难的青少年群体的健康成长。组织深入调研，给有关方面提供信息，为弱势群体办实事、解难事，2010年资助544人次，共资助资金150880元。“六一”

节,前往全区小学、幼儿园看望少年儿童并送慰问金5万余元。助残日,联合有关单位前往区特教中心看望慰问残疾儿童,送去慰问金3万余元。

【校舍安全工程紧张进行】 年内,区局制定校舍安全工程计划,进行校舍加固、新建、维修、拆除工作。至12月,已经完成加固奎山小学、星光双语学校5栋教学楼,建筑面积5965平方米;段庄二小5栋教学楼6631平方米的加固正在施工中;新建教学楼2栋,共8640平方米;湖滨、光荣巷等16所学校已经完成校舍维修及围墙、厕所等改建。学校校舍改造实际完成24793平方米,校舍安全工程实际投资1392万元。

(撰稿:付惠文　李世明　审稿:王　建)

【少华街小学举行专项课题科研活动】 12月3日,少华街小学举行“小学作文生活化研究”专项课题研讨现场会。课题基于作文教学改革与发展的需要,力求在作文教学中开发学生创造潜能,使学生在生活中作文,成为学习的小主人。课题主持人张红的汇报,赵秀荣老师的作文选材课,孙妍老师的讲评课及8位骨干教师的现场教研活动,展示了课题研究的成果,学生的作文兴趣和水平得到提高,也促进了教师的专业化发展。

(撰稿:张　红　审稿:蒋　洁)

【星光实小开展有效备课培训活动】 10月20日下午,星光双语实验小学开展“一课一得,人人有得”——语文教师有效备课专题培训活动。校长范祖慈依据课程标准、依托教材范例,指导教师在备课中找准教学的训练点,培养学生的发展点,落实好备课中重点内容的突破点,从而做到一课一得,人人有得。语文学科的有效备课方向性强,实用性高,提高了课堂教学质量。

(撰稿:李　丽　玉　玫　审稿:常玉萍)

【求是小学推行创造教育、特色教学模式】 求是小学立足课堂教学改革主阵地,打造“创造教育、快乐课堂、活动助推”教学模式。学校以教育部“做中学”课题项目为抓手,积极进行高效课堂教学探索,逐渐形成“快乐课堂、活动助推”的课堂教学新模式,并推广到各学科教学中。英语教学借鉴民办英语教学机构优秀经验提炼出的“重视情境、重视口语、重视交流、重视中西文化差异”的英语教学方法,形成英语教学特色,受到领导、专家交口称赞。班队活动建设中,形成“自主发展情境模拟式”新模式,低年级以游戏为主、中年级以活动为主、高年级以情境为主,实现学生“自主选择、自主活动、自主发展”的目标。

(撰稿:孙卫东　审稿:周少华)

【风化街小学国家级课题成果显著】 11月23日,风化街小学举行国家级课题《小学综合实践校本资源的开发与研究》阶段性成果汇报活动。副校长张启云汇报课题推进历程与取得的阶段性成果,学校4位骨干教师分别展示4种类型的综合实践活动课:郭云老师上主题确定课,张敏老师上方案设计课,王媛媛老师上方法指导课,陈雪梅老师上成果辅导课。市、区督导室、教研室领导对课题研究取得的阶段性成果给予高度肯定。11月底,学校获得联合国教科文组织中国可持续发展教育(ESD)项目全国工作委员会颁发的中国可持续发展教育项目国家级示范学校称号。

(撰稿:张启云　审稿:董建华)

【永安街小学举行课题研究现场会】 11月26日,永安街小学召开“小公民大作为主题教育活动”现场会,泉山区近70余位业务领导和教师参加研讨活动,听取工作汇报,查阅课题资料,观看大队列队和主题队会。学生昂扬的精神风貌、精彩的列队和主题鲜明的队会,博得大家的一致称赞。4 月,学校确定“小公民大作为主题教育活动”为科研课题,以争当“五小”公民为小公民教育的内容和范围,在儿童与家庭、伙伴、社会、自然、自我五个方面的实践体验中,感知和增强儿童的主体意识,培养责任意识和社会适应能力。数月来,开展丰富多彩的道德实践活动,收到良好成效。

(撰稿:王怀平　审稿:王绪刚)

【湖北路小学创建市绿色学校】 湖北路小学积极开展绿色学校创建工作,宣讲绿色学校建设的要求,将环境意识贯穿于学校的管理、教育、教学和建设的整体活动中。10 月,师生举行认养校园绿地共建美好家园活动,每个中队承包一块园地,制定职责,轮流负责,增强师生生态环境意识。11 月,由市环保局和教育局等部门组成的考核小组,对湖北路小学进行评估验收,对学校创建工作给予充分肯定。

(撰稿:张　岷　审稿:徐舒田)

【段庄一小高效作业教研取得成果】 段庄一小以课堂教学为突破口,开展“设计高效作业,打造高效课堂”主题系列教研活动。学校提出设计作业时要体现趣味性,形式要多样;要有启发性,让学生饱尝解题中“苦尽甘来”的喜悦;要有层次性,让不同层次的学生都有所得。3 月 25 日,数学教研组在参加泉山区数学高效作业研讨活动中,江晓静和史玮老师就分层作业设计的具体做法,向与会老师进行汇报,产生积极效应,达成共识,受到老师们高度评价。

(撰稿:蒋厚平　审稿:周　易)

【淮西小学评为市课改先进单位】 5 月,淮西小学被评为徐州市基础教育课程改革先进单位。淮西小学始终以课改为中心,开展各种活动,调动教师的积极性。11 月 1 日,学校举行主题为“爱满校园,情倾未来”的师德演讲比赛,生动的案例、真挚的情感、质朴的语言,表达对教师职业的热爱和甘为人梯的教师形象。11 月 30 日,学校举行“在各学科的教学中渗透科技教育”课题成果展暨观摩研讨会,副校长孟书军做专题汇报,课题成果与观摩课受到局领导和来宾的好评。

(撰稿:滕晓颂　吴　梅　审稿:常　雨)

【光荣巷小学建立“周恩来班”】 5 月 15 日,省委宣传部、省教育厅、团省委、省周恩来研究会共同商定,命名光荣巷小学二(4)班为“周恩来班”。学校把伟人精神与学风、校风建设相结合,挖掘伟人精神的时代内涵,加强师德师风建设,激励学生刻苦努力学习,探索用周恩来精神培育青少年成人、成才的机制和路径。光荣巷小学二(4)班是全省首批命名的 60 个“周恩来班”之一。

(吴高峰)

【西苑小学推行电子备课制度】 9 月,西苑小学推出“三三三”电子备课制度,通过首轮备课检查和一个月的教学实践,电子备课成效凸显。“三三三”电子备课制度,即准入条件 3 个标准:工作态度认真、教学水平突出、教学业绩优良;教师申请 3 个步骤:自荐、年级组推荐和学校业务部门审核;辅助备课 3 个环节:细写案头备课、改写二次备课、精写教后小记。电子备课体现现代化教学的高效、便捷,促进教师专业化成长。

(撰稿:张　静　审稿:武　颖)

【西苑二小为“班主任专业化”实验学校】 中国教育学会重点规划课题、《人民教育》管理室主任任小艾老师主持的“班主任专业化”课题 4 月 17 日在北京隆重开题,徐州市西苑第二小学与洋思中学、北京人大附中等名校一起被列为全国首批实验校。教育部基教一司德育处处长于长学、中国教育学会常务副会长郭永福、《人民教育》总编辑傅国亮和主持人任小艾老师为实验校颁发校牌。学校申请的子课题“班集体建设与学生发展”已获立项,特级教师沈宁被聘为“班主任专业化”课题组专家。西苑二小积极实施课题研究,为班主任专业化发展探索一条可借鉴之路。

(撰稿:张清华　审稿:乔文雯)

【区领导部署矿山路小学危房改造】　6月11日下午,泉山区区长李晓雷、常务副区长高山在区文教体局局长石运昌的陪同下,率领区规划局、区安监局等单位负责人再次对矿山路小学教学楼、办公楼使用及改造情况进行实地调研。李晓雷等领导听取学校危房整改情况汇报,实地查看教学楼及教学环境设施情况,针对危房整改和学校发展相关问题作了工作部署。

(撰稿:梁友军　审稿:陈万云)

【湖滨中心小学参与“流浪儿童救助”项目】

湖滨中心小学积极参与流浪儿童救助。4月12日上午,北京师范大学“流浪儿童预防干预与回归项目”启动仪式在徐州市救助管理站会议室举行,湖滨中心小学应邀参加。该研究项目通过严格规范的管理,科学有效的教育,真正实现流浪儿童自我管理,自我教育。学校选派多名优秀教师,定期为流浪儿童送去正规的课堂教学,开展体验活动,通过研究与探索,开辟流浪儿童的特殊教育与学校正规教育的新途径,促进流浪儿童身心健康成长。

(撰稿:颜　拓　审稿:戴海明)

【段庄二小学子勇夺省运会金牌】　8月,在常州市举行的江苏省第十七届运动会青少年射箭比赛中,段庄二小输送的队员张云鹤发挥稳定,以优异成绩一举夺得男子个人青年组首枚金牌。张云鹤在段庄二小读三年级时,沉稳可爱,被启蒙教练韩磊老师发现,随后选入段庄二小射箭队,经过专业启蒙训练,张云鹤脱颖而出。在省运会同一组别比赛中个人铜牌获得者,也是来自段庄二小的学子刘轩然。这是段庄二小射箭特色教育基地硕果累累的最好体现。

(撰稿:张秋敏　审稿:崔明琳)

【奎山中心小学开展“淮塔小卫士”活动】

奎山中心小学少先队26年坚持开展“淮塔小卫士”活动。4月5日清明节,奎山中心小学学生围绕“感悟清明,缅怀先烈”主题,开展诵读革命诗词活动。8月12日,作为省关工委会议现场,在淮海战役纪念馆里,20多名“淮塔小卫士”和老校长李世明迎来了省、市关工委的百余名领导,小卫士们向老领导介绍了“淮塔小卫士”和学校“十人桥”中队的活动情况,受到了与会领导的高度赞誉。

(撰稿:张　颖　审稿:乔振银)

【太山小学创新校园文化环境】　5月,太山小学通过徐州市书法教育特色学校验收,创新校园文化环境,打造书香校园结硕果。学校充分利用校园资源,打造特色校园文化,从校园环境的布置到开展古诗词韵律操和写字教学,营造了浓厚的书香育人氛围。端午节,学校邀请泉山区区委、区教育局、区老干部局、太山街道办事处领导和诗人袁澄蓝老师,参加学校的“端午诗会”。12月8日,徐州市人大副主任、诗词协会会长徐崇先一行,到太山小学调研“诗词进校园”活动情况,认为学校创建工作扎实,诗词教育氛围浓厚,诗词普及工作卓有成效。

(满瑞敏)

【姚庄小学举办首届社区家长节】　11月9日,姚庄小学与翟山街道办事处姚庄社区联合举行首届社区家长节。学校设立教学管理、校园活动、教育成果及学生手工绘画书法作品展板,汇报学校素质教育情况;社区3位居民走进课堂,为师生讲中国革命史;在“三结合”教育论坛上,家长代表、社区居民代表及学校老师就新时期学生教育发表意见。班主任、任课教师向家长介绍学生在校情况,提出合理化建议。学校还组织由学生、家长和老师参加的趣味运动会。这是徐州市第一个由社区、学校联合举办的社区“家长节”,为研究社区教育三结合作了有益的探索。

(撰稿:宗大义　审稿:刘金珠)

【市慈善总会到特教中心慰问】　4月7日下午,徐州市慈善总会于会长及国华集团孙总、建平化工王总、盛宝集团于总等3位著名企业家到泉山特教中心进行慰问,并向学校捐款5万元人民币。企业家们表示愿意帮助有一定工作能力的成年学生解决就业问题,对此,学校及学生家长们表示由衷地感谢。捐款仪式上,同学们表演了精心准备的节目,职教班的学生向于会长等人回赠了亲手制作的精美糕点。

(撰稿:李冀湘　审稿:杨福荣)

【九里一实小更名为明诚小学】　12月1日,徐州市明诚小学举行隆重的揭牌仪式。徐州市区划调整后,九里区第一实验小学归属泉山区文教体局,更名为徐州市明诚小学。学校新建200米环形塑胶跑道、标准微机室、电子白板教室,办学条件有较大改善。11月30日,省三星级实验小学验收专家组到学校,通过查阅资料、听课、参观校园文化建设、问卷调查等,对学校创建工作进行评估、验收,给予高度评价。

(孟昭华)

【苏山小学新苗文学社活动丰富多彩】　10月,苏山小学新苗文学社成立一周年,文学社成立以来,活动丰富,效果明显。新苗文学社创办的《新苗报》每两周出版一期,至年底共发表学生的优秀习作近百篇,有近10篇学生作品发表在市级报刊上。文学社通讯员由语文老师负责推荐,并进行习作指导,组织参加徐州市小记者采访、到草莓园采摘草莓等实践活动,丰富学生的习作素材。文学社的活动,对语文教学尤其是作文教学产生了积极的影响。

(撰稿:朱　红　审稿:魏新梅)

【火花学校关心外来务工人员子女】　火花学校通过各项活动关心外来务工人员子女,用爱心点燃他们的梦想。学校在校生中50%以上是外来务工人员的子女,学校对他们给予特别关注和关心。5月举办的校园文化艺术节上,外来务工子女像其他学生一样踊跃参加唱歌、跳舞、曲艺、演奏、节目主持等项活动,丰富的校园生活让他们快乐成长。6月1日,学校与徐州广播电视台《第一百姓》栏目共同举办汇演,颁发校园十佳歌手、十佳舞蹈队、十佳器乐之星、十佳曲艺之星、十佳小画家、十佳小书法家、十佳小主持人等奖项,学生们的才华和创造力得到充分展示。

(撰稿:张　伟　审稿:吴学政)

【汇文学校文明主题实践活动结硕果】　4月15日下午,汇文实验学校举行“小手拉大手文明齐步走”主题实践活动启动仪式。少先队大队长宣读文明倡议书,全体师生进行文明宣誓和文明签字仪式,同时搭建家校互动平台,让家长、孩子共同参与。学校围绕教育主题,从“加强学生基础文明养成教育”和“提升家长素质、共做文明市民”两个方面开展了一系列教育活动,提升了学生和家长的文明水平,活动评选出文明之星、文明班级和文明家长。

(撰稿:焦　阳　审稿:冯现奇)

【史庄小学通过教育现代化验收】　1月18日,徐州市教育现代化学校验收专家组一行

3 人到史庄小学进行学校教育现代化水平评估。评估组通过听取汇报、查看资料、深入课堂、观看课间操、查看设备和召开学生、教师座谈会等方式,对学校进行认真检查验收,一致认为史庄小学在办学条件、办学思想、管理理念、教育实践、学校特色等方面,达到相关要求,通过了验收。

(撰稿:解朝峰　审稿:胡光芹)

【王新庄小学课堂教学彰显活力】 10～12 月,王新庄小学抓住时机,把打造高效课堂作为突破口,以较强的英语学科教学做引领,倡导快乐课堂,教学彰显活力。学校通过开展丰富多彩的教学沙龙、听课评课、课题研究等系列教研活动,促使教师改变教学观,打造高效课堂,拓宽学生在课堂上思考的空间,学习效率得到进一步的提高。

(撰稿:李惠侠　审稿:殷冬冬)

【张小楼小学坚持班主任例会制度】 张小楼小学把班主任队伍建设作为学校管理工作的重心,坚持每月召开一次班主任会议。学校领导在班主任例会上及时传达学校的各项决定和工作要求,针对近期学生的实际情况,组织班主任有针对性地开展积极、健康的活动。班主任就学生思想教育和班级管理中存在的问题及对策,相互交流,共同提高。班主任例会有效提高了班主任的管理水平,促进学校健康发展。

(撰稿:陈　征　审稿:张　强)

【城北中学"德育作业"见成效】 城北中学创新德育形式,开展让学生填写"德育作业"活动,初见成效。根据学校对学生思想品德发展的要求,"德育作业"确定一定的主题,设计出一套相互联系的项目,要求学生在无人监督的情况下,独自完成。填写"德育作业"是实践性较强的、有目的、有意识的自主教育过程,引导学生培养道德情感,提高认知能力,依靠内在的正确观念约束自己的行为。实施"德育作业"以来,学生的部分不良行为习惯得到矫正,良好行为习惯逐步形成。

(撰稿:陈延超　审稿:韩彦西)

【机关幼儿园举办幼小衔接专题讲座】 4 月 7 日,机关幼儿园召开幼小衔接家长会,邀请教育专家范祖慈开设幼小衔接专题讲座。园领导向家长介绍了在幼小衔接过程中幼儿要面对的一些新变化,以及孩子入学前的生理、心理、学习习惯等方面的准备。毕业班教师代表以数学活动为例,向家长介绍了数学幼小衔接学习的要点。毕业班老师还针对各自班级孩子的现状与家长作进一步交流。

(撰稿:甘宜芬　审稿:刘　颖)

【教工幼儿园安全工作成绩显著】 5 月 5 日,教工幼儿园建立接送卡制度,设置周界报警器、监控录像与电子围栏等现代化安全技防设施,强化校园安全管理。徐州市副市长孔海燕率综治、教育、安监、公安等部门负责人到幼儿园检查校园安全工作,对校园安全管理给予高度评价。5 月 21 日,在徐州市校园安全检查活动中,由市工商局、卫生局、公安局、政府督导室等多家单位组成的联合检查组对幼儿园食品卫生、技防设施、安全管理资料、安保人员设置等方面进行全面细致的检查,获得好评。

(张　晴)

【星光幼儿园建构游戏大赛获奖】 6 月,在徐州市 2010 少儿书画建构游戏大赛颁奖晚会上,星光实验幼儿园 300 多幅幼儿绘画作品全部获奖,幼儿园获优秀组织奖,邱晨曦、朱海歌等 300 多位小朋友分别荣获特等奖、一等奖、二等奖的好成绩,商薇、范凯等老师获优秀辅导教师奖。幼儿园建构游戏《童心畅想徐州世博会》获建构游戏大赛团体一等奖。徐浩峻、王睿恒等 4 位幼儿分获建构游戏大赛一等奖。裴维景老师获幼儿教师基本功比赛一等奖。

（撰稿：彭传香　审稿：马金珠）

【奎山幼儿园创建科普特色】　5月，奎山幼儿园被评为徐州市科普特色学校。幼儿园充分利用地处郊外得天独厚的地理优势，班班开辟种植园，让幼儿从调查社区植物种类和种植、收获等活动体验中，掌握浅显的科学知识与简单的劳动技能，在动手操作中探索、发现、成长。幼儿园以科普教育活动为载体，积极打造幼儿园办园特色，一年多的实践初见成效，多次受到市、区领导的赞扬。

（撰稿：张秋云　审稿：陈　巧）

【火花学校附属幼儿园开展家访活动】　11月，火花学校附属幼儿园组织教师认真开展家访活动。学校按区域建立6个家访小组，印制家访记录表，对148名幼儿的家庭进行了登门访问，家访率达100%。在家访中，对幼儿住址、是否留守儿童等情况进行了解，听取家长意见及建议。针对所了解到的情况及时召开小结会，提出整改措施，形成"教育+服务"模式，处处为家长及幼儿着想，提高办园水平。

（撰稿：胡　莉　审稿：孙　敏）

【苏山小学附属园引入奥尔夫教学法】　11月9日，苏山小学附属幼儿园将奥尔夫教学活动引入课堂。奥尔夫教学法与园本教育的完美融合，推动幼儿园教育教学工作前进的步伐，提高教师教育教学能力和科研能力。奥尔夫教学法形式多变，方法灵活，让幼儿们在唱唱跳跳、敲敲打打中将个人独特的个性、能力、爱好得到展现、开发和培养。孩子们音乐素养的提升也让家长们对奥尔夫教学的魅力赞不绝口。

（撰稿：章　丽　审稿：蒋晓雯）

泉山区2010年各级各类学校基本情况表

表5－11　　单位：个、人

校　名	班级数	学生数	毕业生数	招生数	教职工数		学校领导			
					计	专任教师	校长	副校长	书记	副书记
少华街小学	37	1883	337	313	103	102	蒋　洁	韩　冰　茆守明 李冀晖	蒋　洁	韩　冰
求是小学	42	1956	362	315	107	105	周少华	朱　霄	田永军	刘保新
星光双语实验小学	56	2360	312	460	123	122	常玉萍	姜佩敏　吴　湘 晁家奎	常玉萍	张玉玫
光荣巷小学	47	1986	284	336	114	114	吴高峰	葛桂琴　涂翠华 陈红波　吴敬圣	倪　萍	陈洪波
风化街中心小学	17	634	137	67	59	59	董建华	王秀珍　张启云	马宪斌	
永安街小学	17	612	113	78	49	49	王绪刚	宋建华　樊迎春	王怀平	
湖北路小学	7	203	50	33	26	25	徐舒田	刘　梅	徐舒田	
段庄第一小学	17	755	152	71	53	53	周　易	冯文武	王晓卫	蒋厚平
淮海西路中心小学	36	1256	115	118	113	113	常　雨	滕晓颂　孟淑君	李　晶	郭蕴玉
西苑小学	33	1665	196	288	77	74	武　颖	叶咏梅　朱卫红 蒋建中	王丽华	

续表 5－11－1　　单位:个、人

校名	班级数	学生数	毕业生数	招生数	教职工数		学校领导			
					计	专任教师	校长	副校长	书记	副书记
西苑第二小学	29	1357	226	257	62	62	乔文雯	沈宁　彭浩	王雪芹	古松萍
湖滨中心小学	24	1177	200	174	57	57	戴海明	丁瑾	乔永智	袁兵
段庄第二小学	23	1052	199	249	54	54	崔明琳	焦祥娣　陈慧	李华	
矿山路小学	15	630	55	129	36	36	陈万云	张艳红　陈虹光	陈万云	
奎山中心小学	17	706	90	130	41	41	乔振银	周兴伟　张颖	吕桂庭	
奎园小学	17	781	90	150	45	45	王雷	汪宜平	王雷	
姚庄小学	12	413	73	74	52	52	刘金珠	费慧晶	高度伟	
泰山小学	13	485	66	100	31	31	满瑞敏	王海	满瑞敏	
汇文学校	26	746	81＋86	87＋65	113	102	冯现奇	祁锦山　周贤梅	朱艳	
火花学校	28	1013	139	135＋136	106	105	吴学政	刘银松　周廷达	周琳	
明诚小学	22	538	119	103	91	85	孟昭华	刘文亮	孟昭华	
史庄小学	12	239	48	72	45	45	胡光芹		郑帮民	
苏山小学	22	895	163	177	70	70	魏新梅	郑慧娴　张静	完永湘	
王新庄小学	12	293	40	63	41	41	殷冬冬	李惠侠	罗传明	
张小楼小学	6	154	25	21	26	26	张强	周广庆	张强	
城北中学	8	197	97	56	62	51	韩彦西	王玉琪　阎承强	韩彦西	
机关幼儿园	6	172	52	81	30	22	刘颖			
教工幼儿园	8	293	70	100	38	23	张晴	李晓明	张晴	
奎山幼儿园	6	151	38	28	23	17	陈巧	张秋云	陈巧	
星光幼儿园	16	596	222	245	72	34	马金珠	彭传香　邱琳　程永琴	马金珠	
泉山区特教中心	9	88	7	17	31	28	杨福荣	李冀湘	杨福荣	
彭城特教学校	9	132	6	12	17		韩汝芬	洪云		

（傅惠文　李世明）

经济技术开发区

社会事业局局长　韦　敏(女)

【概况】　2010年,徐州经济技术开发区有各级各类学校31所,其中中学6所(初中5所,高中1所),九年一贯制学校1所,小学10所,中等职业学校1所,幼儿园13所;全区中小学在校学生18616人,其中高中928人,初中6380人,小学9624人,中等职业学校在校学生1684人。义务教育阶段入学率100%,初中巩固率100%,高中阶段入学率100%,学前三年幼儿入园率100%。各类学校中,民办中学1所,民办幼儿园7所。全区有教职工1758人,其中专任教师1536人。教师学历合格率初中、小学、幼儿园均100%。省、市名师名校长10人。

2010年,全区有省示范初中2所,省实验小学1所,省、市优质幼儿园13所,省、国家重点职业技术学校1所。全年撤并学校2所,新建学校3所。年内,获国家、省、市36项荣誉称号。全年投入教育经费18354万元。

【加强教育基础设施建设】　2010年,开发区投资12000万元新建实验学校、大湖小学、开发实验小学南校区(原蟠桃小学),3所学校已先后投入使用;投资4200万元扩建侯集实验小学、刘湾小学、西朱小学,扩建工程基本完工;义务教育学校标准化建设用于添置教育教学设施的2000万元资金基本到位;投资近3000万元新建的6所幼儿园有5所开始招生;城东高中、青少年活动中心新建、扩建、校舍加固等工程按序全面展开;区网络资源中心标准机房建成,为全区提供丰富的教育教学资源的平台。

【促进学校自主发展】　开发区依据《江苏省中小学管理规范》,制定学校年度目标管理责任书,建立符合素质教育要求和人的全面发展要求的综合考核评价机制,促进学校自主发展。全区学校已分别在书法篆刻、书香校园、教学具制作、艺术教育等方面形成特色,推动了学校的个性发展。

【打造高素质教师队伍】　开发区着力打造师德优、素质高、能力强的专业化教师队伍。要求教师严格执行"五严"、"十禁"规定,全力打造高效课堂。加大力度实施教师培训工程和"教育引智"工程,全区选派7名教师出国参加培训,16名校干赴苏南挂职锻炼,560名老师参加国家、省、市级培训;先后有50多名教师在省、市优质课评比中获奖,8名学科中心组成员从区走向大市,面向全市教师开设讲座。

【教育科研成效显著】　开发区在确立把"问题当课题"的科研理念指导下,注重以教促研,以研促教。年内,结合工作重点先后开展了"小学数学实际教学研究"、"小学英语词句教学的策略研究"、"小学语文文本解读的策略研究"及"园本教研促进教师专业成长"、"中考课堂教学复习研讨活动"、"初中教师几何画板培训"等专题教研活动。有4所中学获得省级奖励,15人获得省、市级奖励;在教科研论文、案例评比中,300多名教师获奖,6个市级集体课题和36个市级个人课题结题,110个课题获得了市级立项。

(撰稿:杨浩然　审稿:姚焕旭)

【市委书记曹新平视察实验学校】　2月21日,市委书记曹新平在市委常委、开发区管委会主任秦景安的陪同下到开发区实验学校视察指导。实验学校校长练晓涛汇报了学校的创建背景、办学条件以及学校所取得的教育教学成果。曹新平参观校园,询问学校有关情况,对学校的绿化工作、基建工作进行具体的指导,并提出教育好学生,办人民满意的教育的希望。

【实验学校完善硬件建设】 2010年,在开发区管委会的支持下,实验学校的硬件建设得到迅速完善。年内,学校400米塑胶跑道、食堂、西大门等基础工程建设完工。同时,学校抓住创建教育现代化机遇,进一步完善各功能教室的配置。至年底,学校建有音乐、美术教室各4间,物理、生物、科学实验室各3间,计算机室2间,地理教室1间,电子阅览室1间,其中地理教室为徐州市第一间地理教学专用教室;图书室新增图书1万余册。各功能教室的配置均达到省Ⅱ类及以上标准,为学校开展教育教学活动提供有力的保证。

(撰稿:徐 刚 审稿:练晓涛)

【开发区中学举行欢送毕业生活动】 6月12日,开发区中学举行第五届"青春放歌"暨欢送毕业生活动。下午4点,七、八年级学生列队,掌声欢迎初三学生入场。学弟学妹们自编自演的节目精彩纷呈。朗诵《师生话别·三年我们一起走过》将气氛推向高潮,听着老师们的内心独白,很多学生忍不住泪撒操场;面对朝夕相处、即将离别的学生,老师们也唏嘘不已。欢送会在全体学生"精忠报国"的歌声中落下帷幕。

【开发区中学蝉联市田径赛冠军】 10月30日,在2010全市中小学生田径运动会上,开发区中学体育代表队以总分167分的绝对的优势获得团体总分第一的好成绩。自2007~2010年,开发区中学在全市中小学田径运动会上,获得三连冠。

(撰稿:李智梅 审稿:牛树超)

【城东中学步入发展快车道】 3月18日,城东中学迎来加拿大友人的到访。在社会事业局局长韦敏的陪同下,加拿大友人考察城东中学的校园环境、办学条件、师资力量,并就合作办学意向与城东中学进行沟通和交流。5月18日《都市晨报》、《彭城晚报》、《徐州日报》连续对城东中学的办学思想、教育教学改革成果进行跟踪报道,在徐州地区引起较大反响。7月份城东中学高标准通过二星级高中验收,成为徐州市重点高中。11月份,城东中学新校区的筹建工作有了突破性进展,新校区的选址、规划、设计、立项工作已经完成。

(撰稿:汪静华 审稿:闫洪振)

【工业学校引企入校创新办学模式】 2月20日,徐州立成精密机械设备制造有限公司落户工业学校,这是学校和江苏宗申摩托车有限公司、徐州富士时装有限公司、江苏亚亚防撬门有限公司合作实施"冠名班"以来,校企合作的又一新台阶。公司计划一期投入设施、设备资金2500万元,把公司研发生产和学校的江苏省紧缺型数控人才基地实训有效的融合在一起,使实训基地成为集教学性实习、生产性实习、对外培训、技能鉴定、科学研发为一体的多功能中心。

【工业学校开展服务经济走访企业调研】 3月15日起,工业学校开展"服务区内经济、走访百家企业"走访调研活动。调研人员按照产业结构特点分成工程机械、光伏光电、工业电子、生物医药、现代食品、综合物流、清洁能源等7个调研组,从实习情况、专业设置吻合度、校企合作意向等方面,先后走访了区内近百家企业,调研后形成《专业结构与产业结构吻合度调研报告》,为学校专业调整、课程改革、师资队伍和实训基地建设提供了依据,增强学校可持续发展的能力。

(撰稿:李 新 审稿:王伟才)

【大黄山中学获省课改先进单位】　3月，大黄山中学被江苏省教育厅评为江苏省基础教育课程改革先进单位。学校创建特色校本教研、打造高效课堂教学，逐步构建以“教学案”为载体的高效课堂教学模式。该模式下的课堂教学，关注学生学习的全过程，关注教师的教学针对性，关注课堂师生共同成长的互动性，强调以学生发展为本，优化教师教的方法和学生学的方式，找到了一条低耗高效的课改之路，成效显著，得到上级领导和兄弟学校的充分肯定。1月，学校的课改成果被推荐参加江苏省基础教育教学成果评选。

（撰稿：张立伟　审稿：王廷志）

【大庙中学自制教学具彰显特色】　3月，大庙中学李为才老师研制的初中化学实验装置20套，在首届江苏省基础教育教学成果评比中受到省内专家们的一致好评，荣获特等奖。8月，受常州市教育局邀请，李为才老师对该市150多名骨干教师进行自制教具开发和应用的培训。在李老师的带动下，全校理化生学科教师积极投入实验教学研究，以教研组为单位自制教学具，弥补了实验教学的不足，有力促进了理化生教学实践，取得良好的效果。

（撰稿：周　波　审稿：王建东）

【西朱中学开展民俗体育活动】　10月30日，在徐州市中小学生运动会开幕式上，西朱中学600余人参加的大型集体竹竿舞表演，荣获特色操表演奖，受到上级领导及与会者的一致好评。学校以民俗体育活动为依托，积极开展阳光体育活动，利用体育课、大课间时间开展推铁环、打陀螺、踢毽子、丢沙包、跳绳、竹竿舞等民俗体育活动的训练，极大丰富了学生的课余生活。

（撰稿：刘小伟　审稿：解树生）

【黄山外国语学校教科研氛围浓厚】　年内，黄山外国语学校人人参加课题研究，教科研氛围浓厚。学校校本特色课题“民办外国语学校课堂实施双语教学研究”获江苏省教育学会重点立项。至年底，学校共承担1个省级课题，2个市级课题，45个区、校级课题。黄外以质量立校，特色强校，加强课堂教学研究，在校园内逐步形成人人参加课题研究的浓厚氛围，全面提高教育教学质量。

（撰稿：张　萍　审稿：李桂树）

【区实验小学南校区建成并使用】　9月，徐州经济开发区实验小学南校区正式建成使用。学校坐落在风景优美的开发区蟠桃花园新区内，占地面积1.25公顷，建筑面积6118平方米，按28个教学班规模设计建造，总造价1200万元，是一所新建的现代化小学。校园布局合理、环境优美，教育设施先进，师资队伍精良。根据区社会事业局部署，为充分发挥实验小学优质资源辐射带动作用，南北校区实行一校两区统一管理。学校秉承“以人为本”的教育理念，从学生一日常规、文明习惯入手，着力抓好学校常规管理，发展学生个性，培养学生的创新精神，积极培育学校特色项目，年底，顺利通过徐州市标准化学校验收。

（撰稿：孙海英　审稿：孟宪君）

【侯集实验小学开展家长评教活动】　11月16日，侯集实验小学向全校学生家长发放调查问卷，开展家长评教活动。评教活动共发放问卷2437张，回收率为100%，有效问卷2435张，家长对教师的满意率达到96.9%。学校经过统计分析，将评教结果通过不同的方式反馈给教师。此次评教活动进一步规范了教师的教学行为，为学校改进管理提供有效信息，同时促进了师德建设。

（撰稿：李丽英　审稿：王　伟）

【城东小学图书馆获全国先进集体】　9月，城东小学荣获全国中小学图书馆先进集体称号，成为徐州经济技术开发区唯一获得国家级图书馆先进集体的学校。城东小学图书馆始建于1958年,截至2010年8月,藏书3万册。图书馆配置教师阅览室、学生阅览室,实行电子借阅管理,全天候开放、全开架借阅,加大图书流通率,丰富师生的精神文化生活。

(撰稿:陈传平　审稿:伏　浩)

【大黄山实小承办市课外阅读现场会】 12月17日,徐州市课外阅读现场会在大黄山实验小学举行。市教研室副主任仲新元,教研员卞强、刘春以及来自市区各校的100多名教师与会。校长孙庆太就学校课外阅读工作开展情况作汇报,与会人员听了3节不同学年段的阅读课,随后的阅读展示节目把整个活动推向高潮。市教研室领导对大黄山实验小学课外阅读工作取得的成绩给予充分肯定和高度评价。

(撰稿:佟光路　审稿:孙庆太)

【西朱小学举行英语文化艺术节】 3月20日,西朱小学全体师生及卡特彼勒(徐州)公司40余名员工汇集在操场,隆重举行西朱小学第二届英语文化艺术节。参加这次活动的有卡特彼勒公司总经理陈其华先生,经理杨骏、董韶华先生,社会事业局局长韦敏,大黄山镇小学中心校校长孙庆太。活动全程英语化,表演了英语歌曲独唱、表演唱、小品、短剧、双簧、服装表演秀、抢答等节目。比赛期间,还进行师生和卡特彼勒公司员工互动节目,节目形式多样,精彩纷呈。这次英语文化艺术节是检阅学校英语教学水平,张扬学生个性,展示师生能力与英语风采,注重英语实践运用教学的又一成功体验。

(撰稿:吴玉平　审稿:郭　亮)

【荆山小学国学诵读活动盛况空前】 12月16日,荆山小学师生开展国学诵读比赛活动。学校将"诵中华经典,养人文精神"作为实施素质教育的载体,以此激发学生的读书热情。学校新编《国学》一书,收录了《弟子规》、《千字文》、"四书五经"、《笠翁对韵》等古籍中的典章名句,按年级安排学习内容,实行"每天一句,每月一章"的学习、背诵活动。比赛时,全体师生齐聚一堂,抽签上阵,各展其能。每个班级都在熟练诵读的基础上,饰以简单的形式技巧,使诵读活动声情并茂,丰富多彩。最后,全体师生460余人的集体齐诵,把活动推向高潮。

(撰稿:周厚勇　审稿:夏志强)

【大湖小学新建教学楼投入使用】 9月,在开发区管委会、社会事业局领导的关心和支持下,大湖小学新建教学楼投入使用。学校占地面积为1.2公顷,绿化面积4500平方米,按徐州市小学标准化要求设立计算机教室、多媒体教室、图书室、阅览室、体育器材室、音乐室、美术室、舞蹈房、科学实验室、仪器室等十余间专用教室,相关设施设备配备齐全,电教设备与城域网光纤连接。崭新的教学楼、标准的塑胶运动场、令人赏心悦目的花园草地,为学生提供了优越的学习环境。

(撰稿:蒋　波　审稿:蒋　波)

【王庄小学党员创先争优公开承诺】 9月9日,王庄小学党支部召开党员、入党积极分子创先争优座谈会。会议由党支部副书记杨成盾主持,每名党员就创先争优做出公开承诺,纷纷表示一定要向优秀党员学习,立足岗位,忠于职守,勤奋学习,廉洁勤政,爱岗敬业。会上审议通过了党支部公开承诺书,要求全体党员积极行动起来,创先争优,接受群众监督和党组织的考验,在工作、学习和社会生活中处处起模范带头作用,争做一名优秀的共产党员,为开发区的教育事业作出自已的贡献。

(撰稿:任雪梅　审稿:杨成盾)

【刘湾小学推行"生态化"德育】 刘湾小学寓德育于丰富多彩的少先队活动中,让德育

“生态化”。学校结合节日、纪念日积极开展主题教育活动和社会实践活动，丰富教育方法，拓宽德育内容。三月的感恩、四月的清明祭扫、踏青、五月的劳动技能大赛、“六一”商品交易市场会，以及青少年素质教育基地的实践活动，使学生学会学习、学会生活、学会生存，促进了学生健康成长和全面发展。

（撰稿：周雪萍　审稿：孙西娟）

【社区教育培训中心大力开展各类培训】 徐州经济开发区社区教育培训中心按照开发区推进“二次创业”的要求，积极推进社区教育工作，大力开展各类培训活动。2010 年培训 45400 人次，全员培训率 82.5%；从业人员培训 25760 人，年培训率 67.3%；再就业培训 562 人。2010 年，中心正在整合社区教育资源，按照“一轴贯通、两网并建、三教并重、四多并举”的原则，搭建科学、宽广的教育、学习平台，为创建学习型社会而努力。

（王吉廷）

【碧螺一幼通过省优质园验收】 12 月 13 日上午，省评估组在市、区教育局领导的陪同下，对碧螺第一幼儿园申报的省优质幼儿园进行评估验收。幼儿园投资上百万元，加强基础设施建设，办园条件得到进一步改善；实施园本培训，教师“练兵”活动常态化，教师素质进一步提升；实行人本管理并成立家长学校和家长委员会，使家园共育活动丰富多彩。评估组通过听取园长介绍，讲解员讲解，实地察看和查阅相关资料，对幼儿园的环境建设、设施设备、办园实绩等进行评估，给予好评。

（撰稿：裴新杰　审稿：刘俊东）

【晴晴幼儿园被评为十佳民办幼儿园】 12 月 20 日，首届“徐州市民信赖的十佳民办幼儿园、十佳民办学校（亲子园）”评选结果揭晓，徐州市晴晴幼儿园被评为 2010 年度徐州市市民信赖的十佳民办幼儿园，园长叶小爱被评为十佳民办幼儿园园长。评选活动由徐州市广播电视台主办，徐州广播电视《新周刊》、中国淮海网等协办，广大市民踊跃参与，历时数月、2 万多份的投票推选。晴晴幼儿园将以“十佳”评选活动为契机，坚持“以人为本、为民服务”的办园宗旨，努力创建孩子们成长的乐园。

（叶小爱）

徐州经济开发区 2010 年各级各类学校基本情况表

表 5－12　　单位：个、人

校名	班级数	学生数	毕业生数	招生数	教职工数		学校领导			
					计	专任教师	校长	副校长	书记	副书记
开发区实验小学	4	147	147	299	108	98	孟宪君	尚　海　孙海英	孟宪君	
刘湾小学	13	530	84	99	37	37	孙西娟	刘西凤	孙西娟	
王庄小学	6	172	33	35	21	21	杨成盾	孙　建		
侯集实验小学	66	2670	429	422	158	156	王　伟	姚向芹　姚成光　李丽英	王　伟	
城东小学	27	1166	148	217	88	83	陆建豪	朱景礼	陆建豪	
大湖小学	7	174	25	44	22	21	蒋　泼	岳喜权		

续表 5－12－1　　　　　　　　　　　　　　　　　　　　　　单位:个、人

校名	班级数	学生数	毕业生数	招生数	教职工数		学校领导			
					计	专任教师	校长	副校长	书记	副书记
李庄小学	13	440	60	140	37	30	李华山	李　敏　李胜超		
大黄山实验小学	29	927	161	208	73	71	孙庆太	魏家清　佟光路	孙庆太	
西朱小学	13	470	64	115	32	31	郭　亮	冯　伟		
荆山小学	14	424	60	87	36	36	黄书彬	夏志强		
开发区实验学校	45	1775	181	602	126	115	练晓涛	王兆丰	练晓涛	
开发区中学	30	1342	465	423	116	107	牛树超	王学东　刘宗果	牛树超	
大黄山中学	30	952	525	372	114	94	王廷志	高发亮　蒋首峰	王廷志	
西朱中学	19	623	249	122	68	63	解树生	王震君　王　平		
大庙中学	48	1987	661	691	222	200	王建东	刘厚安　郭元春 赵启科	王建东	
黄山外国语学校	24	1265	431	413	106	65	李桂树	王宝玉　韩志飞 蒋海潮　张寒冬	张　迢	
城东中学	16	889	146	439	89	72	闫洪振	张　雷　谭　永	谭　永	
工业学校	40	1614	850	586	201	157	王伟才	梁兴义　刘道清 李文增	王伟才	
开发区成教					17	10	王吉廷			
大黄山成教					9	9	宗华香	杨冰松		
大庙成教					14	14	钱桂君	陈昌龙	钱桂君	
大黄山中心幼儿园	8	289	75	90	25	16	王继峰	胡慧芳		
大黄山实验幼儿园	7	236	83	66	21	9	杨恩元	王　琳		
大庙镇中心幼儿园	7	290	150	60	27	14	夏善为	李文芝		
蟠桃花园中心幼儿园	5	110	36	226	11	7	乔凤云	王昌武		

(姚焕旭)

(本编编辑　曹昭海)

第六编　荣　誉　录

先进集体

2007～2009年度江苏省文明单位标兵
徐州师范大学
2007～2009年度江苏省文明单位
徐州市科技中学
徐州高等师范学校
徐州工程学院
徐州建筑职业技术学院
2007～2009年度江苏省精神文明建设工作先进单位
徐州市王杰中学
徐州市第三十一中学
徐州市第三十五中学
中国矿业大学
徐州广播电视大学
徐州市2009年度基础教育课程改革先进单位
一、先进县(市)区
丰县教育局
鼓楼区文教体局
九里区文教体局
徐州经济开发区事业局
二、先进集体
丰县民族中学
沛县湖西中学
铜山县棠张高级中学
睢宁县睢城镇南门小学
邳州市新城中学
新沂市邵店中学
贾汪区紫庄中心小学
九里区新陈庄小学
云龙区青年路小学
泉山区淮海西路中心小学
鼓楼区文教局实验幼儿园
徐州经济开发区西朱中学
徐州市第二中学
徐州市第三十三中学
徐州市第三十五中学
徐州市第二十二中学
徐州市先进班组
徐州高等师范学校文理系
徐州市先进集体
徐州市职业教育中心
徐州市模范职工之家
徐州市第三十六中学
运河高等师范学校
徐州高级中学
徐州市第一中学
徐州市特殊教育中心
徐州市教育系统先进基层党组织
徐州市第五中学党委
徐州市第八中学党支部
丰县实验小学党支部
丰县民族中学(第二中学)党总支
沛县第五中学党支部
沛县教育局党委
铜山县大许中学党支部
铜山县单集镇中心中学党支部
睢宁高级中学党委
睢宁县实验小学党支部
邳州市教育局党委
邳州市新城中学党支部

新沂市邵店中学党支部
新沂市第六中学党支部
徐州市民主路小学党支部
徐州市淮西中心小学党支部
徐州市少华街小学党支部
云龙区文化教育体育局党委
九里区文化教育体育局党委
贾汪中学党总支
徐州经济开发区实验小学党支部
徐州经贸高等职业学校党委
徐州医药高等职业学校党委
徐州生物工程高等职业学校党委
徐州机电工程高等职业学校党委
徐州工程学院土木工程学院党委
徐州工业职业技术学院环境工程系党总支
徐州建筑职业技术学院人文社科系党总支
徐州市广播电视大学机电工程系党支部
徐州技师学院机关一支部

先进个人

江苏省第十一批特级教师

吴佩贞　丰县群益中学
黄　雷　沛县初级中学
韩英灵　沛县教育局教研室
朱桂金　沛县实验小学
武俊清　沛县湖西中学
滕衍平　铜山县三堡实验小学
曹玉辉　铜山县汉王镇小学中心校
王林喜　铜山县铜山镇中心中学
经志芹　铜山县铜山镇中心中学
吴宝莹　江苏省郑集高级中学
王献章　睢宁县李集中学
李美华　睢宁县城西小学
张珠飞　睢宁县实验小学
李宏志　江苏省睢宁高级中学北校
高西栋　江苏省睢宁高级中学北校
王占平　邳州市教学研究室
朱长青　江苏省运河师范学校附属小学
张　健　邳州市教育局教学研究室
翟运胜　邳州市八义集镇中心小学
杨采涓　新沂市新安小学
林小场　新沂市新安小学
曹　璟　徐州市师范学校第一附属小学
查晓红　徐州市中山外国语实验学校
张丽芬　泉山区文化教育体育局教科研室
朱卫红　徐州市西苑小学
程新展　徐州市贾汪区建平中学
李秋颖　徐州市中小学教学研究室
郭军英　徐州市第一中学
宋志贵　徐州市第一中学
袁长江　徐州市第一中学
袁向萍　徐州市第三中学
丁　侠　徐州市西苑中学
王晓峰　徐州市第三十一中学

徐州市2009年度基础教育课程改革先进工作者

丰　县

王作让　宋楼镇田楼小学
张佩林　顺河初级中学
董月廷　刘王楼初级中学
董志峰　欢口中学
刘金凤　华山镇中心校
徐思华　顺河中学
陈少华　教育局教研室
郭世锦　课程改革办公室

沛　县

闵令芝　初级中学
于康凌　张寨镇中学
郭保富　唐楼中学
褚衍强　五段镇姜庄小学
张永军　大屯镇中心小学
周　欣　实验小学
张　勇　正阳小学
王　涛　教育局教研室

铜山县

李玉新　教育局教研室

滕道忠　房村镇郭集中学
宋诗合　郑集高级中学
张学礼　棠张高级中学
张　莉　实验幼儿园
睢宁县
王　鸿　李集中心小学
严效田　新世纪中学
卢清莲　菁华学校
朱荣立　城北中学
贾保柱　第二中学
李　娟　刘圩中学
刘荣章　庆安中学
邳州市
肖玉华　实验小学
吕世凯　岱山中学
徐方婷　运师附小
杜　丽　官湖中心校
王成武　八义集中心校
杨召平　戴庄中学
展　会　官湖高中
新沂市
王其华　阿湖镇中心小学
孙敬彬　新华小学
陆　波　时集镇蒋沟小学
陈书华　踢球山中学
倪红侠　马陵山中学
高行军　第六中学
周士堡　合沟中学
周建堂　第十中学
胡丰产　棋盘中学
贾汪区
高本安　新集中学
张会林　实验中学
孙善慈　徐州七中
郑长云　实验小学
付洪梅　大吴中心小学
孙　玲　紫庄中心小学
耿德田　建平中学
九里区
刘永柱　苏山初级中学
陈建飞　九里山学校
江　影　新陈庄小学
泉山区
周少华　求是小学
涂翠华　光荣巷小学
张　玉　少华街小学
云龙区
赵民强　文教体局
王　勤　文教体局教育科
冯子瑛　解放路小学
潘　伟　新城实验小学
鼓楼区
杜亚平　鼓楼小学
徐州经济开发区
王艳强　大黄山小学中心校
姚向芹　侯集实验小学
昝金海　西朱中学
市教育局直管学校
郭军英　徐州市第一中学
李卫国　徐州市第二中学
张　静　徐州高级中学
杨　明　徐州市第八中学
王兴秋　徐州市王杰中学
柏发瑞　徐州市第二十二中学
李凌霞　徐州科技中学
王　玲　徐州市第三十三中学
徐　静　徐州市第三十七中学
李艺然　公园巷幼儿园

徐州市第二届十佳文明职工

张绍辉　徐州市第三中学

徐州市劳动模范

鲍　雯　徐州高级中学
王安雷　徐州幼儿高等师范学校
许庆华　王杰中学

徐州市优秀工会工作者

张黎明　徐州市第三十四中学
邓宪亮　徐州幼儿高等师范学校

徐州市优秀工会积极分子

陈　鼎　徐州市第十三中学
高　岩　徐州市第二中学
梁　锐　徐州市第三十五中学

徐州市第三届"学生最喜爱的教师"

杜殿鸿　丰县中学
樊文华　丰县民族中学
王胜玉　丰县华山中学
汤　伟　丰县实验中学
邵丽莉　丰县创新外国语小学
季朋德　丰县宋楼初级中学
董美华　丰县育英初级中学
于娟娟　丰县东关小学
黄晓莉　丰县首羡中心校
孟文文　丰县范楼中心校
王　玫　沛县敬安中心校
张彩燕　沛县杨屯中心小学
周培培　沛县郝寨中学
郝春香　沛县第三中学
徐　沛　沛县胡寨中学
张修芬　沛县鸳楼中学
杨碧华　沛县张寨镇中学
席云沛　沛县第五中学
侯成枝　沛县歌风小学
赵裕宇　沛县歌风中学
李　香　铜山县郑集实验小学
王　艳　铜山县大许实验小学
胡　娜　铜山县茅村实验小学
赵允侠　铜山县实验小学
陈锋利　铜山县汉王镇中心中学
耿海洋　铜山县张集镇中心中学
梁会成　铜山县单集镇中心中学
翟春慧　铜山县铜山镇中心中学
姚　凯　铜山县铜山中学
李雪红　铜山县张集职业高级中学
邱艳丽　睢宁县实验小学
周东升　睢宁县张圩中学
孙远东　睢宁县梁集小学
陈益峰　睢宁县职教中心
李元桥　睢宁高级中学
樊功尉　睢宁县城北中学
夏夫山　睢宁县王林中学
陈　彬　睢宁县浦棠中学
袁世界　睢宁县岚山中学
夏培培　睢宁县高作初中
阚彩玲　贾汪英才中学
李　娜　贾汪大吴中学
付艳丽　贾汪耿集中心小学
桑　玲　贾汪紫庄中心小学
耿德金　徐州七中
张永洁　贾汪青山泉中心小学
朱怀云　邳州实验小学
梁龙飞　邳州运河中心校
徐广明　邳州邹庄中心校
陈　静　邳州戴庄中心校
冯现珍　邳州赵墩中学
王向阳　邳州徐楼中学
李广伟　邳州官湖初中
吴　芹　邳州戴庄中学
韩莉莉　邳州炮车中学
吕作文　邳州运河中学
李　宁　新沂市第一中学
李艳阳　新沂市第三中学
陈明勇　新沂市瓦窑中学
郭裕强　新沂市钟吾中学
苗新朵　新沂市第六中学
王　蕊　新沂市棋盘初中
许遵永　新沂市新华小学
任阿丛　新沂市棋盘中心校
王巧云　新沂市双塘中心校
闫长颖　新沂市机关幼儿园
孙琳琳　徐州市苏山初级中学
拾景玉　徐州市九里区九里山实验学校
张　静　徐州市九里区火花实验学校
苏　璇　徐州星光双语实验小学
王继国　徐州求是小学
童　静　徐州市奎园小学
吕　岩　徐州市汉桥小学

杨　进　徐州市黄山中心小学
杨春梅　徐州市第二十九中学
张增光　徐州经济开发区中学
杨　娟　徐州经济开发区实验小学
王秀丽　徐州经济开发区大黄山镇西朱小学
陈雯雯　徐州市大马路小学
姚媛媛　徐州市鼓楼小学
范　敏　徐州市民主路小学
李剑亮　徐州市第一中学
朱述钧　徐州市第二中学
籍　红　徐州市第三中学
文　棋　徐州高级中学
魏金一　徐州市第八中学
戈　静　徐州市第十中学
李　森　徐州市第十三中学
李　蕊　徐州市职业教育中心
陈　楠　徐州市科技中学
赵春卉　徐州西苑中学
陈继辉　徐州市第二十二中学
王　顺　徐州市第三十二中学
赵志冉　徐州市第三十三中学
杨　博　徐州市第三十四中学
沈若会　徐州市第三十五中学
袁玉香　徐州市第三十六中学
孙秀梅　徐州市第三十七中学
王　琰　徐州市东苑中学
黄　炯　运河高等师范学校

徐州市教育系统优秀共产党员

付　伟　丰县梁寨初级中学
刘德俭　丰县欢口镇育英初级中学
史志兵　丰县欢口中心校
洪　辉　丰县职教中心
司广颂　丰县中学
董晓东　丰县教育局
刘瑞锋　沛县栖山镇中心小学
李　鹏　沛县歌风小学
郭保富　沛县唐楼中学
张宜兴　沛县初级中学
李　永　沛县职业教育中心校
吴德苏　沛县中学
王书云　铜山县教育局
耿淑梅　铜山县汉王中心小学
李克位　铜山县教育局
杜庆峰　铜山县实验小学
郁　刚　铜山县柳新镇小学中心校
杜　萍　铜山县沿湖学校
薛宇仁　铜山县大许镇中心中学
张　照　睢宁县高作初级中学
周本思　睢宁县官山镇中心小学
王　侠　睢宁县睢城镇实验小学
王　坤　睢宁县城西小学
陈令军　睢宁县教育局
张　燕　邳州市机关幼儿园
朱怀云　邳州市实验小学
顾冠峰　邳州市职业教育中心
王克华　邳州市第四中学
郭　庆　邳州市聋哑学校
陈国利　新沂市钟吾中学
陈　永　新沂市第一中学
孙金先　新沂市新安小学
王红芳　新沂市第三中学
王雪梅　新沂市机关幼儿园
徐婧祎　新沂市唐店中学
平昌喜　徐州市贾汪区教育局教研室
李振营　贾汪区英才中学
刘雪红　徐州市鼓楼小学
李建珍　徐州市第二十六中学
孙　磊　徐州市鼓楼区文教局实验幼儿园
董建华　徐州市风化街中心小学
张玉玫　星光双语实验小学
吕桂庭　泉山区奎山中心小学
王新红　徐州市解放路小学
权　蕾　徐州师范学校第一附属小学
周美芳　徐州市九里区文化教育体育局
周计文　徐州市九里中学
孟召华　徐州市九里区第一实验小学
郭世鑫　徐州市第七中学
佟爱廷　徐州经济开发区侯集实验小学

葛素玲　徐州经济开发区大庙中心中学
魏建春　徐州市教育局
李世强　徐州市教育局
李林铮　徐州市第一中学
许斌文　徐州市第二中学
钱益民　徐州市第三中学
张功忠　徐州高级中学
韦　锋　徐州市第八中学
马　民　徐州市第十中学
徐彩云　徐州市第十三中学
乔团叶　徐州市王杰中学
柏发瑞　徐州市第二十二中学
赵　晖　徐州市科技中学
高玲云　徐州市职业教育中心
李　慧　徐州市第二职业中学
曹　杰　徐州市第三十一中学
曹南南　徐州市第三十二中学
杨海龙　徐州市第三十三中学
高晓红　徐州市第三十四中学
胡传辉　徐州市第三十五中学
邹钥天　徐州市第三十六中学
林晓青　徐州市第三十七中学
王文玉　徐州市侯集高级中学
杨雪梅　运河高等师范学校
申巧林　徐州高等师范学校
李文蔚　徐州幼儿高等师范学校
张　娟　徐州高等师范学校沛县分校
方红娣　徐州市公园巷幼儿园
赵美娟　徐州市特殊教育中心
杨江波　徐州市西苑中学
张　强　徐州市东苑中学
犁　红　徐州市机关第一幼儿园
颜　艳　徐州市机关第二幼儿园
李　志　徐州工程学院
辛　勤　徐州工程学院
陆广华　徐州技师学院
张君伟　徐州建筑职业技术学院
李荣兵　徐州工业职业技术学院
林　岚　九州职业技术学院
宋　娟　徐州市广播电视大学
曹晓娟　徐州财经高等职业技术学校
张敬兵　徐州经贸高等职业学校
王峥业　徐州医药高等职业学校
芮　艺　徐州生物工程高等职业学校
何　涛　徐州机电工程高等职业学校
佟家持　徐州市体育运动学校
邵建伟　徐州文化艺术学校
江宏勇　徐州能源工业学校
王立山　徐州机电工程学校
胡清伦　徐州市工会职工中等专业学校

徐州市教育系统优秀党务工作者

王居春　丰县华山中学
李志建　沛县实验小学
赵后乐　沛县教育局
王修刚　铜山县大许镇小学中心校
王　东　铜山县刘集镇中心中学
梁建华　睢宁县王林中学
李言军　睢宁县双沟中学
闫　刚　睢宁县浦棠中学
万玉松　邳州市第一中学
冯立民　邳州市教育局
韩洪福　邳州市教育局教研室
孙　宁　新沂市教育局
乔汉泉　新沂市棋盘镇中心小学
徐言军　新沂市高流初级中学
沈伟佳　鼓楼区文教体局
刘红艳　徐州市下淀小学
倪　萍　徐州市湖滨中心小学
唐红莲　徐州市和平桥中心小学
王保全　云龙区文教体局
朱　艳　九里区汇文实验学校
平月华　贾汪区团结小学
褚召东　徐州市贾汪区实验小学
牛树超　徐州经济开发区中学
张吉峰　徐州市特教中心
王　敏　徐州市第五中学
吴　婕　徐州市西苑中学
孟　虎　徐州市王杰中学

吕　红　徐州高等师范学校
刘宏军　徐州工程学院
刘希泉　徐州技师学院
汪玉静　徐州建筑职业技术学院
季剑波　徐州工业职业技术学院
李文科　九州职业技术学院
张　红　徐州广播电视大学
黄宝章　徐州财经高等职业技术学校
张传娟　徐州经贸高等职业学校
王　莉　徐州医药高等职业学校
张　韧　徐州生物工程高等职业学校
胥继伟　徐州机电工程高等职业学校
刘继刚　徐州文化艺术学校

徐州市优秀班主任

李依峰　江苏省丰县中学
渠亚军　江苏省丰县民族中学
王素萍　江苏省丰县王沟中学
崔冬梅　江苏省丰县实验初级中学
李正运　丰县宋楼镇宋楼初级中学
付永安　丰县范楼镇范楼初级中学
张冬梅　丰县梁寨镇中心小学
马秀环　丰县赵庄镇张土城小学
周　辉　丰县创新外国语学校
王　玉　丰县聋哑学校
瞿　燕　沛县正阳小学
甄　伟　沛县栖山中学
吴　伟　沛县实验小学
汪雪迪　沛县歌风小学
赵　敏　沛县职业教育中心
师雪玲　沛县鹿楼镇鸳楼小学
姜秋艳　沛县第五中学
王　芳　沛县杨屯镇中心小学
刘建梅　沛县龙固中学
王秀芳　铜山县大许镇小学中心校
王孝军　铜山县徐庄镇小学中心校
王　敏　铜山县张集镇中心中学
单克栋　铜山县大许镇中心中学
蒋　波　铜山县柳新镇小学中心校
聂忠果　铜山县刘集镇中心中学
陈尔义　铜山中学
李明明　铜山县铜山镇小学中心校
李中举　铜山县棠张中学
孙　涛　铜山张集职业高级中学
黄建峰　邳州市岔河中心小学
顾晓杰　邳州市八义集中心初级中学
刘　梅　邳州市实验小学
李香云　邳州市徐楼中学
张　力　邳州市碾庄镇中心校
郭　庆　邳州市聋哑学校
汪锡涛　邳州市洳口中学
杲　东　邳州市八义集中学
朱　娟　邳州市赵墩镇滩上中心小学
冯　海　邳州市新城中学
陈学朋　江苏省运河中学
朱　垚　睢宁县实验小学
庄　娟　睢宁县第二小学
仝建军　睢宁县李集中学
潘述昌　睢宁高级中学
刘梦林　睢宁县第二中学
单美玲　睢宁县古邳中心小学
丁瑞环　睢宁县南门中学
王　永　睢宁县桃园中学
李　奎　睢宁县李集第二中学
黄　凯　睢宁县官山中心小学
朱胜利　新沂市第一中学
谭忠义　新沂市高级中学
周立忠　新沂市第三中学
王　曾　新沂市芦墩中学
王玉荣　新沂市实验学校
禚龙江　新沂市阿湖中学
王远威　新沂市港头中学
丁　云　新沂市特教中心
周安静　新沂市高流中心校
陈新宇　新沂市北沟中心校
林　青　贾汪区塔山镇葛湖小学
孙　贇　徐州市第七中学
赵　乾　贾汪区江庄镇大路小学
李　明　贾汪区英才中学

白玉婧　徐州市云兴小学
崔宜乔　徐州市津浦西路小学
王迎硕　徐州市王杰小学
张雪侠　徐州市新城实验学校
郑　红　徐州市兴东实验小学
张彩侠　徐州市第二十四中学
夏洪亮　徐州市王场新村小学
张红英　徐州市下淀小学
冯志丹　徐州市求是小学
房　萍　徐州市泉山区教工幼儿园
辛　艳　徐州市少华街小学
王雪梅　徐州市姚庄小学
付淑芳　徐州市苏山小学
蔡　可　徐州市杨屯初级中学
孙淑云　徐州市九里中学
丁　晶　徐州矿务集团庞庄小学
薛　雯　徐州经济开发区实验小学
王　敏　徐州经济开发区侯集实验小学
范廷永　徐州经济开发区西朱中学
陈兴堂　徐州经济开发区工业学校
李　强　徐州市第三中学
郑克军　徐州市第五中学
潘　畅　徐州市第八中学
吕理慧　徐州市第二十二中学
杜玉芳　徐州市科技中学
王艳萍　徐州市三十四中附小
张　丽　徐州市第三十六中学
潘万升　徐州市侯集高级中学
陈洪义　徐州市春晖中学
刘继业　徐州市撷秀中学
徐　瑾　徐州市树人中学
臧　岚　徐州市西城中学
张　静　徐州市职业教育中心
王　馨　徐州市第二职业中学
张　红　徐州市特殊教育中心
王　梅　徐州市矿业大学附属中学

徐州市优秀德育工作者

刘　权　江苏省丰县欢口小学
常　勇　丰县群益中学
刘国策　丰县师寨镇师寨初级中学
尹洪敏　江苏省丰县实验小学
李先会　丰县人民路小学
王贤松　丰县华山镇中学
郭志宏　沛县第三中学
马培健　沛县初级中学
燕宪策　沛县鹿楼镇教育管理委员会
张晓明　沛县张庄中学
吴继立　沛县胡寨镇中心小学
孟　永　沛县栖山中学
张宜兴　沛县初级中学
陈　刚　铜山县铜山镇中心中学
张德旭　铜山县汉王镇中心中学
孙红果　铜山县黄集镇小学中心校
张忠坡　铜山县大许中学
张剑秋　铜山县教育局
陈开阳　铜山县三堡镇小学中心校
翟新伟　邳州市八义集中心校
徐　刚　邳州市第四中学
胡正超　邳州市赵墩镇滩上中心中学
赵　平　邳州市明珠实验幼儿园
刘　静　邳州市机关幼儿园
王玉刚　邳州市明德实验学校
巩洪州　邳州市教育局
王之楠　睢宁县第二中学
沈　阳　睢宁高级中学
程金凤　睢宁县实验小学
岳喜军　睢宁县高作中心小学
朱　鹏　睢宁县王集中学
蒋丽娜　睢宁县双沟中心小学
王宝强　新沂市第一中学
陈晓东　新沂市钟吾中学
任云婷　新沂市新安小学
王宝红　新沂市职教中心
王雪梅　新沂市机关幼儿园
任太正　新沂市阿湖中心校
周　曼　新沂市马陵山镇中心小学
杨晓晓　徐州市贾汪区紫庄中学
施忠艳　徐州市贾汪区英才中学

朱文珊　徐州市大马路小学
王　芳　徐州市民主路小学
高　勇　徐州市解放路小学
沈　军　徐州市青年路小学
乔　雷　云龙区教育局
孟　丽　徐州市星光双语实验小学
孟淑芹　徐州市奎山中心小学
王　卉　徐州市新陈庄小学
卢忠伟　徐州市苏山初级中学
李允允　徐州经济开发区大庙镇小学中心校
胡慧杰　徐州经济开发区大黄山镇中心中学
李　影　徐州市第十中学
李　燕　徐州市第十三中学
郭旭东　徐州市西苑中学
李学俭　徐州市第三十二中学
谢全俭　徐州市第三十三中学
张国良　徐州市第三十五中学
杨　平　徐州高等师范学校
李桂萍　徐州幼儿高等师范学校

江苏省“人民教育家培养工程”培养对象简介

王志勇，1959年出生，大学本科学历，徐州市第一中学校长。为江苏省语文学科特级教师、江苏省“人民教育家培养工程”培养对象、江苏省有突出贡献的中青年专家、中共江苏省第十一届代表大会代表、徐州市优秀专家。兼任江苏省中学教育专业委员会副会长、江苏省中小学校长国际论坛学术指导委员会常务委员、徐州市中学教育专业委员会副会长、徐州市中学语文教学专业委员会副会长。在省市级刊物上发表论文数十篇。

王志勇始终坚持在教学第一线，逐渐形成了“大语文观”，坚持做到语文学习的教材不仅是书本，阵地不仅在课堂，方法不仅是读写，素养不仅在分数；坚持将激发学生对祖国语言文字的热爱放在首位，以培养语感能力为基础，以培养思维能力为核心，着力引导学生自主建构阅读理解能力、表达交际能力，着力引导学生在传承人类优秀文化的基础上，培养积极的人生态度，从而较好的实现语文“工具性”和“人文性”的统一，教学质量优异，充分发挥了学术带头人的作用。

在办学理念上，王志勇逐渐形成了以“育人”为旨归的“大教育观”，在培育学生上，“以大气成就大器”，科学态度和人文情怀并重；强调“脚和心一起上路”，“小事做起，塑造人生”，通过良好行为习惯、学习习惯的培养，促进学生良好道德品质、思维品质的形成。管理上，坚持“校长引领，做正确的事；制度引领，正确的做事；文化引领，培育共同的价值追求”，努力实现学校科学发展的良好局面。坚持“基于校本、反思实践、优化行为”的教育科研思想，先后主持或参加多项省市级科研课题研究，发表一系列探索性、实践性很强的论文，多次在全国性、国际性学术研讨会上作主题演讲，初步形成了富有特色的办学思想体系，显示出深厚的理论素养和扎实的专业功底。

王志勇以“让学生、教师、学校和谐可持续发展”的共同愿景引领，激励自己和广大师生员工坚持“充满激情，办理想的教育；担当使命，办负责任的教育”的信念。在课程改革上，逐步确立“基础宽厚、人格健全、特长突出、国际视野”的总体课程目标，积极实施“国家课程校本化，校本课程规范化、特色化,着力提高课堂教学有效性"的"两条渠道一个重点"的"课程重建工程";积极实施"一个中心,两条主线,三个支撑平台"的"教学工作一二三工程"、"德育工作一二三工程",从而初步构建起"互动高效"教学体系、"自主发展"德育体系。他带领学校以课程改革推动学校制度重建,以制度重建推动学校特色发展,以特色发展推动学校文化建设;在继承百年办学传统的基础上,引领学校走"全面发展,科学见长"的特色发展道路,在确保学生具有健全人格、较好人文素养的同时,重点培育学生的科学素养。精心打造学校核心竞争力,着力经营以"和生、和处、和立、和达、和爱"为主要内涵的学校"和"文化,办学水平不断提高,2009年徐州一中被评为全国文明单位,2010年被评为江苏省课程改革先进集体。

(徐州一中)

秦晓华,1970年出生,大学本科学历,硕士学位,徐州市高级中学副校长。先后获得全国优秀语文教师、江苏省"333"工程科技带头人、江苏省特级教师、徐州市名教师、徐州市优秀教育工作者等荣誉称号。

秦晓华始终坚守教学一线,满负荷甚至超负荷工作。长期以来系统探索提高语文课堂教学效率的方法和策略,努力形成自己的语文教育思想和教学风格。多盘教学录像由教育部电化教育音像出版社、省电教馆等制作发行。2007年底,凤凰出版传媒集团、江苏人民出版社出版周成平教授主编的《中国著名教师的精彩课堂》一书,以《底气充足灵气飞扬》为题收入了他的教学实录。2007年初,《新语文学习》刊发了特级教师徐德顺的文章《论秦晓华的教学风格》。秦晓华语文教学的基本思路是课内外衔接,让学生得法于课内,得益于课外。课堂结构一般分为三个板块:奇文共赏(师生共同推荐有阅读价值的文本,分享阅读经验),语言三角地(结合社会热点,各抒已见,可演讲、可辩论、可扮演),法定文本研习(对教材的研读,鼓励独立思考);课外语文学习重在坚持阅读和坚持日记写作,这两种习惯的养成使学生终生受用。近年来,先后应省市教研室、盐城市教育局、南京市建邺区、江苏响水中学、徐州高等师范学校等单位的邀请开设公开课近20节,应徐师大文学院、信传院、徐州教育学院等邀请开设学术讲座10多场,并应徐师大文学院之邀担任2006级教育硕士论文预答辩的答辩委员会主席。2007年,《新语文学习》以《一个疾走在路上的行者》为题对秦晓华的语文教学进行报道;2008年,《徐州教育科研》以《一个幸福的读书人》为题介绍了秦晓华的读书生活;2009年,《江苏教育研究》在"关注新晋特级教师"专题版中发表了秦晓华的学术自传《永远在路上》。

秦晓华自觉以教育科研提升教学品质,初步形成了读、思、写、行四位一体的专业发展思路。坚持读书学习,做读书笔记近百万字。先后参加了省级骨干教师培训和管理者境外培训,在职攻读了南师大教育硕士。作为核心成员参与省规划办"十五"重点课题《信息加工教学模式研究》的研究;主持省规划办"十一五"重点课题《语文自学辅导教学思想及策略研究》。近5年,在《中学语文教学》、《语文月刊》、《天津师范大学学报》、《新语文学习》、《江苏教育研究》、《教育参考》等省级以上刊物发表文章16篇,其中4篇发表于中文核心期刊;2006年出版专著《不敢读史》。基本上形成了"立足课堂、高于课堂,兴趣广泛、术有专攻"的学术研究的基本策略,在理论探索、教育叙事(教学实录及教育随笔的书写)和教材研究3个方向均取得一定的进展,有些文章产生较大影响,如理论探索《我们应该有怎样的教材观》在《天津师范大学学报》发表后被不少网站转载，新思考网以此为题进行了专题研讨，核心期刊《语文建设》还对该文进行了论点摘编；教育随笔《不敢读史》先后被选入华师大出版社出版、张文质先生主编的《中国最佳教育随笔》一书和华师大出版社出版、钟启泉教授主编的《反思中国教育》一书；特别是教材研究已初具特色，仅2008年一年就在核心期刊《中学语文教学》上发表了总题为《另一种读法》的3篇文章，其中2篇是作为封面文章发表的。

秦晓华重视青年教师的培养和团队作用的发挥，为校名师工作室领衔教师，青年教师岗初培训教师、骨干教师研修班指导教师，由他辅导的多名青年教师均取得优异成绩。

（徐州高级中学）

袁宝金，1963年出生，大学本科学历，睢宁中学北校副校长。为江苏省“人民教育家培养工程”培养对象，江苏省中学数学特级教师。先后获得全国优秀教师、江苏省中小学优秀班主任、徐州市优秀教育工作者、徐州市学科带头人、睢宁县首批名教师等荣誉称号。

袁宝金长期坚持在教学一线，担任高三数学教学工作。课堂教学坚持“以人为本”的教育理念，注重学生主体作用的发挥和情商的培养，采用灵活多变的教学方式，大胆实行教学改革。面对新课改，探索课堂教学的新模式，不断寻找“主导”和“主体”的最佳结合点，积极实践“自主探究，合作交流”的课堂教学模式，并将其个性化、艺术化、时代化，形成独具个性的、以“创设问题情境——学生自主探究——师生合作交流——实践巩固提高”4个阶段为教学流程的课堂教学模式，注重数学思想和方法的渗透，充分发挥学生的非智力因素，培养学生的创新能力和数学思维品质，教学成果显著。

袁宝金积极开展数学第二课堂活动，开阔学生的知识视野，扩大学生的知识面，指导学生开展研究性学习活动，辅导的学生参加奥赛获国家和省级奖励28人次，其中陈曦、李坤等同学获国家级一等奖，6次被评为数学竞赛优秀辅导员。

袁宝金是教师由“经验型”向“科研型”、“学者型”转变的典型。数年来，购买并学习了十几部教育专著，做了大量的读书笔记，把教育实践中遇到的困惑、思考的问题，作为研究课题，潜心教育科研。先后主持或参与4项省市级课题研究，1998年参与江苏省“九五”立项课题“数学习题理论在解题教学中应用”研究，该课题于2001年4月结题并获徐州市课题研究一等奖；2002年主持市教科所“十五”立项课题“中学德育工作中学生自主教育模式的构建”的研究；2006年主持市教研室课题“高中数学潜能生数学学习障碍的诊断与矫治”的研究。积极撰写教育教学论文，其中《高中数学潜能生的成因分析及其转化策略》、《在数学教学中培养学生的逆向思维能力》等50多篇论文在省级以上刊物发表。主编《模行天下·高三数学总复习》、《历练·高三数学总复习》、《导学教程·二轮复习解读》等教学参考书4册，参编高三数学复习资料18册。向安徽省灵璧县、泗县及宿迁市、徐州市等地开设教学公开课18次，开设县级公开课6次，市县级数学讲座12次。

袁宝金积极组织教师参与课题研究和教研活动，在他的带动下，“十五”期间全校省、市级立项课题9项，“十一五”省市级立项课题11项，近百位教师参加课题研究。围绕新课程改革加强对教师进行业务培训，组织编写校本教材4册，为学校的发展作出了贡献。

袁宝金注重对青年教师的培养,所培养的青年教师在高中数学教学中取得优异成绩:高敏获2002年徐州市优质课一等奖,2004年江苏省高中数学优质课一等奖和国家级优质课评比三等奖;吴少堂、吴一新获徐州市优质课评比一等奖;仝军获徐州市优质课评比二等奖;2006年吴少堂被评为徐州市青年优秀骨干教师。

(睢宁中学)

(本编编辑　陈玉萍)

附:徐州市教育局2010年重要文件目录

表1-2

序号	文件编号	标题	成文时间
1	徐教〔2010〕6号	关于印发《徐州市教育局2010年工作要点》的通知	2月10日
2	徐教〔2010〕24号	关于表彰2010年徐州市普通中学三好学生、优秀学生干部和先进学生集体的决定	5月7日
3	徐教〔2010〕27号	关于撤销徐州经济开发区所辖10所学校(教学点)的批复	5月13日
4	徐教〔2010〕28号	关于2010年县(市)区教育基础建设考核的意见	8月11日
5	徐教〔2010〕29号	关于进一步加强民办学前教育机构管理工作的通知	5月17日
6	徐教〔2010〕56号	关于进一步落实无证幼儿园清理整顿工作的通知	7月26日
7	徐教〔2010〕69号	关于在全市中小学全面开展民族团结教育工作的意见	9月6日
8	徐教〔2010〕72号	关于撤销徐州鼓楼区所辖4所学校的批复	9月21日
9	徐教〔2010〕73号	关于成立“徐州市鼓楼生态园小学”的批复	9月21日
10	徐教〔2010〕94号	关于在全市教育系统开展强化文明养成主题教育活动的实施方案	12月7日
11	徐教规〔2010〕1号	徐州市2010年初中毕业生升学体育考试工作意见	3月1日
12	徐教规〔2010〕2号	2010年徐州市中考方案	3月26日
13	徐教规〔2010〕3号	2010年徐州市高中阶段教育招生工作意见	3月26日
14	徐教规〔2010〕4号	徐州市2010年义务教育阶段学校招生工作意见	5月5日
15	徐教规〔2010〕5号	关于规范普通高中招生工作的实施意见	6月12日
16	徐教规〔2010〕6号	徐州市2010年市区初中学校招生工作意见	6月12日
17	徐委教〔2010〕3号	关于表彰徐州市教育系统先进基层党组织、优秀共产党员、优秀党务工作者的决定	6月28日
18	徐委教〔2010〕4号	关于在全市教育系统基层党组织和党员中深入开展创先争优活动的实施方案	6月29日
19	徐教党〔2010〕6号	市教育局直属学校2010年党建工作要点	3月15日
20	徐教党〔2010〕7号	关于2010年局直属单位党组织理论中心组专题学习安排的意见	3月17日
21	徐教党〔2010〕11号	直属学校2010年党员专题学习计划	4月19日
22	徐教党〔2010〕15号	徐州市教育局竞争性选拔干部工作方案	7月27日
23	徐教党〔2010〕16号	徐州市教育局直属学校中层干部管理办法	7月27日
24	徐教党〔2010〕26号	关于印发《创建五好基层党组织考核细则》的通知	11月1日
25	徐教党〔2010〕27号	关于进一步推进党群共建创先争优活动的实施细则	11月1日

续表 1-2-1

序号	文件编号	标题	成文时间
26	徐教党〔2010〕28 号	关于深化党员“五带头、五争当”活动的通知	11 月 1 日
27	徐教党〔2010〕31 号	关于建立局党委领导成员党建工作联系点制度的通知	10 月 29 日
28	徐教人〔2010〕2 号	关于做好 2009 年度考核工作的通知	1 月 21 日
29	徐教人〔2010〕17 号	关于开展 2011 年教师资格认定工作的通知	11 月 9 日
30	徐教信〔2010〕6 号	关于做好“徐州教育城域网数字图书馆”推广应用工作的通知	5 月 19 日
31	徐教信〔2010〕7 号	关于在全市建立教学活动网络直播系统的通知	6 月 2 日
32	徐教机党〔2010〕1 号	徐州市教育局机关党委 2010 年工作要点	4 月 2 日
33	徐教机党〔2010〕3 号	关于开展创先争优暨“五比五看一争当”党建主题活动的通知	7 月 12 日
34	徐教机党〔2010〕4 号	关于表彰局机关党建工作先进集体、先进个人的决定	7 月 12 日
35	徐教职称〔2010〕4 号	关于 2009 年申报中学高级教师专业技术职务资格评审材料中弄虚作假问题的通报	1 月 15 日
36	徐教职称〔2010〕5 号	关于对申报徐州市 2010 年教师专业技术职务任职资格人员进行教学能力测试及教育教学论文鉴定的通知	1 月 31 日
37	徐教职称〔2010〕8 号	2010 年徐州市中小学(幼儿园)教师专业技术资格评审工作意见	5 月 17 日
38	徐教职称〔2010〕9 号	关于 2010 年徐州市中等职业学校教师专业技术资格评审工作的通知	6 月 5 日
39	徐教职称〔2010〕10 号	关于 2010 年徐州市市属高等学校(高职)教师中级专业技术资格评审工作的通知	6 月 12 日
40	徐教职称〔2010〕19 号	关于申巧林等 19 位同志具备高校教师中级专业技术任职资格的通知	10 月 18 日
41	徐教职称〔2010〕20 号	关于王晓宁等 132 位同志具备中学教师中级专业技术职务任职资格的通知	10 月 18 日
42	徐教职称〔2010〕21 号	关于刘芳铭等 22 位同志具备中职校教师中级专业技术职务任职资格的通知	10 月 18 日
43	徐教职称〔2010〕22 号	关于陈艳等 15 位同志具备高校教师高级专业技术职务任职资格的通知	11 月 5 日
44	徐教职称〔2010〕24 号	关于胡红梅等 19 位同志具备中职校教师高级讲师职务任职资格的通知	12 月 3 日
45	徐教职称〔2010〕25 号	关于公布赵永等 75 位同志具备中学教师高级专业技术职务任职资格的通知	12 月 13 日
46	徐教职称〔2010〕26 号	关于曹媛媛等 56 位同志具备中学教师初级专业技术职务任职资格的通知	12 月 15 日
47	徐教职称〔2010〕27 号	关于居晓晔等 19 位同志具备中职校教师初级专业技术职务任职资格的通知	12 月 15 日
48	徐教职称〔2010〕28 号	关于李倩倩等 6 位同志具备高校教师初级专业技术职务任职资格的通知	12 月 15 日
49	徐教体〔2010〕4 号	徐州市 2010 年初中毕业生升学体检的通知	2 月 25 日
50	徐教体〔2010〕5 号	关于公布首批徐州市艺术教育特色学校名单的通知	3 月 8 日

续表1-2-2

序号	文件编号	标题	成文时间
51	徐教体〔2010〕8号	关于转发教育部等六部委《2010年全国学生体质健康调研实施方案》等通知的通知	5月10日
52	徐教体〔2010〕16号	关于印发《徐州市中小学生体质健康检测工作方案》的通知	11月21日
53	徐教纪〔2010〕1号	2010年党风廉政建设工作各处室责任分解意见	7月21日
54	徐教基〔2010〕2号	关于表彰徐州市中小学优秀班主任和优秀教育工作者的决定	1月5日
55	徐教基〔2010〕3号	关于印发《徐州市2010年中考物理化学生物学科实验技能考查实施细则》的通知	1月13日
56	徐教基〔2010〕5号	关于进一步规范幼儿园办园行为的意见	2月9日
57	徐教基〔2010〕18号	关于表彰2009年度徐州市基础教育课改先进单位和先进工作者的决定	5月11日
58	徐教基〔2010〕19号	关于同意成立“徐州市青年路小学分校”的批复	5月17日
59	徐教基〔2010〕20号	关于进一步加强全市中小学环境教育的通知	5月20日
60	徐教基〔2010〕26号	2010年市区部分初中招生电脑派位工作实施方案	7月6日
61	徐教基〔2010〕28号	在全市中小学开展创建国家环境保护模范城市工作方案	7月14日
62	徐教基〔2010〕30号	关于转发《省教育厅关于做好2010年普通高中电子学籍注册工作的通知》的通知	8月16日
63	徐教基〔2010〕32号	关于转发《关于印发〈关于加强小学入学仪式和成人仪式教育的通知指导意见〉的通知》的通知	8月30日
64	徐教基〔2010〕37号	关于表彰徐州市第三届“学生最爱的老师”的决定	9月8日
65	徐教基〔2010〕40号	关于进一步加强中小学写字教学的意见	10月12日
66	徐教基〔2010〕42号	关于九里区区划移交学校更名的回复	11月3日
67	徐教基〔2010〕44号	关于印发《徐州市2011年中考信息技术考查实施方案》的通知	11月3日
68	徐教基〔2010〕46号	关于同意成立“徐州市贾汪区特殊教育中心学校”的批复	12月13日
69	徐教基〔2010〕47号	关于同意成立“徐州市荆山小学”等四所学校的批复	12月13日
70	徐教基〔2010〕49号	关于表彰徐州市义务教育阶段控辍工作先进单位和先进个人的决定	12月3日
71	徐教团〔2010〕2号	关于表彰2009年度共青团组织先进单位和先进个人的决定	4月29日
72	徐教团〔2010〕4号	关于对直属学校共青团工作进行量化考核的通知	9月30日
73	徐教团〔2010〕5号	关于加强中学生社团工作的意见	10月20日
74	徐教团〔2010〕6号	关于在直属单位基层团组织和团员团干部中深入开展争先创优活动的意见	11月16日
75	徐教团〔2010〕7号	关于开展“对照三管十不,强化文明养成”万名团员自查自律主题教育活动的通知	11月25日
76	徐教工〔2010〕2号	关于印发《徐州市教育局工会2010年工作要点》的通知	3月22日
77	徐教工〔2010〕4号	关于徐州市王杰中学第七届工会委员会选举结果的批复	7月1日

续表 1-2-3

序号	文件编号	标　　题	成文时间
78	徐教工〔2010〕5 号	关于徐州市公园巷幼儿园第四届工会委员会选举结果的批复	7 月 18 日
79	徐教法治〔2010〕1 号	关于建立和完善行政权力动态调整机制的通知	3 月 5 日
80	徐教法治〔2010〕2 号	关于《徐州市学前教育管理条例》施行情况评估结果的通报	4 月 20 日
81	徐教法治〔2010〕3 号	关于印发《徐州市教育局行政权力网上公开透明运行工作制度》的通知	8 月 10 日
82	徐教发〔2010〕11 号	市教育局关于同意徐州市侯集高级中学新建春晖校区的批复	11 月 17 日
83	徐教办〔2010〕3 号	关于实行机关工作月报督察制度的通知	2 月 12 日
84	徐教办〔2010〕5 号	关于印发《徐州市教育局 2010 年重点工作目标任务分解》的通知	3 月 3 日
85	徐教办〔2010〕8 号	关于创建国家森林城市工作的意见	3 月 5 日
86	徐教办〔2010〕11 号	关于加强中考网上评卷点建设的通知	4 月 1 日
87	徐教办〔2010〕12 号	关于做好 2010 年中考网上评卷工作的通知	4 月 1 日
88	徐教办〔2010〕14 号	关于成立规范中小学行为工作领导小组的通知	4 月 12 日
89	徐教办〔2010〕20 号	关于进一步加强教育报刊管理的通知	8 月 4 日
90	徐教办〔2010〕25 号	关于印发《徐州市教育局保密工作领导小组职责》等制度的通知	9 月 18 日
91	徐教办〔2010〕28 号	关于印发《徐州市教育局机关安全保卫工作制度》等的通知	9 月 21 日
92	徐教办〔2010〕32 号	关于表彰徐州市教育年鉴先进集体和先进个人的决定	10 月 29 日
93	徐教办〔2010〕33 号	关于印发《2011 卷徐州教育年鉴编纂方案》的通知	10 月 29 日
94	徐政教督办〔2010〕1 号	关于印发《徐州市人民政府教育督导团 2010 年工作要点》的通知	2 月 5 日
95	徐政教督办〔2010〕2 号	关于转发省教育厅《做好普通高中素质教育督导工作》的通知	8 月 25 日
96	徐政教督办〔2010〕3 号	关于印发《徐州市县域教育技术装备工作督导方案》的通知	9 月 10 日
97	徐政教督办〔2010〕5 号	关于开展县域教育技术装备工作督导的通知	11 月 9 日
98	徐政教督办〔2010〕7 号	关于开展 2010 年度中等职业学校督导的通知	12 月 6 日
99	徐教备〔2010〕2 号	关于印发《徐州市农村合格幼儿园建设工程园长和教师培训工作实施方案》的通知	2 月 25 日
100	徐教备〔2010〕3 号	关于认真做好“龙芯”电脑推广应用基础设施建设工作的通知	3 月 22 日
101	徐教备〔2010〕6 号	关于组织开展中小学实验教学研究系列活动的通知	7 月 2 日
102	徐教备〔2010〕7 号	关于印发《徐州市参加小学科学优秀实验教学课评和初中生物实验操作技能大赛活动方案》的通知	8 月 23 日
103	徐教监〔2010〕1 号	关于表彰 2009 年度全市规范教育收费工作先进单位的决定	3 月 23 日
104	徐教监〔2010〕2 号	2010 年全市教育系统纪检监察工作要点	5 月 4 日
105	徐教审〔2010〕1 号	关于做好 2010 年度中小学校舍安全工程审前调查工作的通知	4 月 12 日
106	徐教审〔2010〕2 号	关于印发《徐州市教育局直属各单位建设工程项目审计监督办法补充规定》的通知	5 月 18 日

续表1-2-4

序号	文件编号	标　　　题	成文时间
107	徐教师〔2010〕14号	关于做好赴新疆支教工作的通知	7月27日
108	徐教师〔2010〕25号	关于成立徐州市教育国际交流协会的通知	9月26日
109	徐教师〔2010〕27号	关于开展徐州市第六批名师、名校长和第八批青年名教师、学科带头人、青年优秀骨干教师评选工作的通知	12月9日
110	徐教法〔2010〕1号	关于表彰徐州市依法治校示范校的通知	2月3日
111	徐教法〔2010〕2号	关于印发《徐州市教育局规范性文件制定和备案办法》的通知	3月2日
112	徐教法〔2010〕3号	关于印发《徐州市教育局2010年法制工作要点》的通知	4月22日
113	徐教法〔2010〕6号	关于印发《法治城市创建工作考核细则》的通知	5月10日
114	徐教法〔2010〕7号	徐州市教育局直属义务教育阶段改制学校清理规范工作方案	5月11日
115	徐教法〔2010〕8号	关于开展《中华人民共和国保守国家秘密法》学习宣传活动的实施方案	8月16日
116	徐教法〔2010〕10号	关于建立落实法治问题建档分析解决工作机制的通知	10月21日
117	徐教法〔2010〕13号	徐州市教育局关于2010年度依法行政工作情况的报告	11月29日
118	徐教宣〔2010〕2号	关于进一步加强徐州教育网新闻宣传工作的通知	2月28日
119	徐教宣〔2010〕4号	关于对市区初三学生家长进行中考招生宣传的通知	5月6日
120	徐教宣〔2010〕12号	关于学习贯彻全省教育工作会议精神全面实施《江苏省中长期教育改革和发展规范纲要(2010-2020年)》的通知	9月27日
121	徐教政教督〔2010〕1号	关于公布直属学校目标管理综合督导结果的通知	1月18日
122	徐教政教督〔2010〕2号	关于表彰2009年度教育督导先进集体和先进个人的决定	2月5日
123	徐教政教督〔2010〕3号	关于对丰县职教中心等中等职业学校的督导意见	3月9日
124	徐教政教督〔2010〕4号	关于做好2010年县级政府教育工作督导评估和考核工作的通知	4月28日
125	徐教政教督〔2010〕5号	关于开展县级政府2010年度教育工作回访督导的通知	11月9日
126	徐教安全〔2010〕1号	关于进一步做好灾害性天气防范应对工作的紧急通知	1月12日
127	徐教安全〔2010〕5号	关于加强警校共建协同机制全力维护学校及周边治安环境的通知	1月25日
128	徐教安全〔2010〕6号	关于组织开展学校及周边治安排查工作的通知	2月14日
129	徐教安全〔2010〕8号	关于开展地震疏散演练专题教育活动的通知	3月25日
130	徐教安全〔2010〕9号	关于做好全市中小学幼儿园学生伤害事故责任保险的通知	3月30日
131	徐教安全〔2010〕16号	关于转发徐州市综治委《关于深入开展全市校园及周边治安综合治理集中行动的实施方案》的通知	5月27日
132	徐教安全〔2010〕17号	关于印发《徐州市教育系统“安全生产年”活动实施方案》的通知	6月2日
133	徐教安全〔2010〕18号	关于做好学校地质灾害防治工作的通知	6月4日
134	徐教安全〔2010〕23号	徐州市教育局与平安共建联系点共建工作方案	6月29日
135	徐教安全〔2010〕24号	关于做好中小学校舍安全度汛工作的通知	7月7日

续表 1-2-5

序号	文件编号	标题	成文时间
136	徐教安全〔2010〕25号	关于印发《徐州市教育系统构筑社会消防安全"防火墙"工程实施方案》的通知	7月27日
137	徐教安全〔2010〕29号	关于转发《江苏省中小学幼儿园治安保卫工作规定(试行)》的通知	9月28日
138	徐教安全〔2010〕32号	关于进一步加强综治和平安建设宣传工作的通知	10月13日
139	徐教安全〔2010〕33号	市教育局关于建立社会稳定风险评估机制的意见	10月18日
140	徐教安全〔2010〕34号	关于做好学校消防安全工作的通知	11月22日
141	徐教职〔2010〕1号	关于进一步加强民办教育培训机构安全管理工作的通知	2月5日
142	徐教职〔2010〕2号	关于表彰徐州市职业学校技能大赛获奖单位和个人的通知	2月9日
143	徐教职〔2010〕3号	关于授予江苏省徐州财经高等职业技术学校等10所学校"徐州市和谐校园(职业学校)"称号的通知	3月3日
144	徐教职〔2010〕4号	市教育局关于表彰2009年职业学校技能大赛先进单位的通知	3月3日
145	徐教职〔2010〕5号	关于下达2010年徐州市社区教育和农村成人教育工作目标任务的通知	3月19日
146	徐教职〔2010〕9号	关于进一步加强和完善职业学校技能大赛工作的意见	4月26日
147	徐教职〔2010〕10号	关于加强民办教育培训机构安全管理工作的通知	5月6日
148	徐教职〔2010〕13号	关于表彰2010年职业学校"三创"优秀学生和优秀学生干部的决定	5月19日
149	徐教职〔2010〕18号	关于同意徐州市天马少儿艺校终止办学的批复	9月21日
150	徐教职〔2010〕21号	关于印发《徐州市2010年全民终身学习活动周启动仪式实施方案》的通知	10月19日
151	徐教职〔2010〕23号	关于表彰2010年职业学校技能大赛(国赛、省赛)先进单位的通知	11月8日
152	徐教职〔2010〕24号	关于同意大屯煤电(集团)有限责任公司申办"大屯矿区老年大学"的批复	11月6日
153	徐教职〔2010〕25号	关于表彰2010年徐州市职业学校技能大赛先进单位和先进个人的通知	11月10日
154	徐教职〔2010〕26号	关于印发《全市职业学校教学管理工作视导结果》的通知	12月14日
155	徐校安创〔2010〕2号	关于表彰徐州市优秀平安校园的决定	9月27日

(马　岚)